内蒙古年鉴

内蒙古自治区党委书记刘明祖题写书名

图书在版编目（CIP）数据
《内蒙古年鉴》1999.2000 卷
内蒙古自治区地方志办公室年鉴编辑部编
—北京：方志出版社 2000.9
ISBN 7-80122-587-2
Ⅰ. 内… Ⅱ. 内… Ⅲ. 年鉴－内蒙古－1999.2000
Ⅳ. Z522.6
中国版本图书馆 CIP 数据核字(2000)第 50756 号

《内蒙古年鉴》1999.2000 卷

内蒙古自治区地方志办公室年鉴编辑部编
主　　审：冯有恩
主　　编：乌日吉图
常务副主编：新吉勒呼
执行副主编：海　棠
副 主 编：张晓虹
特邀副主编：张生荣
临时性广告经营许可证　内蒙古自治区工商局
广告许可证号 006 号
*
方志出版社出版发行
（地址：北京市丰台区角门北路甲 8 号院 1 号楼 106 室）
通讯信箱：丰台区西罗园邮电局 7713 信箱）（邮政编码：100077）
责任编辑：李海
赤峰彩世印刷有限公司印刷
2000 年 9 月第 1 版　　2000 年 9 月第 1 次印刷
开本：787 × 1092 1/16　印张：98.5
字数：1820 千　印数：1-2000
ISBN7-80122-587-2/Z · 128　定价：158.00 元

内蒙古年鉴编纂委员会

《内蒙古年鉴》1999、2000卷监审人员名录

总 监 修：乌云其木格（内蒙古自治区党委副书记、内蒙古自治区人民政府代主席）

副总监修：周德海（内蒙古自治区党委常委、内蒙古自治区人民政府常务副主席）

宝音德力格尔（内蒙古自治区人民政府副主席、内蒙古年鉴编纂委员会主任）

总　　纂：韩志然（内蒙古自治区人民政府秘书长、内蒙古年鉴编纂委员会副主任）

副 总 纂：周廷芳（内蒙古自治区人民政府副秘书长、内蒙古年鉴编纂委员会副主任）

孙炜东（内蒙古自治区人民政府副秘书长、内蒙古年鉴编纂委员会副主任）

冯有恩（内蒙古自治区人民政府办公厅副主任、内蒙古年鉴编纂委员会副主任）

《内蒙古年鉴》1999、2000卷编务人员名录

主　　审：冯有恩

主　　编：乌日吉图

副 主 编：新吉勒呼（常务）

海　棠（执行）

张晓虹

张生荣（特邀）

分卷副主编：孟秀芳　郝文强

编　　辑：曾　石　姚思泰　侯丽娟　邢　野

韩　泽　孟国荣　芙　蓉

美术编辑：邢学绘

文版设计：张生荣　海　棠　张晓虹

蒙文目录：新吉勒呼　芙　蓉

英文目录：张瑞庭

审　　校：乌日吉图

校　　对：新吉勒呼　海　棠　张晓虹　孟秀芳　郝文强

编 辑 说 明

一、《内蒙古年鉴》是内蒙古自治区人民政府主办，内蒙古自治区地方志办公室年鉴编辑部编辑的自治区级综合性年刊。是集知识、信息、资料为一体的权威性工具书。由方志出版社出版，并向国内外公开发行。

二、《内蒙古年鉴》1999、2000 卷全面、系统、客观地记载了内蒙古自治区 1998、1999 两年中政治、经济、文化、社会等各个方面的发展状况，为海内外各界人士了解内蒙古、研究内蒙古和建设内蒙古提供了翔实的资料、可靠的信息，同时也是内蒙古自治区精神文明建设对外宣传的窗口和联络的纽带。

三、年鉴采用分类编纂法：全书共分 7 个类目（特载、大事记、政治、军事、经济、科教文卫体、盟市旗县）、32 个分目（如党委、人大、政府、政协、民主党派、群众团体）、200 余个子目（如农业、渔业、畜牧业、林业、水利）、4 400 多个条目（即【　】中的具体事例）共设 4 个层次。

四、为突出自治区的民族特点、地方特色、时代特征，年鉴除设中文目录、英文目录外，另设蒙文目录。

五、年鉴内文均由自治区直属机关各部门、盟市及旗县（市区）政府撰（供）稿，并经各单位领导审查，内蒙古年鉴编辑部统编，自治区人民政府审定，书中所报数据、事例准确可靠，具有权威性。

六、《内蒙古年鉴》1999、2000 卷的出版是全区各地区、各部门通力合作的结果，在编辑出版过程中得到自治区党委、政府领导、年鉴编委会领导和各地区、各部门、各单位领导及同仁的大力支持。参加供稿单位 200 多家，撰稿人近 1 000 名，由于篇幅所限、时间紧迫，除条目撰稿人名随文署入书中，未另例审稿人、撰稿人、特邀编委名录，在此对以上所有给予年鉴编辑工作热情关怀、大力支持和作出贡献的同志表示衷心感谢。

七、认真总结经验，不断改进工作，努力提高质量，把《内蒙古年鉴》办得好上加好是年鉴编辑部的奋斗目标。我们热忱期望各级领导和广大读者对本书的疏漏、错误提出批评和改进意见。

《内蒙古年鉴》编辑部

2000 年 9 月

中共内蒙古自治区纪律检查委员会

自治区纪委监察厅下辖12个盟市纪委监察局和大兴安岭林管局纪委监察处，在自治区直属机关设有36个派出机构。委厅机关内设办公厅、监察综合室、政策法规研究室、执法监察室、党风廉政建设室、纪检监察一、二、三、四、五室、案件审理室、信访室、宣传教育室、干部管理室、机关党委。办公厅下设秘书处、行政处、老干部管理处、案件管理处、委厅下属事业单位有《时代风纪》杂志社、纪检监察干部培训中心、机关事务服务中心、自治区纪检监察机关合署办公后，实行一套工作机构、两个机关名称的体制。合署后的纪委常委会履行党的纪律检查和政府行政监察两种职能，完成纪检、监察两项任务，对同级党委和上级纪委全面负责。按照宪法规定，合署后的监察机关仍属于政府序列，继续在同级政府和上级监察部门的领导下工作。

1999年，全区纪检监察专职人员9 259名。其中，党员8 574名，民主党派15名；大专以上学历5 372名，中专以下3 610名；妇女干部1 753名，蒙古族等少数民族干部2 650名。

自治区党委常委、纪委书记巴特尔在中共内蒙古自治区纪律检查委员会第八次全体（扩大）会议上作报告

自治区纪委副书记、监察厅厅长孙显谦在中共内蒙古自治区纪律检查委员会第八次全体（扩大）会议上作总结讲话

自治区纪委副书记、监察厅厅长孙显谦在自治区纪委监察厅机关召开的新年联欢会上致词

自治区党委常委、纪委书记巴特尔在锡盟锡林浩特市巴彦宝力格苏木检查工作

内蒙古自治区党委宣传部

自治区党委常委宣传部部长张国民到内蒙古电视台检查指导工作

全区精神文明建设经验交流会议

自治区党委宣传部常务副部长宁宝才在和林县调研

中国歌剧《舍楞将军》1999年荣获全国"五个工程"入选作品奖

电视剧《党员二愣妈》1999年荣获全国"五个一工程"入选作品奖

全区科普宣传周活动中的科技咨询

内蒙古自治区高级人民法院

党组书记、院长：巴士杰

全区法院首次评定法官等级证书颁发仪式暨争创人民满意的好法院，争当人民满意的好法官表彰大会

自治区高级法院武志忠副院长带领被授予法官等级的全区法官代表宣誓

全区设有高级人民法院、12个盟市中级人民法院、呼铁运输中级法院、101个旗县（市、区）人民法院、2个铁路运输基层法院及576个人民法庭。现有干警9 082人，其中法官6 058人（大法官1人、高级法官592人）。大专以上文化4 910人，占法官总数81%；少数民族法官2 120人，占总数35%。1999年全区法院共审结各类案件150 664件，其中审结一审刑事案件10 555件，民事案件122 366件，经济纠纷案件14 104件，解决争议标的金额58.1亿元，行政案件1 631件。执行各类案件49 941件，执行标的金额13.7亿元。积极推进审判方式、审判管理制度和人事管理制度改革。深入开展"三讲"教育和"审判质量年"、执行年、"争创人民满意的好法院、争当人民满意的好法官"三项活动；认真贯彻错案追究责任制和"收支两条线"的规定，坚持把工作重点放在基层。自治区高级法院、中级法院审判法庭全部建成，基层法院96个已建成审判法庭，2/3的人民法庭基本达到标准化，人民法院办公、审判设施等条件逐步改善。

内蒙古自治区公安厅

党委书记、厅长：李庆玉

一九九八年抗洪抢险先进个人

举办歌颂公安干警的大型文艺晚会

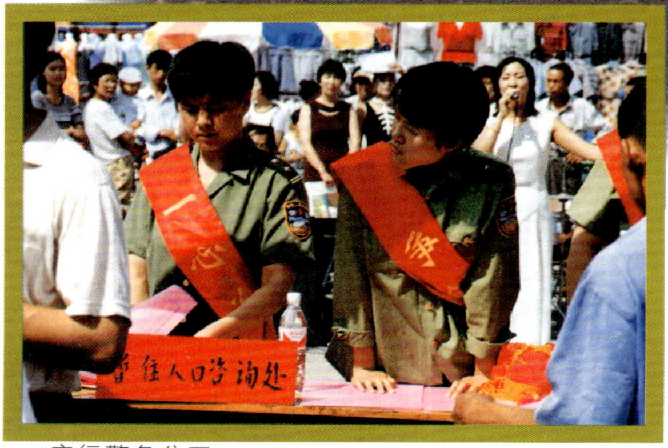

实行警务公开

内蒙古自治区 司法厅

NEI MENG GU ZI ZHI QU

自治区党委常委、政法委书记万继生接见抗洪抢险英模代表

司法行政机关是国家政权的重要组成部分，在我国司法体系和法制建设中占有重要地位。自治区司法厅是自治区政府成员单位。于1979年恢复重建，承担着管理指导监狱、劳教、法制宣传教育、律师、公证、基层法律服务、人民调解、成人法学教育和法学研究以及管理指导、组织、检查企业法律顾问、仲裁登记、司法鉴定、刑释解教人员安置帮教、法律援助和依法治理工作等职能。

十一届三中全会以来，我区司法行政机关在自治区党委、人大、政府和司法部的正确领导下，坚持为巩固人民民主专政和国家长治久安服务，为改革开放和经济建设服务，为社会主义民主与法制建设服务，为保护人民民主权利和方便人民群众服务，解放思想，锐意改革，开拓进取，各项业务工作蓬勃发展，走过了20年的不平凡历程，在我区两个文明建设中发挥了不可替代的重要作用。

优秀人民调解员先进事迹报告团在自治区直属机关宣讲

自治区依法治区领导小组召开电视电话会议

在中国工会第十三次全国代表大会上，尤仁当选为全国总工会副主席，并受到江泽民总书记的亲切接见

内蒙古自治区党委常委、总工会主席尤仁

内蒙古

NeiMengG

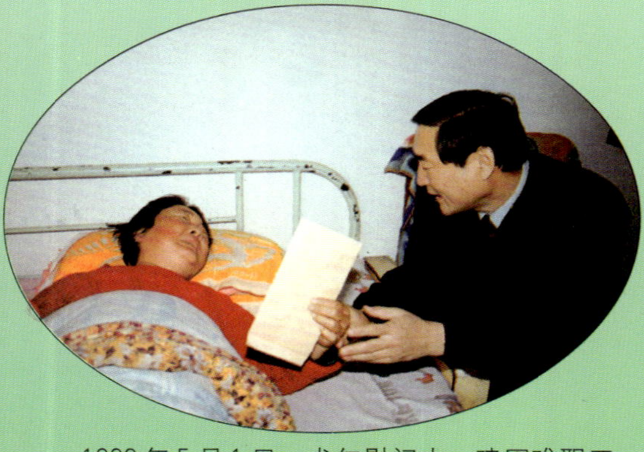

1999年5月1日，尤仁慰问内一建困难职工

推行厂务公开，强化民主管理

内蒙古自治区工会第七次代表大会于1999年10月26日在呼和浩特隆重召开

内蒙古自治区总工会第七届委员会主席、副主席

内蒙古自治区总工会诞生于1949年。50多年来，在自治区党委和全国总工会的领导下，紧紧围绕自治区工作大局，努力推动党的全心全意依靠工人阶级根本指导方针的落实，团结和动员全区工人阶级，自力更生，艰苦创业，开拓进取，团结奋斗，充分发挥了主力军作用，为自治区的改革发展稳定大局作出了积极贡献。目前，自治区总工会下辖12个盟市工会，14个自治区产业工会，101个旗县市区工会，有基层工会1.1万多个，会员176万人，其中女会员69万人；有职工疗养院22所，工人文化宫、俱乐部558个，职工大学2所，职工学校16所，工会干部学校4所。总工会设有12个机关部室，下属有《五月风》杂志社、工人运动研究所、职工技术协作办公室、职工教育文化馆、企事业经营指导中心、职工对外交流中心、机关事务服务中心、工会干部学校、内蒙古工人呼和浩特疗养院等9个事业单位。

自治区总工会

iZHiQuZongGongHu

隆重庆祝内蒙古自治区总工会成立50周年

扩大对外交流，增进友好往来

内蒙古自治区国家税务局

自治区领导关怀国税工作

党组书记、局长：肖占武

文明高效的办税服务厅

税收宣传深入学校

内蒙古自治区国家税务局组建于1994年6月，下辖14个盟市局、136个旗县级征收局，有12 000多名国税干部。在国家税务总局和自治区党委、政府的正确领导和大力支持下，内蒙古的国税事业快速健康发展，税收收入稳步增长。1994－1999年全区国税工商税收累计入库300亿元，年均递增7.7%，其中1999年工商税收完成60亿元，比1994年增加近20亿元，增长46%，保证了自治区财政收入的稳定增长，有力地促进了自治区的经济繁荣、社会稳定和人民生活水平的提高。完成了向“以纳税申报和优化服务为基础，以计算机网络为依托，集中征收，重点稽查”的新征管模式的转换，基本实现了集中征收。全区国税系统大力推进“科技兴税”，建设“金税工程”，全系统建成三级广域网和130多个局域网，所有旗县级征收局全部实现了计算机征收管理，90%的纳税人通过计算机纳税，税收远程监控和办公自动化系统工程初步取得成效。自治区国税局在确保完成税收任务的同时，对精神文明建设工作常抓不懈，狠抓了党风廉政建设、行风评议、为纳税人承诺服务、“三讲”教育等项工作。全系统涌现出一批全国税务系统的三八红旗手、征管能手等先进税务工作者。在区局党组班子的带领下，全区广大国税干部团结奋斗，争创一流，全区国税系统的各项工作正逐步走向法制化、规范化、制度化的轨道。

内蒙古党委统战部

统一战线工作历来是党的工作的重要组成部分。统一战线在新民主主义和社会主义革命中是我们党的大法宝，进入社会主义现代化建设新的历史时期统一战线仍然是一大法宝。统战工作事关党的执政地位和人民政权的巩固，事关民族团结、领土完整和社会稳定，事关国家主权、祖国统一，事关坚持社会主义方向和巩固社会主义制度。内蒙古党委统战部是内蒙古党委主管统战工作的职能部门，负有宣传贯彻党的统一战线方针政策，就统战工作中出现的新情况、新问题开展调查研究，制定自治区统一战线工作的具体政策、办法，联系民主党派和无党派、少数民族、宗教界代表人士、党外知识分子及港澳台侨胞及其眷属，反映他们的意见、建议，进行政治安排并会同有关部门做好培养、选拔党外人士担任政府部门和司法机关领导职务；指导各盟市旗县和大企事业单位、大专院校党委的统战工作；协调和指导自治区有关部门、社团的统战工作的职责。

1、1999年12月16日，谭博文部长主持统战系统大型迎澳门回归庆祝活动

2、1998年6月11日王兆国（左六）率中央统战部调研组在内蒙古调研期间到大昭寺参观考察

3、1999年3月，在全国政协会上，谭博文（中）同少数民族委员交流参政议政提案情况

4、1999年5月5日，统战部、工商联召开“三讲”教育动员大会。左起：副部长张树义、韦弦，巡视组组长伊钧华，部长谭博文，副部长贾峰斌、胡达古拉，工商联会长冯笠

5、谭博文、贾峰斌在民主党派、工商联负责人座谈会上

内蒙古自治区人民检查院

2000年8月2日，最高人民检察院检察长韩杼滨（左三）来自治区视察检察工作期间，与自治区党委书记刘明祖（右三）及自治区检察院检察长王尚罗（左二）等合影。

1998年6月，自治区检察院召开在呼部分全国人大代表座谈会，王尚罗检察长（右三）通报了全区检察机关教育整顿情况，并听取人大代表对检察工作的意见和建议。

内蒙古自治区检察院召开检务公开新闻发布会

1998年9月，自治区检察院召开纪念，检察机关重建20周年大会

内蒙古自治区地方税务局

乌盟地税局在依法治税、依法行政中坚持创新规范，建立了一套农牧业税收规范化管理办法

巴盟杭锦后旗地税局率先在农牧区建立"一分一柜、一村一栏"的科学帐户，做到低率计征

局长、党组书记李子清在全区地税工作会议上讲："处以公心，事业为重，忠于职守，创造业绩，强化管理，依法纳税"

锡林浩特市地税局加强对个体经济的征管工作，做到征管纳税人人平等，得到广大纳税户的好评

呼和浩特市清水河地税局建立了纳税人监督机制，局长郭建国接待纳税人

局领导班子（左起：副局长佟铁顺、党组副书记高瑞发、党组书记、局长李子清、副局长王玉明、纪检组长刘占魁）

1

2

内蒙古自治区劳动和社会保障厅

1、1999年4月，自治区人民政府召开全区劳动和社会保障工作会议，图为出席大会的自治区主席云布龙、副主席周维德和自治区劳动厅厅长王维山步入会场。

2、厅党组书记、厅长 王维山

3、1999年，自治区劳动厅与12盟市签订劳动和社会保障工作责任状，图为签订责任状的全体人员。

3

内蒙古自治区卫生厅

原国家副主席乌兰夫等领导观看自治区卫生宣传展板

原自治区主席布赫视察呼和浩特“3·15”消费者权益日活动

原卫生部部长陈敏章（右）于1993年7月在原自治区副主席赵志宏（左）陪同下考察我区卫生工作

1999年，各级医疗卫生单位继续开展以病人为中心，创优质服务，树行业新风活动，大力倡导和推行卫生服务社会承诺制。年内，卫生厅组织召开全区卫生系统行业作风建设现场经验交流会，各卫生部门进一步加大对“三乱”治理的力量，狠刹医疗系统内药品购销活动中存在的不正之风。各地积极开展卫生下乡、卫生扶贫活动，年内共组织下乡扶贫医疗队735支，医务人员下乡5 557人次，诊治患者56 2346人次，捐赠医疗设备和器械938台（件）。

自治区党委副书记乌云其木格亲临卫生宣传月现场

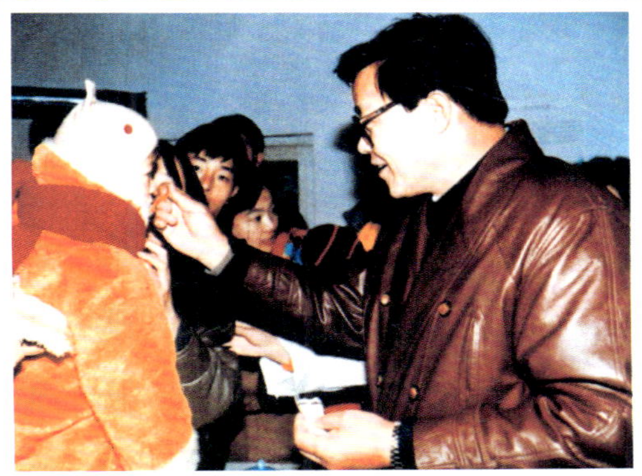

自治区副主席宝音德力格尔亲自为儿童发放防疫药丸

内蒙古自治

1999年，全区交通工作按照中央、自治区总体要求，抓住发展机遇，排难而进，进一步强化公路运输业的基础地位，加速实施“三横九纵十二出口”公路主骨架规划，深入推进公路建设两个转变。全年完成公路建设投资37.6亿元，再创新的纪录，建设里程达到9 881公里，110国道临河绕城线、巴彦浩特—吉兰泰公路、呼市—喇嘛湾公路路面拓宽改造、301国道甘南界—博克图、304国道通辽—好力保等一大批重点工程如期或提前建成。

提前一年完成“133”工程。1999年通过建设清水河－喇嘛湾40公里三级油路，巴彦乌拉—锡林浩特140公里三级油路，锡尼镇—东胜126公里三级油路，阿里河—加格达齐20公里三级油路，阿拉腾乌苏—周家井43公里三级油路，使清水河县、西乌旗、杭锦旗、鄂伦春自治旗和阿拉善右旗5个旗县通了油路；打通了巴彦高勒等50个不通公路乡（苏木）的公路，基本实现全区乡（苏木）通公路目标（乡镇苏木通班车率达98%）。

领导班子规划公路建设

交通厅

全年新建县乡道路6 423公里，在五原县、镶黄旗等带动下，伊盟杭锦旗在交通和有关部门的支持下，采取多种形式，打通了纵贯库布奇沙漠腹地，全长115公里的穿沙公路。公路建设与生态环境、沙害治理配套，“修了一条路，治理了一方水土，凝聚了一种精神”。国务院副总理温家宝、交通部部长黄镇东高度肯定“穿沙精神”，刘明祖书记几次视察并给予高度评价。

公路建设的加快，对全区经济增长和相关产业发展产生了明显的拉动作用，为社会稳定做出了积极贡献。1999年全区公路建设使用钢材5.8 万吨、木材3.96 万方、水泥73.9 万吨、沥青10.4 万吨，约可拉动经济增长0.56 个百分点，直接为社会创造15.4 万个就业机会。

高速公路

新建公路

局长　贺希格图

2000年3月，内蒙古自治区体育运动委员会改为内蒙古自治区体育局。

体育局既有以训练、比赛为主的体育工作队，又有为竞技体育和全民健身服务的体育运动学校、体育科学研究所等机构，还有可以承担大型文体和庆典活动的体育馆、赛马场。在三个直属体育工作大队中，共设有射击、马术（障碍、舞步）、速度赛马、击剑、国际式摔跤（古典式、自由式）、田径（中长跑、马拉松）、柔道（男、女）、武术散手、跆拳道（男、女）、拳击、射箭、举重和乒乓球等运动项目队，是竞技体育为自治区争光的龙头。在历届全国运动会中，内蒙古代表团的成绩始终保持在全国中上游水平。

射箭

搏克

障碍马术

内蒙古自治区体育局

内蒙古自治区
老干部局

自治区老干部局是自治区党委主管全区离休干部和厅局级以上退休干部的职能部门，归口自治区党委组织部。内设机构有办公室、政治待遇处、生活待遇处、综合调研处、机关党委。机关行政编制32名。领导职数：局长1正3副；处级5正7副；处级非领导职数2正4副；助理巡视员2人。二级单位设3个正处级、1个副处级和1个正科级事业单位，分别是：自治区直属机关干部休养所、内蒙古自治区老干部活动中心（同挂内蒙古自治区老年大学牌子）、《老年世界》杂志社、机关事务服务中心、直属机关老干部保健站；局机关及所属单位共编制65名。全区各盟市委、旗县委均设有老干部工作机构，自治区直属机关、企事业单位均设立老干部工作机构和专、兼职工作人员。

内蒙古自治区民族事务委员会

自治区民委主任韦弦同志在阿拉善盟民族工艺品厂考察

兴安盟扎赉特旗是自治区民委扶贫联系点，1998年为了帮助少数民族贫困户从根本上改变生产条件脱贫致富，自治区民委投资15万元在阿拉达尔图苏木乌兰毛都嘎查（纯蒙古族嘎查）建立了550亩的扶贫开发项目田。该项目田按照农业综合开发的模式，实行林、路、渠、水综合治理，实现了机械喷灌。当年总收入达20万元，贫困人口人均从该项目田获纯收入726元，成为贫困户的“保命田”。

图为区、盟、旗三级民族工作部门的负责同志考察扶贫项目田。

内蒙古自治区是我国重要的畜牧业基地。党的十一届三中全会以来，在党的改革开放政策指引下，在自治区党委、政府的正确领导下，靠坚持不懈的进行畜牧业经济体制的改革、始终抓住以改善生产条件和生态条件的畜牧业基础建设、全力推进科技兴牧，使全区畜牧业生产取得举世瞩目的成就，畜牧业生产连续15年夺得全面丰收，具备并稳定饲养7 000万头（只）牲畜，生产120万吨肉、60万吨鲜奶、20万吨禽蛋、6万吨羊毛和3 600吨优质羊绒的综合生产能力，为国民经济的发展和人民生活水平的提高做出了巨大的贡献。目前，畜牧业正以全力实施“双增双提”可持续发展战略、牲畜“种子工程”建设和完善落实草原“双权一制”为手段，以促进农村牧区社会全面发展、农牧民收入不断提高为目的，以崭新的姿态阔步进入二十一世纪。

内蒙古自治区畜牧厅

厅长 于铁夫

内蒙古自治区气象局

NEI MENG GU ZI ZHI QU QI XIANG JU

局长 赵国卫

VSAT 通信系统

云图分析

50年前，伴随着中华人民共和国诞生的礼炮声，内蒙古自治区气象事业组建工作拉开了序幕。当时，全区仅有寥若晨星的几个为军事服务的气象站。经过短短10年的努力，到50年代末，全区建成了盟市以上有台、旗县有站、部分地区一旗多站的气象台站网，并在为经济建设，特别是农牧业生产服务中发挥作用。

党的十一届三中全会以来，全区各级气象部门以现代化建设为龙头，带动气象事业持续、快速、健康地全面发展。社会主义市场经济的确立，为气象科技尽快转化为生产力提供了更加广阔的用武之地。改革开放的春风，为气象事业的发展注入了新的活力。气象信息不仅成为党政领导机关科学决策的重要依据，而且成为全社会关注的焦点之一，渗透到了经济建设各个领域，走进了千家万户百姓身边。

回顾50年成就，令人瞩目；展望21世纪，任重道远。全区各族气象工作者信心百倍地迎接新世纪的到来，决心用自己的聪明和才智，向世人展现一幅更为壮观的宏图。

气象为各行业服务

内蒙古自治区人民防空办公室

NeiMengGuZiZhiQuRenMinFangKong
BanGongShi

团结奋进的自治区人防办领导集体

内蒙古自治区人民防空办公室为自治区人民政府主管全区人防工作的职能部门。内设指挥、通信、工程、计财、平管、秘书、交通战备、机关党委等八个处室。杨树森任主任，王俊杰、吴双宝、哈日巴拉任副主任。

几十年来，在自治区党委、政府和军事部门领导下，以保护人民生命财产安全为己任，认真贯彻人民防空建设方针，牢牢把握属性，严格履行职责，在组织实施全区人防战备建设中，锲而不舍，真抓实干，积极探索新时期人防平战结合发展之路，战备、经济、社会效益不断提高，全区各项人防建设整体推进，全面发展。初步形成了组织指挥功能健全，通信警报灵敏快捷，工程建设初具规模，平战结合快速发展的可喜局面。人民防空应急保障能力，综合防护能力和自我发展能力不断增强，为适应“两场”（战场、市场）要求，维护边疆安全，繁荣地区经济做出了积极贡献。自治区人防办先后被北京军区评为“七五”、“八五”先进单位，被国家人防办评为“七五”先进单位（“八五”未评），1994年被自治区党委、政府命名为自治区级文明单位。

自治区人防办杨树森主任陪同内蒙古军区彭翠峰司令员等领导参观某市人防指挥所

国家人防办徐培义局长等领导视察自治区人防工作

呼和浩特人防平战结合工程－－天街美食娱乐城

内蒙古自治区水利

1、1999年11月11日至13日全国三北地区沙棘生态建设工作会议在东胜市召开。钱正英会前检查了准格尔旗和东胜市沙棘生态建设工作，参加了会议并讲话。

2、1999年10月19日水利厅与呼市政府在托县组织有5 000多名干部职工参加的农田水利基本建设会战，把全区秋冬水利基本建设推向高潮。图为水利厅副厅长赵文元与全体公务员参加劳动时接受记者采访。

3、内蒙古通过多种渠道进行国有大型灌区技术改造，经过一年多努力，列人土默川农业综合开发的镫口扬水灌区骨干工程配套项目基本完成。图为泵站建设现场。

4、1999年6月21日至24日　全国水土保持生态环境预防保护与监督管理第三次会议在呼和浩特召开。会议期间参观了准格尔旗川掌沟等水保治理精品工程。在东胜市检阅了全区水保监督执法队伍。

5、1999年全区水土保持综合治理完成944.14 万亩，是计划任务的145%。图为水保大会战现场。

6、1999年全区各种形式的节水灌溉工程建设发展迅速，节水灌溉面积达到282.04 万亩，是计划任务的128.2%。图为渠道衬砌现场。

7、1999年全区大部遭遇特大干旱，经过几年建设的“112”集雨节水灌溉工程在大旱之年发挥巨大效益，使农牧业仍然获得丰收。图为清水河县农民在旱井旁晾晒丰收的粮食。

8、1998年大水之后，全区掀起大江大河治理高潮，堤防防洪标准进一步提高，一批险工得到治理。图为黄河巴盟段建设后的险工段。

2

3

4

7

内蒙古自治区

妇女联合会

主席：林瑞

1999年11月，全国妇联等单位举办全国农村妇女“双学双比”活动十年成果展。朱镕基总理在内蒙古展厅观展

自治区妇女联合会成立于1949年1月12日，时称内蒙古民主妇女联合会。1953年1月，绥远省民主妇女联合会与内蒙古民主妇女联合会合并。1957年9月，根据中华全国妇女联合会的要求，将内蒙古自治区民主妇女联合会改为内蒙古自治区妇女联合会。目前，内设办公室、组织联络部、宣传部、维护妇女儿童合法权益部、儿童工作部、城乡工作部、机关事务服务中心等部室，下设三个事业单位，即内蒙古妇女儿童杂志社、内蒙古妇女干部学校暨内蒙古女子职工中等专业学校（两块牌子）、内蒙古科学育儿基地。另外，自治区妇女儿童工作委员会办公室、自治区儿童基金会办公室也设在妇联。全区妇女组织已形成从自治区妇联到村级妇代会的健全组织体系。

自治区党委书记刘明祖、自治区副主席傅守正深入基层视察“双学双比”工作

妇联副主席刘晓霞（左五）、格根其其格（右六）、张秀梅（右四）等领导和自治区“十大女杰”合影

全国妇联副主席、书记处书记沈淑济、田淑兰，书记处书记莫文秀、李秋芳等领导接见自治区赴京参观的“双学双比”十大标兵

内蒙古自治区科学技术委员会

主任：乌兰巴特尔

中共中央总书记江泽民在包头

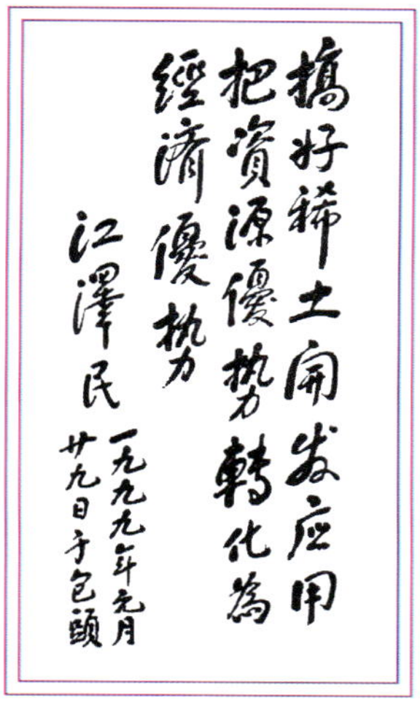

中央、自治区领导参观包头稀土高新技术开发区

内蒙古自治区科学技术委员会是自治区政府管理全区科技工作的职能部门，办公地点位于呼和浩特市新城西街141号科技大厦内，现有10个职能处室和机关党委，有国家公务员59名，现任党组书记、主任乌兰巴特尔，副主任王吉祥。自治区科委于1958年成立。成立四十年来，尤其是改革开放的二十年来，在自治区党委、政府的领导和广大科技工作者的共同努力下，充分发挥了对全区科技工作的宏观管理、政策制定及规划、协调、服务、检查等作用。在面向经济建设、走向市场、促进高新技术产业化的进程中，科技工作得到了进一步加强。

内蒙古自治区审计厅

厅长　吴金亮

副厅长赵慧容（左三）率领审计组了解移民生活安置、落实耕地分配情况

自治区党委书记刘明祖、自治区副主席周德海在新城宾馆会见李金华审计长（右三）一行

全区煤炭工业暨煤矿安全监察工作会议

自治区副主席云公民为内蒙古煤矿安全监察局、内蒙古自治区煤炭工业局揭牌

内蒙古煤炭工业局
内蒙古煤矿安全监察局

至1999年末，全区探明矿区334处，累计探明储量2 269.19亿吨（其中精查储量334.16亿吨，详查储量461.95亿吨，普查储量1 473.08亿吨）。保有储量2 255.89亿吨，预测储量1 2250.41亿吨。主要分布在：二连盆地、鄂尔多斯台地、阴山－卓子山－贺兰山地区、海拉尔盆地、平庄－元宝山地区。

1－10亿吨的煤田有32处，10－100亿吨的煤田10处（扎赉诺尔煤田、白彦花煤田、陈巴尔虎煤田、伊敏煤田、桌子山煤田、大雁煤田、巴彦呼硕煤田、巴彦宝力格煤田、平庄元宝山煤田、吉林郭勒煤田），100亿吨以上的煤田5处(东胜煤田、准格尔煤田、胜利煤田、白音华煤田、霍林河煤田)。

全区煤炭品种齐全，主要煤种有褐煤、不粘煤、长焰煤、炼焦煤、无烟煤。其中：褐煤占44.6%，不粘煤占40.3%，长焰煤占12.2%，炼焦煤占2.5%，无烟煤占0.2%。按地区划分：东部以褐煤为主，西部以长焰煤和不粘煤为主。

按区域划分：二连盆地以褐煤为主，主要分布在锡林郭勒盟、乌兰察布盟北部及巴彦淖尔东部，有少量烟煤；鄂尔多斯台地以不粘煤和长焰煤为主，有少量气煤，主要分布在伊克昭盟；阴山－卓子山－贺兰山地区以焦煤和肥煤为主，其次为气煤、弱粘煤等，亦有少量无烟煤和贫煤；海拉尔盆地以褐煤为主，其次为长焰煤，主要分布在呼伦贝尔盟；平庄－元宝山地区以褐煤为主，其次是长焰煤，还有少量的无烟煤和贫煤，主要分布在赤峰市、通辽市等地。

2000年7月28日，自治区副主席云公民与呼煤集团党委书记何清望签订生产责任状

局领导向国家煤矿安全局副局长赵铁钟汇报工作

局长、党组书记　臧海民

自治区党委书记刘明祖与广播电视厅领导、记者合影留念

全区微波电路干线图

内蒙古广播电

NeiMengGuGuangBuoDianShiTing

内蒙古自治区的广播电视事业，经过50年的发展，已形成以自治区首府呼和浩特为中心，包括横贯全区东西的微波传输网、大范围覆盖的卫星传输网、有线网，星罗棋布的发射台、转播台、差转台、卫星地面站，发射、传输、接收多功能的广播电视传输网络。与此同时，广播电视节目播出机构、制作经营单位及其节目制作播出经营能力迅速发展壮大，在自治区两个文明建设中发挥了不可替代的作用。

内蒙古现有经审核登记的广播电视播出机构和广播电视节目制作经营单位87个。广播的中短波发射台和转播台及实验台57座，居全国第一位，发射总功率居全国第二位，广播节目人口混合覆盖率81.5%。全区有各级电视台32座，有线电视网15个，电视发射台数、电路长度、微皮总站数均居全国第一位。电视发射台和转播台有1 084座，电视发射总功率341.69千瓦，全区有微波站111座，卫星地面接收站1000多座，电视节目人口混合覆盖率达到81.5%。

自治区领导视察 501 台地球站

自治区领导为内蒙古卫星广播电视上星试播剪彩

厅

广播影视系统先进集体先进个人表彰大会

内蒙古自治

扶贫办主任云才晓和副主任白长江、周立群在集体研究扶贫开发项目

自治区副主席郝益东在"内蒙古自治区世界银行贷款扶贫项目启动会"上听取汇报

1980年，自治区山老区建设办公室成立，为自治区农牧业委员会内设机构；1983年，改为自治区不发达地区发展资金领导小组办公室，为自治区农牧渔业厅内设机构；1986年，改为自治区扶贫领导小组办公室，为自治区农业委员会内设机构；1996年，改为自治区扶贫开发领导小组办公室，为正厅级单位。下设综合处、项目处、社会扶贫处、计财处、机关党总支。1994-2000年，是扶贫攻坚阶段。国家和自治区确定50个贫困旗县予以重点扶持（其中有31个国定贫困旗县、19个区定贫困旗县），盟市、旗县把部分村、嘎查列入攻坚对象进行扶持，贫困人口从1994年的357万人减少到1999年的171万人。国家和自治区除了实行"单位包村、干部包户、

全体职工会议

"三讲"教育转段动员会

扶贫开发领导小组办公室

行业包项目”和“富帮贫”为主要内容的社会扶贫制度外，又动员一万多个党政机关参加社会扶贫。扶贫办曾被北京市委、政府，自治区党委、政府评为“京蒙对口帮扶工作先进集体”。

自治区副主席郝益东听取扶贫工作汇报

世界银行贷款扶贫项目官员在内蒙古贫困地区考察希望小学扶贫项目

自治区副主席郝益东与各盟市分管领导签订扶贫攻坚责任状

自治区副主席郝益东与世界银行贷款扶贫项目官员在贫困地区考察项目

1、新千年到来之际，自治区党政军领导刘明祖、云布龙、任亚平、彭翠峰、张珍等慰问武警内蒙古总队机关和驻呼部队官兵，勉励他们继续为自治区的繁荣稳定做贡献。

2、武警内蒙古总队党委、机关认真开展"三讲"教育，总队领导自觉接受群众检查监督，促进了党委班子和领导干部的思想、纪律、作风建设，推动了部队建设全面发展。

3、1999年5月8日，以美国为首的北约悍然轰炸我国驻南联盟大使馆，激起了总队全体官兵的强烈义愤。广大官兵决心做好本职工作，以实际行动抗议和谴责以美国为首的北约的暴行。

4、1999年9月8日，总队隆重召开国庆五十周年安全保卫暨机动支队组建十周年军事业务汇报表演大会。

5、1999年，武警内蒙古总队坚持"建一流工程、创一流质量"的营建原则，全面实施"解困工程"。呼市支队和林县中队营房楼首家落成启用。

6、1999年9月18日凌晨，伊盟达拉特旗四村乡羊场村北黄河南岸300多米长堤坝突然坍塌，又出现两处管涌，情况万分危急。总队接到汛情通报后，立即抽调400多名官兵火速赶赴现场。经3 000多名军警民7昼夜连续奋战，终于排除险情。

武警内蒙古总队

武警内蒙古森林部队

自治区主席云布龙一行到内蒙古森林总队机关检查指导工作。

武警内蒙古森林部队主要担负着国家赋予的预防和扑救森林火灾、保护国家森林资源的光荣任务。

在东起祖国北极恩和哈达、西至巴丹吉林沙漠的八千里边线上，武警内蒙古森林部队承担着1 300万公顷森林和2 180万公顷草原的防扑火作战任务，为维护华北、东北的生态平衡，广大官兵日夜守护着我国最大的大兴安岭原始林区、亚洲最大的樟子松林带、三北防护林重要地段、锡林郭勒大草原、呼伦贝尔大草原、黄河护岸林和大青沟国家自然保护区等绿色资源的安全。

在创建47年的发展进程中，武警内蒙古自治区森林部队在保护林区作业安全、维护林区社会治安、林政管理以及森林防火灭火等任务中，功勋卓著。为保护国家森林草原资源和林牧区人民生命财产安全，维护边疆地区和林牧区社会稳定做出了突出贡献，受到国务院、中央军委、武警总部、国家林业部和自治区党委、政府的高度评价。被人民群众誉为“森林敢死队”、“绿色守护神”。

武警内蒙古森林部队现已发展成为一支拥有现代化装备的高素质专业队伍。在林火预报上采取卫星遥感、巡航、地面观测等手段，火情发现准确率达98%以上。扑火作战部队装备了GPS全球定位系统、海事卫星电话、灭火装甲车、全道路运兵车等，并具备较强的机降灭火能力，形成陆空多兵种协同作战的立体森林防护体系。

原国务院副总理田纪云看望慰问扑救“5·6”大火的森警官兵。

原林业部部长徐有芳视察森警部队。

自治区党委书记刘明祖指挥扑救“4·16”红花尔基森林大火。

国家军委主席江泽民视察武警内蒙古总队官兵

中国人民武装警察部队内蒙古自治区总队直属第四支队组建于1989年10月，是一支维护内蒙古自治区首府社会治安、处置突发性事件及全区机动作战任务的“尖刀”“铁拳”部队。

支队组建以来，在上级党委的正确领导下，坚持党对军队的绝对领导，坚持“讲学习、讲政治、讲正气”，狠抓部队军政建设，牢固树立常备不懈、随时作战的思想和全心全意为人民服务的宗旨，圆满地完成了以执勤和处置突发事件为中心的各项任务。曾连续二年被总队评为先进支队，先后被自治区党委、政府、内蒙古军区授予“拥政爱民先进集体”，多次被武警总部评为“训练和管理考核双优单位”。几年来，支队党委团结奋斗、开拓创新，全体官兵艰苦创业、忘我工作，部队正朝着江泽民主席提出的“政治合格、军事过硬、作风优良、纪律严明、保障有力”的目标，迈出了坚实的步伐。机动部队的“拳头”力量和“尖刀”作用得到了充分的发挥，为维护自治区的政治稳定、经济繁荣、社会安定做出了积极的贡献。

自治区政法委书记万继生到支队指导工作

武警内蒙古总队 第四支队

WU JING NEI MENG GU ZONG DEI

支队长：范武茂

中国武警黄金第十一支队

中国人民武装警察部队黄金第十一支队是一支以军事化组织形式，担负内蒙古中西部地区黄金地质勘查、维护社会稳定、处置突发事件等任务的经济建设部队。自1980年整编后，部队先后转战于内蒙古东起赤峰、西至阿拉善盟、南起伊克昭盟、北到中蒙边界的辽阔地区，找到并勘查特大型金矿床1处，中型金矿床3处，小型金矿床6处，提交地质报告17份，累计提交普查储量161.98吨，报告储量54.02吨，打开了内蒙古中西部地区地质找矿新局面，推动了地方经济的迅速发展。1999年部队转隶于武警总部领导。

总部司令员（左一）视察支队

坚持民主生活会制度

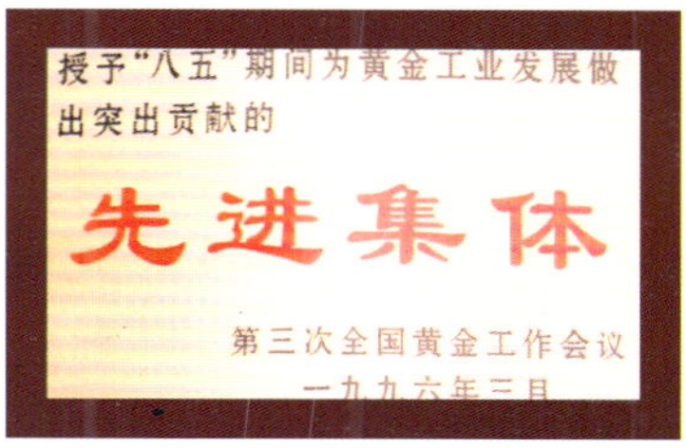

授予"八五"期间为黄金工业发展做出突出贡献的

先进集体

第三次全国黄金工作会议

一九九六年三月

高空作业

蔬菜基地 硕果累累

微机管理中心

司法部原部长肖扬等领导，在自治区监狱局长王建安陪同下参观罪犯书画展

监狱长：黄文德

内蒙古呼和

NeiMengGuHuHeHa

内蒙古呼和浩特第一监狱设12个职能科室、9个监区、4个直属单位。现有在职干警440名、工人203名。党员272名。干警中具有大中专以上学历的290名，占61%；具有专业职称的168名，占35%。主要担负着全区大部分死缓、无期犯及西部区重刑犯的关押、教育改造任务。恢复重建26年来，坚持依法治监，建立起对罪犯正确执行刑罚，实行科学、文明管理的监管教育改造体系；坚持从严治警，建设了一支思想过硬、业务精通、执法严明的警察队伍。至目前，全监共

领导班子

司法部和自治区领导视察监狱机械厂

特第一监狱

收押教育改造罪犯15 000余人。曾先后被自治区党委、政府授予全区公安保卫战线“红旗单位”，被司法部授予“先进单位”荣誉称号，1998年被司法厅命名为“自治区现代化文明监狱”，荣立集体二等功。近几年，有3名干警荣立一等功，6名干警荣立二等功，56名干警荣立三等功，9名干警获“人民满意的司法行政干警”称号。

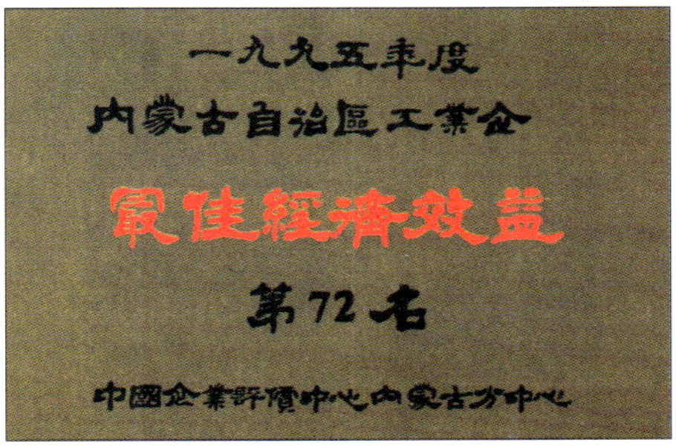

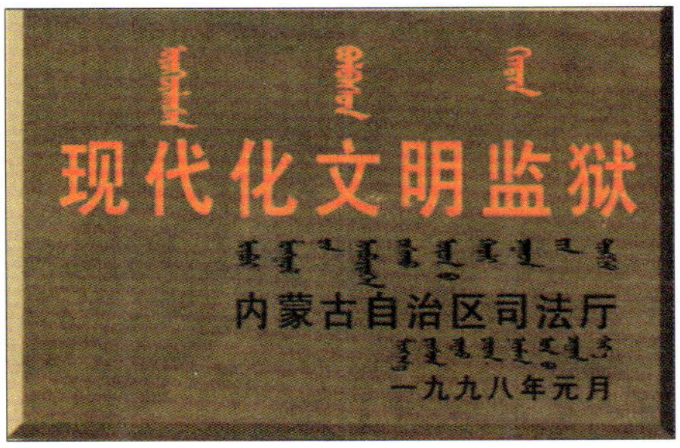

内蒙古自

近两年是自治区监狱工作经受严峻考验并取得显著成绩的时期。在自治区党委、政府领导下，监狱战线的广大干警职工认真执行党的监狱工作方针、政策，真抓实干，开拓进取，各项事业取得长足发展，整体工作迈出新的步伐，为维护自治区的社会政治稳定做出了新的贡献。

局长 王建安

1997 年 5 月 20 日，自治区主席云布龙、司法部部长肖扬、司法部监狱局局长杜中兴视察呼和浩特第一监狱

司法部副部长肖建章 1999 年 2 月 8 日视察监狱工作

自治区党委副书记王占、政法委书记万继生视察呼和浩特第二监狱

区监狱管理局

各监狱坚持"软硬件并举，软件先行"的原则，从实际出发，量力而行，科学规划，以点带面，不断推进创建现代化文明监狱工作的发展。各监狱以从严治警为重点，提高改造质量下功夫，加快了创建工作进程，提高了创建工作水平。呼和浩特第二监狱、自治区第一少管所、伊金霍洛监狱经考核验收，被命名为自治区级现代化文明监狱，并有6个监区被命名为现代化文明监区。全区现代化文明监区累计达到17个。自治区监狱整体工作水平迈上一个新的发展阶段。

自治区副主席王凤岐视察准格尔监狱。

全区监狱长政委会议

消防部门领导与企业代表进行座谈

自治区副主席王凤岐深入重点单位进行消防检查

总队长：吴兴瑞

政委：杨建民

内蒙古自治

内蒙古自治区消防总队主要担负全区的消防监督、执勤灭火任务。多年来，按照“抓班子、带队伍、促工作、保平安”的基本思路，以加强各级党委班子和干部队伍建设为突破口，以目标化管理为手段，积极探索新形势下做好消防工作，加强部队管理教育的有效方法和途径，业务工作的规范化水平和队伍建设正规化建设水平显著增强，消防监督执法水平和灭火战斗及抢险救援能力显著提高。全区各级消防部队坚持“建一流的队伍，创一流的业绩，”从建章立制人手，健全各项管理制度和监督制约机制，全面实行警务公开制度，不断加强部队正规化建设，深入开展旨在提高“灭大火、打恶仗”能力的爱警习武大练兵活

参加消防宣传活动

消防官兵在呼市炼油厂进行灭火演练

消防官兵利用业余时间在农副业基地

安消防总队

动. 努力适应新时期灭火抢险工作的需要。以整改火灾隐患为突破口，运用多种形式广泛开展消防宣传教育，围绕各个时期、重大节日和重要活动，深入开展消防安全大检查活动，对重点地区、重点行业、重点工程、重点单位进行专项治理，有效地遏制了火灾事故的发生。全区消防官兵艰苦奋斗，大力发展农副业生产，在提高部队保障供给能力上走到了全国消防部队的前列。

广大消防官兵严格执法，热情服务，尽职尽责，圆满完成了各项消防保卫任务，保持了全区连续4年无特大火灾的好局面。

消防官兵进行攀登楼层训练

自治区副主席王凤岐走上街头进行消防宣传

武警内蒙古总队第一支队

支队前身内蒙古军区独立团于1976年10月组建。1983年，为了适应我国改革开放形势的需要，健全社会主义民主和法制，加强人民民主建设，保卫社会主义现代化建设的胜利成果，党中央决定重新组建中国人民武装警察部队。武警内蒙古部队将内蒙古军区独立团改编为"中国人民武装警察部队内蒙古总队直属第一支队"。支队组建以来始终坚持以毛泽东军事思想、邓小平新时期军队建设理论和江泽民主席关于军队建设"五句话"要求为指针，坚持党的基本路线，牢记全心全意为人民服务的宗旨，认真贯彻部队的条令条例，从而保证了党对这支部队的绝对领导；保证部队在政治上合格、高度稳定和集中统一；它始终与人民同呼吸、共命运、心连心，克服艰难困苦，履行神圣使命，前赴后继，团结战斗，为保护自治区各族人民生命财产安全、促进自治区社会稳定、经济繁荣、民族团结做出了杰出贡献，成为人民群众心目中的"北疆长城"。

武警内蒙古森林警察学校

学校官兵参加义务植树

毕业典礼

科技教学现代化

武警内蒙古森林学校是一所培养初级防扑火指挥员中等专业学校，学校于1981年在扎兰屯组建，1987年迁到呼市，学校占地面积17 553.3 平方米，总建筑面积4 848平方米，建校十八年来，学校始终以江泽民主席“五句话”总要求和“忠于党和人民，造就现代警官”的校训为目标，注重打牢学员的“五个基础（即政治思想基础、科学文化基础、军事专业基础、管理教育基础、身体素质基础），提高四种能力（执勤和防扑火作战指挥能力、组织训练能力、管理部队能力、做思想政治工作能力），培养学员第一任职能力，经过学校官兵共同努力，学校的办学水平和教学质量有了较大的提高，初步形成了总体布局合理、培训体制健全、内部协调一致，具有森警特色的教育体系。

军事教研室规范了灭火机具操作和训练动作

团结务实、创新奋进的领导集体

内蒙古自治区呼和浩特

NEI MENG GU ZI ZHI QU HU HE HAO TE

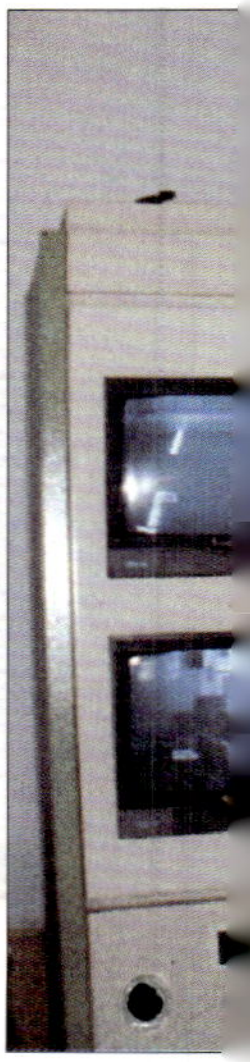

内蒙古自治区呼和浩特第二监狱始建于1980年，位于呼和浩特市西南郊4.5 公里，占地面积213万平方米。监狱坚持以“四防”为重点，始终能够把维护监管安全稳定放在一切工作的首位，坚持依法治监，依法行政，科学管理，文明执勤，采取有力措施，落实各项制度，坚决实现司法部提出的“两个不允许、一个最低限”的工作目标。一是严密防范、消除隐患，确保监狱的安全稳定；二是坚持依法、严格、科学、文明管理，不断提高执法水平；三是指标分解，责任明确，实行监管安全责任承包制；四是宽严相济，恩威并举，促进罪犯自觉改造；五是深化教育，促进转变，努力提高罪犯改造质量；六是创造条件，改善环境，为犯罪创造安心改造的良好环境。

1998 年监狱被自治区司法厅授予集体二等功。

1999 年监狱被自治区政府授予“全区公务员规范化管理先进单位”；并分别被自治区司法厅和监狱局授予“人民满意的司法行政单位”和“人民满意的监狱”。

二监狱

ER

监舍

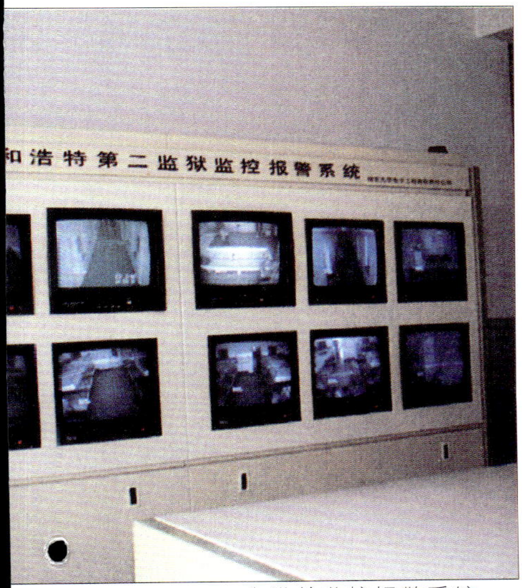

先进的监控报警系统

监狱外景

武警呼和浩特市

执行城市武装巡逻任务

落实"解困工程"改善官兵居住条件

哨兵

"讲学习、讲政治、讲正气"动员大会

党委中心组组织理论

支队

狠抓基层农副业生产，官兵的物质生活明显改善

科技练兵

苦练射击技能，确保首发命中

重视教学工作是党委一班人始终贯彻的重要方针

电脑实验室

内蒙古自治区公安干警学校、人民警察学校，是自治区培养训练公安干警的学府。干校始建于1948年，1953年正式定名为内蒙古自治区公安干部学校；1978年开始招收中专生，1980年自治区政府批准为“省部级重点中等专业学校”；1999年被国

内蒙古自治区 人民警

NEI MENG GU ZI ZHI QU

家教委批准为“国家级重点中等专业学校”。1992年荣立“集体三等功”；1999年被自治区政府授予“全区教育先进集体”称号。

学校占地200亩，建筑面积30 000平方米。学校现设公安、交通管理、法律三个专业。有教职工176人，其中高级职称15人；中级职称44人。有8个教研室，建有刑事照相、痕迹、计算机实验室、模拟驾驶室、机动车驾驶培训基地等。有手枪射击靶场和400米跑道的标准运动场。各科室配备了计算机，并已联网运行。

为了适应民族地区对蒙古族公安干警的需求，学校从1980年开设了蒙语教学班，全部课程

交通管理班学生上课

体育运动会

犯罪痕迹检验实验室

上射击课

都用蒙语讲授。20多年来，为自治区公安机关和兄弟省区培养输送了一批又一批蒙汉语兼通的少数民族干警。为此，学校多次被评为全区民族教育、民族团结进步先进集体。

50多年来，在自治区党委、政府、公安厅、自治区教委的领导和关

刑事照相课

察学校

怀下，学校坚持以教学为中心，以育人为根本和公安教育必须为公安工作服务的办学方针，逐步形成“忠诚、勤奋、求实、创新”的校风。警校人正以十足的干劲，积极进取，勇于开拓，为使学校的办学水平上一个新台阶而努力奋斗。

升旗仪式

照相实验室

交通事故现场勘查

内蒙古林业科学研究所

院长：杨俊平

国家林业局重点开放性实验室一角

环境绿化工程设计、施工的项目之一

花卉展厅

水生植物区一角

直属厂生产的纯银酒具

内蒙古国土资源勘查开发院

内蒙古国土资源勘查开发院，1998年8月由原内蒙古第一和第二地球物理地球化学勘查院联合组建而成。该院集科研、生产、开发于一体，是国家重点地质勘查及国土资源调查单位。

原内蒙古第一和第二物化勘查院是有着光辉历程的两支队伍，近几十年来，为国家发现大型矿产地7处，中型矿产地20余处，多次获国家、地矿部和自治区颁发的找矿奖、勘查技术奖和科技奖。

院总部下设：政工部、工会、院办公室、经济管理办公室等职能部门。

直属生产经营部门有：地质调查所、阿拉善左旗珠拉黄金开发有限责任公司、勘查技术总公司、竞发实业总公司（包括雅凤金属工艺厂、电子技术公司、汽修厂）、奥登电池工业公司、内蒙古大漠矿业有限公司。

现有职工1 497人，拥有物探、化探、地质、测绘、化验测试、电子、电算、经济管理等各类技术人员420人，其中高级职称50人，中级职称190人。

边防局副局长郭西钦检查指导工作

与基层签定“目标责任制”

内蒙古公安边防

规化远景

求真务实的党委一班人

内蒙古武警边防总队驻守在祖国北部4 200多公里的边防线上。它西起巴丹吉林沙漠的北部边缘，与蒙古国和俄罗斯毗邻，向东斜贯，一直延伸到额尔古纳河畔，号称“八千里边防”。

在这片38万平方公里的神奇热土上，生活着蒙、汉、回、达斡尔、鄂温克、鄂伦春等20多个民族。大漠、草原、森林、河流构成了特有的边塞风光和浓郁的民族风情。随着自治区沿边发展战略的实施，往日沉睡闭塞的边陲显示了无限的生机和活力。边境线上由50年代建立的二连、满洲里两个老口岸，迅速发展为西起阿拉善的鄂克东至呼伦贝尔的阿日哈沙特大小18个口岸。为了适应边境地

肩负起希望

科技扶贫

总队

草原军民情

为祖国站好岗

做好出入境检查工作

乐在军营

区改革开放的形势和边贸发展的需要，内蒙古防边总队所属12个团级单位充分利用对外联系和沟通的便利条件，扩大对外交往，大胆简化和改革验证程序，在警力不足和自然条件十分恶劣的情况下，加班加点，战严寒酷暑，为发展边贸、振兴边疆经济做出了应有的贡献。

内蒙古武警边防部队热爱人民、保卫边疆、建设边疆的精神风貌和英雄业绩，受到了各族群众的衷心爱戴全区各级党政领导的高度称赞。1990年以来，他们多次受到党和国家领导人的亲切接见。江泽民主席在满洲里国门上挥笔题词：国门卫士。给予他们极大鼓舞和殷切期望。

内蒙古电力科学研

院长：张兆亮

内蒙古电力科学研究院成立于1996年9月，由原内蒙古电力试验研究所和内蒙古电力建设调整试验研究所合并组成，是直属内蒙古电力公司的大二型企业。全院现有汽机室、锅炉室、系统所、高压室、电测室、热工所、化环室、金属室、基建调试所、焊接培训中心、科技信息室、编辑部共12个专业室（所）及内蒙古电力公司的锅炉压力容器检验、电力节能检测、SF6开关检测、电力建设工程检测、计量标准传递测试、环境检测、继电保护培训、科技信息等13个技术中心。拥有工程专业技术人员288名，15名国内同行知名专家，65名系统内同行技术拔尖专业人才。拥有相当规模的90年代先进水平的技术装备和80多个专业试验室，具备原电力工业部认证的火电工程类与送变电工程类甲

汽机室在丰电空冷塔测量风速

金属室工程技术人员在达电进行设备检修

究院

级调试资质。

该院以确保内蒙古电网安全经济稳定运行为己任，主要承担内蒙古电力公司技术监督、技术改造与服务、技术开发与新技术推广、技术信息四个中心的职能作用，承担200MW 及以上机组和 220KV 及以上网站的基建调试、在役机组的技术监督、技术改造、网局重点科研项目的开发与试验、新技术、新工艺、新检测设备的研制、推广及专业技术培训。严格遵循“服务承诺制”，并实施服务质量回访，受到区内外用户的信赖和好评。历年来，该院承接 200MW 及以上机组和 330KV 及以上线路，调试质量全部符合达标投产标准。

调试室在达电 1#、2# 机组调试中

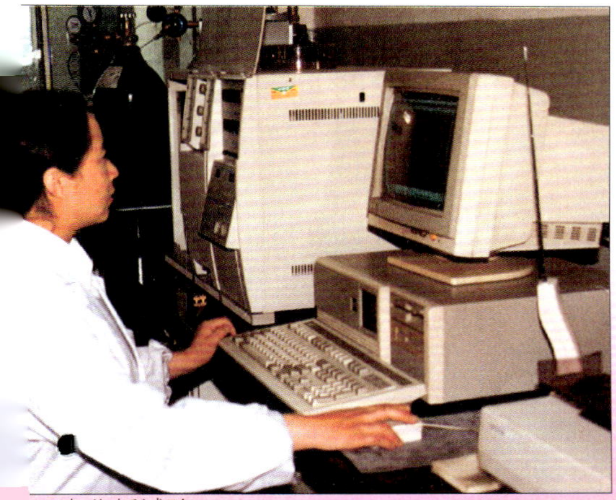

元素分析试验

进行锅炉燃烧在线监测研究

呼和浩特市交通局（方案）

呼和浩特市交通局办公楼

呼和浩特市监管处正立面

呼和浩特市监管处围墙

内蒙古自治区城市

NEI MENG GU ZI ZHI QU CHENG SHI GUI HUA SHI

内蒙古城市规划市政设计研究院成立于1984年，是自治区建设厅直属的以城市规划、市政工程、建筑工程设计为主的综合性设计单位。

该院技术力量雄厚，拥有多位自治区知名专家。专业门类齐全，拥有城市规划、给排水工程、道桥工程、建筑工程、供热工程、电气工程、工程造价、技术经济、计算机、财会等专业。全院职工 52 人，专业人员 48 人，其中拥有中高技

呼和浩特市武警中队办公楼

划市政设计研究院

G SHE JI YAN JIU YUAN

术职称人员41名。

内蒙古城市规划市政设计研究院技术装备齐全，拥有规划、市政、建筑等专业CAD系统软件、彩色喷墨绘图机、打印机以及其他文印、绘图、出图设备。计算机装备率90%，出图率100%。该院机构设置有：办公室、总工办、经营管理办、经济室、规划设计室、市政设计室、建筑设计室等。在二十一世纪，他们继续坚持“诚实守们，服务一流”的宗旨，竭诚为全区项目单位提供一流的设计服务。

院长：杨永胜　高级工程师　　总工程师：杨洪侠　高级工程师

电话：0471-6962796　传真：0471-6962796　邮编：010020　地址：呼市锡林南路12号

街景规划图

内蒙古自治区煤矿设计院

NEI MENG GU ZI ZHI QU MEI KUANG SHE JI YUAN

内蒙古煤矿设计研究院办公楼

内蒙古自治区煤矿设计研究院是建设部颁发的具有甲级设计资质的煤炭行业设计院。现有职工201人，其中，各类专业设计人员173人（高级职称71人，中级职称82人，初级职称20人），是自治区唯一以煤炭工业设计为主体兼有建筑、路桥、铁路、电厂等专业设计能力，并拥有工程承包、工程监理、工程勘测、工程技术咨询等公司。主要承担井工、露天、矿山工程，工业与民用建筑，各类矿选工程，煤化工，公路、铁路、桥涵、科技咨询、机械类工厂，城镇及工业总平面规划，工程勘察等工作。现有计算机48部、绘图机5台，硬件设备已具规模，领先自治区勘察设计行业。

从1958年建院以来，完成特大型、大型矿区（井，露天）可研、投标、咨询、开发方案等30余项，其它各类设计项目200多项，先后于美国柏克德公司、英格素兰公司、阿克公司；俄罗斯新西伯利亚煤矿设计院、圣彼得堡煤矿设计院；德国克虏伯公司、塔克拉夫公司、维特根公司；澳大利亚钢联公司、BHP公司等国内外二十多个院、公司进行了广泛的技术交流与合作。

近几年，不断探索新的领域，完成科研项目30多项。科研和工程设计获行业、地区奖14项，获国家奖两项。1997年被自治区评为全区勘察设计先进单位。1999年档案管理晋升为国家二级标准。涌现出各级先进集体、优秀个人200余人次，有3人享受国务院特殊津贴，10人获省部级先进，9人是省部级优秀高级工程师和拔尖人才。

地址：呼和浩特市新城西街43号
邮编：010010
院长兼党委书记：李民英
电话：6291140　6961166-300

院长：柴建华

领导班子

内蒙古水科院是自治区重点支持的农口院所之一。院下设5个研究所（农田水利研究所、水土建筑研究所、遥感技术应用研究所、水土保持研究所和水资源研究所），3个职能科室（办公室、计划财务科和人事科），3个业务科室（水土保持试验站、科技成果推广站、水利科技情报信息中心），4个科研基地。

水科院经过几十年的艰苦奋斗和刻苦钻研，取得了一系列先进、实用的科技成果。先后完成国家、自治区级的科研、推广、生产项目223项，获各类成果奖80多项次，其中获国家科技进步一等奖1项；国家自然基金四等奖1项；省部级一、二、三等奖29项，大多奖项达到国内领先水平，部分属国际先进水平。这些项目的推广，为自治区累计增产粮食45亿公斤，创经济效益32亿元，并取得了良好的社会效益。

内蒙古水利科学研究院

化验室可承担土工、水质等多项内容的测试

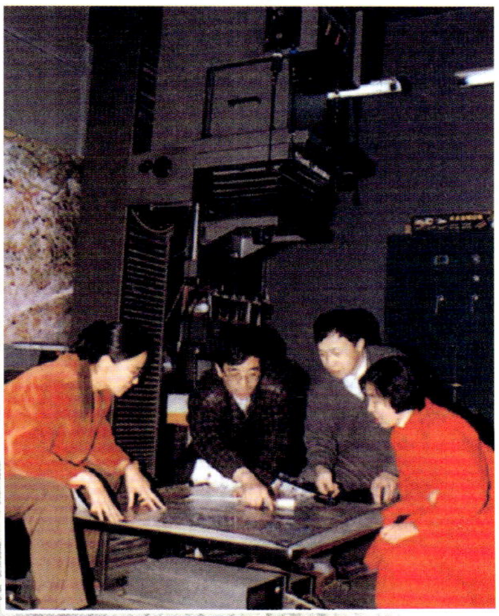

遥感技术在图像光学处理和水利遥感应用方面填补了自治区多项空白

内蒙古自治区水利水电勘测设计院

设计院成立于1956年，1987年国家批准为甲级水利勘测设计院。现有职工770人，其中技术人员490人（高级工程师73人，工程师210人，其他技术人员207人）。是副厅级勘测设计单位。

全院设有12个处级单位。目前有45个专业、18个工种从事水利水电工程及其它相关工程的综合勘测设计，从勘探测量到规划、设计，专业设置齐全，技术装备配套，是一个多功能的综合性水利水电勘测设计院。特别是在黄河多泥沙、游荡性的河段上修建取水工程，不论是工程布局、结构设计还是泥沙处理等方面，取得了成功的丰富实践经验。

内蒙古幅员辽阔，拥有118万多平方公里的土地，地跨黄河、海河、松辽三大流域。建院40年来，为充分合理地开发利用全区的水资源，进行了大量的勘测规划设计、工程咨询及工程建设监理，同时也从事建筑、电力、供水、航运等工程设计，先后完成勘测设计项目1 244项，其中规划167项，工程设计482项，科研50项，勘探测量545项。到目前为止，共有44项勘测设计、科研成果获得国家、自治区两级科技成果奖48次。

该院1989年开始推选全面质量管理，分别于1990年和1991年通过水利部和内蒙古建设厅达标验收和复查验收，“以质量求生存，以质量求发展”的意识愈益深人人心。目前正按照水利部统一部署，研究贯彻ISO9000系列标准，进一步建立健全和完善质量体系，使该院成为质量信得过的设计单位，提高在市场经济环境中的竞争力，为进入国际市场创造条件。

院长：戈锋

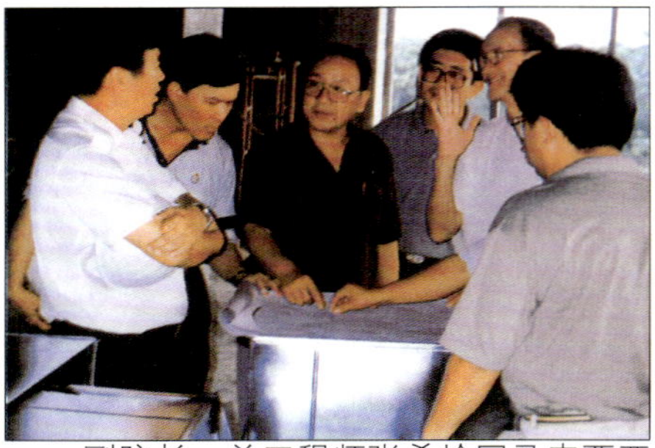

副院长、总工程师张希岭同马来西亚“绿野仙踪”董事、经理李金友先生现场研究船闸设计方案

总干渠

设计院主楼

红山水库

内蒙古自治区草原勘察设计所

草地资源研究

实地分析

内蒙古自治区草原勘察设计所成立于1980年，是自治区畜牧系统唯一持有国家建设部颁发的乙级工程设计资格证书的草原勘察设计单位。该所现有职工94人，其中高级工程师11人，工程师33人，其它科技人员27人。内部设有规划设计室、草地资源研究室、草地资源开发室、科技信息室、办公室等5个科室，其中包括计算机房及软件开发、编图制图、分析化验中心等。

该所汇集了草原、畜牧、农学、水利、土化、畜牧业经济等不同学科的专业人才。现任所长邢旗（研究员），是自治区有突出贡献的中青年专家。该所技术力量雄厚、技术装备良好。建所以来，重点完成了国家科委下达的第三次草地资源普查任务，承担完成了“中国北方重点牧区草地资源开发利用”、“黄土高原地区资源与环境遥感调查和系列制图”、“中国北方草地畜草平衡动态监测试点试验研究”、“内蒙古草地初级生产力动态及放牧强度与畜牧试验研究”、“内蒙古自治区农业综合开发草原建设项目规划”等农业部及自治区下达的科技攻关项目及工程项目。还参加西藏等兄弟省（市）部分地区草地资源调查及畜牧业总体规划，承担完成部分旗（县）土地利用现状调查及土地利用总体规划以及多项草地畜牧业项目的可行性报告等。建所以来获国家科技进步二等奖1项，农业部科技进步一等奖1项、二等奖2项，自治区科技进步奖一等奖1次、二等奖1次、三等奖多次；获农业部畜牧司、自治区区划办、畜牧厅等部门各种奖励多次。

自治区科委派员检查指导工作

牧场的良种畜

牧畜牧业示范项目区

呼和浩特市新

党组书记、院长　贺希格

院领导成员在研究部署工作

院长接待日（贺希格院长在接待来访群众）

新城法院位于首府呼和浩特市市区，辖区面积700平方公里，辖区内共有7个办事处，3个乡镇，人口近30万。全院共有干警112人，院领导5人，审判员30人，助理审判员32人，环节干部20人。院设有刑事审判庭（内含少年法庭）、民事审判庭、经济审判庭、立案庭、行政审判庭、审判监督庭、执行庭、人大审判业务庭，政治部、办公室、研究室、法警大队和纪检监察室13个部门。

1998年，新城法院荣获市级、区级“综合治理先进单位”、“政法战线先进集体”、“精神文明先进集体”、“民族团结先进集体”、“工作实绩考核先进单位”、“自治区档案管理特级先进单位”。

1998年以来，呼市新城区人民法院，以“抓队伍、树形象、抓学习、强素质、抓质量、保公正、抓管理、讲实效；争创一流人民法院”为目标，振奋精神，开拓进取，扎实有效地开展了“审判案件质量年”、“执行年”、“争创人民满意好法院”、“人民满意好法官”活动，为维护辖区内的稳定、繁荣作出了积极贡献，获得了较好的法律效果和社会效果。

城区人民法院

最高人民法院副院长刘家琛在新城法院视察工作

贺希格院长在举行“文明单位”挂匾仪式上讲话

999年，呼市市委、市政府授予新城法院市级“文明单
立”牌匾、证书

走上街头开展法律咨询活动

1999年，新城区人民法院被市委、市政府授予市级“文明单位”称号；被呼市人民政府授予“民族团结先进集体”称号。在“树立首府意识，争创一流人民法院”活动中，新城法院被呼市中级法院评为“三级达标单位”，副院长杨有山、范启瑛荣获“个人三等功”；在“三十佳”评选活动中，法警李继国、侯杰获市委、市政府“见义勇为”奖，并获“见义勇为，勇敢市民”称号。

内蒙古林业勘察设计院

内蒙古林业勘察设计院座落在呼和浩特市五塔寺东街，东邻繁华的内蒙古电力新村，北靠景色秀美的青城公园。

是国家级林业调查规划甲A级并具工程设计资质的综合性设计院。发展的历程催人奋进，成功的篇章激动人心。50年间，勤劳的足迹踏遍自治区的东南西北，辛勤的汗水洒遍塞外北疆，为自治区的林业事业做出了卓越贡献！

从大兴安岭的茫茫林海，到阿拉善的万里戈壁，在荒芜的山上，在贫瘠的地上，到处播下希望的种子，到处扬起希望的碧浪。被人誉为世纪工程的“三北”防护林建设、全区的森林资源清查、林业区划……，设计院树起了一座座金光闪闪的丰碑。林业行业是公益性事业，而且也是相当艰苦的行业，身背肩扛、风餐露宿、穿林海、过沼泽……50年的历史和实践表明：设计院成功的诀窍是不怕苦、不怕累、勇于奉献；不畏艰、不畏险，积极进取。

设计院拥有先进的技术装备和雄厚的技术实力，可以承担完成森林资源调查规划、林业发展战略规划、林业区划、总体设计、资源监测、沙漠普查与治理规划、道桥设计、工程勘察设计、林产工业设计、工业民用建筑设计、城镇园林绿化设计等。

地址：呼和浩特市玉泉区五塔寺东街九号

电话：5967517

传真：5967542

邮编：010020

与德国专家就德国财政援助项目进行洽谈

向自治区副主席张廷武介绍林业勘察情况

院长：纪仁生

陪同日本专家进行协力基金贷款项目考察

处长　李俊英

新华广场位于呼和浩特市中心，自治区成立五十周年大庆之际，由政府投资进行了改造扩建，新建了国旗台、舞台、喷泉、草坪等市政设施，更新了广场地面，总面积达到37 489平方米，绿地面积14 200平方米。为了有效地维护和管理好新华广场，于1997年9月28日成立了新华广场管理处，具体负责新华广场的各项管理工作。

新华广场管理处齐心协力、艰苦拼搏，通过近两年努力，使新华广场从原来的脏、乱、差发展到现在的井然有序，成为呼市对外的一个文明窗口，并锻炼出一支素质高、业务硬的城建监察队伍，为自治区、呼市两级党、政、军举办大型活动提供了便利条件，同时也为广大市民休闲娱乐提供了舒适场所。随着不断增长的经济和文化生活需要，新华广场将发挥应有作用，充分展现自治区的雄姿。

呼和浩特市
新华广场管理处

新华广场全貌

中国农业机械化科学研究院

呼和浩特分院

呼和浩特畜牧机械研究所全貌

中国农业机械化科学研究院呼和浩特分院(机械工业部呼和浩特畜牧机械研究所)是我国唯一以畜牧机械、风力机械与农副产品深加工为主要研究对象的综合性科研机械。

分院座落在呼和浩特市昭乌达路506号，占地面积100 000平方米，拥有固定资产4 000万元，现有专业技术人员208人，其中高中级职称165人。分院在海拉尔、和林及赛汉塔拉设有科学试验和检测基地。另外，分院还是全国风标会、中国农业机械学会畜牧机械学会、机械工业畜牧机械产品及风力机械产品质量监督检测中心的挂靠单位。

分院主要从事的专业研究领域有：草原生态环境治理；牧草种子收获与加工技术及装备；饲草料收贮与加工技术及装备；农副产品深加工技术及装备；风能、太阳能应用技术及设备；机械工业环境技术研究及自动化控制等专业。

建所以来，共完成各类科研技术开发项目662项，大部分在生产中得到应用，其中获国家级、省部级科技成果奖65项，为我国畜牧业发展做出了贡献。分院将在实施西部大开发中发挥科技优势，为把内蒙古建设成为北方重要的生态防线、农畜产品和绿色产业开发区、能源和原材料重型产业开发区发挥积极作用。

单位法人：杨世昆　联系电话：0471-4961275　传真：0471-4951307
邮政编码：010010　电挂：0657

科研人员在草原做试验

呼和浩特市规划管理局

HUHEHAOTESHIGUIHUAGUANLIJU

局长：刘润民

局领导班子（左起：成改芝、吴建民、刘润民、王超平、周强）

呼和浩特市规划管理局，是隶属市建设局的副处级二级事业单位。

市规划管理局设有办公室、政工科、建设规划管理科、综合技术档案科、工程规划科、用地规划科、村镇规划管理科、法规监察科、规划监察中队、城市规划设计院。

主要职能：承担市政府赋予的城市规划管理；贯彻《中华人民共和国城市规划法》及有关规划管理的方针、政策；负责为市人大、政府起草地方性规划管理法规；负责本行政区域内城市规划区的建设用地、建设工程实施统一规划管理；组织编制城市分区规划、详细规划和城市设计；审查城市详细规划；依法对城市规划区内建设用地规划和建设工程规划进行检查指导；查处违反城市规划建设的行为，办理法定的“一书两证”。目前，有工程技术人员74人，其中高级技术职称8人，中级技术职称25人；具有大专以上学历的71人，占总人数的44%。职工队伍知识化、专业化和年轻化特征比较显著。

奖　状

呼和浩特市规划管理局

你单位完成的“呼和浩特地区传统建筑风貌保护的研究”项目荣获一九九八年度建设部科技进步三等奖，特此鼓励。

一九九八年十月

（编号：98-3-321）

呼和浩特市

城市环境综合整治管理办公室

呼市城市环境综合整治管理办公室全系统现总人数740人。其中办机关行政编制35人，内设综合业务科、执法督查科、宣传科和办公室。并根据职能划分下设城管综合执法支队、机动纠察大队、环境监理处和机关事务中心等二级单位。其中执法支队下设五个执法大队和一个机动执法大队。

呼市城管办自成立以来，在市委、市政府的正确领导下，在各有关部门的支持配合下，通过对内科学管理、严格约束，对外依法治市、文明执勤，各项工作都取得比较显著的成绩。在迎接内蒙古50年大庆，欢迎江泽民总书记视察内蒙古等工作中做出了突出贡献，得到各级领导和广大市民的一致好评。1999年有3个下属单位被评为区级文明单位，一个单位被评为市级文明单位，城管办被授予“社会治安综合整治先进单位”和“社会扶贫先进单位”以及“双拥”模范单位。

整顿大中小学校周

副市长杨仁选在城管办联谊会上发表讲话

举办“迎新创卫”先进人物事迹报告会

视

实职领导考核大会

办公场所

城管执法队员整治“六乱”和“五马闹市”

帮助贫困村建立的新校舍

治明、张久居，市委巡
组书记康存耀，副主任
秀

领导班子研究种子工程

前进中

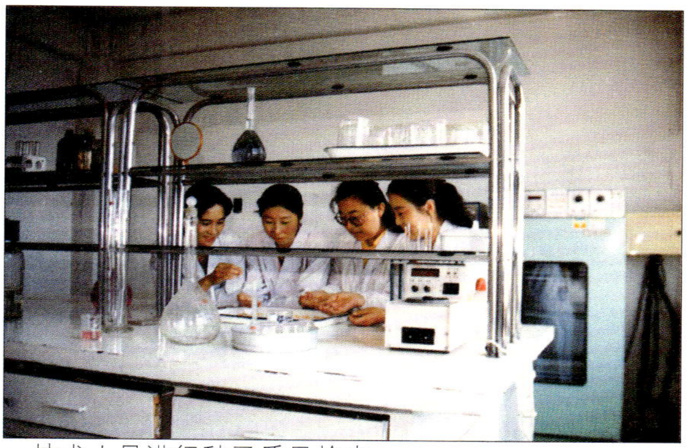

技术人员进行种子质量检查

内蒙古种子产业

内蒙古自治区现有种子管理站42个，其中自治区级1个，地县级41个。有自治区、盟市、旗县三级种子公司91个，有职工3 800人。有国有良种场64个，职工7 800人。

全区有原种生产基地2.5万亩，有良种生产基地125万亩，年产良种4亿公斤，国有种子部门年供种量近1亿公斤，以旗县种子站（公司）为龙头，国有良种场为骨干基地，种子基地乡、村、户为基础的良种服务体系已具备一定规模。1999年，全区实现精选标牌销售率100%，“两杂”种子统供率98.6%，良种覆盖率86%，种子包衣技术推广2 300万亩。种子检验的基础设施有了显著改善，全区有种子检验仪器设备1 200多台（件），自治区种子监督检验中心已建成交付使用。全区有种子库11.3万平方米，晒场11.6万平方米，有大中型种子烘干加工厂11座，种子生产、加工、检验、储藏能力已初具规模。

呼和浩特市建设局

呼和浩特火车站

街心花园

新华大街

绿化后的新华广场

呼和浩特市建设局是市政府城市规划、建设的行政主管部门，下属28个单位，主要负责城乡规划的编制和实施，负责村镇建设、市政、公用基础设施建设和环卫设施建设与管理等项工作。

在市委、市政府的领导下，局领导带领全体职工锐意进取、真抓实干，使呼市的城市规划、建设有了长足的进步。逐步成为座南联北开、外引内联、多功能、开放型的现代化开放城市。特别近几年，各项建设按照城市总体规划的要求有序发展，今天的城市面貌已焕然一新。建城区面积78.4平方公里，城市道路总长度395.6万平方米；城市永久性桥梁建成14座、城市公共交通运营车辆301辆；运营线路30多条，路网长度288公里；市区有大型公园、植物园6座，各类小游园20座；城市公共绿地总面积466.76公顷，人均公共绿地面积6.18平方米，建成区绿化覆盖率27.03%；城市供水综合生产能力38.44万立方米/日；已铺设地下排水管网402.11公里；已建成级处理15万吨/日能力的污水处理厂一座；城市管道煤气家庭用气户达到7万多户；已形成集中供热能力667.48平方米。

为使城市建设更好的为经济建设服务，适应人民群众的生活需求，该局正在努力工作，使呼市今后的城市规划、建设工作更上新台阶。

呼和浩特市人民政府拆迁管理办公室

呼和浩特市作为自治区政治、经济、文化的中心，正在以一个崭新的姿态呈现于世人面前。面对首府宽阔的道路、林立的高楼、繁华的市场，回想昔日房屋低矮、道路狭窄的旧貌，这些巨大变化中凝聚着建设者夜以继日的辛勤血汗，更凝聚着呼市人民政府拆迁管理办公室干部、职工无私的奉献。

随着首府现代化建设步伐的加快，拆迁任务日益繁重。1996年重新组建成立呼和浩特市人民政府拆迁管理办公室，升格为准处级，行使全市拆迁主管部门的职权。内部设置政工科、行政办公室、人劳科、财务科、管理科、安置科、裁决科、信访科、保卫科、拆迁监察大队10个科室、队，机关工作人员67名。四年来，在重点工程、拓宽道路、旧城区改造、安居工程、市政设施拆迁等方面圆满完成各项任务，累计注册拆迁项目450项，办理《拆迁许可证》450项，经市拆迁办初审报建设厅批准有资质证书的拆迁企业9家，拆迁总户数52 043户，拆迁总面积2 197 912.84平方米，建筑面积1 301 077.44平方米，拓宽道路54条；接待来信来访案件5 000余次，依法裁决纠纷520余起，妥善协调解决拆迁纠纷近万余次，树立了群众满意的公仆形象。

制定了党建工作制度和各项内部管理制度，规范了工作程序，增强了工作透明度，加大了对拆迁市场的管理力度，推进了拆迁市场科学化、合理化、程序化进程。领导班子以远见卓识的眼光成立了瑞光房地产开发公司、呼市拆迁代办处、三产办三个经济实体，与财政脱钩，减轻了国家负担，自创自收，适应了机构改革的需要，为今后的发展奠定了坚实基础。

主任：苏瑞

拆迁办领导在锡林郭勒路拆迁现场

参加城建系统“庆祖国五十年华诞”文艺演出

内蒙古农牧业机械化研究所是为自治区农业的发展提供先进技术装备、技术开发和技术服务的专业研究机构。1994年在自治区44家农业科研院所综合实力评估中排名第七。按照自治区科技体制改革关于保留和强化优势专业的原则，将强化三个研究方向：第一，研究攻关开发种植业机械装备技术，为种植业的各环节提供可靠、适用的机械装备，同时研究攻关开发牧草种植到收获、运输、畜产品采集、加工等一系列环节的畜牧机械装备和技术。第二，为农副产品的后期加工、深加工提供装备与技术，使农副产品从原料价值升值为高附加值的农副产品终端产品。第三，围绕国家对西部大开发经济战略的实施及自治区农业结构的调整，依据国家对农牧业机械化发展的方针政策，制定出自治区农牧机械发展的中长期规划，研究提出我区农牧机械发展的方法、措施和步骤，根据农牧业生产中诸多自然因素及农艺要求提出适用机型与设备，同时提供最佳的机械化工艺方案。

自建所以来，共完成科研成果117项，其中国家有关部委18项，自治区、呼市有关部门81项，横向联合开发18项；获各种科技成果奖26项，其中省部级二等奖5项，三等奖10项，四等奖3项，获部门奖8项。

内蒙古农牧业机械化研究所

引黄工程初步设计审查会现场

引黄工程土建招标现场

引黄工程利用日元贷款招标现场

呼和浩特市引黄供水工程项目部

引黄项目部主任赵广华副市长为引黄工程开工奠基讲话

呼和浩特市引黄供水工程是利用日本国际协力银行贷款的城市供水项目。是从根本上解决呼市工农业生产和人民生活用水困难的生命工程。多年来，在国家、自治区、呼市各级党政领导及政府有关部门的关注和重视下，经过多方配合协作，国家计委已于1993年3月正式批准立项，1998年4月国家计委以计投资［1998］634号文批准开工。根据呼市人民政府1998年77次常务会议，成立“呼市引黄供水工程项目部”，项目部主任由赵广华副市长兼任，副主任由郑绥生（市建设局副局长）、王海生（市自来水公司副经理）兼任。

副主任郑绥生在引黄工程开工奠基现场讲话

呼市引黄供水工程自1998年8月开工建设以来严格按照国家有关规定，始终坚持“百年大计、质量第一”的建设宗旨，本着“公正、公平、公开”的原则，在有关部门的支持、帮助、监督下，对开工的工程建设项目全部进行了招投标工作。至1999年底引黄工程建设完成工作量2亿多元。

黄河岸边取水泵站围堰合拢施工现场

中国人民银

呼

党委书记、行长：赵志华

第一次全体职工大会

中国人民银行呼和浩特中心支行成立揭匾仪式

浩特 中心支行

中国人民银行是中华人民共和国的中央银行，是在国务院领导下制定和实施货币政策、对金融业实施监督管理的宏观调控部门。根据国务院关于人民银行机构改革的总体部署，人民银行呼和浩特中心支行于1999年1月1日成立。其基本职责是：按照国家有关法律、法规和方针、政策，根据总行和分行的授权，对呼和浩特市金融机构进行监管。作为首府城市呼和浩特中心支行，领导和管理全区国库经费、支付清算、现金发行、金融统计、安全保卫等金融服务类业务和外汇、外债工作。一年来，人行呼和浩特中心支行认真履行职责，严格监管，强化服务，有效保证了全区金融业的安全稳健运行，为全区国民经济的持续健康快速发展做出了贡献。

席云布龙、副主席周德海慰问年终决算的工作人员

行长赵志华（左三）陪同人民银行天津分行行长刘崇明（左一）在人行呼和浩特中心支行营业部检查指导工作

银行科技处电脑室

中国银行 内蒙古自

BANK OF CHINA

中国银行内蒙古自治区分行成立于1980年1月，办理外币存贷款；对外贸易和非贸易结算，汇兑；人民币存贷款、结算；外汇买卖；本外币个人储蓄；发行和代理发行有价证券；外汇担保和见证；征信调查和咨询等全方位金融业务。下辖13个二级分支行、22个支行、3个办事处、101个分理处、149个储蓄所，与中国银行总行的30多家海外分支机构及100多个国家和地区的200多家银行建立了代理行关系，与伦敦、巴黎、东京、法兰克福、纽约、香港6大金融中心建有直接的清算往来，拥有信用卡特约商户800家，各项人民币存款余额106亿元，外汇存款余额2.1亿美元，各项人民币贷款余额75亿元，外汇贷款余额3.2亿美元。

分行愿以日益增强的资金实力和更加优质、高效、多功能、全方位的金融服务，为自治区的经济腾飞再作新贡献。继续与社会各界携起手来，共同开创自治区经济和社会发展的美好明天。

区分行

储蓄营业厅

分行营业厅

中国工商银行内蒙古自

党委书记、行长：　贺福元

1999年，中国工商银行内蒙古自治区分行认真贯彻执行党的十五届四中全会精神和国家经济金融方针政策，提出并实施了《关于进一步提高全行信贷资产质量的决定》和《关于进一步加强优质规范服务的决定》的“两大战略”，制定了近年全行经营发展的总体设想和信贷、资金营运、财务管理、劳动人事、稽核监督、优质规范服务等十项改革措施，形成了“两大战略”、“十项改革”的经营体系。

全行继续实施集约化经营，大力筹集资金，壮大了资金实力。到年末各项存款增加41亿元，其中：对公存款增加15亿元，储蓄存款增加26亿元。中间业务发展迅速。信贷管理进一步加强，调整结构，拓宽市场，正确把握信贷投向，不断扩大“三个延伸”，确保贷款投向效益好、低风

党委一班人（左起：纪委书记王鸿杰、副行长李宝玲、行长贺福元、副行长娜日苏、李长命）

区分行

分行领导深入基层营业网点调查研究

险的优良客户或项目。全年新增各项贷款41亿元，积极实施“投一促二”战略，有力地支持了自治区经济的持续、快速、健康发展。

工行内蒙古分行强化内部管理、从严治行，加大稽核检查力度，积极开展执法监察，“三防一保”取得成效，实现第六个安全年。全行精神文明建设硕果累累，“三讲”教育深入开展，强化了党建工作和优质规范服务工作，健全了党风廉政建设责任制，纳入综合目标管理。

新的世纪、新的机遇、新的挑战，赋予了新的使命。我们有信心、有决心，继往开来，团结奋进，再创辉煌，为西部大开发战略的实施和自治区经济的腾飞做出新的贡献。

全区二级分行长会议

开展优质规范服务，为客户咨询答疑

内蒙古自治区无线电管理委员会办公室

自治区副主席云公民主持召开全区无线电管理工作会议

举行法制宣传，为社会各界开展无线电管理咨询服务

主任：李生义

随着自治区国民经济和社会事业的蓬勃发展，内蒙古的无线电通信事业呈现出突飞猛进的发展势头。目前全区各类通信网：广播电视、短波、微波、卫星、寻呼等无线电发射设备保持较稳定的发展，蜂窝移动通信发展十分迅速，综合通信能力显著增强。无线电通信设备的数量每年以50%的速度递增，各类无线电台站总数已达到50余万部，20余种无线电业务广泛应用于各个部门和行业。无线电事业的发展，对于开发利用自然资源、繁荣民族文化、发展边疆经济和促进社会稳定发挥了重要作用。几年来，自治区无线电管理工作始终坚持“为中央首脑机关服务，为国防建设和经济建设服务，中心是为经济建设服务”为宗旨，认真贯彻“科学管理，促进发展”方针，在加强队伍建设、法制建设和技术设施建设上取得可喜成绩；在维护空中电波秩序、合理开发利用频谱资源、保证各种无线电业务正常进行，保障通信安全、促进自治区国民经济发展等方面做出了重要贡献。

工程技术人员对呼和浩特机场进行电磁环境干扰测试

无线电监测站人员在查找干扰源

ZHONG GUO NONG YE YIN HANG
NEI MENG GU ZI ZHI QU FEN HANG

中国农业银行
内蒙古自治区分行

党委书记、行长：彭金友

1999年在农行的支持下，大灾之年全区农业再夺丰收

靠优质文明服务擦亮农业银行牌子

以战略的眼光与企业建立新型合作关系

中国农业银行内蒙古自治区分行自1979年7月1日恢复设立以来，以服务于自治区城乡经济建设为己任，不断壮大自身实力，拓展业务范围，丰富服务功能，改善服务水平，现已成为自治区实力雄厚的全方位发展、多元化服务的现代化国有商业银行。

多年来，内蒙古分行致力于支持自治区城乡经济的快速发展，以不断壮大的资金实力为自治区经济建设注入强有力的信贷支持。到1999年末，已拥有170亿元存款、240亿元贷款的内蒙古农行，在巩固传统业务领域的基础上，又以雄厚的资金实力介入业务新领域。在进一步加大对农村电网、水利、城镇建设投入，支持资源优势转换，扶持起伊利、兴发、华蒙金河以及宁城老窖集团等一批农牧业产业化龙头企业的同时，又打破行业、所有制界限，积极开拓能源、电力、交通、住宅等基础设施行业，渗透第三产业和社会消费领域，成为支持自治区城乡经济发展的主要力量。

内蒙古自治区分行拥有覆盖广泛的服务网络，1800余个网点遍布自治区城乡；办理人民币、外币存、贷款和汇兑、结算业务；储蓄存款实现通存通兑；电子联网使国内资金汇划一日到帐；金穗卡结算方便，一卡在手，畅游城乡；代理保险、代收水电费等多种代收代付业务的发展方便了千家万户。

领导班子成员：左起副行长赵培方，行长卢纯才，副行长包万福、贾楞

中国农业发

内蒙

党委书记、行长：卢纯才

认真贯彻“敞开收购、顺价销售、封闭运行”三项服务，积极支持地方粮油收购

中国农业发展银行内蒙古分行成立于1995年2月。主要业务经营：发放和管理粮棉油收购、储备、调销贷款及费用和建仓贷款；办理中央和地方财政粮棉油各类补贴资金的拨付；办理开户企事业单位的存款和结算以及人民银行批准的其它业务。

五年来，在总行和自治区党委、政府的正确领导下，认真贯彻落实党中央、国务院的各项方针政策和总行的政策规定，切实加强了收购资金管理，累计发放收购贷款292亿元，收购粮食油料312亿斤，有力地支持了自治区农村经济的发展。同时坚持两手抓、两手都要硬的方针，进一步加强了全系统党的建设和精神文明建设，为全行收购资金封闭运行工作提供了组织保证和精神动力。

银行
自治区分行

合理调度资金，确保收购资金及时定额供应

国家开

GUOJIAKAIFAYINH

国家开发银行是国务院直接领导的政策性金融机构，成立于1994年，注册资金500亿元人民币。国家开发银行的经营方针是：按照国家法律、法规和国家宏观经济政策、产业政策、区域发展政策，筹集和引导境内外资金，重点向国家基础设施、基础产业和支柱产业项目以及重大技术改造和高新技术产业化项目发放贷款。总行设在北京，国内设有27家分行、总行营业部和香港代表办事处。

国家开发银行成立五年来，对自治区的经济发展给予大力支持。至1999年底，开发银行在自治区的贷款项目102个，贷款余额236亿元。经中国人民银行批准，国家开发银行呼和浩特分行于1999年12月22日正式成立。新成立的国家开发银行呼和浩特分行，将继续加大对自治区基础设施、基础产业和高新技术产业项目建设的支持力度，努力防范和化解金融风险，确保金融安全。

行长：冀忠实

发银行呼和浩特分行

UHEHAOTEFENHANG

冀忠实行长带领全体领导班子成员研究工作

国家开发银行先进科室计财处

呼和浩特市商业银行

呼和浩特市商业银行是根据《中华人民共和国商业银行法》、《中华人民共和国公司法》和有关金融法律、法规的要求，经中国人民银行批准，在呼市原有城市信用社的基础上，由地方财政、企业法人和自然人共同发起设立的地方性股份制商业银行。

该行成立于1999年11月19日。至目前，有13家支行，营业网点60个，员工723人，资产总额为15.5亿元，存款余额11.48亿元，贷款余额4.87亿元。经营范围包括：吸收公众存款；发放短期、中期和长期贷款；办理国内结算；办理票据贴现；发行金融债券；代理发行、代理兑付、承销政府债券；买卖政府债券；从事同业拆借；提供担保；代理收付款项及代理保险业务；提供保管箱业务；办理地方财政周转使用资金的委托贷款业务以及经中国人民银行批准的其他业务。

商业银行成立后，克服原城市信用社规模小、经营成本高、业务局限性大、竞争力差、支持地方经济发展力度不够等问题，与国有商业银行相比具有明显的优势和广阔的发展前景：一是地方性商业银行能够得到地方政府和各有关部门的大力支持与帮助；二是具有灵活的经营和管理机制；三是确立了合理的市场定位，提出了“青城人自己的银行”的口号，加大了对中小企业及个体私营企业的扶持力度；四是构筑了优质、高效的客户群体，逐步壮大了资金实力；五是国家西部大开发战略的实施及地方交通、能源、生态、环境、通讯、城建等基础建设的长远规划，给商业银行业务的发展带来了历史机遇；六是商业银行成立伊始，即高起点、高标准地加大科技投人，能在短时间内实现管理科学化、业务多元化、经营规范化、手段现代化。目前，已投资1 000多万元购置了先进的计算机系统，并培训了技术人员，为实现业务上网点的通存通兑打下了基础。

董事长、行长：杨成林

副行长：白剑国、靳生荣、王振坤、白文明

内蒙古科技馆

法人代表 于平

全国人大副委员长布赫，自治区政协主席千奋勇在内蒙古科技馆参观科技新产品展览

自治区党委副书记乌云其木格（中）参观《红岩魂》展览

内蒙古科技馆是全国较早成立的科技馆之一，于1983年12月15日正式开馆。作为社会公益性科普场馆，十几年来在自治区党委、政府和社会各界的重视和支持下，在自治区科协党组的正确领导下，始终坚持为社会服务，为广大科技工作者服务，为自治区经济建设和精神文明建设服务的宗旨，全面开展了科普展览、科技培训、科技人才交流、科技信息交流和科普影视宣传等业务工作。

到目前，已举办普及科学知识，开发青少年智力，弘扬科学精神为主要内容的科普展览136次，参观人数达127万人次，开办普及多种实用技术及各类外语培训班500多期，培养近2万多学员；摄制各种科普题材内容的专题片60多部，新闻片200多条；接待各学会、协会、研究会等学术团体举办的学术交流会200多次，同时为20万名科技工作者参加各种联谊，科技沙龙及健身活动提供了优质服务。为实施"科教兴区"战略，推动科学技术的繁荣发展，宣传普及科学文化知识，提高自治区各族人民的科学文化素质，以及在促进科学技术向生产力转化等方面发挥了重要作用，赢得了广泛的社会赞誉。

馆内设有的多功能展览大厅，多媒体计算机教室，电化语言教学，信息交流、学术交流厅、各种规格的会议室，图书阅览室及科技人员健身厅全面向社会开放，竭诚为社会、广大科技工作者和青少年朋友服务。欢迎社会各界光临并给予鼎力支持！

地址：内蒙古呼和浩特市新华广场西侧
电话：(0471)6964482
邮编：010020

内蒙古煤田地质局

党委书记、局长　王振林

钻塔下忙碌的地质勘探工作者

该局开辟的机械化农场

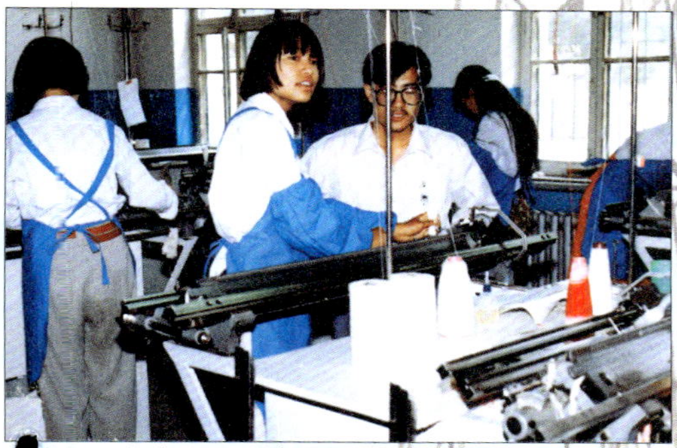

该局开发的东升羊绒制品有限公司

内蒙古煤田地质局是自治区唯一一支承担全区境内煤炭资源勘探的专业队伍，是全额拨款相当于副厅级事业单位，隶属于自治区煤炭工业局。局下属8个地质勘探队、1个科研所、1所煤炭工业技术学校、1个煤田地质基础工程公司和一个劳动服务公司等12个正处级二级单位，分布在伊盟、呼盟及呼市、包头、乌海、赤峰、通辽等二盟五市，全局7 200人。

建局近50年的历程中，广大地质工作者走遍自治区每一个角落，共发现和勘探了近200个规模不等的煤田及煤产地，比较著名而且已被开采的大煤田有大雁煤田、扎赉诺尔煤田、霍林河煤田、伊敏煤田、宝日希勒煤田、免渡河煤田、大青山煤田、葫芦斯太煤田、乌达煤田、卓子山煤田、准格尔煤田和东胜煤田。在全区累计探明的2 260亿吨煤炭储量中，煤田地质局提交的煤炭储量为2 000亿吨，占88.5%；在已探明的可供建井的精查储量216亿吨中，煤田地质局提交了200亿吨，占96.6%，为自治区和国家的能源建设做出了不可磨灭的贡献。局所属一〇九地质队和一一七地质队分别命名为国家级和部级功勋地质队。

内蒙古电力集团有

万家寨水利枢纽

辉腾锡勒风电场

调度中心

装机容量120万千瓦的丰镇发电厂

限责任公司

丰沙５００千伏超高压输电线路

呼和浩特发电厂２×20万千瓦机组的建设工地

装机容量4×30万千瓦的蒙达发电有限责任公司

内蒙古电力（集团）有限责任公司系特大型国有企业，主营电业，兼营多种产业，固定资产221亿元，员工5万余人。至1999年底，直属装机容量431万千瓦，其中风力发电装机4.58万千瓦，年发电量213.7亿千瓦时，东送电量66亿千瓦时，年实现利税8.85亿元。多种经营收入15亿元。公司获得全国全面质量管理先进企业、全国思想政治工作优秀企业称号。

内蒙古煤炭资源异常丰富，为把潜在的资源优势转化为现实优势，自治区根据国家能源开发重点西移政策，确立了煤电转换战略，将电力工业作为先导产业和支柱产业予以支持。特别是20年来的改革开放，公司从小到大，由弱变强，陆续建成了丰镇、达拉特等超百万电厂和丰沙、达丰、丰大500千伏超高压输电线路，标志着内蒙古电力工业跨上了大机组、大电厂、大电网、高参数、高自动化的新台阶。

跨入二十一世纪的内蒙古电力工业将以改革为动力，高举邓小平理论伟大旗帜，认真学习贯彻十五大和十五届四中全会精神，始终瞄准国内一流电力企业目标，抓住国家西部大开发战略机遇，再造自治区煤电转换新优势。

自治区党委书记刘明祖视察

内蒙古伊诗兰

董事长：苏世雄

内蒙古伊诗兰雅羊绒制品有限公司成立于1994年8月，是在呼和浩特隆盛绒毛厂的基础上发展壮大起来的一家合资企业。公司总部位于呼和浩特市如意开发区，总投资8 800万元，其中固定资产投入3 800万元，自有流动资金5 000万元。生产设备是90年代西德、意大利、日本等国的最新羊绒生产机械。公司生产羊绒系列产品，以嵌花兰绒衫和高档轻薄羊绒内衣为主，兼有羊绒大衣、围巾、套裙等产品，同时生产高档舞台艺术表演时装。

产品原料选用内蒙古鄂尔多斯高原闻名于世的纤维宝石——阿尔巴斯白山羊绒。产品质量经自治区质检部门认定符合国家部颁标准。“伊诗兰雅”羊绒系列产品被自治区技术监督局授予“内蒙古自治区工业产品质量免检”称号。为了在激烈的竞争中处于不败之地，公司抓住机遇，率先引进当今世界上最先进的西德STOLL电脑横机，开发并研制了高档精纺轻薄羊绒内衣、衬衣等系列产品，现已投放市场，使羊绒衫不再是冬季的专利。

1998年“伊诗兰雅”羊绒衫被自治区政府和自

治区工商局授予“名牌产品”光荣称号。1998年7月，自治区政府授予该公司“发展个体私营经济跨世纪亿元工程企业”。1998年11月，公司被自治区统战部、自治区工商联合会授予“抗洪扶危济困踊跃捐助先进集体”。1998年12月，自治区著名商标认定委员会认定“伊诗兰雅”为“著名商标”。1998年末企业率先通过ISO9002国际质量体系认证。1999年11月，自治区党委、政府授予“内蒙古自治区先进私营企业”。1999年11月29日，“伊诗兰

羊绒制品有限公司

雅”羊绒衫被国家技术监督局和自治区技术监督局授予“采用国际标准产品标志”。

企业的发展离不开优秀的带头人。公司董事长苏世雄两年来先后被授予“内蒙古自治区青年企业家”、“内蒙古自治区青年实业家”、“内蒙古自治区青年民营企业家”等荣誉，并当选为自治区政协委员和呼和浩特市人大代表。

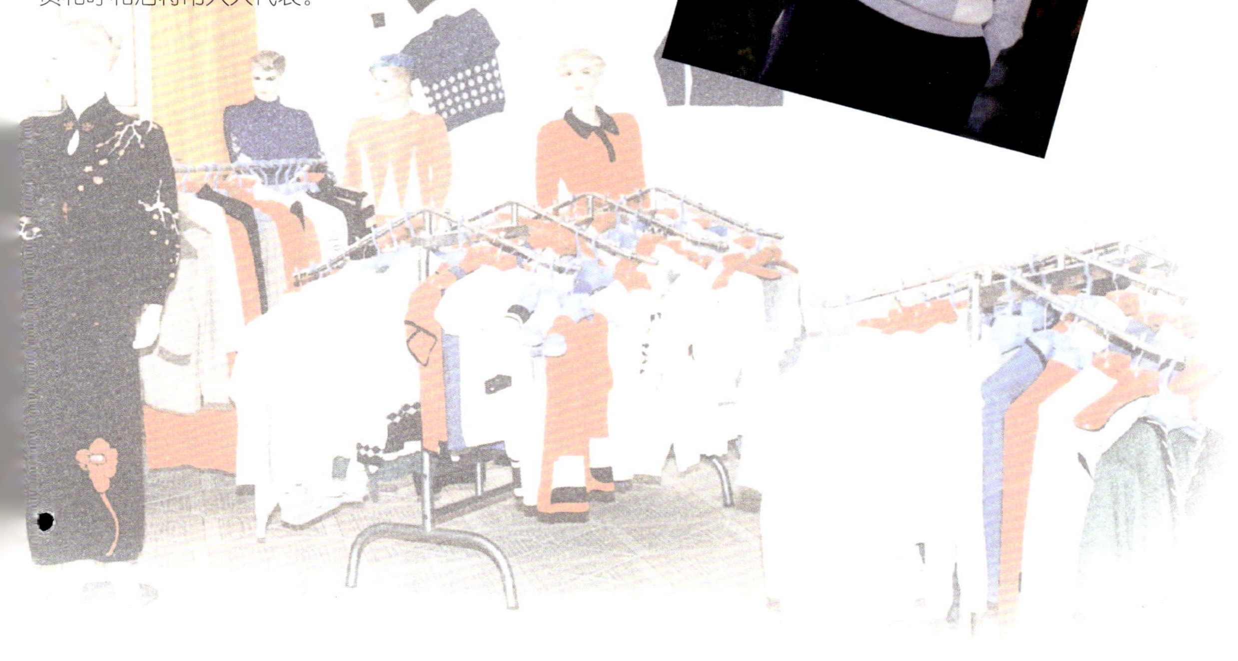

呼和浩特市交通运输科学技术研究所

呼和浩特市交通运输科学技术研究所成立于1978年，以从事汽车交通运输应用研究为主。随着改革开放和科技体制改革的深入发展，在首任所长、现自治区副主席云公民的倡导下，1986年该所引进日本全电脑安全性能检测线，建成自治区第一个现代化的汽车检测站；同年引进美、日发动机测试仪、底盘测功机等综合测试设备，建成汽车产品质量和营运汽车性能监督检验中心；1991年引进西北工业大学全电脑安全性能摩托车检测线，建成摩托车检测站。十二年来，共累计检验各类机动车20余万辆次，获得良好的经济与社会效益，摘掉了靠“国家补贴，吃事业费”的帽子，走出一条自我发展的改革新路。同时，该所1990年引进美国切诺基汽车维修技术，建成北京Jeep特约维修中心，1991年建成广州标致汽车售后服务中心，1997年又建成南京依维柯汽车特约维修中心。三个中心的建成添补了自治区的空白，并使科研所汽车维修厂进入呼市汽车维修行业前10名之列。

风力发电机试验台

站长: 王相田

内蒙古农牧业机械试验鉴定站

粉碎机试验台控制室

内蒙古农牧业机械试验鉴定站成立于1976年，相继被国家技术监督局、农业部、自治区技术监督局和农机局分别依法授权，设为国家牧业机械质量监督检验中心、农业部农机鉴定总站牧机鉴定站、自治区产品质量监督检验第六站和自治区农业机械产品质量投诉站，为一套机构五块牌子，是从事农牧业机械产品检测的专职检验机构。该站具有雄厚的技术实力，其管理水平、检验能力、人员素质、环境条件等初步实现了与国际接轨，1998年通过了中国实验室国家认可，取得了国家实验室认可资格。该站成立20多年来，一贯坚持“公正、科学、廉洁、优质、高效”的质量方针，竭诚为社会服务，为提高我国牧业机械和自治区农牧机械产品质量作出了卓越贡献。

伊泰大酒店

YiTaiDaJiuDian YiTaiDa

伊泰大酒店是由内蒙古伊泰煤炭股份有限公司本着一业为主、多业互补、综合发展的经营战略，集餐饮、住宿、娱乐、商务为一体的新型涉外酒店。酒店的地理位置优越、交通便利、环境优雅，位于呼和浩特市新城区东影南街69号，大楼主体为九层，地下一层，造型美观，古朴雅致，兼具国内外传统与现代建筑风格，充分展示内蒙古鄂尔多斯高原独特的民族风情。内部设计新颖、装潢考究、设施先进、功能齐全，设有豪华套房，商务套及标准间100套，能满足各阶层消费者的需求。不同的风俗习惯布局、独具特色的中西风味餐厅，香港名师主厨，使您尽情领略海内外饮食文化的精髓。桑拿康体中心、歌舞厅、卡拉OK厅、健身房、保龄球室、按摩室、棋牌室、多功能影视厅、美容美发厅一应俱全，豪华地下彩光游泳池将把您带入一个崭新的空间，让您尽情感受与蓝天融为一体的奇妙情趣。

酒店还设有中央空调、多路卫星接收系统和国际、国内直拨电话，以及现代化电脑网络。商务中心办理传真、复印、中英文打字、特快专递，大堂收银处可办理各种流通外币的兑换业务。伊泰大酒店将以爱岗、敬业、真诚、奉献的服务宗旨为社会各界提供满意的服务。

内蒙古外经贸(集团)有限责任公司

内蒙古对外贸易经济合作（集团）有限责任公司是经自治区政府和国家外经贸部批准成立的，是受自治区政府直接领导的大型集团化综合型外经贸国有企业，享受国家和自治区有关促进集团公司发展的各项优惠政策，受权管理自治区直属外经贸企业。目前集团共有独立法人资格的二级成员单位35家，其中有外贸经营权的大、中型外经贸专业公司20家；驻国内口岸办事处8家；驻香港公司1家；驻美国、俄罗斯、日本、蒙古等国外公司、机构12家。属二级成员单位管理的三级企业有99家。经营方式主要是开展进出口贸易和国际经济技术合作业务，包括现汇贸易、易货贸易、合资经营、合作经营、来料加工、补偿贸易、服务贸易、对外劳务输出、承包工程、技术进出口及代理进出口业务。主要生产经营粮油食品、土畜产品、羊绒梳纺和制品、针织品、服装、医药保健品、中西药材、机电产品、五金矿产、稀土产品和有色金属、化工产品、建筑材料、日用百货等13大类300多个出口商品。

董事长　黄文

党政领导班子部分成员（前排）

董事长：孙子荣

内蒙古证券有限责

内蒙古证券有限责任公司是在原内蒙古自治区证券公司的基础上进行增资改制后，经中国证监会批准设立的自治区唯一一家省级专业证券公司。公司实行董事会领导下的总经理负责制，注册资本金9 400万元，现有证券营业部10家，其中上海、北京各1家，区内8家，下设1家控股子公司内蒙古紫玉投资管理公司。公司现有员工222人，其中硕士研究生12名，具有本科以上高等学历的员工占公司总人数的34%，取得中级以上专业技术职称的约占36%，人均年龄31岁。目前，公司业务范围涉及证券经纪、投资银行、资产运作、代客理财、研究咨询等，经纪业务在内蒙古的市场占有率达60%以上。1999年公司实现营业收入5 807万元，比1998年增长16%；1999年底，公司拥有总额资产6.44亿元，净资产1.19亿元，实现利税2 004万元。

副董事长、总经理石治中（中）、副总经理李志强（右）、冯亮（左）

举办全区证券托管培训班

任公司

东胜营业部

赤峰营业部

江泽民总书记视察伊利集团公司

朱镕基总理于1998年7月29日来伊利集团考察

内蒙古伊利实业集团股份有限公司是国家520户重点企业之一和自治区37户重点企业之一。是自治区资源优势转化为经济优势的骨干企业。公司现有资产总额9.34亿元，下属四大产品事业部和13个子公司、分公司。员工11 700余人，现已成为一个跨地区、多系列的大型企业集团。

公司以生产具有清真特色的“伊利牌”系列食品享誉全国，现主要产品包括雪糕冰淇淋系列、无菌奶系列、奶粉系列、速冻方便食品系列、矿泉水系列、饮料系列、面食系列、饲料系列、包装制品系列等9大系列500多个品种。目前伊利产品畅销全国31个省、市、自治区500多个大中城市，深受广大消费者的喜爱。冰淇淋、雪糕在1998年国家乳品检测中心市场抽检中，产品合格率为100%，连续五年产销量全国排名第一；无菌奶产销量1999年上升到全国第一，并供不应求；奶粉、奶茶粉被评为全国优质清真食品，产销量居全国第三位。

集团公司多次被自治区政府评为先进企业、十佳股份制企业、全区学邯钢示范企业等；连续四年荣获呼和浩特市市长特别奖；荣获中国质量管理协会授予的全国用户满意企业称号；被中国食品协会评为质量效益型企业；主要产品生产企业均通过了ISO9002国际质量体系认证；伊利冰淇淋、奶粉、奶茶粉获96年亚特兰大奥运会中国大陆同行业唯一特许产品；共有16个产品荣获绿色食品标志证书；2000年初伊利品牌被评为全国驰名商标。

1996年3月伊利股票在上海挂牌交易，同年7月被上海证券交易所评为“30”指数样板股。1997年上半年，伊利公司又凭借其良好的经营业绩，在全国上市公司中综合业绩排序中列第五位。1998年上半年，再次被评为“30”指数样板股。1999年又被评为全国上市公司财务指标综合排序前50名。

伊利矿泉水、纯净水

伊利奶粉、奶茶粉

伊利速冻食品

业集团股份有限公司

中国航空油料

中国航空油料内蒙古分公司是中国航空油料总公司的下属分公司，成立于1993年7月，是总经理负责制的全民所有制企业。分公司本部设在呼和浩特市白塔机场，在各个盟市机场还设有6个航空油料供应站，分别是：包头供应站、海拉尔供应站、赤峰供应站、通辽供应站、锡林浩特供应站、乌兰浩特供应站。

分公司及所属各供应站，主要业务是为国内外航空公司提供航空燃料的储存、转输及加注服务。公司在确保安全的前提下，奉行“主动热情，周到满意”的服务宗旨，不断提高生产、服务水平。1998年7月，公司获得符合国际标准规范的ISO9002质量认证书。

公司在保障航空燃料转输供给的同时，充分运用市场优势，促进自治区经济发展。健全现代企业制度，走集约化、可持续发展之路。先后组建了“呼市石油化工有限责任公司”，“奥兴装饰装潢公司”，“奥鹏综合贸易中心”，“航空白云旅行社”，“奥翔汽车维修技术服务有限公司”，“科索高新技术开发有限责任公司”等。这些公司合法经营，追求“阳光下的利润”，业务范围涉及房地产开发、建筑装潢、石油产品及附属产品营销、宾馆旅游、汽车维修、广告策划等多个领域。

蒙古分公司

内蒙古盐业公司

自1980年经自治区政府批准正式恢复盐业公司以来，经过全体广大盐业职工的共同努力，已发展成为一个下设直属盟市分公司10个，旗县支公司45个，区镇批发部11个，2个多营公司，1个华晶盐业包装有限责任公司，2个国有企业。公司在企业管理上由资源优势、粗放型转向了经济优势、集约型模式。随着逐渐向集团化和股份制的转制，企业实力在不断增强，总资产达到24 115万元，固定资产10 777万元，年销售额14 109万元。盐产品由单一原生盐发展到现在的再生盐、精制盐、加锌盐、活性钙营养盐、低纳盐、畜牧用盐、矿物质盐砖、盐粉等多品种、多用途的系列产品线。在职能方面，自治区盐业公司除了担负全区盐的运销任务之外，还肩负全区食盐加碘这项功在当代、利及千秋的世纪工程。

机械化采盐船

东北四省区盐务联合检查工作会议

再生盐采掘

5·5全国碘缺乏防治病宣传日

内蒙古供销合作社

内蒙古自治区供销合作社成立于1949年7月。50年来，全区各级供销合作社作为党和政府联系农牧民群众的桥梁和纽带，为作城乡商品流通的重要渠道，在贯彻执行党的农村牧区政策，坚持为农牧服务，发展经济，保障供给等方面发挥了重要作用，为农村牧区经济发展和市场繁荣作出了贡献。

在自治区党委、政府的领导和支持下，全区供销合作社系统广大干部职工解放思想、转变观念，进一步深为改革，大力加强基层社建设，积极参与和推动农业产业化经营，通过兴办专业合作社、发展商品生产基地、加强市场建设、培育龙头企业等为农牧服务方式，以利益和服务为纽带把农牧民与供销合作社联系在一起。经过全系统广大干部职工的努力，较好地完成了政府委托的在化肥供应、农畜产品购销等重要商品的经营任务，各项为农牧服务事业取得长足发展，受到了政府和农牧民的好评。目前，全区供销合作社系统已形成遍布全区，联结城乡的经营服务网络，拥有12个盟市社、90个旗县社、886个基层社、110个专业合作社，创办商品生产基地252个，兴建各类市场195个，建立村级综合服务站235个，庄稼医院204所。

全区供销合作社会议

技术员指导农民灭虫

为农牧服务

自治区党委书记刘明祖在2000年全区旅游工作会议上作重要指示

内蒙古自治区旅游事

内蒙古的旅游资源丰富多彩，独具特色。有辽阔的草原、茫茫的林海和雪原、浩翰的沙漠、众多的湖泊河流、漫长的边境线、浓郁的民族风情和源远流长的人文历史。经过近20年的努力，依托丰富的旅游资源形成了草原旅游、民族风情旅游、边境旅游、历史文化旅游、沙漠旅游、冰雪旅游等系列旅游景点。建成了以呼和浩特为中心，辐射包头、伊盟成吉思汗陵园、响沙湾和以海拉尔为中心，连接满洲里、达赉湖、兴安岭的两条国家旅游精品路线。自治区旅游业的产业规模不断扩大，至1999年共有旅游涉外饭店300多家（其中星级饭店53家），旅行社67家（其中国际

达赉湖

社25家)，导游312名，9家旅游汽车公司，拥有各类旅游汽车200多辆。

1998年中央把旅游业作为国民经济新的增长点，出台了一系列政策措施加以扶持。自治区党委、政府高度重视旅游业发展；1999年初，下发了《关于加快旅游业发展的决定》；成立了由自治区政府常务副主席周德海任组长，有关厅局负责人参加的旅游工作领导小组，专题研究解决旅游发展中的重大问题。自治区政府批准出台了《内蒙古自治区旅游业发展总体规划纲要》，自治区人大颁布了《内蒙古自治区旅游管理条例》。在自治区经济工作会议上，提出把旅游业作为第三产业的重要支柱和国民经济新的增长点加快培育和发展。在2000年全区旅游工作会议上，刘明祖书记强调，要象抓工业、抓农业一样抓旅游工作。为自治区旅游业营造了大发展的良好环境。各级旅游部门认真贯彻自治区党委、政府的文件精神，真抓实干，开拓进取，使自治区旅游业走上了快速发展的轨道。1999年全区接待海外旅游者37.15万人次，旅游创汇1.21亿美元；接待国内旅游者650万人次，旅游收入12.1亿元人民币。全区旅游业总的产出水平达到22亿元人民币，相当于全区国内生产总值的1.73%。5年来，全区旅游总收入每年以20%左右递增，呈现出持续快速健康发展的态势。

当今世界“回归自然，崇尚文化”已成趋势，内蒙古良好的草原生态、纯朴的民族风情正迎合了这一趋势。在不远的将来自治区旅游业一定跻身于北方旅游大省行列。

管理局

昭君墓

成吉思汗陵

局长：赵吉斌

党委书记：王国良

呼和浩特铁路局

HU HE HAO TE TIE LU JU

呼和浩特铁路局成立于1958年11月，为铁道部下属特大型铁路运输企业。局管内大部分线路北傍阴山山脉而走，南沿黄河之水而行，跨越自治区五盟（阿拉善、伊克昭、巴彦淖尔、乌兰察布、锡林郭勒）三市（呼和浩特、包头、乌海），途径著名的河套平原，土默川平原和锡林郭勒大草原及全国钢铁工业基地之一的包头。管内线路总延展长3 573.8 公里，双线长度832.4 公里，营业里程1 623.1 公里。有三条干线（京包、包兰、集二）、六条支线（包白、包石、包环、乌吉、海公、郭查）。呼局管界东起京包线的古店与孤山站间（K380+500），与北京局毗邻；西至包兰线的正义关与石嘴山站间（K423+000），与兰州局相连；北到集二线的二连站至蒙古国扎门乌德站间（K335+601），与蒙古国接壤。到1999年末，管内有车站135个，其中一等站6个，二等站6个；配属机车358台，客车878辆；有较为先进的信号、通讯设施。内燃机车为主要牵引力，运输生产主要环节和部位采用计算机管理，全局固定资产105.2亿元。全局有基层单位114个，有职工近9万人，各类专业技术人员中有中、高级职称4 440余人。

管内京包、包兰干线是连接华北、西北物资运输的主要通道，集二线是通往蒙古国、俄罗斯及东欧的重要通道，具有十分重要的线路地位。该局主要承担着内蒙古中西部地区的货物运

输和旅客发送任务，有发往北京、天津、宁波、西安、汉口、海拉尔、兰州等地的直达特快、直快列车。年货物发送4 387万吨，其中煤炭发送占45%，旅客发送1 100多万人；日均装车2 000余辆，换算周转量351亿吨公里，运输进款21.14亿元，运输全员劳动生产率78.5万吨公里/人·年。建局四十年来，全局职工扎根边疆，艰苦创业，顽强拼搏，无私奉献，为内蒙古两个文明建设做出了重大贡献。被评为国家二级企业，获全国思想政治工作先进单位、全国民族团结先进单位等荣誉称号。

法人代表：赵吉斌
地　　址：内蒙古自治区呼和浩特市锡林北路98号
邮　　编：010050
传　　真：(0471)6242170
电　　话：(0471)6244140

党委书记、局长　张俊杰

民航内蒙古自治区管理局成立四十周年
暨保障航空安全四十周年庆祝大会

民航内蒙古自治区管

民航内蒙古自治区管理局成立于1959年7月，管辖呼和浩特、包头、海拉尔、乌兰浩特、赤峰、锡林浩特、通辽等7个机场和雅布赖、磴口、二连浩特、土牧尔台、凉城5个国际导航台。

经过四十年的发展建设，特别是“七五”、“八五”期间及“九五”以来的大规模建设，目前7个机场基础设施得到较大改善，综合保障能力和服务功能有了长足进步，从而形成安全形势稳定、运输生产不断发展的良好局面，创造了连续保障航空安全40年的纪录。呼和浩特机场经过扩建达到4D级标准，可供波音767、TU－154以下机型起降；包头、海拉尔机场达到4C级标准，可供波音737以下机型起降；其余机场已达到3C级标准，能保障BAE-146以下机型起降。呼和浩特机场和海拉尔机场作为航空口岸机场，成为我国对蒙古国和俄罗斯的最前沿窗口。

在安全形势平稳、基础设施日臻完善、管理水平不断提高的同时，内蒙古区局运输生产实现了快速、持续、稳定发展。1999年全局共完成旅客吞吐量507 933人次，货邮行吞吐量21 443.8吨，换算吞吐量746 197人，创造历史最高纪录。6家国内航空公司加盟内蒙古地区航线的运营，为自治区的航空市场注入新的活力。同时，蒙古国米亚特航空公司开通乌兰巴托—呼和浩特的国际航线，俄罗斯航空公司开通呼和浩特对俄罗斯货运包机，形成一个以呼和浩特为中心、通达包括区内七个机场、国内近20个大城市及蒙古国首都乌兰巴托的航空网络。

全向信标台

理局

俄罗斯货运包机正在装货

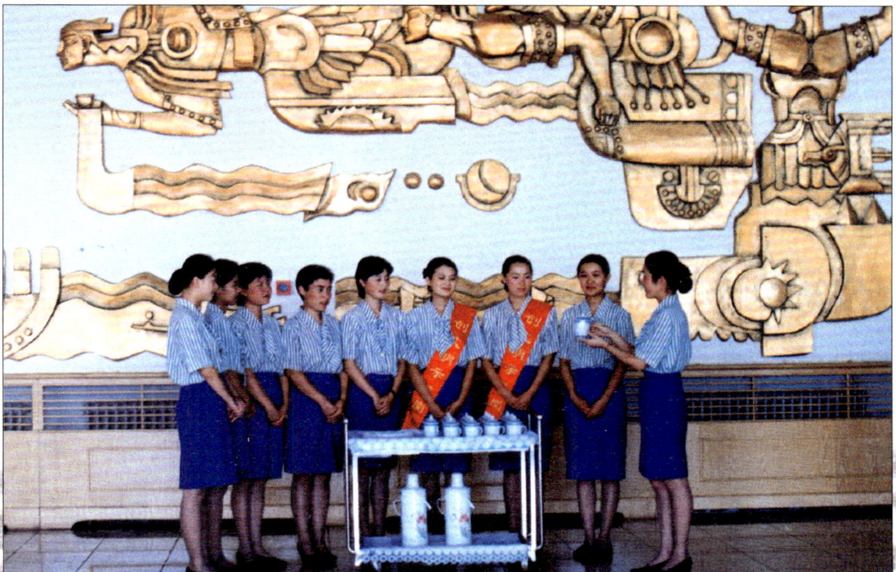

民航内蒙古区局运输服务部的服务人员正在进行业务培训

呼和浩特炼油厂

位于呼和浩特市南郊9公里处的华北石油呼和浩特炼油厂，是国家“八五”重点工程。工厂从1990年7月开始建设，1992年9月29日全面建成投产，从而结束了自治区没有石油加工工艺的历史。

工厂现有130万吨／年常减压蒸馏、60万吨／年催化裂化和产品精制、20万吨／年溶剂脱沥青、8万吨／年氧化沥青、7.5 万吨／年气体分馏、1万吨／年聚丙烯以及伴气降凝等8套生产装置。拥有汽油、柴油、沥青、重油、液化气、聚丙烯等6大类近20个产品品种。

自投产至1999年底，呼和浩特炼油厂已经累计加工原油680万吨，实现工业产值93.28亿元，上交税金9.85亿元，为发展我国的石油化工工业，带动地方经济发展起到了积极作用。

厂长：乔明凯

地址：呼和浩特市郊区金河镇

电话：5941223

邮编：010070

炼油厂催化装置

常减压装置（左）、催化装置（右）

生产装置远景

国家烟草专卖局有关部门负责同志和自治区烟草专卖局（公司）领导在呼和浩特卷烟厂调研。（左四为自治区烟草专卖局局长董晓民）

自治区烟草专卖局办公楼

呼和浩特卷烟厂生产厂房

国家烟草专卖局、自治区领导及自治区烟草专卖局负责同志视察呼市卷烟商业企业

内蒙古自治区烟草专卖局

自治区党委书记刘明祖、政府主席云布龙陪同国家总理朱镕基视察内蒙古大公实业总公司

内蒙古白塔国家粮食储备库鸟瞰

内蒙古商业粮油集团是自治区政府直属的跨行业、跨地区的大型企业集团。内蒙古商业粮油(集团)有限责任公司是集团的核心企业。现拥有10家全资子公司，4家控（参）股公司，8家托管企业，资产总额20亿元，年商品销售额10亿元。

内蒙古商粮集团具有完善的基础设施和经营设施，拥有大型现代化综合性商厦、饭店、现代化的粮食仓储基地、先进的粮油食品精深加工生产线、商业批发企业、粮食收购企业、期货经纪公司等中转运输销售一体化经营网络。有各类生产经营分支机构和购销网点100多处，已形成集商业、加工业、仓储运输、外贸、餐饮服务、房地产开发与期货经纪等不同业态于一体的综合性市场营销网络体系。形成多层次、多渠道、多领域的工、商、贸优势互补的生产经营格局。

内蒙古商粮集团以市场为导向，以自治区农畜产品资源优势为依托，走产、学、研相结合的科技开发之路，实施多元化经营，内外贸并举，全方位发展战略。

地址：内蒙古呼和浩特市锡林北路36号

邮编：010020

电话：0471-6965634

传真：0471-6963343

内蒙古天元商厦外景

内蒙古商业 粮油集团

- NEIMENGGU
- SHANGYE
- LIANGYOUJITUAN

内蒙古自治区直属机关房产管理局

自治区直属机关房产管理局组建于1983年，是自治区人民政府办公厅所属的副厅级事业单位。其主要职责是：负责区直机关统建住宅的建设、分配和配套服务；负责对区直机关统建房产的管理和修缮及有关服务工作；继续完成区直机关统建住宅的住房制度改革任务，保证国有资产的保值增值；充分利用现有条件，开展以房地产开发服务为主的经营活动，不断拓宽建房资金渠道，增强自我发展能力；负责承办政府办公厅交办的其它事项。

局机关内设4个处级机构，下辖第一、二、三房管所和内蒙古鼎龙房地产有限责任公司、内蒙古乾龙物业管理有限责任公司等4个公司。现有正式职工106人。

房管局成立以来，积极承担拆迁任务，参与城市改造，运用统建、集资建房和商品房开发等形式，加快住房建设，积极改善住房条件，满足区直机关干部职工和广大人民群众的住房需求。相继开发建设了新城西街、聚龙长街、自治区政府后院、公安小区、团结小区、司法干校小区等地段的旧房改造和统建楼、商品楼建设。至1999年底，共建成各类住宅楼71栋2 772户，建筑面积207 305平方米。其中：统建楼36栋1 218户，建筑面积72 139平方米；集资楼18栋850户，建筑面积63 581.44平方米；商品楼17栋704户，建筑面积71 584平方米。并且积极承担了建设自治区政府8号办公楼、自治区政府礼堂、呼和浩特宾馆西楼、自治区政府幼儿园等大中型重点工程项目工作。

承担建设的自治区政府幼儿园

承担建设的住宅小区

承担建设的自治区政府礼堂

1990 年 8 月江泽民总书记与国航内蒙古分公司专机机组人员合影

总经理、党委书记：李虎晓

谢谢您们国際
航公司内蒙古公司的
熱情服務
江澤民
一九九〇年八月廿七日

江泽民主席为专机机组题

中国国际航空公司内

中国国际航空公司内蒙古分公司正式组建于1990年7月24日，是中国国际航空公司的分支机构。

经过10年来的发展，国航内蒙古分公司已成为一个具有一定规模，颇有影响的航空运输企业。业务涉及国际、国内、地区航空客、货、邮运输、飞机修理、地面服务等方面。现拥有波音737、BAe146等型运输机9架，经营国际、国内、地区航线50多条，辐射华北、华东、东北、华中、中南地区和韩国、日本、蒙古国等周边国家；现有职工1 080人，其中飞行人员289人，机务工程人员380人，商务销售人员116人。至1998年固定资产原值为16.5亿元人民币，净值为7.1亿元人民币。

分公司成立10年来，企业经营规模逐年发展，经营业绩不断增长。自1995年以来，连续四年年运送旅客突破100万人，运输总周转量1亿吨公里左右。年运输业务收入在10亿元左右；1996年开始盈利，结束了内蒙古民航38年的亏损历史，并连续四年实现赢利。至1999年6月1日实现安全飞行23周年，安全飞行32万多小时。

1995年以来先后荣获美国优质服务科学协会颁发的“五星钻石奖”，民航总局授予的“全国安全飞行先进集体”、集体二等功，“全国用户满意企业”，自治区质量效益型企业等荣誉。

国航内蒙古分公司办公楼

国航内蒙古分公司的航班经停乌兰巴托机场

热情服务于每一位中外客人

古分公司

内蒙古黄河工程局

河套灌区总排干沟红圪卜排水站泵室

内蒙古黄河工程局是水利水电建筑施工一级企业，主要经营项目有水利水电建筑施工、设备安装、内河疏浚、金属结构设备制造安装、工民建施工及设备安装、压力容器制作等。有职工2 098人，各类专业技术人员348人，注册资本金4 029万元，动力装备率13千瓦/人。在全国建筑施工企业500家、行业100家经济效益排序中榜上有名，多次获得国家水利部、人事部授予的先进集体称号，连续多年被评为自治区水利先进单位。

黄河三盛公水利枢纽

局长 党委书记 金山

准格尔煤田黄河小沙湾水源工程

地址：呼和浩特市呼伦南路119号

邮编：010020

电话：(0471)6927711

传真：(0471)6284889

网址：http: // www.nmhhgcj.com

内蒙古计算机应用研究院

内蒙古灵奕高科技（集团）有限责任公司

全国人大副委员长布赫视察研究院

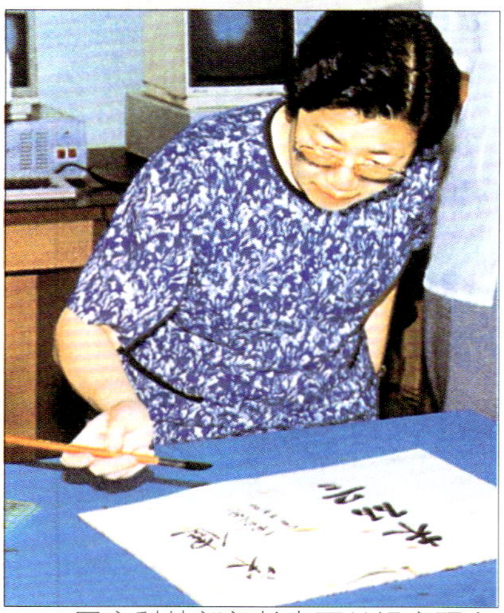

国家科技部部长朱丽兰视察研究院工作并题字

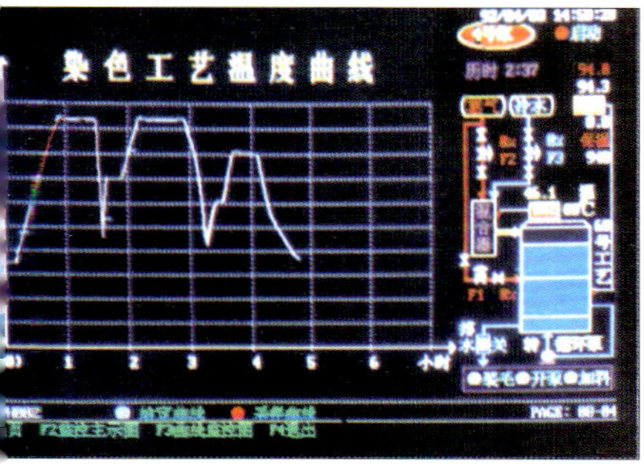

采用工业计算机构成分布式结构，对毛条染、散染和染整工段分别进行控制。

位于呼和浩特市新城西街86号的内蒙古计算机应用研究院成立于1975年，于1998年6月6日组建了内蒙古灵奕高科技（集团）有限责任公司。

它下设七个股份子公司，分布在内蒙古、北京、深圳三个地区，主要从事工业过程中计算机控制技术、3S（地理资讯系统、遥感技术、卫星定位系统）新技术、系统集成与楼宇智能工程、网络系统与软件产品的研制开发与技术推广。

集团现有职工108人，其中研究员5人，副研究员18人；大学本科以上学历的占80%以上；7名科技人员享受国务院特贴或中青年专家待遇，1名国家级科技成果推广先进个人，1名获自治区政府科技兴区特别奖，3名获全国百名青年科技标兵称号（创业奖）。集团共完成200多项纵、横向课题，其中有国家和省部级攻关课题60多项，41项成果获国家或省部级奖励，科技成果转化率达80%以上，其主要成果的推广覆盖了全国18个省区，多次受到党和国家领导人的肯定。

集团以“团结、奉献、开拓、进取”为企业灵魂，以“客户第一”、“信誉第一”、“品牌第一”的宗旨，坚持面向经济，广交朋友，博采众长，迎接信息知识经济的到来。

INEXCO.

内蒙古进出口贸易公司

总经理：马云东

1990-1994年连续五年进入中国进出口额最大的500家企业之列；1993年获得“中国最大500家服务企业”，对外贸易业第240名；多年来被自治区评为“经济效益先进企业”、“优秀企业”、“创汇先进企业”；1994年被国家外经贸部评为“全国对外经济贸易优秀企业”；同年又被国家统计局评为“中国明星企业”；1996年公司“目标资金、成本决策管理模式及储运统一管理控制体系在外贸经营管理中的应用”获第三届部级企业管理创新成果二等奖；1997年公司获国家外经贸部“先进集体”称号；1998年获自治区外汇管理局结汇信得过企业、全国外经贸质量效益型“先进企业”。公司的业绩先后在《国际商报》、《对外经贸企业管理》、《企业与企业家》、《经贸参考》等报刊杂志作了专题报道。

内蒙古蒙丰种业股份有限公司

NeiMengGuMengFengZhongYe GuFenYouXianGongSi

内蒙古蒙丰种业股份有限公司是1998年在原内蒙古种子总公司和农业厅直属原种场的基础上，转轨改制组建的股份制企业。

该公司以“立足自治区，面向国内外”为企业发展战略，在玉米杂交制种、马铃薯脱毒种薯及蔬菜、花卉、牧草、杂粮种子生产方面与国内外数十家知名种子企业建立了广泛的使用关系。在种子生产、经营过程中，该公司严把质量关，竭诚服务于“三农”。并于1997年荣获“自治区消费者信得过单位”称号，同时被呼市农行评为AAA级信用企业。1998年初，又顺利通过评估，被国家外贸部授予自营进出口业务权。从而为产业结构调整奠定了良好的工作基础。

自治区领导视察蒙丰科技园

种子大厦

董事长、总经理　王福亮

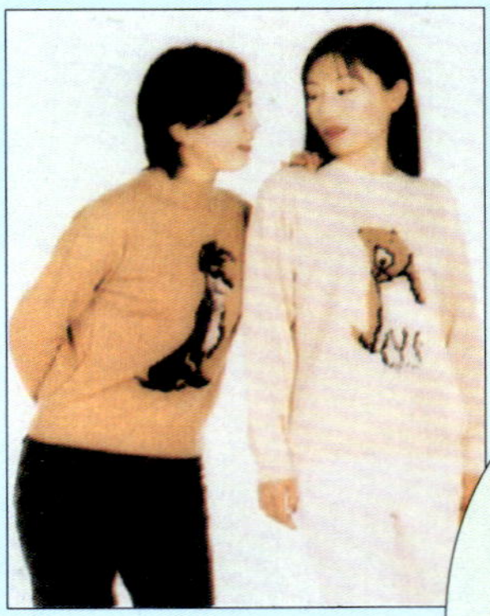

内蒙古绒之杰针织有限公司

内蒙古绒之杰针织有限公司有200台针织横机及配套缝合、整理设备，设计能力为年生产羊绒衫１８万件和嵌花羊绒衫２万件。本公司生产的高支纱羊绒内衣轻薄、舒适，深受国内外客户青睐。公司拥有较高素质的产品设计人员和企业管理人员。产品销往美国、意大利、日本、香港等国家和地区。

公司的宗旨是：至诚至信，广交天下朋友；精益求精，争创世界名牌。

公司本着信誉第一、互惠互利的原则，愿与国内外朋友结成贸易伙伴。

地址：呼和浩特市如意开发区一纬路２号

电话：0471－4924913

传真：0471－4927131

邮编：010010

内蒙古立元房地产建设（集团）实业责任有限公司

董事长、总经理　黄蒙华

公司成立于1995年，为呼和浩特市民营房地产开发的大型企业集团，以开发经济适用型商品住宅和商用办公楼为主。集团公司董事长兼总经理黄蒙华先生为法人代表。集团公司下设建筑公司、销售公司、物业管理公司、钢材市场等分支机构，形成了从规划建设、装饰装璜、建筑施工到材料生产供应、物业管理等成龙配套的系列化服务体系。公司装备精良、技术力量雄厚，为三级开发企业。1999年底，职工总数150人，其中高级职称21人、中级职称45人、技术员以上35人。施工季节性员工达1 000人。

集团公司注册资本为5 000万元，总资产1.48亿元，其中流动资产5 632万元，固定资产净值2 474万元，土地资产8 504万元，年产值平均增长率92.5%，资产负债率36.7%，近三年资本金平均利润率67.44%。

从1995年开始规划、设计、建设的“丽苑住宅区”，是立元集团推出的环境优美、配套完善的新型花园式居住社区。近二年销售收入5亿元，实现利润1.5至2亿元。立元集团连续两年被评为呼市和自治区先进民营企业。

内蒙古苦参生化集团有限责任公司

总经理　刘金虎

公司经过多年努力，采取“中药西做”的方法，开发成功了高科技、高附加值的“拳头”产品苦参素注射液，由上海生物化学制药厂生产。苦参素注射液用于肿瘤放疗、化疗引起的白细胞低下及其他原因引起的白细胞减少症，疗效显著。前不久上海医科大学保健中心的临床验证表明，苦参素注射液临床升白作用总有效率为83.2%，而且疗效确切、稳定、持续，无副作用。为了确切地验证苦参素注射液治疗乙肝的疗效，公司委托著名肝病专家、上海市传染病医院院长巫善明教授主持作了《鸭乙型肝炎动物模型药物抑制试验》，并由上海慢性肝炎病防治研究中心组织上海六家医院作了临床验证，结果表明：苦参素注射液对乙肝的治疗作用达到国际治疗乙肝药物的先进水平，价格还大大低于国外药品。疗效优于美国生产的a一干扰素，费用则只及它的十分之一。国内一大批著名的医药、医疗专家和教授称之为“奇迹”，而这样的“奇迹”竟发祥于边远落后的内蒙古，就更是一个奇迹。

公司愿意和海内外投资者实行合作，共同致力于这项造福于人类健康文明的“绿色工程”。

左起：副校长刘斌、郭希瑞，书记阿民布和，校长斯琴照日格图 副校长郑福田

校长：斯琴昭日格图

内蒙古师范大学附

NEI MENG GU SHI FAN DA XUE FU SHU ZHONG XUE

内蒙古师范大学附属中学是自治区一所重点民族中学，于1954年建校。是一所蒙汉合校的完全中学。师大附中在党的教育方针和民族政策指引下，经过历届领导和全体师生员工的共同努力，逐步形成“团结、文明、勤奋、向上”的优良教风。

近半个世纪以来为高等院校和各条战线培养了上万名优秀人才，为自治区的建设和发展，乃至整个社会主义现代化建设作出了贡献。

内蒙古师大附中，占地面积10万多平方米，建筑面积5万多平方米。有汉语授课教学大楼、蒙语授课教学大楼（逸夫楼）、办公楼、实验楼、学生宿舍楼、学生餐厅、语音室、微机室、400米标准跑道的大操场、排球场、兰球场、冬季滑冰场、绿地面积7000平方米，硬化地面15 000千平方米，现有图书近10万册，订阅杂志450余种，全校固定资产总额1 500多万元。

现有教学班51个：初中21、高中30个。在校生2 593人，少数民族约占1/2。

学校现有教职工217人，其中专任教师158人，蒙族教师占40%。特级教师3名，高级教师42人，一级教师83人。大专以上学历占98%。

师大附中成立46年来，坚持社会主义办学方向。特别是改革开放以来，按照邓小平提出的“三个面向”，努力深化教育教学改革，落实全面发展，强化素质教育。汉语授课班多年来高考成绩一直为呼和浩特之冠。蒙语授课班的高考升学率年平均都在90%以上。特别值得一提的是：为了适应改革开放的形势，深化民族教育改革，培养具有较强适应能力的少数民族建设人才，附中从1992年试办“三语”（汉、蒙、英）教学班，实践证明他们的教学改革非常成功，每年都有为数不少的学生考上了清华等重点大学，蒙语班的英语及格率高达82%。1996年，荣获“全国师范院校基础教育改革实验研究项目优秀成果三等奖”。他们创办“三语”教学班的成功经验，得到自治区的肯定和推广。

该校从1993年以来，高考成绩连年夺冠，连续四年获得呼和浩特市教育局局长特别奖。还先后荣获内蒙古民族教育先进集体，内蒙古教育先进集体，义务教育示范学校，普通高中管理先进学校，高考状元学校，超额完成预测目标学校，完成目标学校，安全文明小区，社会扶贫先进学校等称号。

中学

内蒙古散装水泥办公室

呼和浩特水泥厂

散装水泥运到施工现场

自1987年成立自治区散装水泥办公室，全区散装水泥供应量逐年迅增，1993年达到25万吨，创历史最好水平。1987-1989年连续三年受到国家散装水泥办公室嘉奖。

全区的散装水泥设施近年增长较快。1993年底，全区有中转库7座，库容量近2万吨，流动仓500余个；散装水泥专用汽车66辆；专用火车75节，年综合发散能力达到30万吨。内蒙古第一、二机械制造厂相继研制、开发、生产了UM60型散装水泥火车，大吨位北方——奔驰散装水泥专用汽车及太脱拉散装水泥专用汽车。

内蒙古展览馆

NEIMENGGUZHANLANGUAN

李鹏总理参观《社会发展成就展》

自治区党委书记刘明祖等领导参观《孔繁森同志事迹展》

内蒙古展览馆全体人员在党的路线指引下，在各级领导的亲切关怀下，高举邓小平理论伟大旗帜，解放思想、深化改革、开拓进取，为展览事业的发展做出了骄人的成绩，呈现出欣欣向荣的勃勃生机。

内蒙古展览馆全体人员敞开草原般宽阔的胸怀，热情地欢迎国内外朋友前来参观、洽谈、办展、合作。美丽的内蒙古定会使您留连忘返，得到丰厚的回报。让我们真诚合作，共创繁荣。

内蒙古工业大学

内蒙古工业大学是一所以工为主，工、理、文、管、商相结合的多科性工业大学。校园占地面积80万平方米，建筑面积20余万平方米。目前，设有电力学院、国际商学院、继续教育学院、职业工程技术学院、信息工程学院、建筑工程学院、化工学院、管理学院8个学院，机械工程系、材料工程系、动力工程系、外语系4个系，基础科学教学部、社会科学教学部、体育部、金工教学实习部4个教学部，共设16个二级教学单位；有5个自治区级重点学科（材料加工工程、固体力学、化学工艺、机械制造、能源与动力工程）；1个自治区级重点实验室（工业催化重点实验室）；8个硕士学位授予点（机械设计及理论、固体力学、控制理论及控制工程、化学工艺、动力机械及工程、热能工程、材料加工工程、管理科学与工程）以及自治区高校唯一一个工商管理二学位专业。学科布局和按照国家新的专业目录调整组建的24个本科专业、4个专科专业和11个高职专业，基本覆盖了自治区主要工业门类和主干产业，形成了以本科教育为主，兼有研究生、二学位、专科及民族教育、继续教育、高等职业教育、自考助学等多层次的办学格局。至1999年底，各类在校学生达1万多人，其中本、专科生5 815人，研究生、二学位班249人，来自日本、美国、蒙古等国的留学生16人，成人教育学生1 015人，其它办学形式学生3 451人。

现有教职工2 000多人，专任教师837人，其中教授、研究员68人，副教授及其它系列副高级专业技术人员301人，研究生导师66人。50%以上的中青年教师通过各种培养方式获得博士、硕士及第二学士学位，成为学校教学、科研、管理工作的中坚力量。

自治区党委书记刘明祖视察学校

自治区主席云布龙参加学校“恒安济困助学金”颁发仪式

团结奋进的校党政领导班子

内蒙古出入境检验检疫局

局长　王文华

内蒙古出入境检验检疫局于1999年8月9日由原内蒙古进出口商品检验、动植物检疫、卫生检疫三个部门合并组建而成，为厅级政府部门，实行垂直管理体制，由国家出入境检验检疫局直接领导。下设满洲里、海拉尔、额尔古纳、乌兰浩特、通辽、赤峰、包头、二连检验检疫等8个分支机构和集宁、乌海、呼和浩特机场3个办事处。

多年来，内蒙古出入境检验检疫战线上的广大干部职工为自治区外经贸事业做出了积极贡献。1999年检验进出口商品7.2万批、货值7.4亿美元；检出不合格进口商品5 825批、190.35万美元，全部出具索赔证书，供有关单位对外索赔。截止12月底，全年赔回金额93.4万美元，为国家减少了损失；对检出的33批、21.6万美元的不合格出口商品经指导返工整理后，全部达到出口要求，保证了出口商品质量。检疫出入境动植物及其产品5.9万批、0.9亿美元，对有问题的货物全部进行了卫生除害处理。对出入境人员进行疾病监测体检1.9万人次，检出各类患病人员98人。检验进口废物21 620批、905 862吨，货值13 306万美元，对检出不符合安全、卫生要求的29批820吨出具了检验证书，通知有关部门退运出境。签发普惠制产地证书3 244份，签证金额1.03亿美元，签发一般原产地证810份，金额0.7亿美元。受理外商投资财产鉴定29批，外商申报价313.4万美元，鉴定价值为349.4万美元，有效地维护了国家和投资各方的利益。

自治区副主席云公民（右）为新成立的内蒙古出入境检验检疫局揭牌

局长王文华（左3），副局长刘兴范（左4），纪检组长布奎（左2），局长助理徐华良（左5）、斯勤夫（左1）

内蒙古化肥厂

NeiMengGuHuaFeiChang

领导班子研究全年工作目标（左起：副厂长李可洪、赵雨辰、芦林、厂长武金祥、总经济师祁东才、党委书记张振玺、工会主席伊丽娜、党委副书记李景荣、副厂长韩秋）

内蒙古化肥厂是国家和内蒙古自治区“八五”重点建设项目，总投资30.6亿元人民币，1996年12月17日建成投产，设计规模为年产30万吨合成氨，52万吨尿素，是自治区最大的化工企业，也是我国最新引进技术和设备建成的大型现代化化肥企业之一。

内蒙古化肥厂生产装置成套由国外引进，合成氨装置是以减压渣油为原料，采用Shell气化工艺，低温甲醇洗工艺，空分采用德国Linde技术，合成采用美国Kellogg卧式低能耗合成系统，日产氨1 000吨；尿素装置采用意大利Snam公司氨汽提工艺，日产尿素1 760吨。整个生产装置具有当代世界先进水平，工艺技术为世界一流。

内蒙古化肥厂生产的“天野”版尿素，主要供农业用，工业上亦有广泛用途，该产品质量已达到国家优质品标准（GB2440-91）。目前“天野”版尿素已销往自治区各地，并远销全国各省市，受到用户特别是广大农民朋友的热烈欢迎。

1995年组建了由呼市建设设计所、呼市建筑承包总公司、内蒙古双龙实业（集团）有限公司及村海工贸公司等25家企业组成的适应市场经济发展要求的呼和浩特市城市发展建设（集团）有限责任公司。由于新诞生的集团公司，集中325家企业的人力、财力、物力为一体，不仅增强了企业在市场中的实力，而且有利于高度的统一指挥，实施现代化的管理。

呼和浩特市城市发展建设（集团）有限责任公司

自公司成立以来，先后承担了哲里木路、昭乌达路、乌兰察布东路、机场路、赛罕路等5条道路的改造工程。这五条道路改造工程无一不是按照或提前保质保量出色地完成了市委、市政府下达的任务。改造五条道路总长度为11.78公里，铺设管道23.25公里，安装路灯518套，总投资5 971.8万元。五条道路的竣工期，均赶在内蒙古50周年大庆之前，为自治区成立50周年作出特殊贡献。

董事长兼总经理李济元曾经多次被评为市先进工作者，荣获内蒙古先进工作者称号，荣获市长特别奖。

内蒙古自治区经济贸易委员会

经贸委干部职工与内蒙古经济管理干部学院教职工进行拔河比赛

举办上岗人员强化培训班

香港回归知识竞赛

干部职工参加植树劳动

冀文锦总经理与公司总工共商供热事业的发展

自治区党委书记刘明祖及呼市领导来公司视察指导工作

呼和浩特富泰热力股份有限公司

董事长、总经理：冀文锦

呼和浩特富泰热力股份有限公司改制前为呼和浩特市热力公司。所担负的任务是集中供热。

呼和浩特市是一个煤烟型污染比较严重的城市，因此，集中供热工程既是重要的城市基础设施建设，也是治理污染的一项重要举措。呼市的集中供热工程总体分为三个建设期，由该公司负责筹备建设和建成后的供热运行。第一期工程已经建成，热源是利用呼市西部电厂的发电余热，目前供热面积已超出原设计能力，达到320万平方米。第二期工程经过几年的努力已完成所有的前期工作，很快就会破土动工，该工程自建热源厂，供热面积510万平方米。第三期工程是与已经开工的呼市西部电厂新扩建两台20万千瓦热电机组相配套的热网工程，供热面积为680万平方米。

该公司是随着呼市集中供热一期工程的建设进程发展起来的，已形成了一定规模。近几年供热质量和服务质量逐年提高，在社会上享有较高声誉，树立了良好形象。

公司办公大楼外景

现代化的教学仪器

微机教学

内蒙古教育学院是自治区直属成人高等师范院校，正厅级建制。学院担负着培养培训全区基础教育教师和教育行政干部的任务，是自治区高中教师继续教育和基础教育教学研究的龙头院校。

学院设有23个系处级机构，现有教职工285人，其中教授5人，副教授38人，讲师116人，助教29人，教辅人员24人。学院占地面积3.7万平方米，校舍建筑面积2.6万平方米。国有资产总值2 673万元，教学仪器设备总值447万元，图书管藏书12万册，各种期刊杂志1 000余种。

学院设有32个专业，其中可招收本科生的专业11个。在籍学生共1 610人，其中脱产生710人，函授生900人；本科生950人，专科生660人。高师自考学员2 500人。

学院认真贯彻执行党的教育方针，坚持为基础教育服务的办学指导思想，以培养高素质的基础教育人才为目标，坚持蒙汉双语授课、学历教育与继续教育并行、师训与干训并重的办学形式，两年内为自治区培养合格的中学教师3 880人，培训各类教师565人，培训中学校长80人，教师继续教育培训1 300人。

内蒙古教育学院

学院坚持以教学为中心，教学科研并重，广大教师一边在教学岗位上教书育人，一边开展科研工作，积极参加国内外学术活动、著书立说，两年来有180多名教师先后发表论文750多篇，编写教材、出版专著80多部（册），承担国家和省级科研课题31项，其中有12项获国家和自治区级奖励。

校长：郝兆兴

党委书记：邸禄海

1997年国务院副总理李岚清在自治区和呼市领导陪同下，看望搬入新居的青年教师

市委、市政府认真贯彻《教育法》把教育摆在优先发展的战略地位，2000年4月隆重召开了第二次全市教育工作会议。

呼和浩特市教育委员会

现代化教学设备已进入我市的各级各类学校。

每年与各旗县区教委签订目标管理责任书，推动全市各类教育健康发展。

市教委定期组织全市教师的各类教学比赛和评选，不断提高教师素质。1998年举行了首批学科带头人的评选活动。

2000年呼市9个旗县区全部实现“两基”达标，为提高全民素质奠定了坚实的基础。

总经理：高崇武

党委书记：张玉峰

中国河西化工机械公司

团结奋进的领导班子

公司参与研制的中程战略核导弹在国庆50周年阅兵式上通过天安门城楼

公司研制的上面级固体发动机——EPKM与“长二捆”火箭配套两度成功地将“亚洲二号”卫星和“艾科斯达一号”卫星送入预定轨道

中国河西化工机械公司（简称河西公司），是我国第一个固体火箭发动机研制、生产、试验基地。自1965年创建以来，河西公司共研制出20多个型号、50多种配方的战略、战术及宇航用固体火箭发动机。1970年，长征一号第三级固体火箭将中国第一颗人造地球卫星——东方红一号送入太空。返回式制动固体火箭发动机连续17次成功地将返回式卫星从太空送回地面。我国第一代、第二代陆基战略导弹两级发动机的研制生产，壮国威、扬军威，功载史册。

改革开放以来，河西公司共获近300项科技成果奖。河西公司研制的上面级固体发动机——EPKM，两度准确地将“亚洲二号”和“艾科斯达一号”卫星送入地球同步转移轨道，是我国第一个打入国际卫星发射市场的固体火箭发动机，它结束了“长二捆”火箭发射卫星必须配外国上面级的历史。最新研制的铱星变轨发动机将美国摩托罗拉铱星系统的12颗卫星准确释放在预定轨道，为中国航天走向世界作出了重要贡献。

三十多年来，河西公司交付飞行的固体火箭发动机成功率100%，荣获航天系统唯一一块“优质固体火箭发动机”金牌，被誉为“北国草原一枝花”。

在新世纪的征程中，河西公司愿以其高质量的产品和精湛的技术竭诚为国内外朋友提供服务，并不断开拓新的合作领域。

内蒙古蒙牛乳业股份有限公司

内蒙古蒙牛乳业股份有限公司是于1999年7月由蒙牛有限责任公司改组，经自治区政府股份办批准成立。公司股本总额1 398万元，公司地址在和林盛乐经济园区，占地面积10万平方米，建筑面积8 160平方米。公司下设5个管理中心、3个分公司、2个子公司，现有员工1 368人，其中技术人员400多名。公司党群组织健全，工作开展活跃。

公司自成立以来，在公司董事会和经营班子的领导下，本着先建市场，后建工厂的原则，采取生产、托管、承包、租赁等形式，经营着冰淇淋、液体奶、粉状奶三个系列50余个品种的产品，运作着国内8个乳品企业，约7.2亿元的资产，产品市场覆盖率达到70%（以省为单位）。全国有23个省、市、自治区，百余个城市销售蒙牛产品，并深受消费者欢迎。公司为建立市场基础，开拓和扩大市场占有量，已投入广告费支出500万元，一年的时间创造了一个“蒙牛”品牌。经审计，1999年公司实现销售收入4 300万元，利税120万元，向和林纳税102万元。到2000年2月底，已实现销售收入2 355万元，税金51.99万元。

自治区党委书记刘明祖视察

内蒙古艺术学院

院领导共商学院发展大计

国家教委主任接见该院学生

校园一景

马头琴齐奏《初升的太阳》

舞蹈《小牧民》

内蒙古艺术学院前身内蒙古艺术学校创建于1957年。1987年改建为内蒙古艺术学院，是一所综合性的高等院校。学校占地40 000平方米，总建筑面积52 477平方米。现设有工艺美术、绘画、理论作曲、声乐、器乐、舞蹈6个系，装璜、绘画、演唱、演奏、舞蹈表演、舞蹈编导、广告摄影、服装设计与表演、作曲、影视表演、节目主持等16个本科、专科和中专专业。其中，既具有鲜明民族特色又符合社会需求的长调、马头琴、蒙古舞等专业为学院重点发展专业。广大教授在认真教学的同时，潜心于科研和创作，先后出版著作、教材40余部，发表论文600余篇，其中在民族音乐理论研究和蒙古族乐器改革等方面取得了丰硕成果。学院现有在校生1 800多人。

内蒙古广播电视大学成立于1979年2月。

广播电视大学是邓小平亲自倡导和批准成立的以现代电子技术为主要传播手段，使用多媒体，进行远距离教育的开放性高等学校，是从中央到地方实行统筹规划、分级办学、分级管理、分工合作的远程教育系统，是我国高等教育事业的重要组成部分。她的主要任务是举办以高等专科为主（兼办高等本科、中等专科）的学历教育，同时举办为农村牧区实用技术培训服务的燎原广播电视教育和为社会各界服务的职业技术教育、岗位培训、专业培训、继续教育等非学历教育。

内蒙古广播电视大学成立20年来，自治区所辖12个盟市和呼铁局、大兴安岭林业局都成立了电大分校和电视中专学校；有10个盟市成立了燎原广播电视学校；全区有71个旗县（市）建立了电大工作站和教学点，有50个旗县建立了电视中专工作站和教学点，有37个旗县建立了燎原学校（部分旗县延伸到乡镇、苏木，建立乡镇、苏木燎原学校157所）；还有平庄矿务局、大雁矿务局、扎赉诺尔矿务局、包钢等近百家大中型企业也建立了电视大学或教学点。

校长：李学东

内蒙古广播电视大学

纪念毛泽东诞辰一百周年文艺汇演

学生在计算机实验室上机

电教中心工作人员在制作录相教材

办公教学楼

内蒙古财经学院

内蒙古财经学院创办于1960年，是自治区唯一一所高等财经学院，占地160亩。1999年在校生2 970人，其中本科生2 812人，专科生158人，成人教育学生1 268人。在校教职工672人，其中专任教师312人，专任教师中具有高级职称的116人，获博士、硕士学位的42人，享受政府特殊津贴的专家6人，国家和自治区有突出贡献的中青年专家2人。

学院设有贸易经济系、工商行政管理系、财政税务系、会计学系、金融学系、统计与信息学系、旅游经济系7个系，基础课教学部、马列主义教学部、思想政治教研室、体育教学部、计算中心、函授部、经济管理研究所7个教学部。开设市场营销、会计学、统计学、烹饪等11个本科专业和会计电算化等4个专科专业。

学院图书馆藏书37.4万册，期刊千余种。电教中心、外语广播电台、计算机中心、语音室、商品学实验室、工业技术学实验室、制图室、会计实验室不断更新设备，教学科研仪器设备总资产已达1 112.4万元，为教学科研提供了良好条件。为改善学生住宿条件，学院给每个宿舍安装了电视、电话。

书　　记：王占荣
院　　长：尹正业
副 书 记：张家声
　　　　　锡胡尔
纪检书记：白守忠
副 院 长：张巨林
　　　　　张亚民
　　　　　孟凡如

呼和浩特市第二职业中专

呼和浩特市第二职业中等专业学校1996年元月被国家教委认定为首批国家级重点职业高中。现有在校生2 023人，其中学历教育学生1 208人，校园占地面积55 704.16平方米，校舍建筑面积20 872.47平方米。有稳定的多渠道经费投人，能满足和保证学校的正常运转和发展需要。现有教职员工156人（含实验幼儿园31人），专任教师90人，兼职教师3人，师生之比为1：12.9，幼儿师范和计算机应用两个骨干专业共有8名高级职称教师。专任教师中高级职称教师18人，占20%，中级职称教师41人，占45%，专任教师学历达标率为91.3%，专业教师执实践证书者10人，初步形成一支师德高尚、结构合理、胜任教学、专兼结合的“双师型”教师队伍。三年中该校共自筹资金174.37余万元，翻修了校内操场，装修了教学楼，扩建了微机房，购置了专业教学设备。目前，有微机207台、钢琴56台、手风琴114架、舞蹈服装1 944件（套）；多媒体教室和大屏幕多功能播映室在呼市中学首屈一指；女子军乐团享誉青城。专业课教学实习做到每生一个工位，专业课实验自开率达到100%。图书馆藏书5万册，校内操场拥有250米环形跑道。校外有400米跑道的西郊运动场。

国务院副总理李岚清视察学校

专业演出

美术课

内蒙古工会大厦

内蒙古工会大厦隶属于自治区总工会，承担着全区工会系统的接待任务。它座落于呼和浩特市中心繁华地段，距火车站2公里，距飞机场11公里，毗邻民族商场和天元商厦。环境优雅，设备齐全，服务周到细致，是休闲消遣、旅游观光、商务洽谈的理想场所。

工会大厦是全市唯一一家以东南西北四个方向的圈楼而著称的高级宾馆。有宽敞舒适的双人套房，布局别致的标准客房，还有小巧玲珑的单身客房。

工会大厦以一个可接待300余人序位的大餐厅为主，同时还有风味厅、宴会厅和火锅城。可同时提供粤菜、川菜、鲁菜及内蒙古各地的风味美食，承办各种酒会、宴席、冷餐会、聚会等。有不同格局的大小会议厅10个，可同时接待300余人的各种会议、庆典、商业活动、新闻发布等活动。此外，还有美容美发中心、歌舞厅，均可为宾客提供热情、周到的服务。

会议中心

客房

小会议室

餐厅

呼和浩特市师范学校

呼和浩特师范学校，是呼市唯一的一所师范学校。其前身为绥远省立师范学校，始建于1922年，至今已有78年的历史。

呼市师范是一所具有光荣革命传统的学校。早在大革命时期，内蒙古的革命先躯吉亚泰、多松年等人就曾在这里宣传共产主义思想，从事革命活动。在斗争中李维中、吴殿甲、吴秉周、杨兴国等一大批学生成长为坚强的革命战士。

新中国建立后，呼市师范学校得到迅速发展。五十年共培养师资2万余名，遍及自治区各盟市、旗县。

呼市师范学校注重教师队伍建设，师资力量较强。许多教师担负着学科中心组长、学会理事等职。学校现有教职工167人，其中专任教师82人（高级讲师24人，讲师40人，助教18人）。八十年代以来，学校特别重视对青年教师的培养，1991年获自治区师范学校青年教师基本功考核汉语组全区总分第一名。在其他活动中学校也取得了好成绩：1992年获国家语委推广普通话先进集体；1997年被市委、市政府命名为精神文明单位，1998年被评为十佳活动集体；1999年5月在成都全国中师青年教师数学竞赛中，宋砚教师获竞赛一等奖；1999年7月在全国中师化学教师实验基本功评比中，白雅琴教师荣获一等奖，同年七月又获全国环保局颁发的地球奖。

学校党委成员

琴课

计算机教室

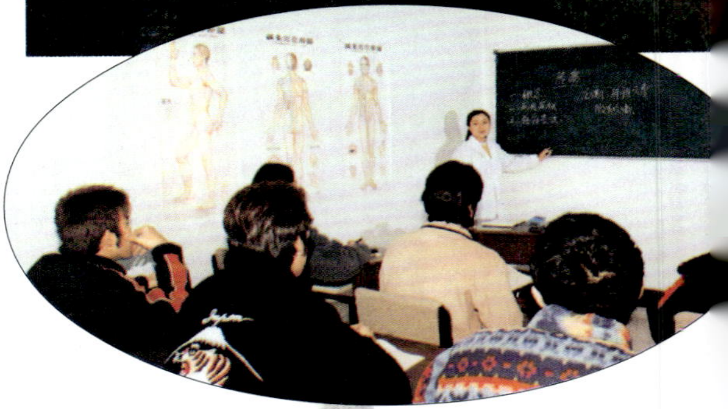

内蒙古医学院

呼和浩特市第一职业中专

烹饪专业

呼和浩特市第一职业中等专业学校是自治区重点职业学校。1981 年创建以来培养出 5 000 多名学生和 1 600 多名培训生，他们以优良的思想品德、扎实的文化理论基础、过硬的专业技能和健康的体魄，或就业于相关单位；或升入对口高等院校继续学习深造。就业率和对口升学率一直在呼市名列前茅。

学校现有 29 个教学班，1 100 多名学生，为呼市地区职业类学校之最。2000 年设置计算机、烹饪、电子等 10 个专业。6 月底落成的实习大楼使各专业的实习条件得到进一步改善。

学校坚持把培养学生的思想品德放在第一位，全面实施素质教育，严谨教学，严格管理。既重视学生文化基础和专业理论的教学，又突出培养学生的专业技能，尤其是着重培养学生的创新能力和适应社会能力，发挥每个学生的个性和特长，真正使全体学生都乐学，健康地成长为社会的有用人才。

在校学生多次参加呼市全区、全国性的专业技能比赛中均取得优异成绩。仅在全区、全国的大赛中就累计获金牌 11 块，银牌 16 块，铜牌 14 块。

电器专业的学生在修理电器

多媒体电教课

呼和浩特蒙古族学校

呼和浩特市蒙古族学校座落在新城区呼伦北路。是一所蒙语授课的、对外开放的自治区和呼和浩特市两级重点民族学校，是自治区首批“标准化民族学校”、呼和浩特市“义务教育示范学校”和新城区“文明单位”。实行小学五年、初中四年、高中三年的“五四三”学制。在校生1 430人，绝大部分为蒙古族。教学班小学10个，初中16个，高中10个。有教职工222人，其中蒙古族200人；小学高级教师22人，一级教师12人；中学高级教师27人，一级教师55人。教师学历合格率100%。小学部开设语文、数学、汉语文、政治、自然、卫生常识、体育、音乐、美术、劳动技术、英语课；中学部开设语文、数学、汉语文、历史、地理、物理、化学、生物、体育、音乐、美术、劳动技术、健康教育、日语、英语课；职业高中部先后开设蒙文排版印刷、家用电器维修、微机应用专业。实行教育教学管理以年级组为单位、教学研究以教研组为单位的运行机制。学校占地面积48 248平方米，建筑面积17 800平方米。田径运动场环形跑道300米。配有物理、化学、生物实验室，微机、语音、电教室，图书、阅览室。实验仪器达到国家义务教育一类标准，具有一流的微机设备。现任校长阿布日固、党总支书记希日莫。

50年来，学校培养小学毕业生8 000余人，初中毕业生3 197人，高中毕业生1 355人；为大、中专院校输送毕业生462人。在对学生不做任何外部择优录取的前提下，取得了较高的高考升学率。

内蒙古石油化工学校

校长、党委书记：乔子荣

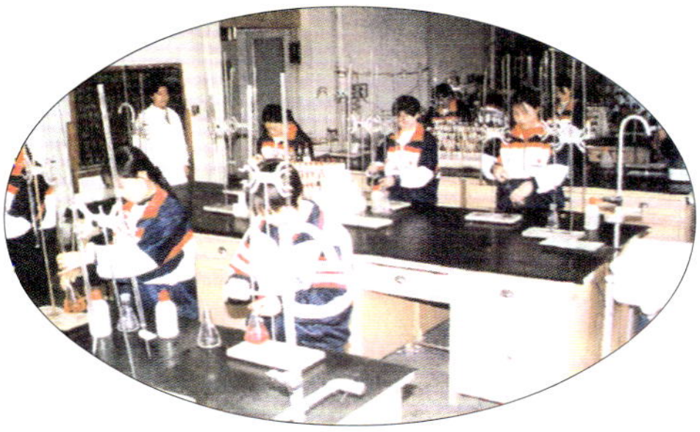

化学实验室

教育厅专家组来校评估验收

计算机实验室

团结务实的领导集体

多媒体仿真教学

在教育厅组织的全区中等职业学校办学水平评估中，学校被教育厅确定为自治区A级学校，并通过自治区重点普通中专的验收。学校还被国家劳动部确定为自治区石化行业“国家职业技能鉴定所”，同时被自治区石化厅和劳动厅确定为“内蒙古石化职工培训中心”，并对该校毕业生进行职业技能培训和鉴定，核发了等级证书，实行了“双证制”（毕业证、技能证）。强化教学实习和上岗培训，使学生在初中中提高了职业技能，学校被评为全国化工系统职教先进单位。

学校不断发展校办产业，先后建起化学试剂厂和化机实习厂，在满足学生实习的同时，取得较好的经济效益。

为了适应培养社会主义“四有”新人的需要，学校狠抓精神文明建设创建活动，受到新城区、呼和浩特市、石化厅等部门的肯定和表彰，先后被命名为精神文明先进单位，综合治理先进单位，校园文化先进单位，科技进步先进单位，职业技术教育先进单位等。

内蒙古

体育运动学校

校长：朋子兴

内蒙古体育运动学校是内蒙古唯一一所体育运动学校，创建于1965年9月。学校占地面积160多亩，目前在校学生990多人。学校以为自治区优秀运动队培养竞技体育人才为宗旨，同时向社会输送大批德才兼备的优秀体育人才。

学校拥有4 000多平方米的学生公寓；3 000多平方米的图书、实验楼；2 500平方米的教学楼；有1 100平方米的综合球类馆和900多平方米的体操、乒乓球训练馆；有配置50台586计算机教学设施。教学环境优雅，教学设备完善。

学校以教书育人为中心，坚持读训并重的原则，从严治校、严格管理，成为自治区培养体育人才的重要基地。在培养的学生中，涌现出一大批象单长明、哈达铁、杨宏军、哈日呼、李雯、朝鲁、曹琪、潘金红、纪海平等举国闻名的体育健儿，在全国第八届运动会上获奖牌的自治区运动员中多数是内蒙古体育运动学校培养的学生，为自治区2300万人民争得了荣誉。因此，自治区体工队把内蒙古体校赞誉为“冠军的摇篮”。

呼和浩特市第一中学

校长：郭小明

呼和浩特市第一中学是自治区和呼和浩特市两级重点中学。学校创建于1903年，历史绵长，校园优雅，占地面积近6万平方米，建筑面积2万多平方米。近一个世纪中曾涌现过许许多多仁人志士，为祖国输送了多方面的人才。

近年，全校师生思进取、搞改革，共创人才教育新模式，提出“一切为了教育学生”的办学宗旨，以“做人、为学、健体、发愤、有为”为校训，以勤学、有礼、负责、守纪为校风，以勤奋、严格、多思、好问为学风，以热爱学生、治学严谨为教风，以志存高远、脚踏实地为座右铭，使一中学生达到“高、博、雅、优”，旨在创办一所学府式的学校，向社会输送中、高级优秀人才。

学校教职工194人，其中特级教师2人，高级教师39人，中级教师65人。他们安教乐教善教，坚持教书育人、为人师表，积极由经验型教师向科研型教师转变。立志不当“教书匠”，要做教育家。

学校改变单一的教学体制，确立必修课、选修课、劳技课相结合的多维教学体制。对课堂教学从多角度、全方位进行综合评价，使课堂教学成为掌握知识、发展能力、提高素质的主战场。选修课实行学分制，促使学生积极参加课外活动，扩大视野，增加见闻，接触社会，面向生活，全面提高自身素质，培养创造精神，发展学生健全个性，成为合格加特长的学生，以适应时代发展的需要。

新生入学的军事训练

学生在上微机课

美国迈阿密教育访华团来一中参观访问进行教育交流

呼市一中校容校貌

呼和浩特市回民中学

校长：吴 克

呼和浩特市回民中学是一所初、高中完备的民族重点中学。建校40多年来，为国家培养了大批人才。近几年回中领导班子坚持“团结、务实、清廉、高效”的工作作风，重质量、严管理，使回中的教育教学水平不断提高。1998年评为自治区、呼市两级民族团结先进集体，在自治区会考综合评估中进入40所先进学校行列，评为呼市先进学校。回中还被呼市教委评为“深研教材、优化教法先进学校”、“社会治安综合治理优秀集体”、“体育工作先进学校”，并被呼市绿化委员会评为绿化工作先进集体。在1999年的高考会考中，回中都取得了优异成绩，回中党总支被评为先进基层党组织，回中还获得呼市第三届青少年文化艺术节优秀组织奖。

在市委、市政府及教委的关怀下，1999年，新建2 400平米的综合实验楼，同时配备了43万元的现代化教学设备，使回中的教学条件大为改观。回中人将继续遵循“宽收严教”的办学宗旨，努力为党的民族教育事业作出更大贡献。

欢迎新加坡来访的穆斯林朋友

30年校庆会上，少先队员致贺词

绘画兴趣小组的学生在挥笔作画

呼和浩特市第十四中学

呼和浩特市第十四中学成立于1964年，是在自治区、呼市两级党委、政府直接领导下建立起来的呼市第三所民族中学。1978年被列入市级重点中学。学校位于呼市新城区东风路，拥有非常好的生源、师资潜力。

学校占地48 000多平方米，建筑面积4 000平方米，现设有高中和初中部，是市属完全中学。有40个教学班，其中高中22个班，初中18个班，在籍学生2 213人。学校现有教职工212人，其中特级1人，高级教师34人，一级教师74人。1997年学校建起实验楼，内部设备先进，有多媒体教室1个，共同课教室1个，学生微机房2个，教师专用机房1个，理化生劳技实验室6个。

近年来，学校实行校长负责制，全面贯彻党的教育方针，遵循“坚持素质教育，面向全体学生，全面协调发展，培养个性特长，争取人人成才”的办学思想，在教育教学和学校内部管理方面，不断改革创新，已形成一套完善的管理机制，增强了全校师生的凝聚力，推动了各项工作的顺利开展。

在全校师生共同努力下，学校先后被评为自治区高中管理先进校，自治区贯彻体育和卫生两个条例优秀学校，义务教育示范校，育人环境优秀学校，民族团结先进集体，综合治理先进单位等30多项荣誉称号。

呼和浩特市新华小学

学生广播站

英语语音课

爱国主义教育基地

新华小学建校近40年来，依据邓小平教育要“三个面向”的指示，经过全体师生的艰苦努力，形成了“勤学、上进、求实、奉献”的良好校风，创建了“全面加特色”的办学模式，营造了生动和谐的校园文化氛围，充实了现代化的教学设备。

新华小学实施科学的目标管理，治教严谨。学校重视师资队伍建设，采取积极措施，造就了一支敬业乐业、诲人不倦的师资队伍。坚持“以法治教，科研治教，五育并举，全面发展”的办学思想，在教育、教学领域进行多层次、多学科的“创新－发展”的改革与实验，教育教学质量稳步提高。学校还致力于育人环境的建设，语音室、微机室、完整的闭路电视系统等设施为全校师生实施素质教育提供了充分的物质保证。校园内绿草茵茵、花团锦簇，雕塑、壁画相趣成辉，使校园的每一角落都变成了“育人的好地方”。

新华小学连续几年被评为呼市文明单位、红旗大队、优秀爱国主义教育基地等，师生多次在全国、省、市的比赛中获得优异成绩。

五育并举全面发展

诲人不倦的师资队伍

呼和浩特市新城区教育局

局长　马政

新城区位于呼和浩特市东北部，是自治区政治、经济、文化的中心。现有幼儿园5所、小学55所、增智学校1所、中学8所。

改革开放后，历届区委、政府始终坚持把教育放在优先发展的战略地位，不断加大改革和投资力度，使基础教育产生了质的飞跃。目前，区内学校全部按自治区一类办学条件标准配备，实现了基本普及九年义务教育。各校加大勤工俭学的改革力度，弥补教育经费不足。实现两机一幕进教室，微机进学校。迄今已有10所学校安装了闭路电视，10所学校建立了语音教室、电化教室和多媒体教室。

根据育人环境建设标准，学校普遍进行了美化、绿化、硬化、优化校园工作。修建了升旗台，加强了对师生的爱国主义教育。教室内外和走廊布满名人名画名言、大幅标语、雕塑、宣传橱窗、绿树、草坪、鲜花等，发挥着环境育人的隐性教育功能。

在学校教育中，全面贯彻党的教育方针，全面提高教育质量。面向全体，全面发展，让学生学会学习，学会做人，学会生存，学会创造。1999年新城区被自治区确定为首批“素质教育实验区”。

近年来，新城区教育局围绕素质教育，以教育设施现代化为突破口，以教师队伍建设现代化为根本，自加压力，进一步深化教育改革。短短几年，新城区教育获得了长足发展，素质教育观念逐步成为教育教学活动的新支点。全区教育呈现出一派欣欣向荣的新气象，现有自治区义务教育实验校3所，自治区义务教育示范学校10所，呼市义务教育示范校15所；教师中涌现出自治区教学能手12名，呼市级教学能手28名，区级教学能手百余名。有2所学校被命名为全国中小学整体改革“实验基地学校”，有3所学校被中央教科所命名为“德育实验基地”，有17所学校被团中央全国少工委授予“全国红旗大队”，有2所学校分别获自治区、呼市红领巾示范校，有2所学校被自治区少工委命名为“雏鹰行动与素质教育实验校”。

左起：副局长彭世雄、局长马政、党委书记赵桂春、副局长赵计拴、于慎孝

实验基地学校

市区领导深入满族小学指导工作

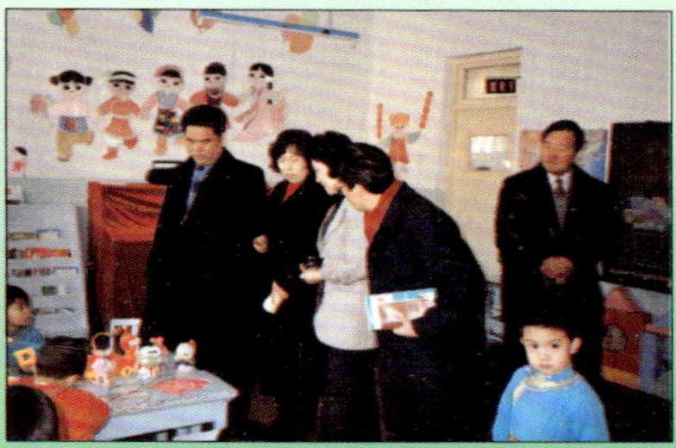

蒙古国驻中国大使夫人好日来女士来蒙幼参观

内蒙古医学院附属医

内蒙古医学院附属医院创建于1958年，占地面积53 400平方米，全院分为门诊部、住院部、特需服务中心三个医疗单元，开放床位850张，拥有职工1 375名，其中卫生技术人员1 188名，副高级职称以上技术人员205名，固定资产1.56亿元，万元以上医疗设备330余台，拥有双螺旋CT、磁共振仪、全身伽玛刀、准分子激光治疗仪、乳腺X光机、全自动生化分析仪、ECT、超声引导温热凝固肿瘤治疗仪（多弹头自动导航治疗仪）、数字胃肠造影、数字血管造影、远程会诊系统、CCU和ICU监护系统等当今一流设备。

内蒙古医学院附属医院始终坚持“病人至上、质量第一”的宗旨，医德医术在广大病员和群众中享有盛誉，全年门诊量达50多万人次，诊治住院患者2万人次，抢救危重患者达千人以上。

经过40多年几代人辛勤奉献，附院各项工作取得显著成绩。1994年被卫生部授予“三级甲等”医院和“爱婴医院”称号，1997年被团中央、卫生部授予自治区卫生行业唯一的国家级“青年文明号”称号，1998年步人全国“百佳医院”行列，1999年院长杨成旺教授获全国优秀院长的光荣称号。

院长：杨成旺

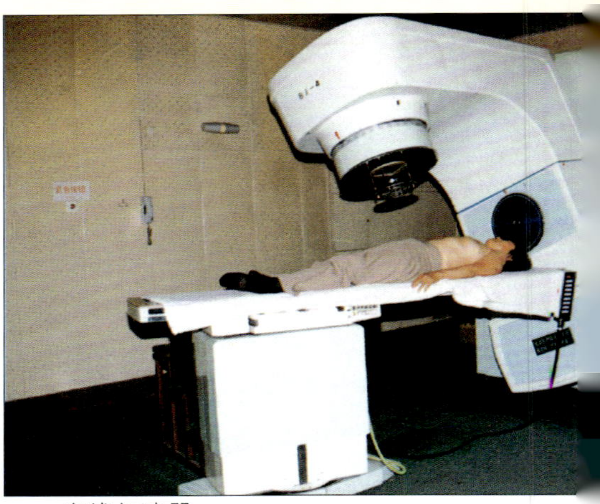

直线加速器

门诊楼外景

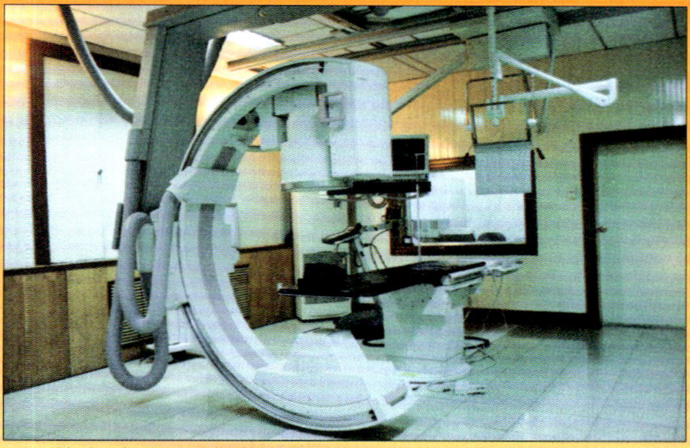

数字成影血管造影机

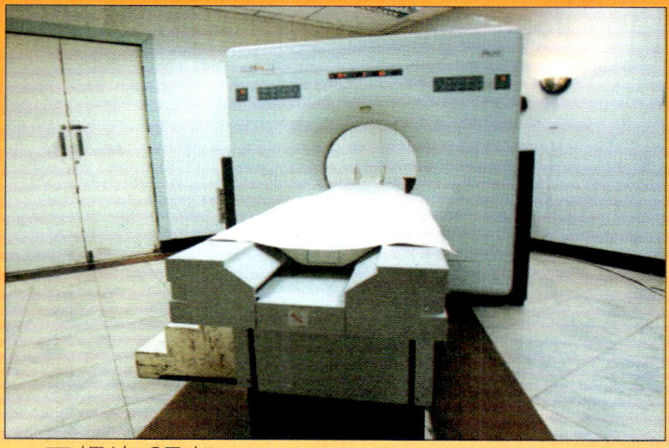

双螺旋CT机

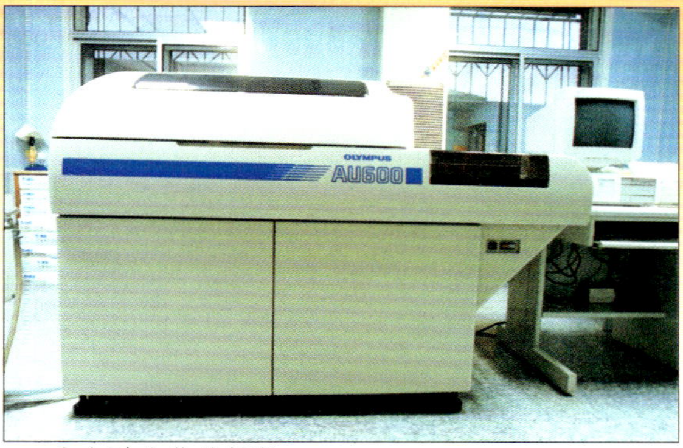

全自动生化分析仪

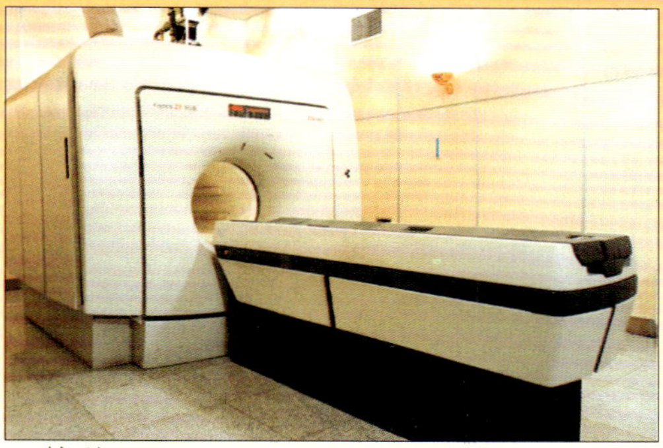

核磁

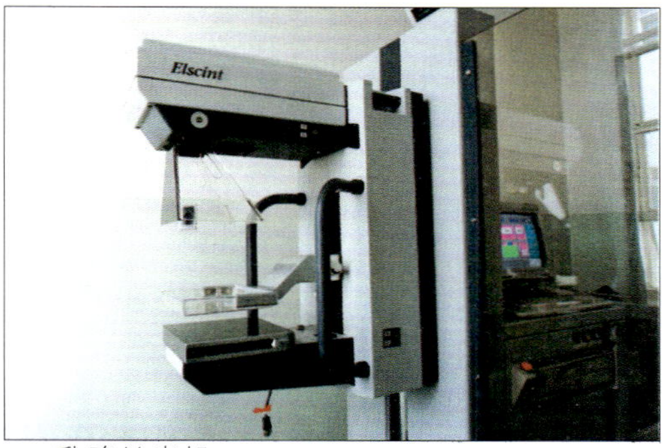

乳腺X光机

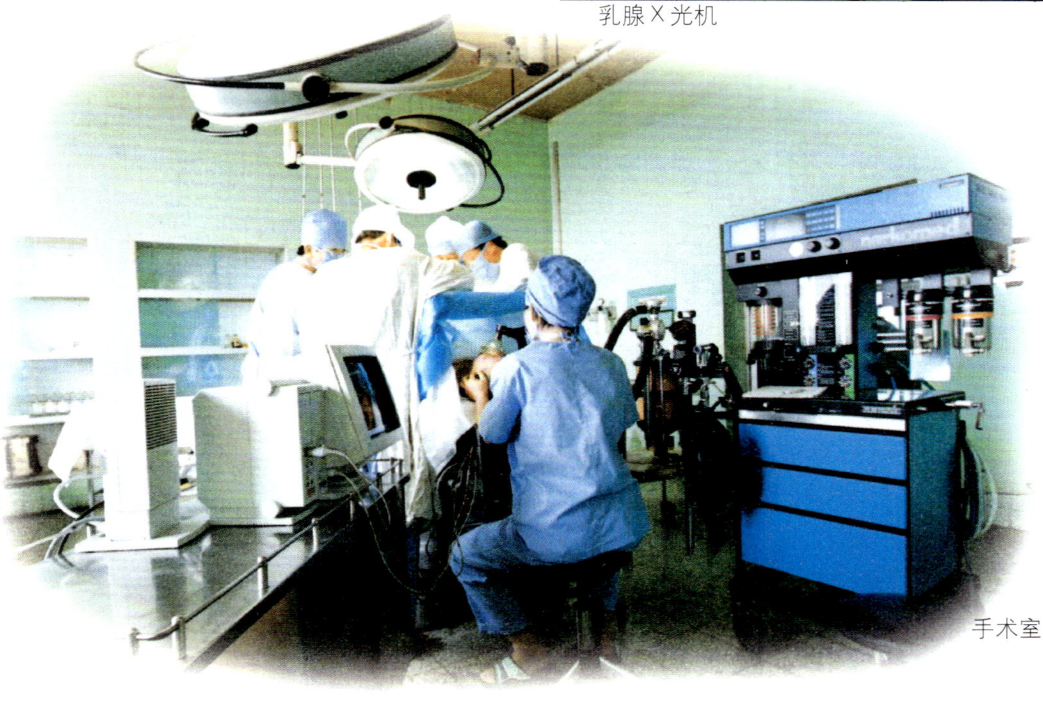

手术室

总经理：陈宝琪

办公楼

内蒙古

体育操场

文体楼

一车间

车间大路

楼

化工有限责任公司

内蒙古红旗化工有限责任公司位于清水河县城关镇内。公司隶属于呼和浩特市经贸委。1999年底企业由原来的内蒙古红旗化工厂改制为现在的公司制企业。企业始建于1966年，1970年正式投产。原生产军品，后逐步转为民品生产。现有在职员工779人，是自治区内唯一生产工程雷管的企业。1999年底，公司固定资产2 027万元。年生产各种雷管可达5 000万发以上，产值3 000万元以上。

该公司产品主要用于煤炭和各种矿山开采以及水利工程爆破等。产品包括：工业火雷管、工业瞬发电雷管、煤矿许用瞬发电雷管、秒延期电雷管、毫秒延期电雷管、导爆管毫秒延期雷管、导爆管等12个品种。其中工业火雷管、工业瞬发电雷管、煤矿许用瞬发电雷管均被评为自治区优质产品。煤矿许用瞬发电雷管采用国际标准已通过有关部门认定。其它产品均执行GB8031-87和GB13230-91标准。

公司技术力量比较雄厚，有各类工程技术人员117名，其中高级职称5名，中、初级职称112名。产品生产采用目前国内较先进的工艺。拥有主要生产设备100多台，有完备的工装制造和非标加工手段，有较先进的质量检测设备，并在起爆药制造、运送等方面有独特的先进技术。

内蒙古自治区交通征费稽查局

局长：吕顺义

副局长郭新建、呼吉勒图、陈淑琴

"在岗一分钟 奋斗六十秒"

内蒙古自治区交通征费稽查局成立于1995年。做为直接隶属于自治区交通厅的正处级事业单位，对全区12个征稽分局、113个征稽所实行人、财、物统一管理，拥有职工2 400多人，承担着全区公路养路费、车辆购置附加费、重点公路建设费、通行费、拖摩畜养路费等五种交通费征收管理工作。

养路费、车购费等交通规费是国家公路交通建设的重要资金来源，征稽部门被称为公路建设的"粮草官"。1995年以前，由于征稽管理体制不顺，一度制约了征费工作的发展。1995年全区交通征稽体制改革的顺利完成，实现了交通规费征收管理体制由"条块结合、以块为主"向"统一条条管理"转变的历史性突破，增强了宏观调控能力，顺应了市场经济条件下规费征收工作需要，为内蒙古交通征稽事业的发展注入了无穷的动力。1996、1997两年各项规费共征收24.6亿元，与1995年相比，以平均每年纯增近2亿元的高速度递增，连创历史最好水平。同时，精神文明建设也取得了显著成果，全区征稽系统100多个单位已全部建成县级以上文明单位，其中自治区级文明单位11个，盟市级文明单位84个，提前超额完成"九五"目标。

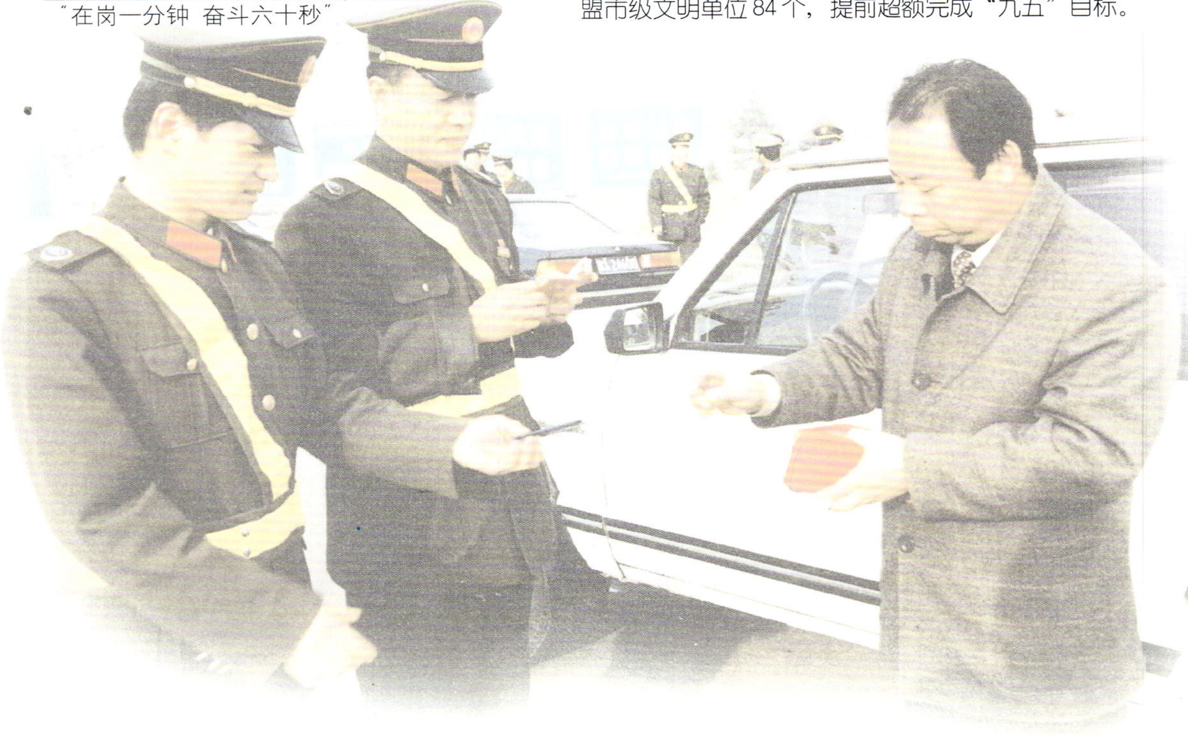

呼和浩特市妇幼保健医院

HU HE HAO TE SHI YI YUAN

院长：邓培德

呼市妇幼保健医院是担负呼市地区医疗、保健、教学、科研四大任务的妇幼保健机构。

该院占地面积1 900平方米，建筑面积3 900平方米，前楼三层为门诊楼，后楼两层为住院楼。现有职工100人，其中院领导3人，卫生技术人员82人。

医院内部分为保健部、临床部、行政部、药局四个部分。保健部分为妇女保健科和儿童保健科。妇女保健科开设妇女病普查、婚前检查、乳房检查、激光治疗等业务。儿童保健分为健康门诊，承担着辖区17所幼儿园的儿童体检任务，并对常见病进行分析，制定防治措施；口腔保健科是呼市唯一一个面向儿童的专业口腔保健科室；智商测定科是为家长提供正确引导儿童开发智力的专门科室；眼病防治保健科为儿童眼病患者提供了科学治疗近视、远视、斜视等眼疾的良好场所。

院长临床看病

临床部有门诊所、病房和医技科。门诊科分为中医理疗科、内儿科、妇产科、肠道传染病科。中医理疗科由中医副主任医师邓培德院长亲自坐诊，运用祖传及自己的科研成果为许多患者解除了病苦。病房分为产科、妇科、计划生育科等。医技科分为化验、放射、心电、B超等。

内蒙古自治区红十字会

会长：云曙碧

红十字会是一个国际性的以人道主义为宗旨的社会救助团体。她弘扬的是救死扶伤、扶危济困、敬老助残、助人为乐的红十字精神。内蒙古自治区红十字会恢复于1987年5月20日，到1999年底，全区12个盟市全部设立了办事机构，恢复了红十字会工作，共发展红十字基层组织2 338个，会员37万多人，基层组织和会员遍及全区各行各业及农村牧区。10多年来，特别是1993年《中华人民共和国红十字会法》颁布实施以来，在自治区党委、政府的关怀重视下，在中国红十字会总会的大力支持下，各级红十字组织既遵循国际红十字运动的基本原则，又结合实际，大胆创新，艰苦创业，认真履行职责，积极开展国际人道主义法和国际红十字运动的宣传，组织建设、备灾救灾、群众性卫生救护、输血献血、扶贫救助和社会服务、台湾事务、国际友好合作等项业务都取得令人瞩目的成就，多次受到中国红十字会总会和自治区党委、政府的表彰。1998年自治区中东部特大洪灾募集到国内外捐赠的救灾款物达6 693万元，除紧急救助重灾民外，援助重建项目113个（其中，灾民新村64个共计4 889户，医院和卫生院15所，村嘎查卫生室9个，学校24所，养老院1所）。至1999年底，自治区红十字会累计接受国内外红十字组织和社会各界捐赠的备灾救灾物资超过1亿元，有力地支持了自治区的经济建设。

救助灾民

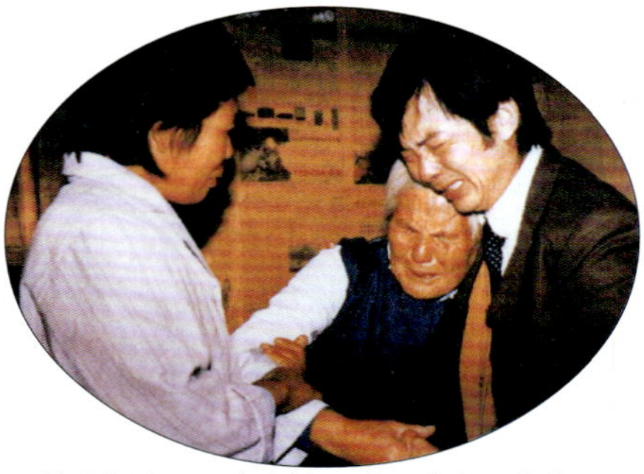

母子相认——为海峡两岸同胞查人转信

与加拿大红十字会合作援建一所红十字卫生院

无偿献血光荣

内蒙古卫生干部进修学校

内蒙古卫生干部进修学校是自治区唯一一所区级卫生系统成人教育学校，坐落于呼市玉泉区。该校1978年1月恢复建校至1997年共举办各类培训班117期，43个专业，累计培训3 588人。

党的十五大以来，新一届领导班子遵照江泽民总书记提出的“三讲”要求，狠抓“精神文明建设”。本着一手抓建设，一手抓育人的原则，加强班子自身建设，努力提高职工素质，全面开展学校的各项工作。学校认真贯彻落实全国全区卫生工作会议精神和全国教育改革政策，团结务实，励精图治，通过各种途径，积极改善办学条件，一度中断的短期培训班于1998年恢复办班，当年培训学员近11期800人。在办好主体班的同时，又与四所大中专院校联合办学，使全日制在校生由不足50人达到现在的近500人，形成了长、短班相结合，学历教育与在职教育相结合的办学格局。学校不断更新教学设施，拥有语音室、实验室，微机室、阅览室等，以及正在组建中的多媒体电脑网络教学系统室，对学生实行半军事化全封闭式管理。

校长 李虎山

1999年7月，自治区卫生厅党校在该校成立，当年办班两期，培训卫生系统各级各类党务、行政干部近80人。

英语语音课

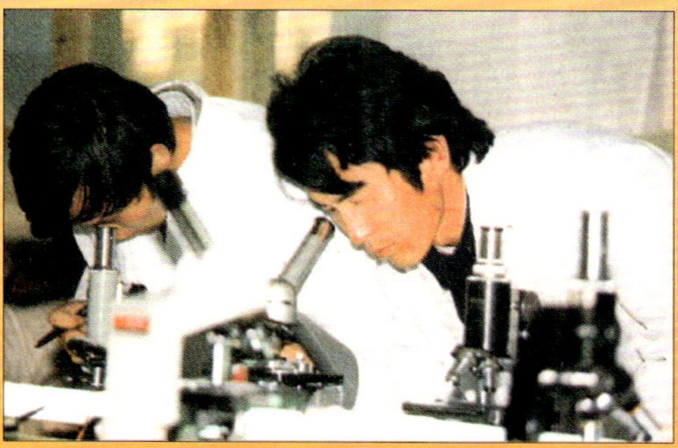

学生在上实验课

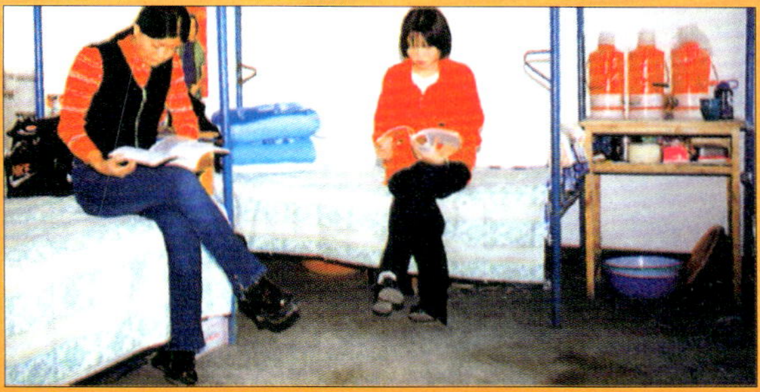

学生宿舍

图书馆阅览室

朱镕基总理视察大公实业总公司

全国人大副委员长布赫视察呼和浩特维信羊剪绒制品有限公司

管委会主任 云公和

呼和浩特经济

HETDZ

HUHEHAOTEJINGJ

HOHHOT ECONOMIC & TECHNICAL DEVELOPMENT ZONE

地理优势 呼和浩特市是内蒙古自治区的经济、政治、文化中心。二十一世纪，呼和浩特市将在国家区域经济开发的战略重点西移过程中发挥重要作用。

交通条件 北临京包铁路及110国道，距火车站、机场仅几公里，往来及交通运输十分便利。

资源优势 内蒙古自治区资源丰富享誉中外，首府呼和浩特市资源优势同样诱人。

基础设施 “七通一平”基础设施配套建设工程已经完成。水、电、汽、暖等能够满足入区企业的需要。

通讯条件 建有程控中转站一座，可以与世界各地通邮、通电话。通畅的全球互联网可以免费为入区企业提供全世界信息检索服务和网上营销宣传。

招商引资 现入区企业６００多家，分别来自美国、加拿大、日本、韩国、香港、澳门、台湾等十几个国家和地区及国内的投资者。

地址：中国·内蒙古呼和浩特市机场路２号

邮编：010010

电话：(0471)4929893　传真：(0471)4929877

内蒙古华联标准晶体有限公司生产的人造压电晶体

呼和浩特经济技术开发区位于呼和浩特东郊1.2 公里处，规划面积10.97 平方公 区域内包括工业区、高新技术产业园区、 生活区、行政、商业、金融、文化综合服务 等。几年的建设发展，开发区的软硬环境 步得到完善。"一站式"、"一条龙"便捷、 效的办事机构和运行机制、"七通一平"的 套基础设施成为中外客商投资的理想区域。

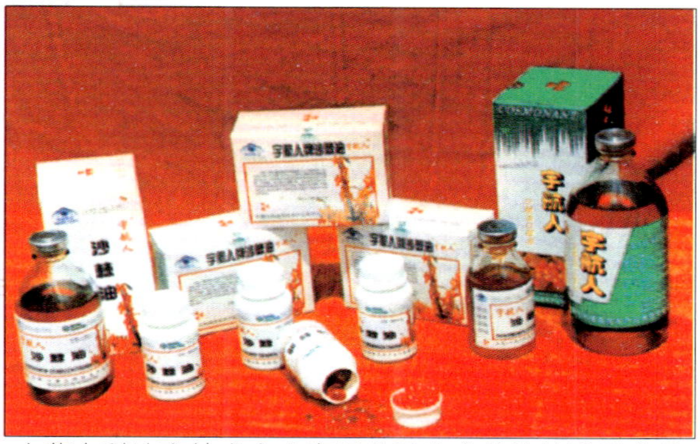

内蒙古科迪高技术产业有限公司生产的沙棘系列产品

术开发区

JKAIFAQU

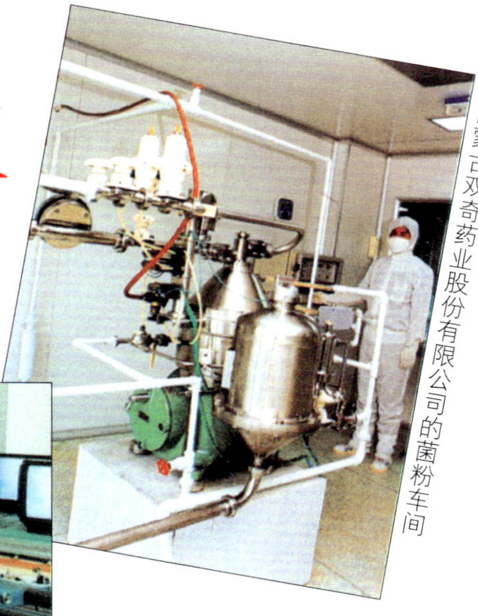

内蒙古双奇药业股份有限公司的菌粉车间

内蒙古TCL王牌电器有限公司

呼和浩特市

呼和浩特市第一医院是一所有着80年代历史，集医、教、研三位一体的三级乙等医院，医院占地面积66 600万平方米，建筑面积54 214平方米，业务用房2.6万平方米。全院开放病床500余张，承担呼市200万人民的主体医疗保健任务。

本院专业技术力量雄厚，科研成果层出不穷，有的已达到国内先进水平。目前共有学科带头人24名，跨世纪人才25名，主任医师20名，副主任医师49名，返聘专家12名，技术力量形成梯队。各专业科室布局完整，医院设置内、外、妇、儿、五官、肿瘤、神经内外、骨科、中蒙医科、干部保健病房等17个临床科室30余种专业，放射、物

党委书记、院长：申作宏

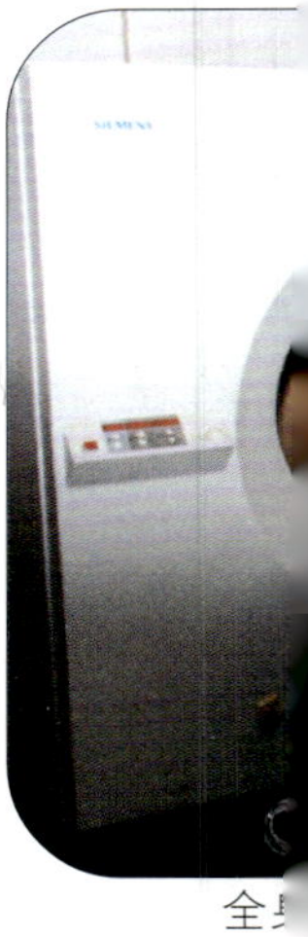

全

一医院

理、诊断等7个医技科室，本院还有全身CT、彩超、人工肾、碎石、X线机、全自动生化分析仪等大型进口医疗设备服务于临床。本院是内蒙古医学院、内蒙古蒙医学院的教学医院，发挥着临床、科研、教学的综合功能。

作为呼市城镇社保医疗指定医院之一，成立专门机构，设立了社保门诊和病房，挂号和结算窗口独立，由专家坐诊，竭诚为每位参保者提供优质高效的服务。

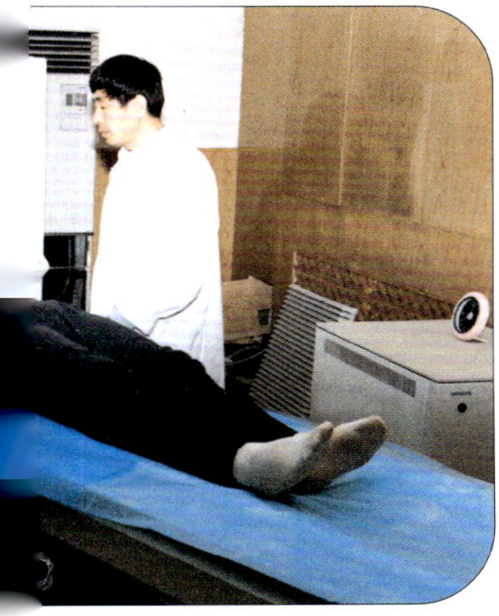

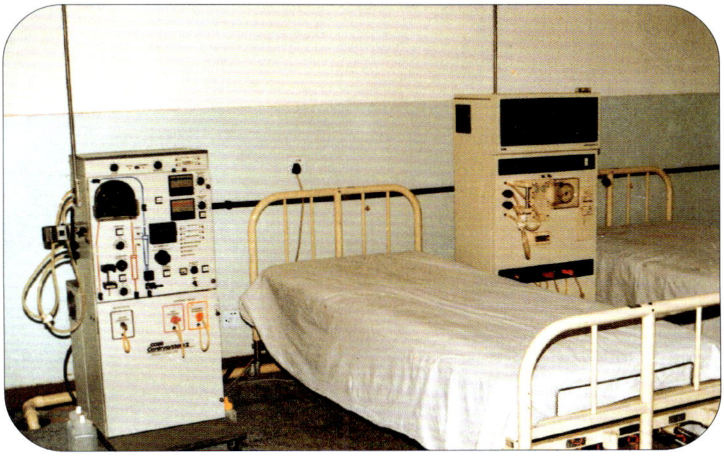

血液透析代

内蒙古自治区中蒙医院

法人代表　苏根元

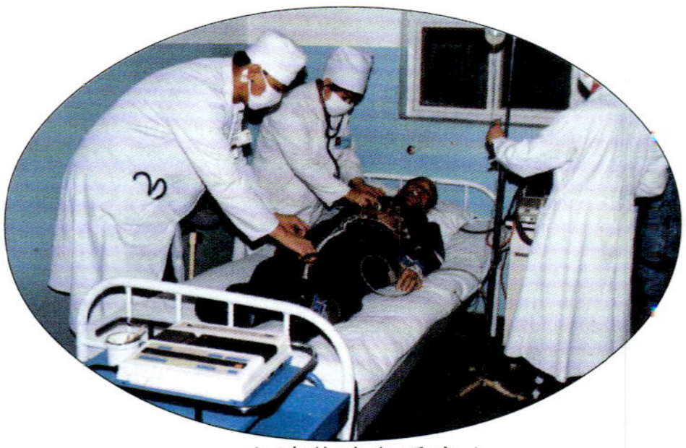

急诊收治危重病人

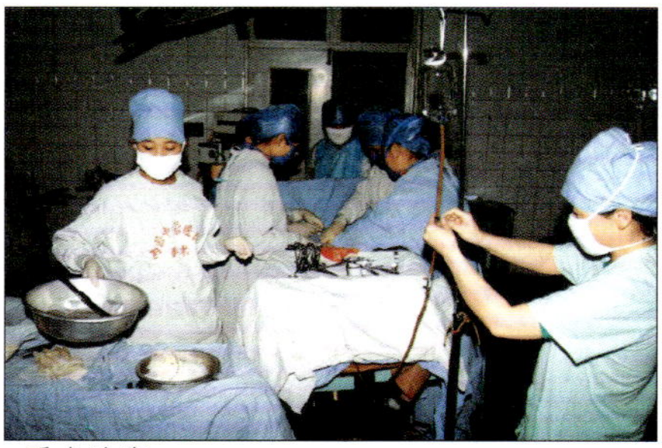

手术治疗

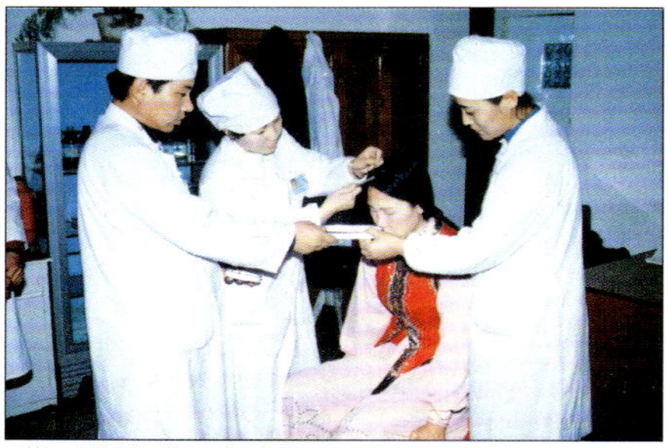

蒙医传统“五疗法”

蒙药制剂中心

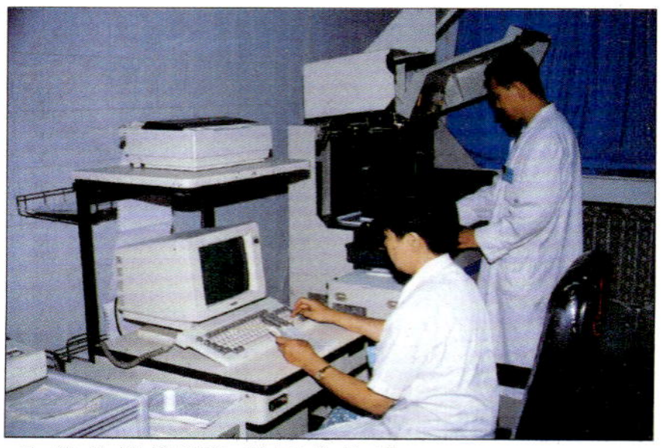

生化分析仪等先进医疗仪器

内蒙古自治区中蒙医医院创建于1958年，与内蒙古中蒙医研究所合署办公，是全国首家三级甲等中蒙医医院。1999年被评为“全国百佳医院”、“全国卫生系统先进集体”。医院现有职工726人，其中卫生技术人员525人，高级技术人员98人，床位456张，年门诊量28万多人次，收住院患者近4 000人次。医院分门诊部、住院部和保健病房，设专科门诊49个，其中自治区重点专科3个。医院现有建筑面积近7万多平方米。拥有CT、彩超、全自动生化分析仪、心电监护等现代化医疗设备，设国家及自治区级专业编辑部3个。是自治区规模最大、技术力量最雄厚、医疗水平最高的现代化综合性中蒙医医院。

医院是国家中医药管理局确定的“国家蒙医专科培训基地”和“国家蒙药制剂中心”。先后荣获“自治区文明医院”、“全市职工职业道德先进集体”、“全区执行物价政策法规最佳单位”、“文明单位”等称号。

地址：呼和浩特市新城区健康街15号
电话：(0471)6929047
邮编：010020

书下乡活动

宁城县供销社 磴口县委 准格尔旗新华书店荣获全国百县农村图书发行先进单位

书店创建于1947年9月1日。当时仅有工作人员3人，发行网点4个。经过几代人的艰苦创业和不懈努力，全系统干部职工发展到3 935人。现有门市部199个，经、代销点392个。书店是从事图书、音像制品批发零售和大中专教材、中小学课本发行以及资本运营的大型文化企业。

1998年经过改制，组建了内蒙古新华书店集团，由内蒙古新华书店集团有限责任公司（母公司）和96个盟市旗县子公司组成，集团总资产4亿多元，全区销发货7亿多元，实现利税4 500余万元，拥有固定资产1.5亿元。1998年商品销售额和批发额以及销售利润额均占全区100家大中型贸易企业的第6位。在经营管理手段上，已从“人背车拉”的手工式劳动，进入机动车发运及流动服务、电子计算、微机联网、传真通讯、条码应用等现代科技管理的新时代，使企业的综合实力和市场竞争力都有了较大提高。

把普及边牧区发行与少数民族文字图书的发行作为重点，坚持“送书下乡”服务“三农”活动，开展“草原书屋”工程，内蒙古新华书店集团1996年被国家新闻出版署等部授予“全国送书下乡活动先进组织单位”称号；1998年又被内蒙古自治区党委宣传部等13个厅局命名为全区“三下乡”活动先进集体。1999年蒙文书店被共青团中央、国家民委等单位评为第二次全国各族青年团结进步模范集体。

在社会主义市场经济条件下，新华书店也面临着市场竞争的挑战。在新世纪，将继承和发扬新华书店光荣的革命传统，发扬艰苦奋斗的务实精神和奉献精神，进一步解放思想，更新观念，增强使命感和责任感，充分发挥集团整体优势，努力转换经营机制，建立现代企业制度，努力构筑和定位一个新世纪的实力雄厚的图书发行主渠道形象，为繁荣民族文化出版事业和内蒙古自治区的两个文明建设做出更大的贡献！

自治区党委书记刘明祖参加内蒙古自治区新华书店50周年店庆

出版署副署长桂晓风（右一）视察内蒙古新华书店蒙文门市部

资助清水河县小庙子乡兴建的“希望小学”

内蒙古自治区 新华书店

公司党委书记兼总经理侯显民

档案工作目标管理普升国家一级

呼和浩特市自来水公司

用原子荧光光度计分析水中微量元素

呼和浩特市自来水公司始建于1958年，担负着呼市城市建设和人民生活的供水任务。经过40多年的发展已跨入国家中型供水企业的行列，并取得较好的社会效益和经济效益，为呼市城市建设做出重要贡献。

至1999年底，公司拥有固定资产17 953万元，连续三年完成利税总额2 575万元，建成供水水厂7座，深层承压水源井106眼，清水池16座，总容量为3.1 万立方米；供水能力24.2 万立方米／日，现日平均供水量21.78 万立方米，直径75以上供水管道长度为365公里，供水面积70平方公里，供水普及率达87.15%，水质综合率为99.41%，符合国家饮用水标准。

公司在企业经营管理和社会服务方面，始终注重两个效益，倡导“团结奋进、求实创新、安全供水、优质服务”的企业精神，坚持“为社会主义建设服务”的宗旨，以“水质好、水压足、计量准、维修快”做为公司的服务标准。1997年5月1日正式向社会推出六大项服务承诺，与用户及时沟通了供水、用水情况，提高了城市供水工作的透明度和供水服务质量，受到社会的广泛赞誉。

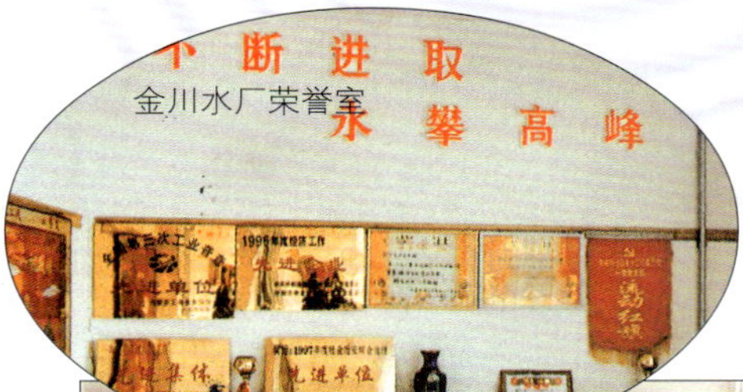

金川水厂荣誉室

东郊水厂加压泵房

院长：唐桂兰

呼和浩特市第二医院（原呼和浩特市传染病院），座落于玉泉区石羊桥南路五里营，是呼市地区唯一的一所传染病医疗机构，也是自治区唯一的一所由国家卫生部授予的传染病三级专科医院。

医院建院四十余年来，培养了大批传染病医疗专门人士，在各种传染病的诊疗方面积累了丰富经验，使本专科的医疗水平始终保持在国内先进水平。医院现有病床200张，规模、设施、诊疗及消毒隔离条件均为全自治区同类医院之首。门诊及病房建筑完全按照传染病医院规范设计，布局先进合理。每病室一至三张病床，全部设有独立卫生间和洗漱间。双通道，内外走廊。为患者创造了本地区最佳的住院休养环境。

呼和浩特市第二医院

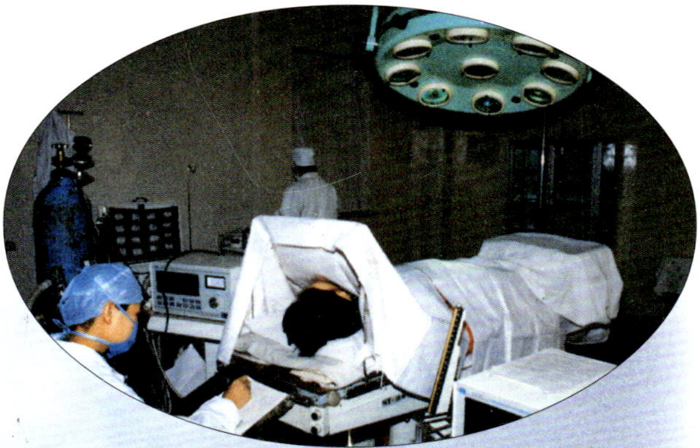
手术室

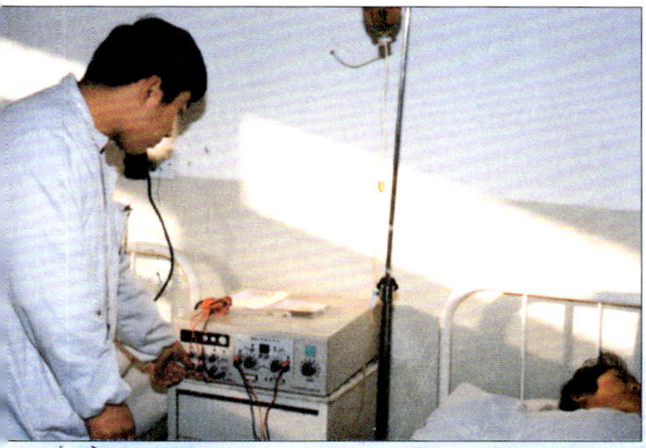
庆房

呼和浩特金川资

呼和浩特金川资源经济开发区于1992年8月8日正式奠基建设，1995年7月31日经自治区政府批准为自治区级开发区，1999年8月7日被自治区科委批准为自治区民营科技工业园区。金川开发区仅次于呼市，规划面积11.97 平方公里。区内交通便利，110国道、呼包高速公路、京包铁路横贯全境；区内地势平坦，基础承载力大，宜于工业项目建设。

几年来，金川开发区十分重视投资环境建设，在起步时的3平方公里范围内，按照“七通一平”的要求，累计投人资金近12亿元，建有日供水4万吨水厂一座，11万伏变电站一座，50吨位供热供汽锅炉房一座，铺设给排水管道5.2 万延长米，修筑沥青路面16.8 万平方米，此外还建有学校、幼儿园、医院、酒店、写字楼等大量非生产性基础设施，总建筑面积达50万平方米以上。

良好的投资环境，吸引了来自日本、韩国、马达加斯加、意大利、美国、澳大利亚、香港、台湾等国家和地区以及国内客商前来投资。至1999年底，已引进项目292个，完成工业总产值（90年不变价）28.5 亿元，工业增加值10.7 亿元，财政收入9.5 亿元，开发区经济呈现出快速增长的发展势头，成为呼市重要的工业经济园区和新的经济增长点，推进了呼市工业化、现代化建设进程。

管委会主任：雍生寿

党委书记　云月在

自治区党委书记刘明祖、市委书记杨晶视察金川开发区

电力学院教学楼

经济开发区

11 万伏金川变电站

金川水厂机房

管委会办公楼、电信二枢纽大楼

电气设备制造厂

中国平安保险股份有限公司

ZHONG GUO PING AN BAO XIAN GU FEN YOU XIAN GONG SI

总经理　侯建强

中国平安保险股份有限公司内蒙古办事处（寿险）是平安总公司在内蒙古地区设立的二级机构，1994年8月开始筹备，1995年12月18日经中国人民银行批准成立办事处，总部设在呼和浩特市。平安内蒙古办事处的设立，为丰富内蒙古地区的保险市场，引进保险竞争机制，加强当地经济社会保障，促使保险市场主体走向多元化等都做出了积极贡献。

内蒙古办事处（寿险）从1996年9月开始正式经营寿险业务，在注重规模和速度发展的同时，不断加强内部管理，防范和化解金融风险，加强机构内部的垂直领导力度，提高业务发展的质量和效益，迅速向专业化发展道路迈进。

内蒙古办事处（寿险）始终把完善售后服务体系和加强企业文化建设作为业务高速发展的有力保证。每年以大型的“客户服务月”为主线，举办各种回馈保户的活动，同时坚持“以人为本”的发展战略，注重员工思想建设和业务技能的提高，给机构的品牌建设赋予更实质性的内涵。

在总公司正确领导下，经过办事处员工的共同奋斗，3年来，办事处保持了稳健高速的发展势头。1999年，办事处共实现寿险保费收入5,000多万元，利润达到历史最高水平。

内蒙古办事处（寿险）将继续秉承总公司的经营思路，抓住机遇，开拓进取，追求卓越，挑战竞争，发挥持久的激情和创造力，为促进自治区保险业的发展和提高全区各族人民生活保障水平做出更大贡献。

举办“草原平安夜”大型联欢晚会

蒙古办事处（寿险）

宣传咨询活动

理赔仪式

总经理侯建强（左四）接受自治区老龄委员会赠旗

1999年5月8日组织员工在新华广场举行“百人无偿献血”活动

内蒙古自治区妇幼保健院

内蒙古自治区妇幼保健院即内蒙古自治区第二医院、内蒙古自治区红十字医院，1987年建成开诊，是自治区四十年大庆重点献礼项目之一。

医院设妇女保健、儿童保健、五官保健、遗传优生4个保健科室，妇科、产科、儿内、儿外、新生儿、内科、心外、普外、肿瘤外科、中医、皮肤、眼、口腔、耳鼻喉等临床科室18个，放射、检验、功能、病理等医技科室6个。该院在自治区率先实行“母婴同室、母乳喂养”和“产室哺乳”。1993年荣获自治区首家“爱婴医院”称号。

医院为自治区妇幼保健技术指导中心，承担着全区一百多个盟、市、旗、县（区）妇幼保健院（所）的业务技术指导、培训和妇幼卫生各项目标监测、调查、统计、评审任务。一个以该院为业务技术“龙头”的自治区妇幼保健网已基本形成。在临床上形成了以妇、产、儿、新生儿为重点，心血管外科、普外电视胆囊腹腔镜、儿外、肿瘤外科、内科为特色的医疗格局。

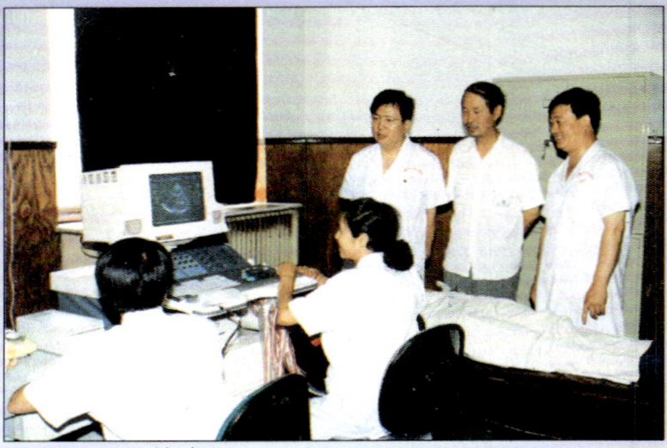

妇女保健检查

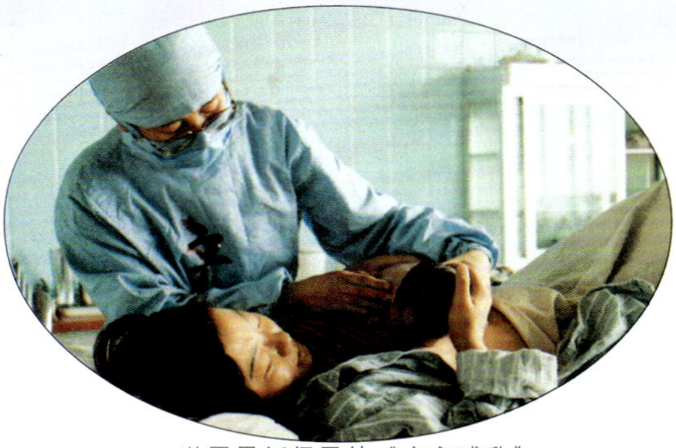

世界最新倡导的“产室哺乳”

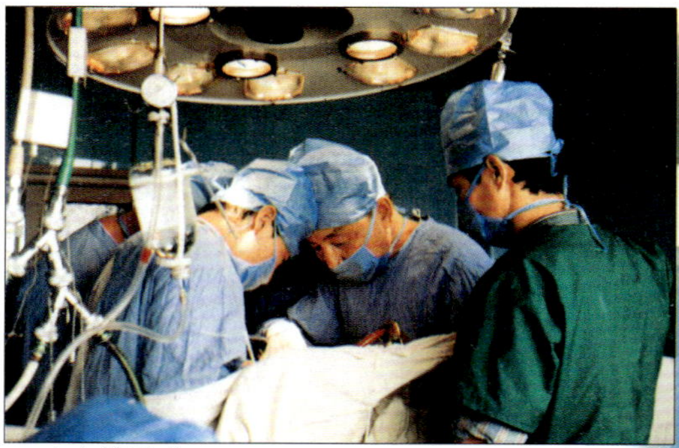

心血管手术

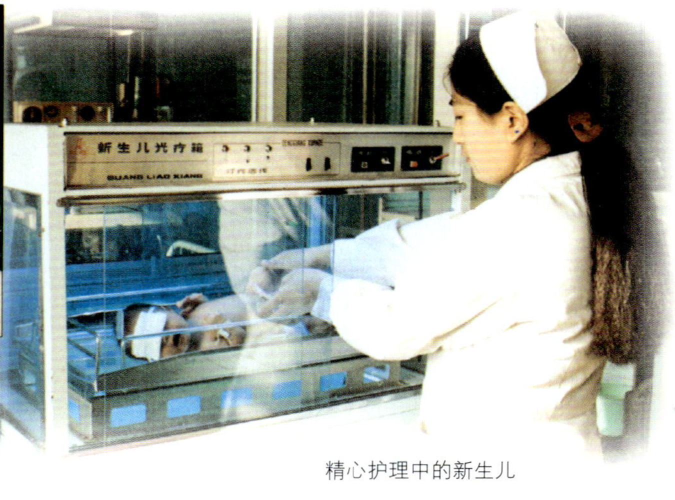

精心护理中的新生儿

呼和浩特市第十八中学

校长：范 璋

呼和浩特市第十八中学，创办于1968年，是一所普通完全中学，现有44个教学班，是呼市规模较大的学校之一。学校教学设施初具规模，即将建成2 400平方米的现代化教学实验楼，设有高规格的综合电教室、微机教室、多媒体语言教室及标准的音乐、美术、理化生实验等专用教室。学校图书室藏书35 000册。师资配备合理且具实力，拥有中高级教师86名，占教师总数的2/3。校园内干净整洁、绿树环绕，四季长青，育人环境优美。

学校坚持党的教育方针，教职工努力工作，无私奉献，为国家输送了近2万名合格的高、初中毕业生。近十多年来，学校领导班子遵循“团结、奋进、严谨、求实”的校训，尊重知识，尊重人才，依法治校，优化管理，围绕“全面发展奠基础，培养兴趣促特长”的办学宗旨，注重学生素质的全面发展、主动发展、和谐发展；积极开展目标教学，进行教材、教法、评价的改革，形成了学生课业负担轻、音体美特长充分发展、创造思维和能力大面积提高的教育特色。在学校改革与发展的过程中，教师的教育观念得到深刻转变，重视政治思想和业务素质的提高。全校教职工爱岗敬业，学生勤奋进取，形成了团结和谐的教学氛围，学校先后被授予“先进党支部”、“先进学校”、“呼市精神文明建设先进单位”、“内蒙古自治区高中管理先进学校”、“呼市义务教育示范学校”等多种荣誉称号。高中会考成绩斐然，在全区364所高中会考综合测试中1997～1999年分别列21名、20名、20名。高考成绩优异，以科学的教育管理和雄厚的教学实力赢得了良好的社会声誉。

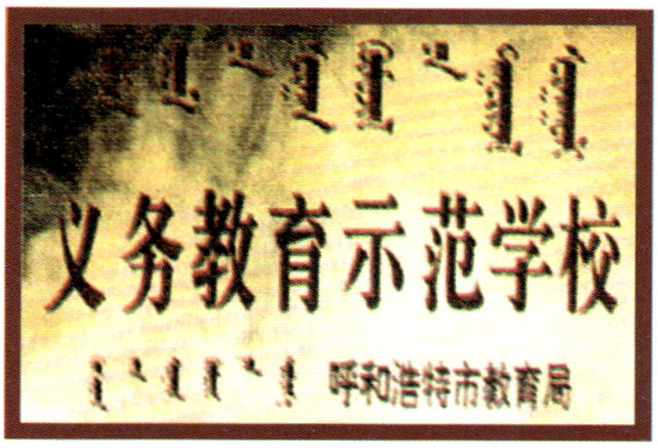

内蒙古电影制片厂

内蒙古电影制片厂建立于1958年8月，是我国建立最早、生产规模最大的民族电影制片厂之一。四十多年来，在党和政府的亲切关怀下，在主管总局和厅领导的大力支持下，遵循党的“二为方针”，共拍摄出故事片69部，戏曲艺术片3部，电视剧18部，新闻专题片256部，纪录片6部，译制蒙语片755部。其中故事片获国际奖的2部，获国内奖的14部，译制片获奖的8部，电视剧获奖的6部，纪录片获奖的1部。这一切不仅为自治区争得荣誉，也为国家赢得声誉，同时为促进自治区两个文明建设做出了重要贡献。

四十多年来，内影厂还培养造就了一批优秀的电影、电视专业人才。这些专业人员先后成长起来，并不断有优秀的作品问鼎多种奖项。

该厂塞夫、麦丽丝二导演执导的故事片《一代天骄成吉思汗》，获得中国电影“华表奖”、优秀影片奖、最佳电影技术奖；获第五届北京大学生电影节最佳故事片奖；获第十八届“金鸡奖”最佳故事片提名奖、最佳导演奖、最佳服装奖、最佳摄影奖、最佳录音奖；获第二届全国少数民族“骏马奖”故事片一等奖，获全国“五个一”工程奖；获美国费城国际电影节最高奖—电影节金奖。

六集电视连续剧《党员二楞妈》共获得12项奖。其中获第十七届“飞天奖”中篇电视剧一等奖，获全国“五个一”工程奖，获1998年度中国电视“金鹰奖”优秀电视剧奖。

内蒙古自治区警官学校

团结、奋进的校领导班子

军训操练

内蒙古自治区警官学校位于呼和浩特市南呼清公路1.8公里处，前身是内蒙古自治区公安厅劳改局干部文化学校，创建于1957年。“十年动乱”期间被撤销。1980年重建恢复为内蒙古自治区劳改工作干部学校，1998年4月更名为内蒙古自治区警官学校。

警官学校是在司法厅、监狱管理局领导下的一所培养人民警察的全日制普通中等专业学校。学校面积119亩，建筑面积24 000平方米。拥有多功能电化教学室、微机室、图书馆、风雨训练馆、标准田径、球类运动场。还有配合教学用的先进教学设备。开设狱政管理、法律、企业管理、治安保卫、计算机应用五个专业。学生住宿实行公寓化管理，条件优越。每个房间配有电视机、201卡电话。

现任校长梁凤岐和校领导班子，以“团结、求实、创新、奋进”为宗旨，高举邓小平理论伟大旗帜，坚持党的教育方针，贯彻党中央、国务院推进素质教育的决定，以改革总揽全局，锐意改革，开拓进取，加快学校发展步伐，带领全校广大师生，以外树形象，内强素质为基础，以提高水平、发展自我为突破口，以提高教学质量、提高教师队伍整体素质为中心，为实现学校“上规模、上层次、上水平”的奋斗目标，为培养跨世纪、高素质合格预备警官，实现学校新世纪的新跨越而努力奋斗！

内蒙古自治区测绘院

全院在编职工338人，其中高级工程师3名，测绘工程师33人，测绘技师13人，助理工程师20人，技术员11人；高级技术工人145人。1997-1999年主要测绘项目有：包头高程、GPS平面控制网改造工程；临河27平方公里1：1000地籍测量；蒙中1：1万地形图航测外业303幅；国家一等水准复测650KM；北京1：2000地形图修测20平方公里；呼市1：1000地籍测量5平方公里；江苏武进市乡镇数字化地籍（1：500）19平方公里；伊盟1：1万地形图航测外业329幅；赤峰元宝山1：1000、1：2000平板仪测图62平方公里；上海1：500数字化地形图测图6平方公里；伊盟1：1万地形图航测外业257幅；赤峰市1：500、1：1000平板仪测图254幅；省界、盟界、旗县界测量2500KM；北京1：500地形图修测500幅；广西桂林1：500地形图修测10平方公里。

单位地址：呼和浩特市爱民东路387号

证书等级：甲级（甲级资字1501042）

联系电话：(0471)6514268　6521790　6523264

法人代表　王学军

院长　田玉明

内蒙古地图制印院是以地图编制、地图印刷为主业，以地图深加工、沙盘制做及外业测绘为辅业的甲级测绘资格事业单位。现有地图编制高级工程师4人、测绘及制图工程师15人、初级职称专业技术人员36人，技师1人、高级工65人和各类管理人员近20人。内设新技术开发部、计算机制图室、制印装订车间三个生产单位。拥有计算机编辑制图、文字照排、高精度图像扫描仪、彩色喷墨绘图仪、宽幅面彩色激光照排机、连线冲片机等一系列先进制图及输出设备和多台双色、单色胶印设备和装帧设备以及常规作业和数字化测图等外业测量设备。基本上形成现代化印刷、装订工艺与高科技制图编辑系统配套，内业特种地图制作与外业测绘并举的一条龙服务体系。近年来，该院为科技进步进行大胆投入，使印刷生产能力和地图产品质量水平上了一个新台阶。有《内蒙古自治区地图集》、《内蒙古自治区公路图集》等十余种地图成果获国家部级奖及自治区科技进步奖。

内蒙古自治区地图制印院

校长：郝彩章

呼和浩特市三十四中学

HU HE HAO TE SHI

三十四中学始建于1979年9月，总占地面积10 600余平方米，是一所完全初级中学。现设有30个教学班，学生1 600余名，177名教职工。

建校二十年来，教学设施及师资力量已初具规模和实力。在新任校长郝彩章及新一届领导班子的努力下，通过多方筹集资金，硬化了操场，修缮了教学大楼，更换了教室门、窗、楼梯、大厅地面及办公桌椅，装备了两个微机教室、一个语音教室和一个电化教室。新建了两栋教职工住宅楼。

学校各项规章制度完善，奖励机制重点倾斜一线登台教师，优化教育教学管理机构、人员，强化对教师和学生队伍管理，因地制宜地开展各种课外活动，有力地推动了素质教育的开展。

托克托县城乡建设局

城关镇是托克托县党政机关所在地，建成区面积5平方公里，全镇现有人口3万人。城关镇由一个土马路，低平房的大村庄，经过二十多年的建设，特别是改革开放以来，城镇各项基础设施及其它建设事业有了飞速发展。现在全镇拥有各种类型的建筑面积约120万平方米，形成了由七条主干道为骨架，数十条居民巷道为网络的道路交通体系。主干道已全部实现硬化，总长度13公里，面积13万平方米。全镇80%的居民已经用上符合国家标准的自来水。主街道路灯装饰率达95%，绝大多数为高压纳灯。全镇拥有排水管道总长度10公里，排污泵站一座，日排污量可达4 000吨，雨水、污水均得到及时排放。主街道已大部分实现绿化、美化，并新建了街心小游园和占地面积53亩的玫瑰园。商业网点星罗棋布，文化设施齐全，通讯事业发达，城市功能日益完善。

内蒙古转业军官培训中心

中心隶属于自治区人事厅，是一座集教学、公务、就餐、住宿、娱乐等为一体的综合性服务场所。主要担负自治区转业军官的培训和社会接待服务工作。内设豪华双人、单人间、标准间，临时加床四人间，一次容纳200人住宿和300人就餐。客房均配备有线电视、电话、卫生间，餐厅设雅间，能烧、烤、涮南北风味、川鲁佳肴。设有大、中、小会议室和300平方米的多功能娱乐厅及商品专卖部，小件、贵重物品寄存处。可拨打国内长途，代办机票、火车票。

服务是生命之本，信誉是事业之魂，该中心将以优越的地址位置竭诚为广大宾朋提供一流的服务。

该中心自投入使用以来，先后接待各种规格大、小会议、培训、教学近千次，接待住宿、就餐客人50余万人次，多次受到顾客的一致称赞。

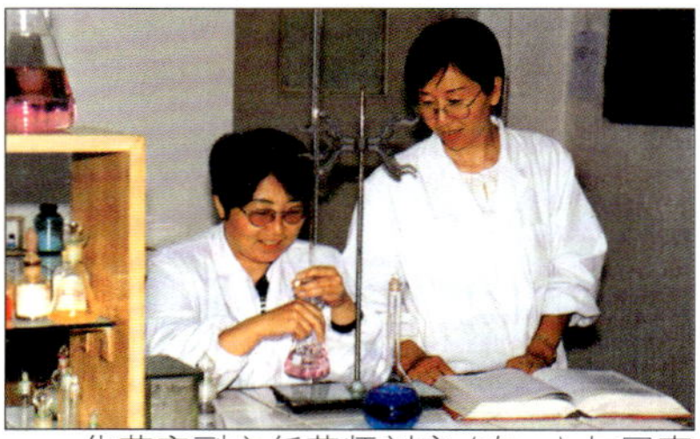

化药室副主任药师刘宏（左一）与同事一起进行化学药品检验

领导班子成员：党支部书记、所长陈秀勤（左二），党支部副书记王玉杰（右二），副所长巴达尔胡（左一）、王伟（右一）。

党支部书记、所长：陈秀勤

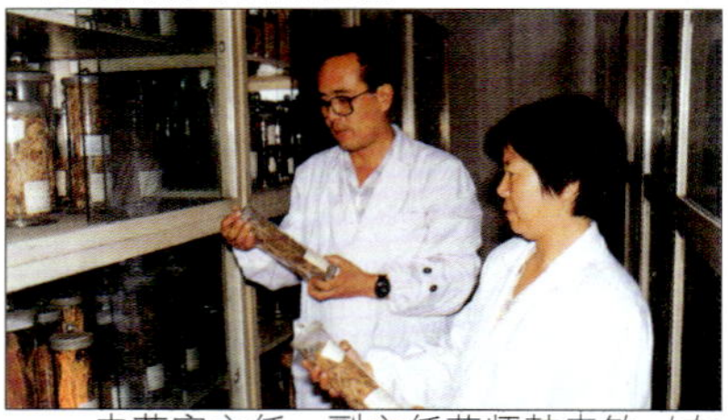

中药室主任、副主任药师韩来敏（左一）与同事在中药标本室整理药材标本

内蒙古药品检验所

蒙药室副主任、副主任药师林燕（左一）与同事在制作蒙药材蜡制标本

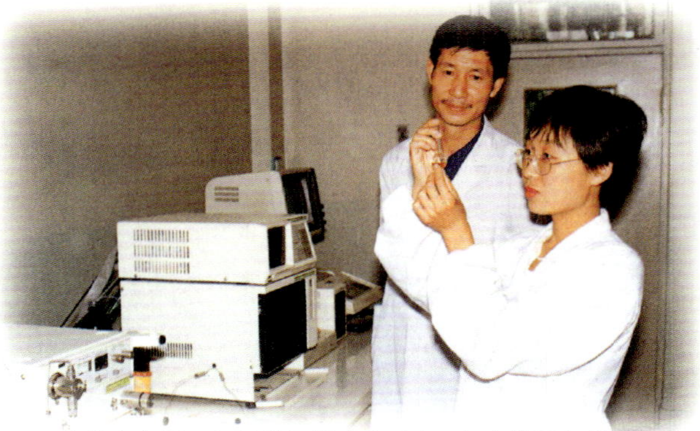

化药室主任、主任药师靳建中（左一）在指导年轻药师使用高效液相色谱仪进行药物分析

托克托县国家税务局

1994年8月根据国家税务局机构分设的要求，从原托县税务局分设出来，正式成立了托县国家税务局。

现有内设机构9个，其中行政科室7个，税务所2个。在职干部职工69名，其中正式干部职工43名，协税员22名。

从组建以来，始终坚持以组织收入为中心，积极贯彻国家税务总局提出的“两个转移”战略部署，强化征管，依法治税，连年完成上级下达的各项税收任务，为托县的经济建设做出了突出贡献。

1999年，新班子围绕“一个中心，两项整顿，一个目标”开展工作。提出“带好队、收好税、跻身全市国税系统先进行列”的奋斗目标。当年以2 268万元的成绩超额完成市、县两级下达的2 200万元的税收任务，被呼市国税局评为“1999年度目标管理先进单位”。

精神文明建设取得可喜成绩，被内蒙古党委、政府、军区命名为“自治区级文明单位”。检查科、综合科、办税服务厅被评为“青年文明号”、“文明服务窗口”。

局务会成员

自治区国税局局长肖占武视察新营子税务所

自治区、呼市国税局领导及县领导为我局综合培训楼奠基

呼和浩特市公安局

HUHEHAOTESHIGONGANJU

局长　王福森

自治区党委书记刘明祖指导该局工作

塞外青城—呼和浩特市总面积约17 000平方公里，200多万蒙汉各族人民幸福的生活在这块祥和的土地上。改革开放20年来，呼和浩特市公安局在各级党委、政府和上级公安机关的领导下，认真贯彻专门工作与群众路线相结合的方针，加强对敌斗争，严厉打击刑事犯罪，强化治安管理，为呼市的政治稳定、经济繁荣、民族团结、社会进步作出了应有的贡献。广大公安民警辛勤工作，无私奉献，用鲜血和汗水谱写了一曲曲可歌可泣的赞歌。

世纪之交的首府公安工作既面临着难得的发展机遇，又经受新的严峻挑战。为改革开放创造一个稳定祥和的社会环境，承载着艰辛，也寄寓着希望。该局决心解放思想，更新观念，积极探索，开拓进取，充分发挥公安机关打击、管理、防范、服务的职能，继续加强和深化公安工作改革，不断提高民警队伍的整体素质，努力把首府地区的公安工作全面推向21世纪。

内蒙古农业大学

NEIMENGGUNONGYEDAXUE

内蒙古农业大学校长、教授　麻硕士

内蒙古农业大学党委书记　云荣布扎木苏

1999年4月12日，原内蒙古农牧学院、内蒙古林学院合并组建为内蒙古农业大学

1999年3月18日，内蒙古农业大学承担的中日政府间合作项目《内蒙古乳制品研究培训项目》通过最终评估验收

内蒙古自治区劳教管理局

NEIMENGGUZIZHIQULAOJIAO GUANLIJU

局长：乌力吉

政委：王日群

1992年成立内蒙古劳教局，标志着自治区劳教工作进入新的发展时期，使自治区劳教工作初步走了法制化、规范化和制度化轨道，并向科学化方向迈进。自1994年司法部提出开展创建现代化文明劳教所以来，本着“从实际出发、实事求是、统一规划、循序渐进、分类指导、分步实施”的原则，通过采取切实有效措施，使“创建”工作取得实质性进展。乌海市劳教所发扬艰苦奋斗精神，克服重重困难，硬是在经济欠发达、环境恶劣、基础薄弱的条件下，于1997年先后建成自治区级和部级现代化文明劳教所，被司法部誉为“沙漠绿洲”。此后，图牧吉劳教所女队和海拉尔劳教所一大队被区局评为“创建”先进大队，呼市劳教所于1999年建成自治区级现代化文明劳教所。

司法部和自治区领导视察呼和浩特女子劳教所

采访新疆籍劳教人员新年演出

敖汉旗龙泉山坡改梯工程

山区治理

原林业厅厅长王家祥和现任林业厅厅长高锡林研究绿化远景

经过几十年的封山育林、保护和建设，内蒙古大兴安岭南部次生林区一片新林茁壮成长，仅樟子松林面积就在呼伦贝尔沙地扩大了十多倍，红花尔基林业局有大面积樟子松幼中林。在山区治理上结合“坡改梯”工程，实行有进有退的治理方略，进则改成良田，退则营造水土保护林。

内蒙古自治区林业厅

呼和浩特市 HU HE HAO TE SHI

苏虎街小学

先进的教学设备

学校爱国主义教育基地

苏虎街实验小学建校已有六十多年的历史。他位于呼和浩特市新城区苏虎街61号，占地面积约为16334平方米，建筑面积约为9258平方米，有教学楼和实验楼各一幢，校办工厂和锅炉房各一个。设有标准教室32个，办公室28个，各种活动室14个。学校现有专任教师72名，其中小学高级教师24名，小学一级教师32名，小学二级教师5名。大专以上学历有31名。教师中，全国基本功大赛获奖者2名，在自治区获奖者3名，有16名教师分别获得市级教学能手、优秀辅导员等称号。

几年来，在教育教学工作中认真贯彻党的教育路线、方针和政策，大力进行教学改革，实施素质教育，各项工作取得较好成绩，学校先后被授予全国先进少年军校，自治区、呼市、新城区精神文明单位，自治区义务教育实验和示范学校，内蒙古义务教育先进学校，内蒙古电化教学先进学校，内蒙古贯彻体育卫生条例先进学校和内蒙古推进体育锻炼达标先进集体，呼市爱国主义教育基地，呼市健康教育先进单位，呼市勤工俭学先进单位等称号。

土默特左旗民族中学

认真做好实验课

学校占地面积16万平方米，拥有电化、语音等专用功能教室6个、办公用房36间和较为完备的理、化、生实验仪器，藏书14 610册。

学校贯彻党的教育方针，锐意改革，强化管理，完善制度，确定了三年奋斗目标—“一年打基础，二年初见成效，三年大见成效”。全校师生牢记校训：团结、奉献、严谨、求真。经过不断努力已输送高、初中毕业生4 852人，其中考取大专院校的学生228人。学校先后被评为市级“义务教育示范学校”，旗“文明单位”、“民族团结先进单位”、“先进基层党支部”等。

HuHeHaoTeShiFengJiCHang

呼和浩特市风机厂

呼和浩特风机厂创建于1958年，经过二十多年的艰苦创业，形成了一定规模。现工厂占地面积19 350m²，建筑面积为7 500m²，固定职工150人，工程技术人员34人，其中具有中级职称的工程技术人员15人。拥有固定资产920万元，流动资产1 400万元，主要生产设备120多台套，其中2.5 立车、500T液压机、T 68镗床、3 000公斤动平衡 、1 × 4的龙门刨、13mm剪板机和10 T天车大型设备7台，可造22号以下的风机产品，年产值稳定在1 200万元左右。

该厂坚持一业为主、多种经营，除生产62个系列260个规格的风机外，还生产全自动软水机、防爆水泵等。1997年新建商业一条街，形成餐饮业、制造、修理、服务等一条龙服务体系。

该厂是机械工业部定点生产风机产品的专业厂，系中国通用机械风机行业协会成员，中国煤矿高效节能风机开发生产联合体成员，中国玻璃钢协会成员，是首批获国家颁发的“风机产品生产许可证”厂家之一。

根据上级转换经营机制的精神，从2000年1月起从集体所有制转换为民有民营股份合作制企业，为企业的进一步发展迈出了第一步。

内蒙古畜牧科学院始建于1954年，是专门 从事畜牧业科学研究和技术开发的综合性科研机构，内设4个职能处室、5个专业研究所。主要在畜牧、兽医、草原、草原勘察设计等学科领域开展应用基础研究、应用研究和科技成果的开发与转化。曾多次受到国家、自治区的表彰和奖励，为自治区畜牧业科技事业和畜牧业生产的发展做出了贡献。

学院汇聚了全区畜牧、兽医、草原、牧业经济等相关学科的优秀科技人才。282名在职人员中，有研究员14人，副研究员39人，中级研究人员116人。现有17人享受政府特殊津贴，有突出贡献的中青年专家9人，深入生产第一线有突出贡献的科技人员5人，国家优秀留学回国人员2人。有动物饲养、养牛、养羊、养猪、养鸡、胚胎移植、草原建设、草原勘察设计、畜禽疫病防治等优势学科，具有承担国家和自治区科技攻关、自然科学基金、丰收项目等各类研究课题的能力。学院先后共承担国家和自治区各类项目354项，获得省部级以上科技成果奖93项。其中有一批成果居国内领先水平。

突出贡献的科技人员

国际交流

内蒙古自治区畜牧科学院

内蒙古西蒙煤炭有限公司

总经理　连广明

“实施西煤东运战略座谈会”

内蒙古西蒙煤炭有限公司是由伊盟煤炭企业集团公司、内蒙古集通铁路有限公司和呼市如意实业有限公司等多方合资，以生产、加工、运输、销售煤炭系列产品为主的现代化股份制企业，是实施自治区确定的“西煤东运”资源转换战略的主体企业之一。

公司自1995年11月创建以来，以现代管理为先导，以科技进步为动力，以“人本管理”为依托，锐意进取，艰苦创业，取得了显著的经济社会效益。现公司资产总额1.5亿元，年创利税1 000多万元，基本形成了基础设施成龙配套、企业文化卓有成效、各项事业蒸蒸日上的现代企业新格局。

1998年被评为呼和浩特市文明单位。目前，公司在包头、集宁、通辽、呼市、包神铁路线等地设有煤炭发运站、转运站，年发运、倒装能力150万吨，在沈阳、鞍山、天津新港、秦皇岛等地设有办事处，公司拥有300辆铁路自备车经包神线、集通线、京包线运营，拥有直属煤矿2座，年生产能力80万吨。公司主要生产经营精煤、焦煤、无烟煤，其中伊盟精煤是闻名国内外的优质动力煤、冶金高炉喷吹煤及煤化工的上乘原料，是国内环保组织指定使用的“洁净煤”。公司以现代化的化验检测手段和对用户永久的承诺确保煤炭质量。

内蒙古自治区测绘局

内蒙古自治区测绘局成立于1974年10月，是自治区人民政府管理全区测绘工作的主管部门。建局26年来，为自治区经济建设和社会发展提供了大量的基础测绘成果。

特别是改革开放以来，自治区测绘事业得到迅速发展，改变了基础测绘工作滞后于经济建设的被动局面，解决了机构、法律、财力三大支撑，确立了基础测绘定期更新投入机制，加强了全区测绘行业管理力度，测绘法规日臻完善，逐步走上依法管理轨道。随着测绘事业的发展，建成以“3S”技术手段的大地测量、航空摄影测量、工程测量、制图、地图印刷、地理信息系统、数字化地图、产品质量监督、职工教育培训等专业配套、工种齐全、设备精良、独立完整的测绘生产和管理体系。

在新世纪，测绘事业将为自治区经济建设和发展提供更好的测绘保障，为自治区的经济腾飞做出应有贡献。

地图制印院的技术人员正在编辑地图

江泽民总书记视察内大时，与内大校长旭日干及蒙古学研究院的专家探讨蒙古文学语言的发展情况

NEIMENGGUDAXUE 内蒙古大学

内蒙古大学是自治区唯一的全国重点大学，是国家“211工程”确定的100所大学之一。其优美的校园环境，雄厚的师资力量及教学质量历来为社会称道和认可。座落在桃李湖畔的文体馆是内蒙古大学校园中最为亮丽的一道风景，作为“211工程”的重点建设项目，文体馆内设先进的蓝球、排球、羽毛球、乒乓球、台球、网球设施并配有健身房、棋牌室、形体房、舞厅、歌厅、艺术厅、游泳池等，集文体娱乐、综合培训、大型集会、艺术展览、物业管理功能为一体，多次成功举办大型文艺演出、体育比赛、大型交流会，是自治区规模最大、设施最先进、功能最齐全的文体场馆。党和国家领导人，及自治区领导、国内外宾客多次视察参观，国家及自治区的传媒曾给予大量报道与介绍。

内蒙古师范大学 NEIMENGGUSHIFANDAXUE

校长：杨效春

内蒙古师范大学成立于1952年，是新中国成立后党和国家在边疆少数民族地区最早建立的高等院校之一。学校位于呼和浩特市昭乌达路，占地面积41.39万平方米，校舍建筑面积25.96万平方米。内蒙古师范大学是一所多学科综合性高等师范院校，自治区重点大学，承担着为自治区培养中等学校师资和为内蒙古、新疆、青海、宁夏、甘肃、吉林、辽宁、黑龙江等八省区培养蒙语授课民族教育师资的重任，也是自治区开展教育科学研究和培养教育管理干部的重要基地。

内蒙古师范大学现有四所学院，15个系、教研部；有37个本专科专业，20个硕士学位授权点和1个专业学位点；附设第一附中、第二附中和实验幼儿园。全校现有教职工1 512人，其中专任教师占教师总数的46%；硕士研究生导师99人、兼职博士研究生导师2人。1999年全日制普通本专科学生5 436人，研究生183人，成人教育在籍学生4 700人；在校学生中蒙古族、回族、满族、朝鲜族、达斡尔族、鄂温克族等少数民族学生占41.7%。

1999年12月24日自治区副主席周德海出席内蒙古师范大学与中国银行内蒙古分行全面合作签字仪式

内蒙古金辰实业有限公司

万众瞩目的红旗街金辰广场是一个具欧式风格、融地方风情、硬件齐全、装修一流的华北最大集美食、娱乐、购物于一体的多功能、高品位样板街。

广场设有享誉全国的满福楼火锅城、烧鹅仔美食府、华北最大的28道疯象保龄球场，领导国际潮流的电子游戏机，功能独特的红旗影城，异国风情的桑拿中心，琳琅满目的精品购物商场，自治区最大的电脑计分桌球城，内蒙古最高的空中嬉水乐园以及风味繁多的各种小吃和环境温馨的KTV包房。为了充分发挥得天独厚的空间服务，还专门设有200个泊车位的地下停车场。一流的硬件设施，优惠的政策扶持，灵活的经营方式，强大的宣传支持，良好的物业管理以及至真至善的敬业精神，使金辰广场人气极旺，前景自不待言。

呼和浩特市
锡林南路实验小学

校长　高德敏

在中央电视台和全国少工委举办的“写给未来的一封信”一等奖获得者王兰诺

丰富的二课堂兴趣活动

呼和浩特市锡林南路小学，是一所全日制义务教育六年制小学。始建于1964年。1993年11月，将原来简陋的平房教室改建成总面积4 812平方米集教学、办公、实验、活动于一体的教学楼。有先进的卫星地面接收站和64座语音教室1个。586、486三个微机教室及三机一幕，多媒体的现代化教学设备，花园式的育人环境，为锡小教育教学的迅猛发展发挥了巨大作用。

学校现有33个教学班，4个学前班，2 843名学生，102名教职工（35岁以下的青年教师占55%）。全校教师爱岗敬业，默默奉献，形成了“辛勤耕耘，培育人才，自主创新，全面发展”的校风和“严谨治学，教书育人，大胆改革，求实创新”的教风。

几年来，学校多次被自治区和市、区政府、教育局评为先进集体。1994年被自治区教育厅命名为“义务教育示范学校”，少先队大队部被自治区教育厅命名为“全国雏鹰大队”。1995年被市教育局命名为义务教育实验学校。1997年学校又承担了中央电教馆全国百所现代技术教育实验课题。

锡林南路小学以严谨的教育教学管理，良好的教育教学质量，优秀的师资队伍，现代化的教育教学设施、优美的育人环境，赢得了家长信任和社会好评。

呼和浩特市园林科研所

所长 王育民

呼和浩特市园林科研所建于1984年，隶属于建设局，是一所拥有较强专业技术力量、面向城市绿化建设服务的公益型专业科研所。先后完成十多项科研课题的研究，其中7项科研课题分别获得建设部、自治区建设厅、呼和浩特市科技进步奖，并将其成果应用于社会，取得显著效益。

“园林树木引种及在城市绿化中应用研究”、“选择适合我区气候特点的新优乔灌木树种”、“丁香属植物种质资源保存及推广应用”、“观赏菊类早花品种筛选及栽培技术研究”等课题成果已广泛应用于全市街道绿化和庭院绿化，收到良好的效果。“呼市垃圾综合处理场碱性土壤绿化技术研究”课题，达到自治区领先水平和国内先进水平，初步实现建设“花园式垃圾场”的目标。自治区五十年大庆新华广场花坛摆放任务的出色完成受到全社会的赞誉。

所领导和科技人员在实验现场

科研课题鉴定会

内蒙古工业学校

校长 闫建民

内蒙古工业学校是以培养冶金、机械、工企电中等专业技术人才为主的工科学校，隶属于自治区教育厅。

学校占地面积108亩，总建筑面积51 620平方米，其中教学大楼4 089平方米，图书实验大楼5 628平方米，办公大楼3 846平方米，职工住宅楼15 000平方米，学生宿舍楼6 388平方米，实习工厂2 648平方米，校园规划有序，设施配套，各类体育器材较为完善，为教职工、学生的体育活动与锻炼提供了良好条件。

全校教职工258人，其中专职教师97人，教辅人员39人。全校各类专业技术人员178人，其中高级职称33人，中级职称110人。

现设置的专业有：机械制造、工业企业电气化、焊接技术及应用、会计电算化、环境保护与监测、数控技术应用、电子信息工程、计算机与网络工程、计算机及办公自动化、计算机设计与装潢、现代电子技术及应用、模具及金属热成型、稀土材料及应用、机电技术及应用等14个专业。学制为初中后三年制。

呼和浩特职业技术学院是于1999年7月23日由国家教育部批准在原内蒙古建筑学校基础上成立的一所全日制普通高等院校。校址位于回民区钢铁路。建校40多年来，已为区内外培养、输送大中专毕业生及培训各类人员万余名，并形成以职业技术教育为主，成人教育为辅的多层次、多形式的办学体系。学院师资力量雄厚，办学设施齐备，开设建筑类、城建类专业20个，有在职工269名（专任教师146人），全日制在校生2 580人，教学班60个。

呼和浩特职业技术学院

3

4

1、扶贫下乡，深入农家。
2、武警53037政委张有安和市扶贫办主任李鸣晓为包扶点贫困户送白面。
3、1997年呼市建设局在武川县西红山乡白彦花村委会扶贫。为当地建设小学一座，使120多名儿童坐到了安全、明亮、温暖的教室里接受教育。
4、1998年，投入资金140万元（其中财政扶贫65万元），共完成旱作覆膜作物种植面积16.2万亩，贫困人口人均种植面积达1.57亩。图为西沟门乡覆膜豆类种植田。

呼和浩特市
扶贫开发领导小组办公室

1

2

内蒙古经贸外语学院

自治区党委书记刘明祖（右三）视察学院

内蒙古经贸外语学院是自治区教育厅批准于1993年建立的民办高等学校，也是自治区唯一一所海峡两岸联合办学的高等院校。1997年经国家教育部和自治区教育厅批准，学院具有国家学历文凭考试资格。

学院附设有玉龙成人中学、黄金台人才公司、汽车驾驶培训中心、海霞旅行社等单位，还有电教中心、语音教学中心、图书馆、阅览室、多媒体教室等各种教学设施和就业机构，以及学生餐厅、回民食堂、医务所、百味书屋、购物中心、浴室、邮电、储蓄等生活与服务设施，每个宿舍都安有201磁卡电话，建有400平方米标准跑道的运动场等。

学院现有8个系、25个专业，全日制在校生3 000人，教职工410人，并首批聘任国内外各界专家、学者42人为学院的教授、副教授。

1997年10月学院被中国民办高教委评为全国“民办高等院校先进单位”。1997、1999年连续两次荣获自治区教育厅社会力量办学评估第一名。1999年11月获自治区人民政府授予“教育先进集体”光荣称号及牌匾。2000年1月被自治区高等教育自学考试委员会和教育厅评为“先进集体”。

校园

美国得克萨斯州A&M大学外籍教师阿曼达在给学生上课

内蒙古自治区石油总公司

根据国务院国办发（1998）14号文件精神，经自治区人民政府与中国石油天然气集团公司协商，正式签订《关于内蒙古自治区石油总公司划归中国石油天然气集团公司的交接协议》。自协议签订之日起，总公司及其下属各级石油公司和加油站全部划归中国石油天然气集团公司管理。划转后的“内蒙古自治区石油总公司”名称不变，并继续发挥成品油的主渠道作用，继续为自治区的经济发展服务。

1999年6月初，中国石油天然气集团公司按照国务院要求实施企业重组改制，中油集团将所属企业按业务划分为核心企业与存续企业，由核心企业组建中国石油股份有限公司，经重组改制后准备上市。总公司重组方案报经中油集团公司审定后，其核心企业组建为“中国石油天然气股份有限公司内蒙古销售分公司”，非核心的存续公司仍为“内蒙古自治区石油总公司”。6月底完成重组改制的分开分立工作，进入核心企业的有12个盟市公司、5个直属公司和5个旗县支公司，其它为存续公司。

总经理：卢乃洪

KH-AI 型远程寻呼汽车防卫系统

利用现代高新技术手段实施和完善安全技术防范工程，维护社会治安，使百姓安居乐业，是从事安防产品研制和市场应用开发工作的重大课题。内蒙古诚华通讯技术有限责任公司与呼和浩特市公安局科学技术研究所联合研制的KH-AI 型远程寻呼汽车防卫系统，就是一项非常有益的尝试。它既为推动发展相对比较落后的边疆少数民族地区的公安科技工作闯出新路，又为寻呼信息产业开创了新天地。该产品的优势为：选用国内现有的寻呼网络资源和无线电频率资源，将原有的寻呼台设备软件稍加改动即可投入使用。这项技术具有实施方便、快捷、投资少、见效快、全方位覆盖的特点，适合在全国大、中、小城市迅速普及应用。该产品的主要功能有：1、锁闭发动机。用户使用电话通过系统控制中心发出"锁闭发动机"指令，就可使被盗、被抢车辆的发动机熄火并进入锁闭状态。2、紧急求救。当用户遇到紧急情况时，可通过系统控制中心，发出警讯号同时前后灯闪烁。3、锁定中央门锁。用户可使用电话通过系统控制中心发出指令，锁定中央门锁。如若是机关、单位的车队或车辆管理部门为了有效地管理控制出私车或遇节假日封闭部分专用车辆，可通过系统控制中心，对相关车辆发出指令，同样能够实现上述所有功能。另外使用遥控器可以达到防撬、防盗报警设定，静音防盗，鸣叫寻车等功能。其主要目的是为用户提供车辆丢失后能够及时采取有效补救措施的机会，也可对机关单位集体车辆实施监督管理，并且方便司机在大型停车场或夜间寻车。

康辉通讯技术有限责任公

内蒙古自治区农业机械总公司

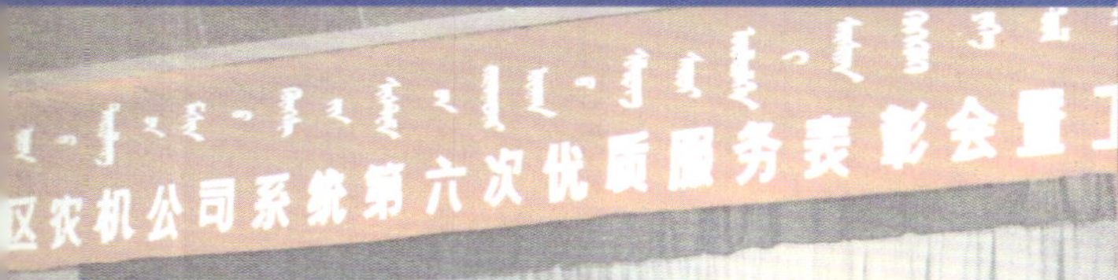

内蒙古自治区农业机械总公司是以经销农牧业机械为主的流通企业。在计划经济时期主要任务是负责编制全区农牧业机械供需计划、分配、调拨和系统管理工作。1988 年经自治区人民政府批准从事业单位企业化管理转为自主经营、自负盈亏、自我发展、自我约束的具有独立法人资格的经济实体。1998 年根据自治区党委和政府关于加快区直企业改革步伐的要求，总公司内部进行了改革，将六个专业经销部门转变为六个独立核算、自负盈亏的经济组织，使专业化经营上了规模。

总公司作为全区农机流通企业的牵头单位，还承担着自治区农机流通协会的全部工作，并负责全区农机流通行业的管理。总公司利用多年连接厂商、熟悉农机行业的条件，充分发挥桥梁与纽带作用，已成为联系全行业的主要渠道。同时，随着政府机构改革的深入进行，作为连接政府和企业桥梁的协会作用将显得越来越重要。

经理：杨世民

呼和浩特市新城区政府

领导班子部分成员讨论新办公楼规划图

自治区党委书记刘明祖慰问居委会主任，视察新城区基层工作

市委副书记柳秀在府兴营视察党建工作

内蒙古通达实业股份有限公司

该公司是1988年由呼和浩特市交通系统所属的八个企业通过联合、承包、兼并的形式组建。经过十年多不断改革、探索、实践，以一种自强、互爱、求实、创新的通达精神不断在严酷市场竞争中挑战自己，赢得企业发展壮大的机遇。

目前公司资产总值1.7亿元，净资产7 700万元，注册资本2 615.37万元，公司总占地面积97 279平方米，建筑面积77 637平方米，员工578人，公司下设10个分公司，是一个集旅客运输、汽车贸易、驾驶员培训、出租汽车、商场租赁、旅店、建材交易、经济贸易为一体的综合性企业。

公司扩展以通达商场为主体的小商品综合批发市场，不断向纵深经营领域发展，经营半径幅射自治区中西部。建设以呼市长途汽车南站为依托的长短途客运、站场服务、商场租赁、广告和经贸市场。建设以通达建材交易市场为主体的建筑材料运、存、销一条龙服务的综合专业市场，形成自治区西部大型的规模性市场。建设以出租车、高档长途客车为主体的客运体系，以合资的方式引进高档大型客车，开展毗邻省区、地区重点城市的长途客运。组建综合性的贸易公司，开展大范围的物资经贸活动，建立全国性的流通网络，并逐步开展国际贸易。根据市场的发展导向，引进高科技的发展项目，调整公司的产业结构，为公司的长治久安奠定良好的基础。

呼和浩特市园林管理局

呼和浩特市园林管理局为准处级事业单位，隶属于呼和浩特市建设局。现有14个职能科室，辖管4个公园，3个苗圃，2个绿化处等16个二级单位。在上级党委、政府和市建设局的正确领导下，不等 不靠、大胆解放思想，锐意改革，开拓进取，勤奋工作，经过全体职工共同努力，使呼和浩特市园林管理局的整体面貌发生了根本改变。

现在，全市林荫道路纵横成网；花园式庭院遍布全市；公园、游园建设步伐加快，整体服务功能进一步增强；苗圃育苗能力大幅度提高；城市园林基础设施明显改善。呼市绿化覆盖率达到27.03%，人均公共绿地面积达6.18 平方米。在'99 昆明世界园艺博览会期间，呼市园林局代表自治区设计和施工的“草原之家”，受到党和国家领导人及国内外宾客的赞誉。目前，“草原之家”已被组委会评出1项金奖，2项银奖，7项铜奖。

局长：田和喜

青城公园

内蒙古证券监督管理办公室

从九十年代初开始兑付国债业务算想，内蒙古证券业发展已有十个年头。经过十年来的培育、发展，特别是随着内蒙古第一支股票“内蒙古华电”在上交所发行上市，拉开内蒙古利用证券市场推动经济发展的序幕。自治区证券业从无到有、从小到大，从单一国债发行到以债券、股票为主体的多种证券形式并存，呈现出快速、健康发展的态势，取得令人瞩目的成绩。目前，自治区有上市公司14家（其中A股12家，B股2家），累计筹资67.27 亿元人民币；证券经营机构4家，证券经营网点22家，期货经营机构1家；投资者开户数约30万户，证券期货从业人员600多人；有从事证券业务资格会计师事务所、律师事务所、资产评估机构和证券投资咨询机构9家，从业人员150多人。证券业的发展已成为推动内蒙古经济发展的重要力量。

1998年，内蒙古自治区有宁城老窖、华资实业、金宇集团3家公司成功发行股票，有内蒙华电、伊利股份、富龙热力、民族集团、天然碱5家上市公司实施配股，从证券市场筹资22.72 亿元。

1999年，只有内蒙宏峰、草原兴发、明天科技3家公司实施配股，市场筹资9.71 亿元。

高校工委书记、教育厅厅长：张树逊

兴安盟前旗大坝沟中学坚持“不求人人升学，但求个个成才”的办学思想，为当地农村经济建设培养了实用人才

内蒙古自治区教育委员会

1999.年全区小学10 849所，小学教学点7 114个，普通初中1 366所；普通高中344所。是年，全区普及九年义务教育进入攻坚阶段，有64年旗县市区实现“两基”达标，“普九”人中覆盖率累计达到全区总人品的58.31%，小学学龄儿童入学率、小学毕业生升学率分别达到99.44%、94.5%。年内举办了期中小学教师继续教育培训班，全区小学、普通初中、普通高中教师学历合格率分别达到94.35%、82.37%、57.83%、

全区普通高等学校19所。年内贯彻落实《全区高等教育管理体制改革和布局结构调整总体规划》等7个文件取得实质性进展。内蒙古农牧学院、林学院两校全并成立内蒙古农业大学；包头职业技术学院实行中央和地方共建，以自治区管理为主的新体制；在内蒙古建筑学校基础上建立呼和浩特职业技术学院；包头师专、包头教育学院、包头师范学校三校全并成产包头师范学院；内蒙古民族师范学院、内蒙古蒙医学院、哲里木畜牧学院三校全并成立通辽大学。

1999年专业教育、成人教育及社会力量办学等方面也有很大的发展。

1999年4月12日，内蒙古农牧学院、内蒙古林学院合并成立了内蒙古农业大学。

内蒙古对外经济贸易厅

NeiMengGuDuiWaiJingJiMaoYiTing

厅长：白盾

经过改革开放二十多年的探索与实践，内蒙古对外经济贸易取得长足发展。对外贸易出口额快速增长，外商直接投资规模不断扩大，国外经济技术合作取得突破性进展，争取国际无偿援助取得新进展，对自治区经济建设起到了积极的推动作用。目前全区已经形成一个多层次、全方位、宽领域的对外经济贸易新格局。

在新的世纪，贸易厅将抓住机遇，加快发展，取得对外经济贸易新突破，为自治区经济发展做出新的贡献。

内蒙古中华会计学校

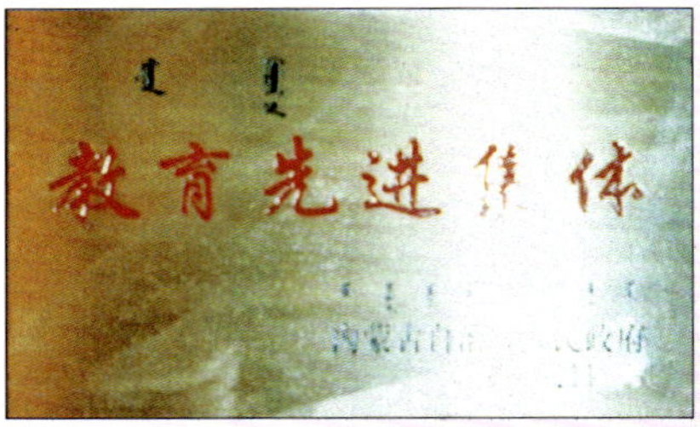

内蒙古中华会计学校是隶属于自治区财政厅领导的财经类中专学校，业务上接受财政部总校和自治区教委的指导和监督，在全区各盟、市设有16所分校，在各旗、县设有93个函授站，形成了以区校为核心、分校为环节、函授站为基础辐射全区的教育网络，是自治区各级财政部门对在职会计人员进行学历教育及开展岗位培训和继续教育的综合基地。

学校坚持“从严治学，质量第一”的办学方针，以远程网络教学为特点，实行“统一领导，分级管理”的办学体制。至1999年底，中专学历教育已累计毕业2.4 万余人，现有在校生3 500人，进行岗位培训和继续教育23万人次。为提高全区财会人员学历层次，提高会计人员素质做出了重要贡献，在自治区经济发展和现代化建设中发挥着越来越重要的作用。

1998年财政部总校授予学校全国先进办学单位称号。1999年11月在全区教育工作会议上被自治区政府授予“教育先进集体”荣誉称号。

自治区教委内教成发［2000］2号文件对该校面向农村牧区财会人员采取注册入学进行中专学历教育专门做了批复。自治区财政厅指定该校为唯一从事会计人员继续教育单位，授予《会计人员继续教育许可证》。这些重要政策的出台，为我校立足会计在职教育，开展学历教育和岗位培训、继续教育提供了有力保证。

校长：姜 华

地址：呼和浩特市新城区北垣西街58号

电话：(0471)6937379　6937392

内蒙古水文总局承担着全区水文资料的勘测收集、审定裁决、水文情报预报、信息传递、水资源调查评价、供需分析等任务。40多年来，共收集整理水文资料47 500站年，出版年鉴546册；编制水文图集、河流湖泊特征值手册、防汛手册、地表水资源评价、水资源公报等50余册，获国家、省部级科技进步奖等多项。为水利水电工程建设提供了科学依据。在抗灾减灾中取得了巨大的社会效益和经济效益。

1998年特大洪水期间，局长尚小径指挥抗洪测报

内蒙古自治区水文总局

校长：刘春智

呼市第十三中学建于1961年，位于呼市海拉尔西路1号，占地6万平方米，建筑面积6 000多平方米。1993年增设职业高中——呼市第十二职业高级中学。学校现有初中班24个，职高班6个，学生1 400多人，教职工192人。近年来，学校为全面贯彻党的教育方针，积极推进素质教育，大胆实践，锐意改革，确定了“面向全体学生、狠抓学生非智力因素的培养，促进智力因素的发展，‘由外围向中心逼近’，走素质教育之路，办特色学校”的办学指导思想，于1996年10月15日以“校中校”的模式，创办了呼市第一所全日制着装的少年军校—呼和浩特市实验军校。军校根据中学生身心发展的规律和特点，有机地将军队《共同条令》同《中学生日常行为规范》结合起来，贯穿到学校教育教学全过程中。军校提出：“用军人形象塑造学生，用军人传统教育学生”，要求学生做到：“讲文明、守纪律、能吃苦、爱学习、有特长”。目前，军校在管理、教育、活动等方面形成鲜明的德育特色，得到有关专家和社会的好评。

呼市十三中已有39年的历史，为国家培养输送了大批可用之材，为社会做出了应有贡献。特别近年来，各项工作蒸蒸日上，取得许多成绩。到1999年底，连续三年被评为“先进学校”，校党支部连续两次被评为“先进基层党组织”，学校少先大队被评为“全国红旗大队”，实验军校被评为“全国先进少年军校”，学校还被命名为市级“文明单位”和“爱国主义教育基地”。

微机电脑课

呼和浩特市第十三中学
呼和浩特市第十二职业高级中学

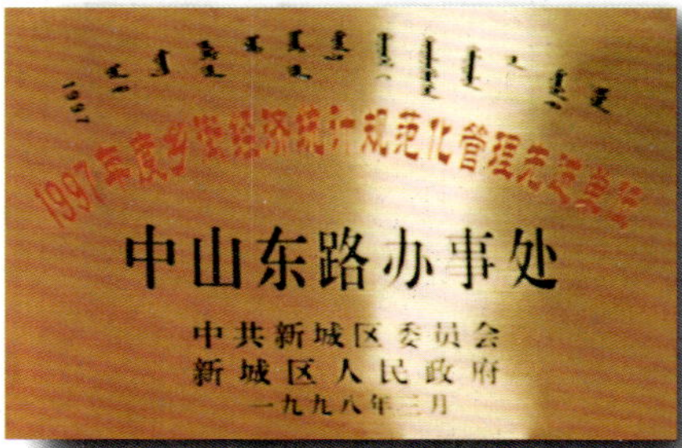

呼和浩特市新城区中山东路办事处

办事处位于自治区首府的腹地，是交通枢纽的中心。辖区占面积1.97平方公里，人口4.5万余人，设有24个居民委员会，14个基层党支部，居住着蒙、汉、满等18个民族。有大小街巷24条。主干道8条，辖区驻有中央、自治区、呼市等机关单位232个，私营个体单位1 200余家。

内设机构有18个科室，肩负着经济建设、社会发展、精神文明和党建等四大类工作、五十余个项目、近三百条具体工作任务。

「七一」联欢

校长 乌吉梅

内蒙古妇女干部学校

内蒙古妇女干部学校是自治区唯一一所培养妇女干部，特别是少数民族妇女干部的学校。学校在上级领导及有关部门的大力支持下，经全校教职工的努力拼搏，逐步走向正规化，不断发展壮大。

建校五十年来，紧紧围绕妇联工作方针、任务及形势发展的需要，举办各类妇女干部培训班、大中专学历班500余期，培训各族各界妇女干部43 000余人。学校开设马克思主义妇女观、妇工管理、妇运史、女性心理学、妇女法规等课程，用蒙汉两种语言授课。

1995年经自治区政府批准，成立内蒙古女子职工中等专业学校，先后开设服装设计制作、蒙语公关文秘、电脑实用技术和旅游服务等专业，已有200多名学生毕业走上工作岗位。2000年，经自治区劳动厅批准，学校成为职业技术等级培训定点单位，设有电脑系统操作工、餐厅和客房服务、服装制作工等专业培训。

中国银行包头分行

行长 刘　明

营业厅一隅

分行成立于1985年10月，现辖昆区、青山、东河、九原区四个县级支行52个分理处、储蓄所，共有员工810人。

分行自成立以来，始终坚持“存款立行，存款兴行”的理念，经过十几年发展，筹集资金的能力和手段不断改善和提高，资金实力明显增强。1999年末，人民币各项存款余额250 145万元，外汇各项存款余额4 285万美元。根据国家的经济产业政策，认真贯彻落实总行“四重战略”，加大信贷资金投入，积极支持地方经济建设。先后重点支持包钢、鹿苑、北重、中冶、供电、供热、民航等效益好、信誉佳的大中型企业和企业集团，同时对于一些符合贷款条件，效益好的民营企业、股份制企业和中小企业也进行了支持。现正积极拓展住房、汽车等消费贷款业务和代收代付业务，服务功能和领域不断扩展。至1999年末，人民币各项贷款余额161 215万元，外汇各项贷款余额17 543万美元，为包头市改革开放和经济建设做出应有贡献。

总经理 张秀平

内蒙古移动通信有限公司包头分公司

内蒙古移动通信有限公司包头分公司自1999年9月16日正式成立以来，靠着规范严格的管理、优质高效的服务和畅通无阻的网络，赢得广大客户的信赖，树立了企业的崭新形象。公司现有人员312人，其中在职人员225人，离退休87人，40岁以下占全部人员的80%；一半以上具有大中专以上学历，且绝大部分技术人员都是相关专业院校毕业的高材生。职能部门设综合部、人力资源与党群工作部、财务部、市场经营部、网络部。生产部门设话费管理中心、客户服务部、清理欠费办公室、交换维护中心、基站传输维护中心。在全市9个旗、县、区设立营业部。

公司现有营业网点10个，代销网点28家。公司移动电话已超过9万户。现已开办来电显示、GSM中文短消息、呼叫转移、呼叫等待等业务。

机房一角

包头市雪鹿啤酒集团股份有限公司

灌装生产线

该公司是自治区啤酒行业骨干企业之一，通过ISO9002国际标准质量体系认证的国家二级企业。公司现有资产总值1.37亿元，占地面积14.3万平方米，在职职工749人，年产5万吨啤酒，1.2万吨矿泉水。1999年完成工业总产值6754万元，实现利税总额3492.63万元，其中利润804万元。

1992年，被全总评为国家级先进企业，授予全国“五一”劳动奖状，还先后多次被评为自治区先进企业、包头市经济效益功勋企业、金融系统“AAA”企业、税务系统纳税先进企业。

公司生产的主要产品有“雪鹿牌”10.5°、11°普通酒，11°雪鹿精品、高档雪鹿王、特制8°淡爽型啤酒、8°雪鹿超干啤酒、11°扎啤、11°纯生啤酒等系列产品及“雪鹿牌”优质天然矿泉水。为填补淡季产销不旺的空白，公司将开发研制红啤酒、暖啤酒等冬令啤酒，以满足不同层次消费者需求。并充分利用啤酒副产物酵母、酒糟、CO_2等发展第三产业，这样既能提高经济效益，又有利于环境治理。

法人代表：马铮（董事长兼总经理）

“雪鹿牌”系列啤酒

厂长 王瑞林

包头第二

设备检修

厂内园林

生产车间

监控室

电厂

内蒙古蒙电华能热电股份有限公司包头第二热电厂始建于1956年，是国家“一五”期间兴建的156个重点工程之一。也是建国后自治区投产的第一座高温高压热电厂。先后经过四期工程建设，现拥有8台机组，装机总容量42.5 万千瓦，是内蒙古西部电网主力电厂之一，职工总人数1 652名。

1994年，包头二电厂经股份制改造，成为自治区第一家上市的股份制企业一内蒙古蒙电华能热电股份有限公司。通过几年来的资本运作，成功地进行了低成本扩张，业绩稳定，信誉不断提高。1998年实施10股配8股预案和委托经营预案，资产由5.551 亿股增加到9.4498 亿股，流通股达1.5 亿股，成为沪市大盘股，融集资金3.6 亿元，收购了自治区现有火力发电厂中规模适当、效益显著的80万千瓦装机容量发电机组，在短时间内跨入全国特大型企业行列，总装机容量达122.5 万千瓦。1999年上半年召开的公司第六届股东大会决定：蒙电华能热电股份有限公司总部由包头迁往呼和浩特，包头第二热电厂成为内蒙古蒙电华能热电股份有限公司一个下属电厂。

包头第二热电厂主营发电，兼营供热，地处蒙西优质煤矿附近，具有天然的资源优势，上网质优价廉，年发电量26亿千瓦时，供热量600万吉焦，并拥有海勃湾电力股份有限公司41.64% 的股权。几年来，该厂从提高企业员工素质入手，狠抓设备治理和文明生产管理，巩固了双达标、无渗漏和二星级企业成果，1998年实现利润1.26 亿元，1999年实现利润1.38 亿元，1999年6月被华北电力集团公司命名为“三星级企业”。自1995年以来，包头二电厂先后荣获国家和省、部级荣誉29项，其中1997年获内蒙古自治区“文明单位标兵”，中宣部、解放军总政治部“军民共建社会主义精神文明先进单位”称号，连续四年保持国家电力公司（原电力部）“双文明单位”称号。五十周年国庆前夕被中央文明委表彰为“全国精神文明建设先进单位”。

稀土生产线

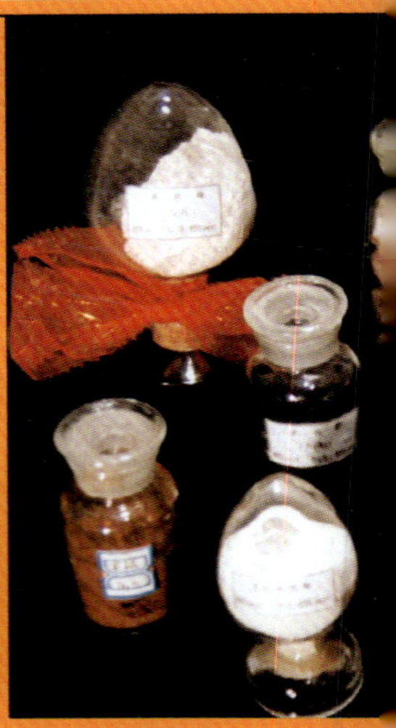

稀土系列产品

中国核工业总公

一、企业概况

中国核工业总公司二〇二厂，是我国于1958年最早建成的核燃料元件、核材料生产、科研的大型骨干企业。工厂座落于包头市青山区，拥有固定资产7亿元，占地面积18平方公里。企业现有职工5 000余人，其中各类专业技术人员近千人，拥有21个生产经营分厂（车间），具有自营进出口权，产品已通过ISO9000系列质量体系认证。

建厂以来，形成以化工、冶金为主，兼有机械加工、仪器仪表、理化分析、无损检测、建筑安装、环境监测、计算机管理等专业完整配套的生产科研体系和文教卫生、商业交通、公安保卫等生活福利、社会保障系统。先后研制和生产出50余种产品，其中有11种产品分别获国家金质奖、银质奖、金龙奖和自治区及部优产品奖；共取得1 900余项科研成果，其中90余项荣获自治区、部和国家级科技进步奖、成果奖和发明奖。目前，我国现有的生产堆、试验堆和动力堆所使用的核燃料元件大部分是二〇二厂研制或生产的，为我国“两弹一艇”的成功和国防力量的发展壮大做出了重大贡献，是“国家质量管理奖企业”、“全国思想政治工作优秀企业”、“全国环境保护先进企业”、“全国环境优美工厂”。

在大力建设发展军品的同时，积极贯彻核工业“军民结合，以核为本，发展核电，多种经营”的方针，开发建设了金属钙、稀土等大中小型民品项目，逐步形成军、核、民相结合的生产经营格局，企业正在走向良性循环的发展轨道。

二〇二厂现有主要领导成员：

厂长：强敏升

金属钙生产厂房外景

司二〇二厂

主要产品通过质量体系认证

党委书记（兼人事副厂长）：夏进禄

总工程师（中国工程院院士）：李冠兴

党委副书记兼纪委书记：张忠民

生产副厂长：王永刚

基建副厂长：吴殿举

行政副厂长：夏宝生

总经济师：王翰骏

工会主席：崔文利

二、项目情况

稀土厂：是国家第一批军转民项目之一，该项目于1988年建成投产，现年可处理稀土精矿10 000多吨，可生产4大类30余种产品。主要有氯化稀土、碳酸稀土、单一稀土氧化物、稀土金属、荧光粉、稀土永磁材料等。产品销往美国、日本、印度、法国、韩国等国家和地区，成为全国稀土行业中较有影响的企业之一。

钙厂：二〇二厂金属钙生产有40年历史。金属钙年生产能力4 000吨，为亚洲最大。产品有钙粒、钙块、钙屑、钙铝合金、氢化钙等，以其优良的质量和完善的售后服务占有良好的国际市场。

汽车修理：拥有最新进口检测和修理设备，集小汽车修理、配件销售于一体。年修理各类小汽车20 000辆次。

党委书记、局长　王智

1999年8月11日，中央政法委书记罗干，公安部部长贾春旺和自治区等领导看望该局公安干警

包头市公

1999年1月29日中共中央总书记江泽民视察包头市时题词

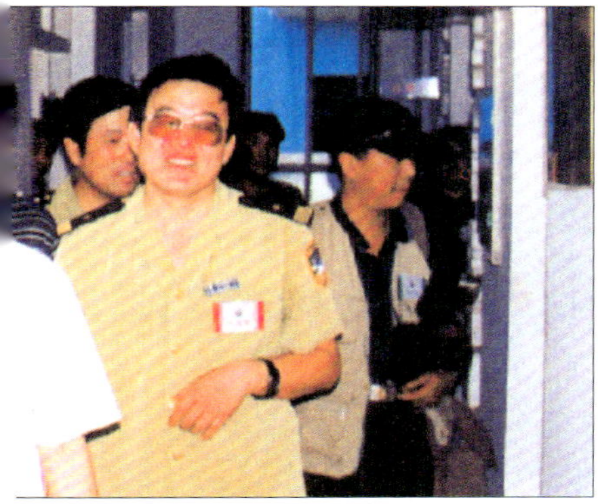

局长贾春旺深入派出所视察

1999 年 8 月 9 日全国第三次禁毒工作会议在包头召开

安局

局党委常委会研究部署工作

包头市公安局内设 22 个职能机构，下辖 10 个旗县区公安分局，干警 3 824 人。

1998-1999 年，在包头市委、市政府和自治区公安厅正确领导下，坚持“抓班子、带队伍、促工作、保平安”的基本思路，以开展“争创人民满意活动”重点加强队伍建设，以深化公安派出所和刑侦工作改革为动力，带动各项业务，促进公安工作全面发展和提高。

在公安业务工作开展中，全面推行主动防范警务机制，出现了“发案少、秩序好、群众满意”的良好社会治安局面，各项公安保卫工作都取得显著成绩。1999年全市公安系统共荣获各级各类奖励 111 项，其中荣获国家级 10 项，自治区级 43 项，市级 58 项。荣获个人一等功 1 人、二等功 19 人、三等功 66 人，昆区公安分局第三次荣获全国优秀公安局称号。

优秀人民警察东河区公安分局干警陈向

快速反应，巡警中队出警

BAO TOU SHEN YIN FANG DI DI CHAN KAI FA GONG SI

包头申银房地产开发公司

F1 型别墅

E-2b 型公寓

F1 型别墅

A1 型别墅

C1 型别墅

B1 型别墅

公司开发的丽日花园，是您的理想选择、坐落于包头正北方向，依龙脉而居，处包头上风，是人们心目中的风水宝地。

丽日花园南侧有200米宽的观赏林带。花园内保安巡视、电子巡更，紧急呼救，可视对讲系统更安全可靠。花园内公共场所均播放轻快背景音乐。

丽日花园紧临交通要道，民族东路和莫尼路环绕花园东南两侧，距包头火车站10公里，民航包头机场只有40分钟路程。20、134 等各类公汽中巴构成完善的交通网络。

丽日花园内有充足的车库、车位。车库均配有先进的电动上翻门。

包头市广播电视局

BAO TOU SHI GUANG BO DIAN SHI JU

领导关心广播电视工作

局长：李　瑞

"三八"妇女节表彰会

包头市广播电视局是包头市委直接领导的新闻宣传部门，是市政府主管全市广播电视工作的主管局。下设包头人民广播电台、包头电视台、包头有线电视台、包头立体声电台、《包头广播电视》报社、包头微波总站、530发射台、863转播台和局机关。全局职工411人，法人代表李瑞。承担的主要工作是：自办广播、电视、有线电视、立体声共四套节目。空中转播中央一套、二套、内蒙古广播电视节目和有线转播全国30套节目。已连续14年7届获得全区广播电视系统技术互检互查总分第一名等殊荣。

载誉归来

国家计委副主任郝建秀视察

包头医学院第一附

BA

院长：郭春林

党委书记：焦彦湘

包头医学院第一附属医院始建于1957年。经过40多年的发展和建设，已成为一所设施先进，技术力量雄厚，集医疗、教学、科研、急救、预防、保健、康复、社区服务为一体的大型综合性医院。1995年被国家卫生部授予"三级甲等医院"，同年跨人"全国爱婴医院"行列，1998年加人卫生部国际紧急救援中心网络。医院拥有中心供氧、中心吸引、闭路电视教学系统，先进的ICU、CCU病房，血液净化中心、远程会诊中心，层流病房、双螺旋CT、核磁共振影像系统、酶标仪、高级彩超、C型臂x光机、数字减影等高精尖设备300多台（件），为医疗服务的高效、准确、优良提供了有力保证。

医院占地面积5.58万平方米，建筑面积6.86万平方米，固定资产约一亿元，编制床位600张，全院教职工988人，卫生技术人员835人，其中高级职称130人，硕士研究生46名。设有20个行政职能科室，16个临床教研室，31个临床科室，8个医技科室，6个临床医学研究所，年门诊量30余万人次，年收治住院病人近万人次。在脑血管疾病、骨科创伤、血液病、消化、肝病、内分泌、呼吸、耳鼻喉以及不孕症等诊治方面处于内蒙古及包头地区领先地位。

医院座落于包头市昆区，交通便利，就医方便。医院全体职工面对21世纪的机遇与挑战，决心认真贯彻"一切以病人为中心"的服务宗旨，全心全意为患者服务，齐心协力，开拓进取，强化管理，锐意改革，遵循"团结、求真、发展、创新"的院训，向着更高更远的目标迈进，再创辉煌。

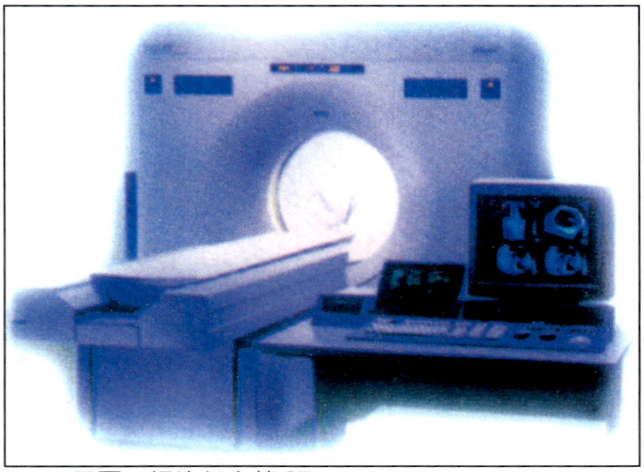

双层面双螺旋超高档CT

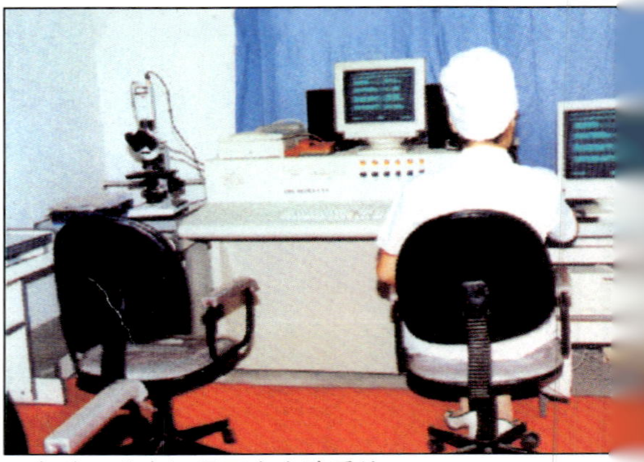

包头－北京远程医疗会诊系统

属医院

XUE YUAN DI YI FU SHU YI YUAN

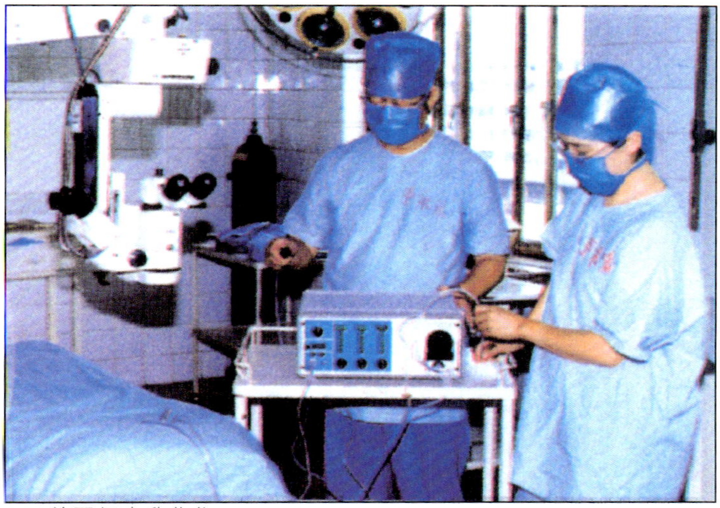
美国超声乳化仪

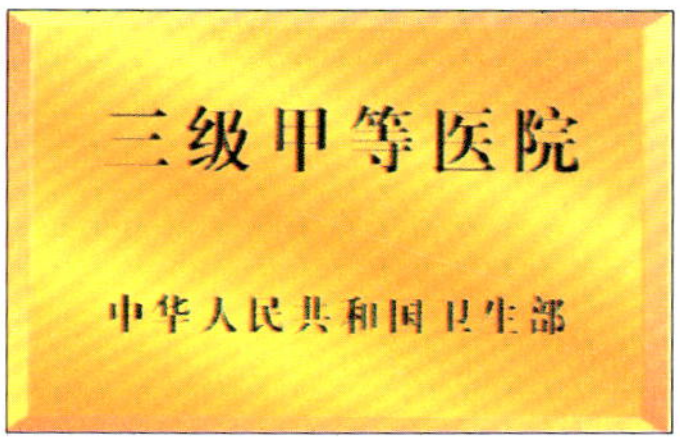

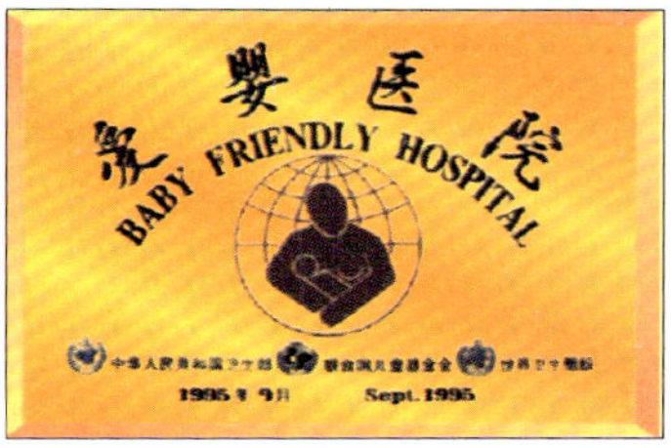

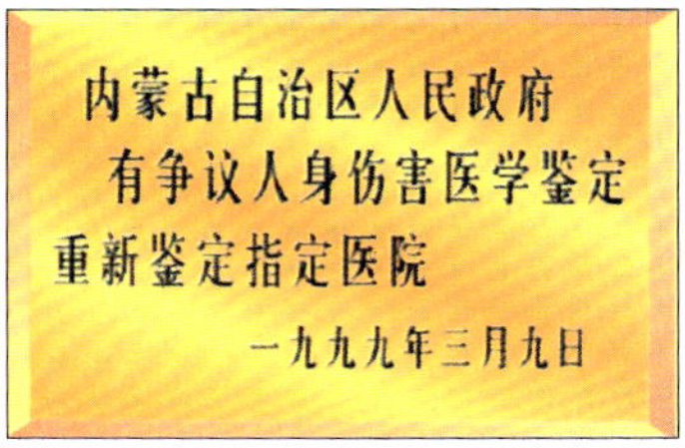

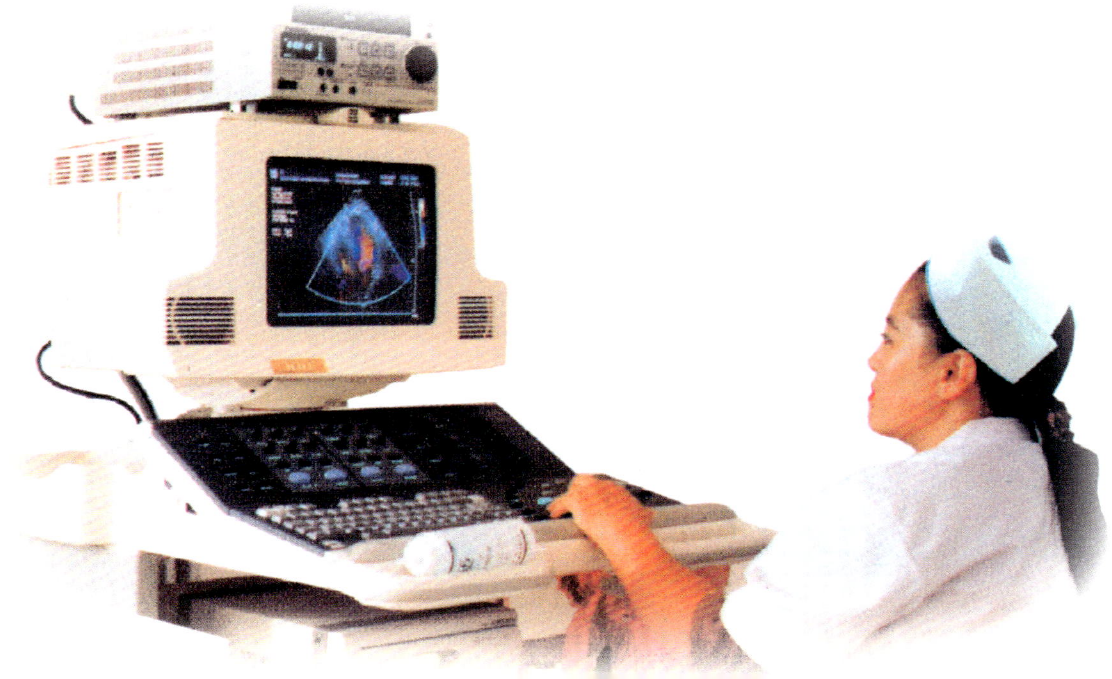

团结奋进的领导班子

包头第一热电厂始建于1958年3月，经过4期扩建和技术改造，现有8机8炉，总装机容量42.4万千瓦，担负着向包钢直接供电供热、向电网供电和向市区集中供热的重任，是蒙西电网的主力厂之一。年发电量29.02亿千瓦时，年供热量1002.43万吉焦，年产值2.8亿元，固定资产原值7.2亿元，是国有大型一档企业。

在深化企业内部改革中，该厂确定“以主带副、以副促主、双翼齐飞、协调发展”的经营思路，第三产业和多钟经营完成由安置型到经营型的转变，年产值逾亿元。与外商合资兴建的“天外天大酒店”成为内蒙电业和包头市对外开放的窗口。

为寻求新的经济增长点，改善基础设施，在上级领导和有关部门的大力支持下，正在进行2×125MW双抽供热机组技术改造的前期工作；2000年向市区供热面积在原有217万M^2的基础上，新增250万M^2，达到467万M^2，2010年达到1 326万M^2；粉煤灰综合利用生产建筑材料项目也将在2000年投产，为增强企业发展后劲奠定基础。

在世纪之交，该厂抓住西部大开发的机遇，发扬“开拓奋进，唯旗是夺”的企业精神， 乘势而上，再创辉煌，满怀信心地开创第二次创业的新局面。

厂长：史琰斐　　党委书记：张建增

包头第一热

多经龙头企业——天外天大酒店

汽机车间一瞥

电厂

主控制室

包头市盐业分公司

BAO TOU SHI YAN YE GONG SI

经理 鹿占福

团结奋进的领导班子

市领导深入盐业批发部指导工作

分公司是隶属于自治区盐业公司的直属运销企业，地处包头市东河区工业北路，下设三个直属支公司、批发部。

本公司是政企合一的企业，1993年经包头市政府批准成立的盐务管理局，与包头市盐业分公司一套人马，两块牌子。

公司的经营业务，是负责包头市6区、两旗、一县198万人口的食用及工、农、牧、渔业用盐的批发供应工作及食用小袋盐的分装生产。

不懈的努力获得了丰硕成果，至1999年曾十几次被包头市政府及内蒙古盐业系统等上级部门评为先进单位，分公司与三个支公司、批发部均进入盟市级及旗、区级文明单位行列。

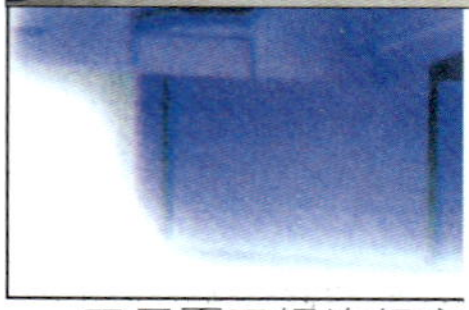

双层面双螺旋超高

包头职业技术学院

BAO TOU ZHI YE JI SHU XUE YUAN

党委书记：王立家

院长：江庆翘

包头职业技术学院是1998年3月经国家教委批准建立的自治区第一所独立设置的职业技术学院，属于国防科工委与自治区共建以地方管理为主的高等职业技术学校。该院是在原包头机械工业学校、内蒙古第一机械制造厂工学院和内蒙古第二机械制造总厂工学院三院校撤并基础上建立起来的。

学院位于包头市青山区，拥有占地面积15万平方米，建筑面积9.33万平方米，教学设施完善。学院现有专任教师260名，其中高级职称教师80名，中级职称教师150名。到目前，学院有高中后三年制高职、初中后五年制高职、初中后四年制中专和高中后两年制中专四种学制。1999年7月第一批五年制高职毕业生，以对生产第一线较强的适应性，受到用人单位的欢迎。

图书馆

教学主楼

1996年12月8日，中国农业发展银行包头市分行成立。首任行长贾楞。至1997年1月底，按照国务院关于农村金融体制改革的决定和自治区分行的安排部署，成立了3个旗县区支行、1个营业部和1个信贷组。1998年4月，将扶贫、开发性贷款划归农行管理，5月，按照国务院的有关规定，达茂旗信贷组划回农行；11月，又将粮油附营业务贷款划归有关商业银行管理。1999年12月，经自治区分行党委决定，任命赵焕英为包头市分行党委书记、行长。

农业发展银行包头市分行是直属中国农业发展银行自治区分行领导的国有政策性金融机构，也是包头市唯一一家国有农业政策性银行，其主要任务是按照国家的法律、法规、政策，以国家信用为基础，筹集农业政策性信贷资金，承担国家规定的农业政策性金融业务，代理财政支农资金的拨付，为农业和农村经济发展服务。业务范围主要是发放粮棉油收储企业的收购、储备、调销贷款和简易粮仓建设贷款。至1999年末，全行各项贷款余额65 905万元。其中，专项储备贷款27 720万元，粮油收购贷款34 305万元，粮油调销贷款1 341万元，粮油建仓贷款1 097万元，费用贷款412万元，待划转附营业务占用贷款1 030万元。各项存款2 666万元。

持证上岗考试

党委成员

ZHONG GUO NONG YE FA ZHAN YIN HANG

中国农业发展银行包头市分行

包头电信局

局长：郑大力

党委书记：李文奎

包头电信局，凭借高科技、现代化的通信设施，始终致力服务于包头市地方经济建设和社会发展，为钢城百姓生活更加美好做着不懈努力。

近几年来，按着“高起点、高技术、高速度”的原则，使通信事业进入发展的快车道，无论是规模容量、技术层次还是服务水平都发生了质的飞跃。全市所辖四个行政区和五个旗、县、矿区均已建成可以承载、传输各类语音和图文的多手段、立体交叉的现代化通信网络。在此基础上，坚持以经营为中心、两个效益一齐抓的方针，在电信重组过程中，广大干部职工表现出强烈的主人翁责任感，分营不分心，各部门积极协助、密切配合，面向市场勇于拼搏，在广泛开展市场调研的同时，加大业务宣传力度，以价格杠杆启动市场，以灵活的营销策略拓展市场，以优质便捷的服务推动市场，以高速度的建设保障市场，促进了各项业务的发展。1999年全局通信业务收入完成2.5亿元，比上年增长19.2%；市话净放号3.75万部，完成年奋斗目标101.2%；公用电话发展1 490部；发展数据及多媒体用户1 373户。目前，全市固定电话交换机总容量已达32.8万门，实装户数超过23万户，全市电话主线普及率接近11%；长途交换机总容量达到1.45万线；数据及多媒体用户数超过2 900户；公用电话6 100部；IC卡电话140部；201校园网电话2 128部。服务窗口的硬件设施得到全面改进。全局所属9个旗县局的服务窗口半数以上被驻地政府评为文明单位。市局获得全市“综合治理先进单位”、“小康工程先进单位”等荣誉称号。

自治区主席云布龙视察公司

年吞吐量20万吨的国际集装箱中转站

左起：李清波（副董事长）、石玉柱（党委副书记）、肖建华（董事长）、许汉章（常务副总裁）

包头明天科技股份有限公司

办公楼

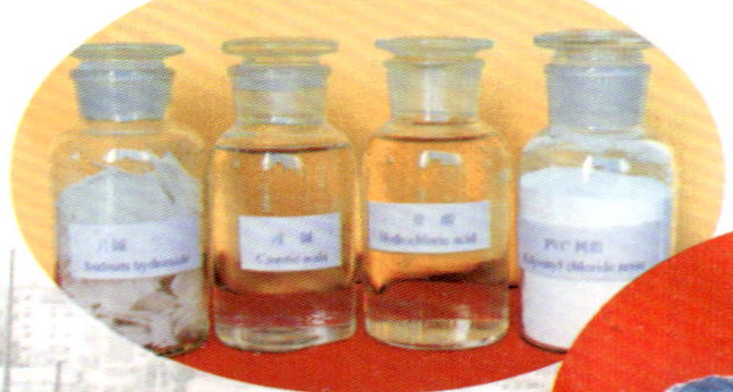

“云杉”牌PVC树脂、盐酸、烧碱

“双杯”牌电石

公司前身是包头黄河化工股份有限公司。由原包头市第一化工厂、第四化工厂和包头双环化工集团股份有限公司通过资产重组、强强联合组建的大型化工企业。公司股票（明天科技代码600091)于1997年7月4日在上海证券交易所上网发行，是包头市地方企业中的首家上市公司。1999年经国务院批准，被国家经贸委列为“520户国家重点企业”之一，在香港被评为“中国最优秀的百家上市公司”之一。

公司现有职工4 401人，各类专业技术人员613人，其中高级专业人员32人，中级专业人员208人。公司拥有总资产11.63亿元，净资产7.6亿元，主营业务收人在5.8亿元以上，年利润8 200万元，在全国上市公司中居中上游水平。

公司现有三大品牌共10余种产品。三大主产品“双环”牌电石、“山泉”牌苯酚、“云杉”牌PVC树脂均为“内蒙古名牌产品”，“双环”牌电石还是“中国名牌产品”，在首届新加坡国际名优产品博览会上荣获金奖，受到海内外用户欢迎。

内蒙古公平拍卖有限责任公司

内蒙古拍卖中心包头分公司

内蒙古公平拍卖有限责任公司按照《中华人民共和国拍卖法》、《中华人民共和国公司法》规范要求，经自治区体改委批准，由自治区工商行政管理局、包头市工商行政管理局登记设立，是自治区政府办公厅和包头市政府办公厅指定的承担公物拍卖的专业机构。自1998年公司成立以来，已成功举办各种拍卖会40多场次，为盘活企业资产、减少国有资产的流失、协助执法机关快速结案、文明执法、实现抵税物资的及时变现、加强廉政建设都发挥了积极作用。

拍品涉及房产、交通工具、机电设备、家用电器、日用百货、名人字画、鲜花等有形资产及土地使用权、租赁权、经营承包权、专利成果等无形资产，其中土地使用权、房产组合贷款、柜台租赁权、名人字画、鲜花、公园经营权招标等专项拍卖均开自治区之先河，成为自治区拍卖业的领头羊。如今，公司拥有一支具有很强实力的专业拍卖队伍，有国家注册拍卖师 4 人，拍卖从业资格资质的员工 6 人；另外，与拍卖业密切相关的一批评估师、公证员以及其他专业人员与公司保持密切联系，形成评估、拍卖、公证一条龙服务。公司还依托网络技术，在拍得网站（paide.com）开设拍卖平台，形成了网上拍卖和现场拍卖相结合的拍卖体系。

内蒙古公平拍卖公司全体员工愿以一流的工作业绩和高效、诚信的工作作风回报支持拍卖业的每一位朋友!

公司电话：3126606　3150155　2125003(包钢办事处)

1

1、1999年元月30日中共中央总书记、国家主席江泽民来公司视察
2、1998年9月25日中共中央政治局常委、全国人大常委会委员长李鹏再次来公司视察
3、1994年8月13日中共中央政治局常委、国家副主席胡锦涛来公司视察
4、1997年10月16日中共中央政治局常委、国务院副总理李岚清来公司视察
5、1998年8月7日国务委员、全国人大常委会副委员长田纪云来公司视察
6、2000年元月21日国务委员吴仪赴马岛视察
7、1997年6月2日国家经贸委主任王忠禹来公司视察

包头市鹿金羊绒制品公司

2

5

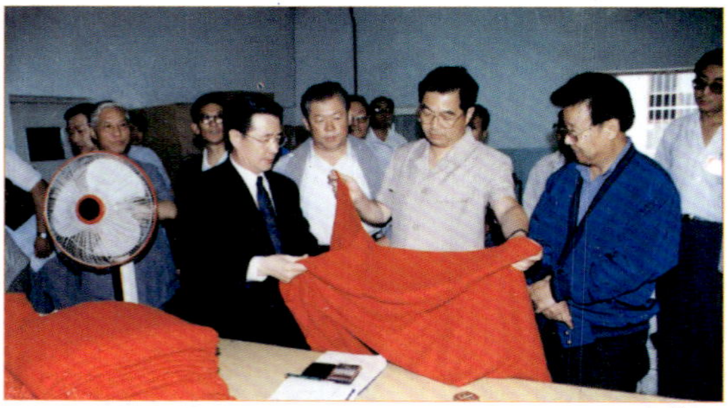

3

6

4

7

包钢医院

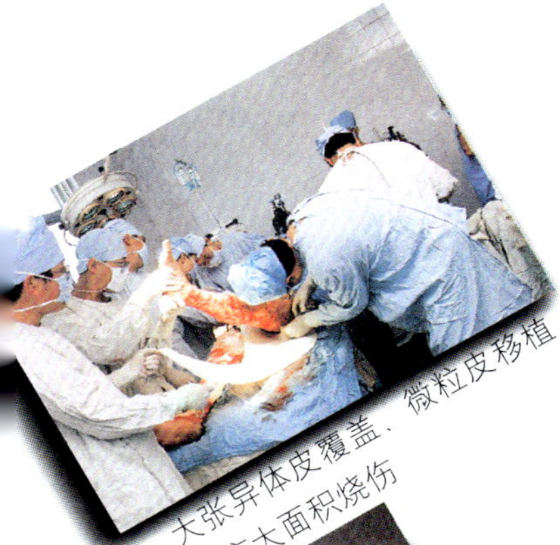

大张异体皮覆盖、微粒皮移植治疗大面积烧伤

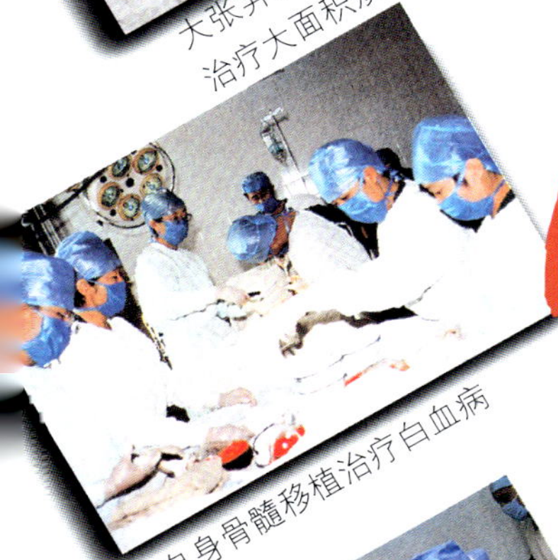

自身骨髓移植治疗白血病

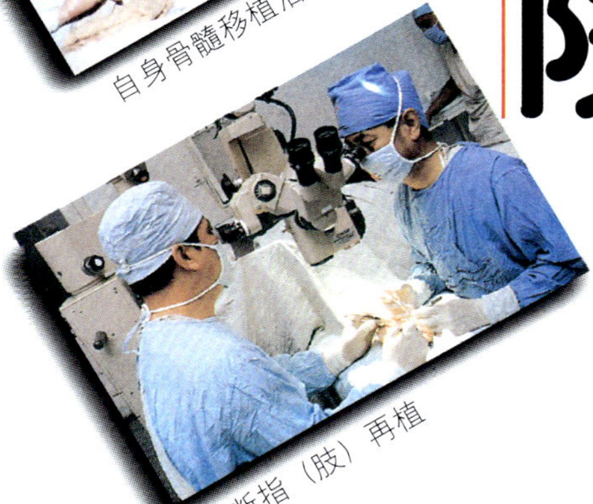

断指（肢）再植

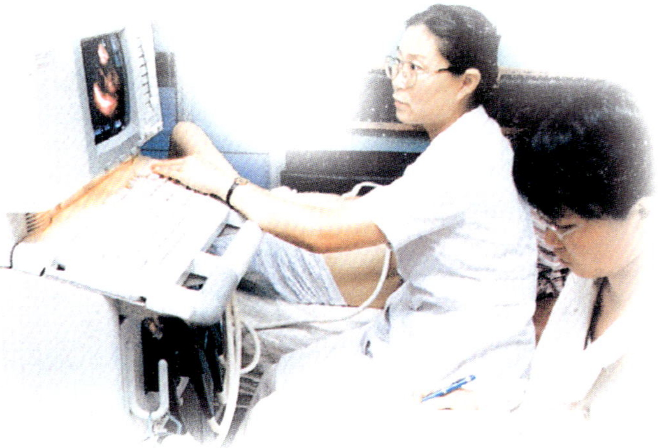

医院领导班子（左起：党委副书记张明亮、副院长王凌峰、院长孙德俊、党委书记金鹰、副院长武宇赤

包钢医院—内蒙古医学院第三附属医院建于1958年10月。40余年经过几代白衣天使的艰苦奋斗，现已成为自治区较大一所集医疗、教学、科研、预防保健为一体的综合性医院。1995年初，由卫生部颁发了“三级甲等医院”牌匾，成为内蒙地区首批、包头市首家三级甲等医院，这标志着医院的综合实力达到了自治区一流医院水平。1999年顺利通过国家爱婴医院验收并成为内蒙古医学院第三附属医院，还经过包头市卫生局评定成为包头市首批医疗和护理服务医院。

医院现有建筑面积6万余平方米，固定资产8 300多万元，职工2 462人，其中高级职称130人，中级职称475人，培养研究生53人。设有56个科室，24个病房（设有ICU和CCU室），病床757第，6个门诊部，14个保健站，1个综合厂和一所附属卫生学校。在担负26万包钢职工和家属的医疗预防保健任务的同时，全面向社会开放。为方便所有者患者就医，全天候开设门诊，提供全方位医疗服务；门诊大厅设施方便门诊，不需挂号即可开到所要的药品及各种检查单，院长接待日及时反馈患者的意见和建议。

包头市第九中学

科学家钱三强看望小发明俱乐部成员

校长崔锡海

党总支书记：巴丽云

学生阅览室

包头市第九中学系自治区首批重点中学、普通高中管理示范学校、电化教育示范学校，全国少年宇航技师培训站、科技教育先进学校、计算机教育先进集体，包头市青少年科技教育活动示范校。同时也是包头市精神文明单位，内蒙古及包头市两级党委思想政治研究先进单位，包头市优秀政研分会。全国总工会授予学校“模范职工之家”荣誉称号。

学校从1999年秋季起实行初、高中剥离，并面向全市招收高一年级新生，学校实行寄宿、全封闭的办学模式，实行奖学金及助学金制度，奖励优等生，帮助贫困生。

建校40多年来，作为升学预备学校，曾多次夺得高考、高中会考综合测评自治区前3名的好成绩，高考升学率一直名列自治区前茅。

包头市第九中学确定了在近几年内建成在全国有较高声誉的内蒙古自治区名校、包头市窗口学校；实现教育教学现代化、办学条件现代化、学校管理现代化，与国家一流中学同步发展的战略目标。

建校40多年来，共为国家培养26 000余初、高中毕业生，绝大多数考入高一级学府，分布在全国各地及欧亚美十几个国家。

地址：包头市昆区乌兰道17号
电话：(0472)2126642-8016
传真：(0472)2124402
邮编：014010

包头市昆仑职业中专

校长 吴云秋

包头市昆仑职业中等专业学校是首批国家级重点职业高级中学，是一所集教学、社会培训、生产经营为一体的功能齐全、设施完善、教学手段先进、师资力量雄厚的职业高中。学校占地 193.2 亩，分为文科部（原 26 中）、工科部（原 25 中）、汽驾实习基地（原 34 中）三大部分。

学校非常重视专业设置的市场观。多年来不断根据国家经济发展状况及人才市场的需求预测调整专业，更新教学内容，专业设置由原来单一的幼师专业变为现在多样化、新颖化、科技含量高、吸引力强的专业格局。现有计算机原理与应用专业、家用电器与制冷专业、烹饪专业、旅游与酒店管理专业、艺术专业、财会电算化专业、金融保险专业、汽驾专业、市场营销专业等。学校还开办了综合高中，内含军乐礼仪特长班、体育特长班。

学校领导班子

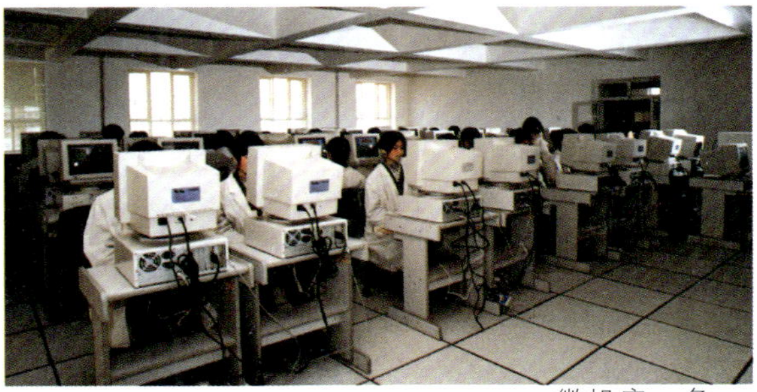

微机房一角

下岗女工再培训

澳大利亚客人来校考察

烹饪专业学生实践操作

内蒙古包钢稀土高科技股份有限公司是1997年经国家证监会批准，由包钢（集团）公司、香港嘉鑫有限公司和包钢综合企业（集团）公司共同出资，以原包钢稀土三厂、选矿厂稀选车间为基础组建而成的中国稀土行业第一家上市公司。至1999年底，公司总股本36 449万股，其中法人股25 249万股，社会公众股11 200万股。公司总资产达77 341万元，净资产66 396万元。

公司的经营范围：稀土精矿，稀土深加工产品，稀土新材料生产与销售；稀土高科技应用产品的开发、生产与销售；出口本企业生产的稀土产品，充电电池，五金化工产品（国家组织统一联合经营的16种出口商品除外）；进口本企业生产、科研所需的原辅材料，机械设备，仪表仪器及零配件；生产销售冶金、化工产品（专营除外），承揽技术咨询、信息服务。

“稀土高科”年产种类稀土化合物总量5 500余吨，各类混合稀土金属及单一金属1 000余吨，能生产第一线4个品种130多个规格的稀土产品。60%至70%的产品远销美国、日本、法国等30多个国家和地区。

董事长：乔木

总经理：陈隆淮

监事会主席：孙鸣凤

地址：中国内蒙古包头市昆区张家营子西

邮编：014010

电话：0472-2185894 2184642

传真：0472-2183410

内蒙古包钢稀土高科技股份有限公司

总经理：陈隆淮

包头铁路工程学校

1、1999年8月3日教育部副部长张天保（左三）一行视察学校
2、呼和浩特铁路局局长赵吉斌（前右一）来校指导工作
3、多媒体语音教室
4、学校自行设计、施工建成的大型运输行车模拟实验室
5、新生接受素质教育的第一课——军训
6、藏书20余万册的图书馆

包头铁路工程学校是一所为铁路和自治区经济建设服务的国家级重点普通中等专业学校。学校位于包头市东河区，占地面积180余亩，建筑面积6万平方米。有设备先进的实验室31个，还有音像、语音、现代化、多媒体及各类专业教室。教学仪器6 000余台（件），价值1 040余万元。图书馆藏书20余万册，电子阅览室实现网上阅览。

学校设有土建类、环保类、机电类、信息类、管理类、热工类等13个专业，除设有普通中专外，还开办了面向铁路和社会招生的职工中专班、大专证书班、自考助学班及各类适应性规范性的岗位培训。目前在籍学生3 152人。现有教师150人，其中75%具有中、高级技术职务。学校先后获得自治区先进学校，铁道部、全国职业教育先进单位，国家级重点中等专业学校等数十项殊荣。

校长：张绍富　　　　党委书记：万蓉

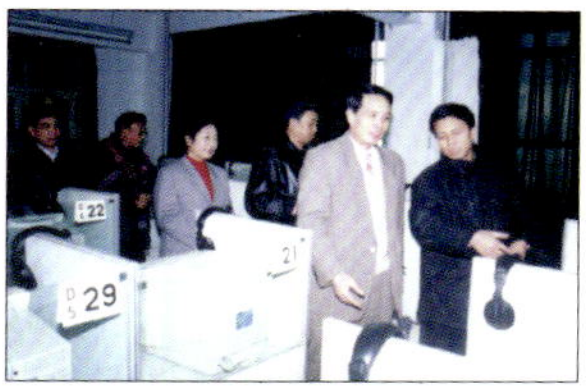

包头市总工会

江泽民主席了解下岗职工再就业情况

总工会主席 高文卿

1999年，各级工会组织在市委和自治区总工会的正确领导下，抓住机遇、开拓创新，紧紧围绕全市工会工作大局，在广泛开展群众性经济技术活动；深入开展送温暖工程；以全面推行厂务公开为重点，深入开展职工民主管理、民主监督；继续建立平等协商和签订集体合同制度；加强职工思想政治工作，推动职工队伍精神文明建设等方面，都取得了突出成绩。

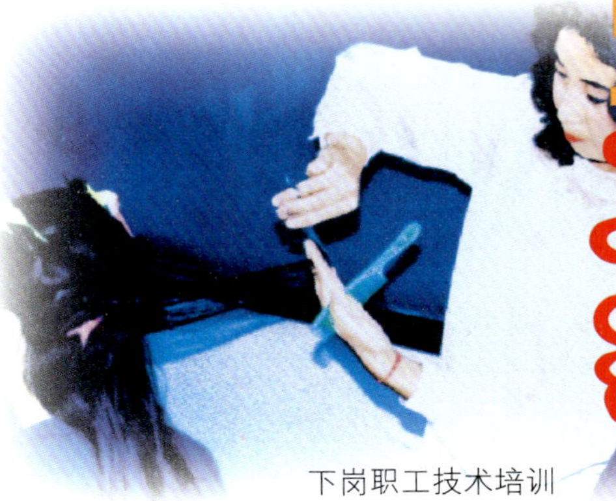

下岗职工技术培训

包头人民广播电台

台长 徐建生

创办于1956年7月1日的包头人民广播电台，已走过四十多个年头。

现在电台有六个频率，既有自办综合性、音乐类广播节目，又有分别转播的中央人民广播电台一二套节目和内蒙古人民广播电台汉语节目，发射总功率34千瓦，广播覆盖面积1万多平方公里，制作播出设备已向数字化方向迈进。1982-1999年，播音作品在自治区以上规格评奖中有130多件获奖。

包头市精神卫生中心
包头市第六医院

领导班子成员

包头市精神卫生中心、包头市第六医院是包头市唯一市属精神卫生事业单位，是内蒙古西部地区规模最大、技术力量最强的精神疾病防治机构，担负着全市精神疾病防治和康复的技术指导工作。

院长：张捷　　副书记：塔拉

副院长：苏福祥　李秉泉

地址：包头市东河区铁西小区二区

邮编：014040

电话：7147271

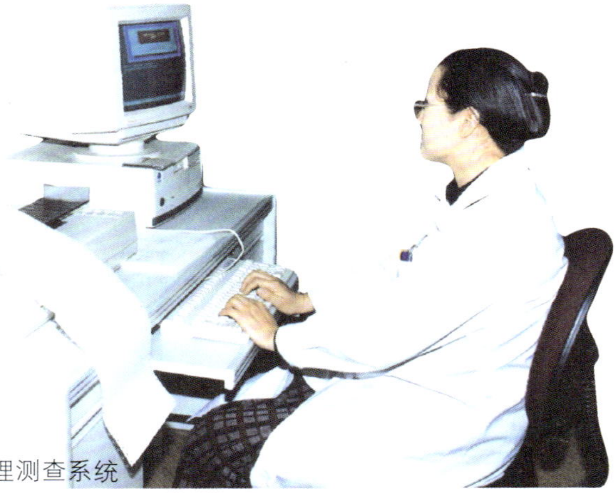

心理测查系统

党委一班人

包头市人民警察学校设在包头市青山区富强南路振华小区。

警校一方面承担着面向社会招收普通中专生的任务，一方面继续承担着对在职公安民警的各种培训任务，同时为了拓宽办学渠道，开办了在职民警提高学历的职工中专班和大专专业证书班及电大班。16年来学校向包头市及内蒙古西部地区输送了767名合格公安民警，1 225名法律专门人才，培训在职民警109 09人次。

包头市人民警察学校

技能教学

包头市建材集团有限责任公司

董事长张万禄（右）陪同市领导参观

公司领导班子解放思想，实事求是，真抓实干，勇于开拓，三年迈出三大步，不仅扭转了连续4年亏损的局面，而且通过内引外联，招商引资，强化管理，降本增效，先后引资7 000多万元对生产设备、工艺流程进行技术改造，增加了产品科技含量，调整了产品结构，提高了集团公司的经济效益。同时大刀阔斧地对部分企业实施破产重组兼并，建立并规范股份制企业。通过一系列改革，为企业生存和发展拓展了空间，企业抗风险能力加强。1999年末，建材集团公司迎着新世纪的曙光，提前实现“三年两大目标”任务，受到市委、市政府高度评价，公司董事长连续3年被市委、市政府授予“优秀经营管理者”的光荣称号。

办公楼

包头市煤气公司

调度中心

5万m^3乾式煤气储罐

该公司是国有中型一档公用性企业，是包头燃气行业的主干企业。法人代表池德荣。公司现有职工571人，内设8个职能科室，下属15个基层部门。公司以“团结拼搏、求实进取”做为企业精神，以“安全供气、优质服务”做为企业经营宗旨。

几年来，紧紧围绕企业改革与发展、经营与管理、文明与创建三条主线开展工作，在搞好生产、经营的同时，切实加强精神文明建设，使公司两个文明建设取得丰硕成果，先后被国家建设部命名为“全国城市燃气安全管理先进集体”、“全国建设系统精神文明建设工作先进单位”等。

包头市民政局

BAO TOU SHI MIN ZHENG JU

局长：王德荣

包头市民政局是市政府管理社会行政事务工作的职能部门。它通过经济的、行政的和法律的手段发挥其完善社会组织结构、调整社会关系、缓解社会矛盾、实施社会服务、解决社会问题的稳定机制作用。

局内共有行政编制59名，设办公室、政工科、社会行政事务管理科、优抚科（双拥办）、复员退伍军人和军队退休干部安置办公室、救灾救济科、社会福利科、基层政权建设科、区划地名科、纪检监察室等10个科室，并代管市老龄委会办公室、分管包头市军供站、包头市社会福利院等8个事业单位（编制194名）以及包头市钢丝厂、包头市福利鞋厂等企业单位（职工1 960多名，其中残疾职工700多名）。

局领导班子研究工作

包头市自来水公司

BAO TOU SHI ZI LAI SHUEI GONG SI

团结奋进的领导班子

工作人员走上街头为用户解答问题

文体活动

法国专家调试监控设备

包头市城市给水事业经过40多年的建设和发展，已经形成以黄河水为主、地下水为辅、水库水为调节补充水源的城市给水系统。该系统供水能力为24.6万立方米／日，供水管网长1 100多公里，年售水量7 000万立方米左右。公司领导班子团结合作，锐意进取，企业改革不断深入，管理不断升级，党建和精神文明建设均取得良好成绩。1998年，公司档案工作目标管理通过国家一级认定，公司技术革新、计量、设备管理均达到全国同行业先进水平。

厂长：隋增树

党委书记：刘源

内蒙古骆驼酒业集团股份有限公司

该公司是由包头市制酒厂1999年转制而创立的，是内蒙古西部地区最大的酒类生产厂家，是国家大型二档企业。1999年销售额达到1.65亿元，创税利5 000多万元。多年来始终保持包头市和自治区优强企业和功勋企业称号。“峰”牌峰酒是轻工部优质产品，自治区名牌产品；“骆驼”牌是自治区著名商标，“骆驼”牌系列白酒是自治区优质产品，在自治区广大消费者心中享有盛誉。

地址：包头市东河区工业北路甲1号
邮编：014040
电话：0472-4145353
传真：4160458

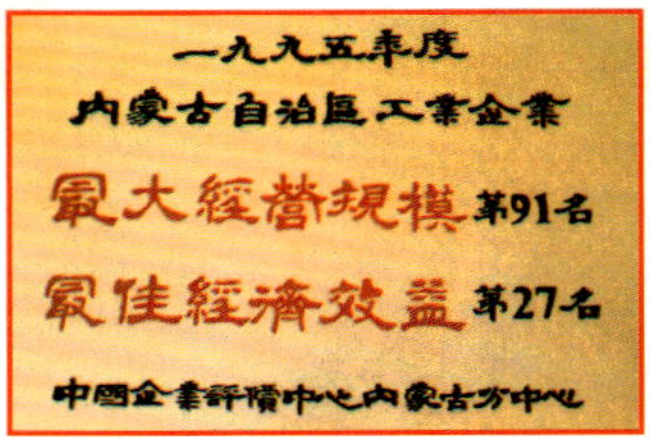

一九九五年度
內蒙古自治區工業企業
最大經營規模第91名
最佳經濟效益第27名
中國企業評價中心內蒙古分中心

一九九五年度包头市
十强市属
工业企业
内蒙古自治区企业评价中心

歌剧《舍楞将军》剧照

市歌舞团在第14届消夏文化节演出

匈牙利国家民族歌舞团在包头演出

局长 戴炳林

漫瀚剧《契丹女》剧照

包头市文化局

农村四旁植树林

党委书记 云登高

黄河林场速生丰产林

土右旗沟门乡经济林

包头市林业在市委、市政府的正确领导下，紧紧围绕改善生态环境，提高社会、经济、生态三大效益这一主题，不断解放思想、深化改革、优化结构、加大建设力度，全市林业建设水平不断提高，造林绿化事业得到进一步发展。到1998年，全市共有森林面积206.8 万亩（郊区44.2 万亩，土右旗48.65 万亩，固阳县55.78 万亩，达茂旗57.35 万亩，石拐0.846 万亩）。其中：有林地面积68.2 万亩，灌木林地123.7 万亩，疏林地68.2 万亩，四旁树14.9 万亩。全市森林覆被率为4.9 %，其中，农区（土右旗、郊区、固阳）森林覆被率10.4%；牧区（达茂旗）森林覆被率2.1 %。共有宜林地263.7 万亩。

包头市林业局

校领导班子

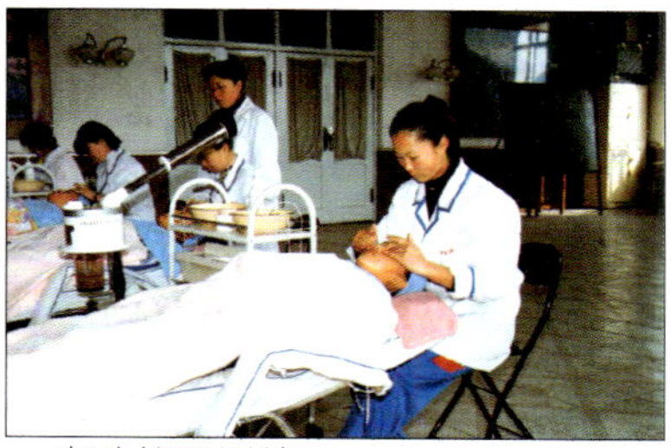

皮肤护理训练

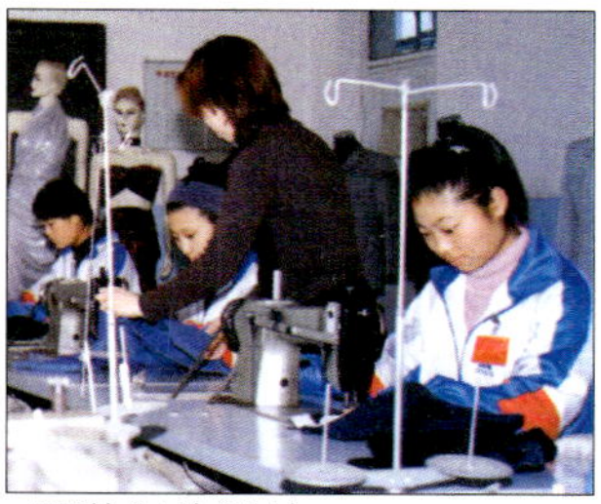

服装制作训练

包头市商业技工学校

包头市商业技工学校，包头市商业职工中等专业学校，是内蒙古西部规模最大的一所具有学历教育、职业培训、技术等级鉴定等综合功能的商业中等职业技术学校。在四十多年的办学历程中，为自治区培养了数以万计的管理干部和技术工人。1995年荣获包头市“文明学校”和“优秀职业学校”称号。1996年晋升为“省部级重点技工学校”。

校长：于 勤

包头市计划生育委员会

主任：王金陵

包头市计划生育委员会编制21名，内设5个科室。改革开放以来，包头市的计划生育工作取得显著成绩，人口出生率和自然增长率分别从1971年的26.4‰、21.35‰降到1999年的12.09‰、7.2‰，计划生育率达到98.6%。据统计，1971-1998年28年间，全市少生人口近50万，为包头市的经济社会发展作出了积极贡献。九十年代以来，包头市计划生育委员会两次被评为全国计划生育先进集体。1993-1999年连续七年获自治区党委、政府授予的“盟市人口与计划生育目标管理优秀奖”，1997年获“特别优秀奖”。

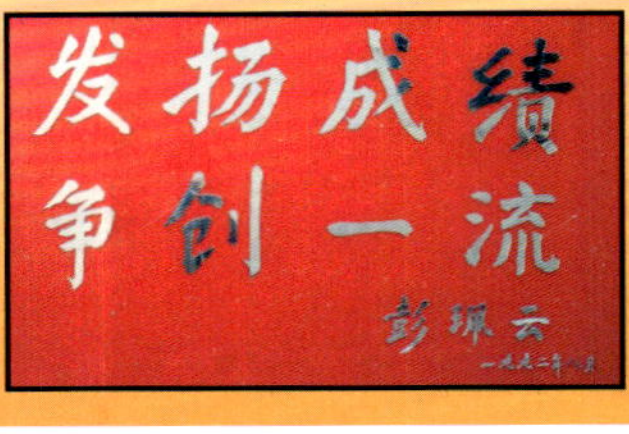

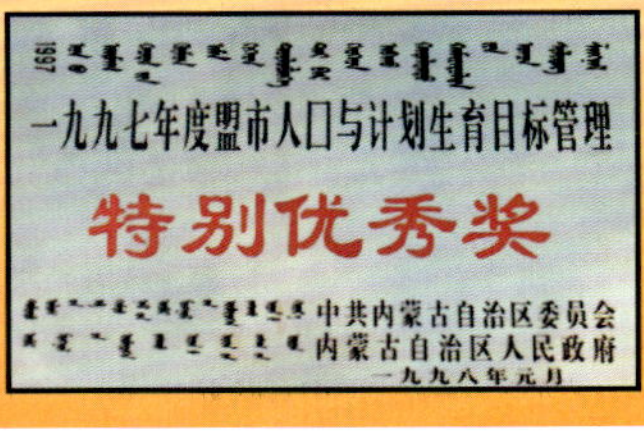

领导班子

包头兴业集团股份有限公司

董事长、总经理：陈达光

内蒙古包头兴业集团股份有限公司是国家一级施工企业，原系包头市第三建筑工程公司，1992年10月改组为自治区建筑行业中第一家规范化股份制企业。现有总资产7 000多万元，职工860多人，其中工程技术人员128人，中高级技术人员52人。集团公司下设建筑安装工程分公司、房地产开发分公司、物业管理分公司、建筑材料经销分公司、建筑工程设备租赁分公司、人造板厂、装饰装璜分公司、综合企业分公司、精煤公司等九个分公司、

公司承建的房地产大厦

公司承建的南海公园

包头供电局是国家大型一档企业，内蒙古西部电网中最大的供电企业，主要担负着包头市区及市属白云、石拐两个矿区和土右、固阳、达茂三个旗县区的供电，售电量占蒙西电网的50%以上。1999年末固定资产原值12.15亿元，售电量完成64.13亿千瓦时，销售收入19.14亿元，其中电费收入15.76亿元。多经总收入2.89亿元。全员劳动生产率完成18.49万元/人年，线损率完成2.78%，这两项综合性指标在全国200多个主要供电企业中名列前茅。全局年末在册职工2 311人，主业职工1 096人，集体职工836人，离退休职工570人，设有10个综合部室，13个基层生产单位。目前，该局成为在华北地区乃至全国享有较高声誉的供电企业。

局长：张润升　党委书记：赵　然

人民电业为人民

心系万家

包头市供电局

包头市公证处

法人代表：雷风云

公证活动是预防性、指导性、赋予强制性的司法证明活动，是我国社会主义法制建设的重要组成部分。根据《中华人民共和国公证暂行条例》规定，公证是代表国家行政证明权，目的是保障国家法律的正确实施，预防纠纷、减少诉讼，向社会提供公证法律服务，保护国家利益和公民、法人、其他组织的合法权益，维护社会主义法制和社会主义经济秩序，促进社会稳定和经济发展的顺利进行。包头市公证处现有工作人员10人，平均年龄36岁。公证员8人，全部具有大专以上学历；现代化办公设施齐全，交通通讯工具先进，制度建设健全，工作程序严谨。是一个年富力强、团结协作、能战斗的集体。

1992年获得司法部“全国公证质量评比先进集体”荣誉称号，1999年被自治区司法厅授予集体二等功。

处领导班子

“救助贫困母亲”现场公证

乳品生产

包头骑士乳品（集团）公司是始建于1992年的国有企业。它利用包头雄厚的工业基础和优质丰富的鲜奶资源，首家引进欧洲最先进的生产奶酪的设备和工艺，成为目前国内最大的生产奶酪的集团公司。它是我国乳品界新崛起的一颗璀璨明珠。

集团公司包括两个中美合资企业，一个中丹合资企业，一个乳品设计研究所、一个乳业分公司、一个销售分公司，注册资本5千万元。公司年产原制奶酪1 500吨，重制奶酪750吨，乳清粉760吨，各种奶粉2 000吨，乳清饮料2 700吨，日处理鲜奶70吨。

办公：0472-6400814

销售：0472-4600787

地址：包头东河区二里半机场开发区

1995年，为适应自治区西部改革开放形势发展的需要，国务院批准设立中华人民共和国包头海关。1997年7月18日，包头海关正式开关。包头海关地处自治区最大的工业城市——包头市，隶属呼和浩特海关；负责办理包头市、乌海市、巴彦淖尔盟、伊克昭盟、阿拉善盟的海关业务。

建关以来，包头海关始终坚持以“依法行政、为国把关”和“从严治关”的海关工作方针为指导，深化业务改革、加强物流监控、维护贸易秩序、方便合法进出，有力地促进了边疆少数民族地区经济的健康发展。1997年9月至2000年第一季度，共监管进出口货物46.2万吨，其中进口24.5万吨，出口21.7万吨；进出口总值2.3亿美元，其中进口1.9亿美元，出口0.4亿美元；征收关税和海关代征税2.2亿元，其中关税0.6亿元，海关代征税1.6亿元。1998年，包头海关被呼和浩特海关确定为关区文明窗口示范单位，多次被包头市委、市政府授予荣誉称号。

为进出口企业办理通关手续

关员赴包头苏蒙特亚麻纺织有限公司进行核查

包头海关

BAO TOU HAI GUAN

内蒙古北方重型汽车股份有限公司

内蒙古北方重型汽车股份有限公司（中文简称：北方重汽；英文简称：NHL）是国内唯一能够成系列、多品种生产矿用汽车的厂家，是中国矿用汽车开发、生产基地。自1992年以来公司连年盈利，人均销售收入和利润逐年提高，在国内同行业名列前茅，400多名员工的企业年总产值近4亿元。

1997年公司在国内同行业中率先通过质量体系认证。同年，以完善的产品售后服务，被国家授予“全国用户满意服务”企业，被中国企业形象认定委员会授予“中国企业形象AAA级”单位称号和国务院发展研究中心、国家统计局工业交通司颁发的“100家最佳效益工业企业”的荣誉称号；1998年被国家批准确认为“国家级重点高新技术企业”，并获得由联合国技术促进系统中国国家分部授予的“中国优秀民营企业”称号。党和国家领导人及内蒙古、包头市领导多次莅临公司考察、指导工作，1999年1月29日，江泽民主席再次视察北方重汽公司时讲：“这里要扩大，今后的企业都要象这样，到时候我再来”。所有这些荣誉给北方重汽全体员工巨大的鼓舞和支持。

董事长、总经理：安富荣　　党委书记：徐明和

2000年1月10日美国特雷克斯总公司首席执行官迪费欧先生和自治区党委书记刘明祖在北京人民大会堂为公司成立揭牌

公司生产的部分车型

公司外景一角

BAO TOU SHI JU 包头市建设局

局长：裴绪

1998-1999两年期间，市建设局以建设我国中西部地区经济强市和现代化园林城市为目标，紧紧抓住国家扩大内需、增加基础设施建设投入的有利时机，在市财政资金十分紧张的情况下，通过争取国家扶持、发行企业债券、利用国内外贷款和集资等多种融资手段，积极为城市基础设施建设筹集资金。两年间，累计完成城市基础设施投资近11亿元，先后建成一大批与人民群众生活密切相关的城市基础设施项目，初步形成以大环境绿化为中心、公共绿地建设为重点、道路绿化为骨架、专业绿化为基础的具有包头特色的城市绿化格局。目前人均拥有道路面积8平方米；总供水能力2 000立方米／日；市区平均绿化率90%；全市供热面积2 582万平方米，热化率80%；绿化覆盖率40%，人均公共绿地10平方米；垃圾清运机械化程度100%。

全国市政设施养护管理优秀班组—道桥所女子维护班

全国建设系统文明服务示范窗口—煤气公司营业所

包头卫生学校

两届校领导交接仪式

开学典礼

包头卫校在自治区中等职业教育界颇具竞争实力，多次统考及比赛获得优异成绩，名列前茅。至1999年共培养各级各类卫生专业人才近万名，毕业生遍布自治区各地，尤其是放射和护理专业毕业生成为包头市乃至自治区各级医疗卫生单位的主要力量和业务骨干，为地区医疗卫生事业的发展以及保障人民健康做出了重要贡献。

近年来，在自治区和包头市政府的支持下，同时也得到华夏基金会等社会各方面的资助，卫校已成为一所具有一定办学规模和水平的中等卫生专业学校。目前，有医学影像、护理等20个标准实验室，基本满足实验教学需要；还拥有计算机室、语音室等现代化教学设备。其中医学影像装备机：CT机、500max光机遥控增强诊断系统、数字彩色超声诊断系统等设备，已达到该专业国内先进水平。

包头祥美锅炉制造有限公司

董事长、总经理：陈玉胜

1986年公司组建初期，即生产出多功能、多用途高效、消烟、节能、无压立式锅炉。1993年，生产出第八代DSL系列锅炉，荣获国家专利六项。1994年与美国合资成立公司后，在全国众多锅炉厂家激烈竞争中，以绝对优势，被评选为“中国公认名牌产品”、“重合同、守信用单位”；1996年经内蒙古环保局对公司锅炉进行检验审核后，发放《环境保护产品认可证》；1997年被内蒙古技术监督局评选为《内蒙工业产品免检产品》，并发给《免检企业证书》。公司锅炉产品先后荣获全国金榜技术产品博览会金奖、银奖，被美国爱迪生发明中心、加拿大东方国际展览中心、香港科学院联合评定为国际金奖、对人类有贡献金奖。公司葫芦山商标锅炉，被内蒙古著名商标评审委员会和工商局评选为“内蒙古著名商标”。公司每年平均向国家纳税百余万元。

包头市和发稀土开发集团股份有限公司

董事长、总经理　赵润狗

公司1993年经包头市稀土高新技术开发区批准成立。经过六年多的不断扩大再生产和技术改造，已形成规模经济，成为中国稀土行业主要骨干企业之一。公司总部位于稀土高新技术开发区，占地总面积27万平方米，建筑面积8万平方米，现有员工900多名，其中各类专业技术人员230多名，具有高级技术职称人员50多名。公司资产总值1.5亿元，建有国内先进水平的精矿处理生产线，单一稀土分离生产线，金属生产线，高比表面氧化铈及铈系列产品生产线，动力电池用储氢合金粉生产线。年处理稀土精矿13 000吨，分离混合稀土氧化物6 000吨，生产稀土金属1 000吨，铈系列产品800吨，储氢合金粉600吨，年产值3.5亿元，出口创汇1 000万美元。公司具有自营进出口权；取得ISO9002质量体系认证证书；是银行AAA信用企业；国家科技部认定的重点高新技术企业；全国创名牌重点企业；全国技术创新示范单位。公司总裁赵润狗荣获“全国优秀厂长（董事长、经理）”称号；自治区、包头市分别授予“企业功臣”荣誉称号。

与外商洽谈业务

稀土产品：氧化铈、氧化铕、氧化钕等

包头市技工学校

包头市技工学校（劳动技校）是一所综合性技工学校。是1992年自治区人民政府首批命名的全区七所省部级重点技工学校之一。学校占地面积近50 000平方米，建筑面积13 000平方米，现有教职工127人，其中具有高级技术职称的8人；中级技术职称的47人；初级职称的21人。在校学生近1 000人。学校开设专业30多个，目前较为固定的专业有计算机（网络实施应用、计算机办公设备维修、高级程序设计）、汽车修理、保安服务、酒店服务，实用美术（铜板漆画制作）、家用电器维修、电工、热力等9个专业。学校还逐步建成包头市锅炉安全服务所、包头市微型汽车修理厂、包头市新思维电脑公司、包头市铜板漆画画廊等4个具有经营性质的实习工厂。近年，共为包头地区及自治区西部地区培养中级技术工人近7 000人，在职职工培训1 200余人，下岗职工培训1 500余人。

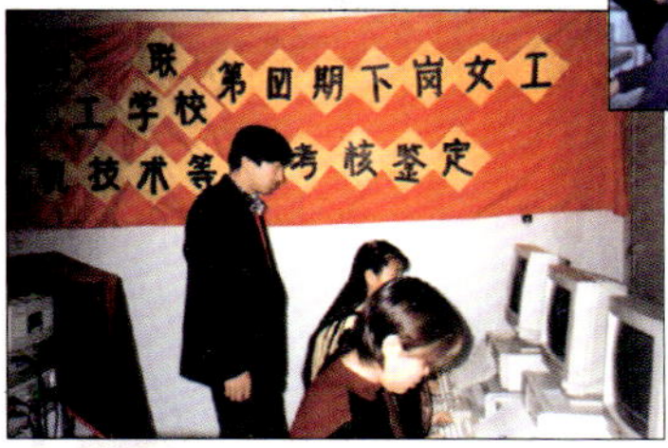

江泽民总书记会见美国西湖投资开发公司董事长兼内蒙古大华食品有限公司董事长张济民先生。

中美合资内蒙古大华食品有限公司，是由美国西湖公司爱国华人张济民先生同呼包二市商业企业合资创办。公司以经营连锁超市为主体，设有配送中心及“常青客隆”，近廿家直营连锁超市遍布呼包二市，被国内贸易局确定为商品物流配送重点企业。公司以服务黎民百姓为宗旨，以德兴商，植根于草原沃土，为内蒙古经济发展和西部大开发做出积极贡献。

张济民先生与包头红旗农场合资创建的大华乳业公司，是内蒙古大华食品有限公司的控股企业。大华乳业集奶牛养殖、乳品加工为一体，生产的“常青”牌乳制品，在内蒙古地区崭露头角，受到市场的认可。大华“常青”牌乳品，以来自草原的绿色，走向全国，飘往世界。

内蒙古大华食品有限公司

所长：赵宝荣

中国兵器工业集团第五二研究所是一个综合性的材料与工艺研究所，主要从事黑色与有色金属材料、复合材料、陶瓷材料、特种功能材料、粉末冶金材料、稀土材料等以及与之相配套的工艺技术、工程力学、分析检验、模拟实验技术的应用研究和技术开发，并开展少量的应用基础理论研究。该所拥有一支专业配套、技术力量雄厚、具有丰富经验的科技队伍和较好的试验研究条件。现有职工一千多人，其中各专业技术人员占2/3，并在宁波和烟台建有分所。全所拥有各类仪器设备2000余台。民品方面可生产和加工高技术陶瓷材料、粉末冶金材料、各种焊接材料研究与加工及性能测试，电解水氢氧气焊机、抑爆材料、高炉风口、环式碎煤机用锤环、颗粒粕造粒机用压圈等多种产品，并可从事国家级进出口商品检验及报关、报检。建所以来共获得各类科技成果700多项。

中国兵器工业集团 五二研究所

防爆油桶　高炉风口

包头日报社

40多年来，《包头日报》通过积极宣传党的路线、方针、政策及包头地区经济建设、社会发展的新成就、新经验，较好的发挥了党的喉舌耳目作用及组织、鼓舞、激励、推动、监督作用。

《包头日报》现为对开四版周七刊，设有要闻、地方新闻、国际国内实事等新闻版面以及社会广角、理论与实践、科技金桥、一线采风、市场大观、经济时空、教育导航、金色土地、精神文明、党团生活、政法聚焦等专版，周末副刊的版面设置包括新闻、时尚、文萃、艺苑、星期天、文化娱乐、生活等。其中，《教育》、《周末》改刊改版后，2000年正式出版彩色专刊。

创刊40多年来，特别是党的十一届三中全会以来，通过不断深化新闻改革，在重点突出经济建设报道、激发全市人民参与改革开放热情、坚持正确舆论导向、贴近人民群众生活、强化舆论监督作用等方面取得可喜成就，赢得包头地区广大读者的信赖和好评。

总编辑：戈华

副总编辑：韩文林　梁钜财　高金　江津

纪检组长：刘岩青

包头市绿业园艺场

包头市绿业园艺场属包头师范学校校办企业，市政工程、园林绿化四级施工企业。现有150亩生产基地，年产盆花10万余盆，草坪2万平方米，花苗30万株，树苗2万株，并有两个花卉市场，技术力量雄厚，有一支精干的基地种植、养护和园林施工队伍，能提供从设计到施工的全套优质服务。

地　　址：包头市青山区幸福南路师范学校院内

联系电话：13604729703　13947226571

负责人：卢占山　刘永莉

包头市昆区团结大街第三小学

校长　苏治安

包头市昆区团结大街第三小学建于1957年，现有教学班23个（其中包括5个培智班），有学生1 036人，有教职工66人。1992年以来，经过七年艰苦创业，由一所薄弱校一跃成为包头市的窗口学校。校舍由原来的危平房先后翻建成两幢教学大楼。学校积极推进教育教学改革，办学水平一年上一个新台阶。1996年以来，连年评为本系统“目标管理先进单位”、“优秀党支部”、“四好领导班子”，是昆区唯一的“环境优美杯”和“园丁杯”双奖荣获单位。1997年晋升为“包头市义务教育示范学校”，1998年晋升为“自治区义务教育示范学校”，1999年被评为“自治区文明单位”。

校园绿化先进单位

文化艺术场景

载誉归来的学生体育代表队

校领导深入教研组

中国人民保险公司包头分公司

中国人民保险公司包头分公司是1999年由原中保财产保险有限公司包头分公司更名而来的，是包头地区专门经营财产损失保险、责任保险等各种财产保险业务的国有独资商业性保险公司。在全市各区旗县设有10个支公司和2个业务部，并在市区、乡镇有关单位设有业务代理网点，从业人员306人，已开办服务险种100多个，服务险种较为齐全，业务结构比较合理，偿付能力雄厚，是内蒙古人保系统的重要支柱，是包头市的重要金融企业之一。

公司将恪守“忠诚服务，笃守信誉”的宗旨，锐意改革、积极进取，大力开发适合社会需求的新险种，努力提高服务质量，为社会各界和广大人民群众提供更全面优质的保险服务。

总经理：王暄

办公楼

办理保险手续的营业厅

党委书记、主任：任德全

肠衣加工出口项目（法国客商在肠衣加工过程中与职工共同交流技艺）

现拥有4个旗县区代销联社，65个基层代销合作社；市属专业公司14个，城乡经营网点878个。全系统职工10 030人，总资产4亿元，其中流动资产3亿元，年销售65 000多万元，年创利税150万元。由于种种原因，90年代曾成为闻名全市的老大难企业，至1997年底全系统累计亏损1.5亿元。1998年3月，以任德全为首的新领导班子组成后，抓住重点（实现经营战略调整），突破难点（减员增效，清偿银行债务），培育新的经济增长点（实施“136”工程），一年内就刹住了系统企业的经营性亏损，被市委、市政府评为实绩突出的领导班子。在此基础上，下大力气加快市直企业和基层代销社改革的步伐，以兴办农村牧区专业合作社及村级综合服务站为突破口，大力开拓农村牧区市场，积极参与和争当推动农业产业化经营的龙头企业。

包头市供销社

包头市同生太阳能有限公司

该公司是集科研、开发、生产、销售为一体的新型企业。是自治区第一家专业化、规模化、系列化生产太阳能热水器的厂家。产品三大系列，六十多个品种。首家通过包头市技术监督局产品标准化注册，填补了自治区太阳能热水器多项空白，已形成自治区首家质量跟踪服务产品，唯一荣获高温抗冻型真空管太阳能热水器、多功能集热器两项国家专利，并首家发明和使用了利用住房通气孔和烟道内热流、加110工程塑料管的空气保温技术，真正有效的解决了北方地区太阳能热水器上下水管路保温问题。

包头市信托投资公司是中国人民银行于1987年批准成立的非银行金融机构。公司现拥有资产521 028 573.09元，固定资产35 240 361.79元，员工140人，85%以上人员具有大专以上学历，是自治区一家资产结构优良、经营业务广泛，有较强实力的地方性金融企业。

公司主要开展各类信托业务、证券业务、投资银行业务及人民银行批准的其它业务。随着中国经济市场的建立和发展，各类金融业务需求的不断扩大，公司顺应金融体制改革的要求，愿以可靠的信誉、先进的设施、准确、快捷的服务手段、稳健、创新的思维策划，服务于金融同仁和社会和界。

包头市信托投资公司

中国人寿保险公司包头分公司

客户服务中心

现代化办公场景

党委书记、总经理：孙继光

公司作为中国人寿保险公司的二级分公司，是包头市内唯一经营人身保险业务的国有独资商业寿险公司，经营范围覆盖整个市区和白云、固阳、石拐、土右、达茂等区旗县。从业人员1 000多人，在全市各区旗县及包钢下设10个支公司和1个营销中心。公司主要经营人寿保险、人身意外伤害保险、健康险三大类业务，开办险种70多年，提供养老、医疗、教育等方面的保险保障，充分体现了人身保险分散风险、经济补偿和投资手段的重要社会职能。

公司严格按照《保险法》、保监委、总、分两级公司的有关规章制度，依法经营，以“忠诚服务、笃守信誉”的服务宗旨，使保险业务得到持续、健康、稳定的发展。几年来，通过不断加强内部管理，努力提高经济效益，防范化解经营风险，走出一条良性循环的发展道路。

学校在不断完善”四定一聘“目标化管理的同时，认真修订完善《规章制度》，有效地实施“目标工作质量化考核”，做到因事定岗、因职定责、因责定考核、因绩定奖罚、分级量才聘用、分级按绩考核、联劳联绩取酬，体现了多劳多得，奖勤罚懒。加大依法治校力度，形成了科学、规范的工作运行机制，巩固了学校的改革建设成果，推动了学校工作的全面发展。

学校办学主动适应市场需求，不拘形式多渠道办学，脱产学习、函授学习、自学考试并举；长期班、短期班同行。在稳步办好普通中专班的同时，积极办好实践生班、乡村干部在专班、成人职工中专班、学历提高班和非学历岗位培训、岗上培训班。

为了能适应市场办学，学校注意全方位提高教师队，建立强硬的师资队伍。至1999年有专任教师65人，其中大学本科毕业32人、专科毕业27人；有高级职称者5人、中级职称者31人。

两年来，学校共投人教育经费400多万元，提高了教师的经济收人，增添、更新了教学仪器设备，改善了师生的工作、学习、生活条件，美化了校园环境。

校长：陈书怀

包头农牧学校

BAO TOU NONG MU XUE XIAO

包头市中级法院

院长：王虎

包头市中级人民法院现有在编干警234人，内设刑一庭、刑二庭、民事庭、经济庭、立案庭、审监庭、行政庭、执行庭、研究室和办公室、政治部、纪检监察室、计划财务装备处、法警支队以及机关党委、司法技术鉴定处等十六个职能部门。中院下辖昆都仑区、青山区、东河区、九原区、石拐区、白云矿区、固阳县、土默特右旗、达茂旗九个基层法院。全市法院系统共有在编干警800人。

1999年，在市委领导下，以邓平理论为指导，深入贯彻党的十五大和十五届四中全会精神，坚持”围绕大局抓审判，围绕审判抓建设“的整体工作思路，解放思想，实事求是，大胆探索，开拓进取，以维护司法公正为核心，以改革为突破口，以让人民满意为根本目标，大力加强队伍建设，深入开展“三项活动”，不断深化审判方式和干部人事制度改革，建立健全各项规章制度，努力改善自身的物质装备条件，为维护社会稳定，推进国有企业改革，促进经济发展，提供了有力的司法保障。

法院党组成员：王虎（院长、党组书记），牛福（副院长、党组副书记），高杰王苏、乔欣（副院长）。霍英辉（纪检组长兼政治部主任）。

党组成员

领导班子

赛音小区

乌兰小区

惠民小区

该处成立于1986年，是隶属于包头市房地产管理局的一个差额补贴的事业单位。全处现有正式职工226人，内设9个科室，下属14个基层单位。主要负责全市100多平方米直管公房以及各类房屋的维修和物业管理工作，在所辖直管公房范围内推行住房制度改革，实施城区危旧直管公房的翻建改造和房地产的开发工作。

以城区改造、房地产开发为切入点，组建成立了包头市城区改造房地产开发公司、包头市房地产建筑工程公司、包头市房地产物业管理总公司、包头市房地产中介服务公司、包头市房地产水电安装公司等经济实体，形成一业为主、多种经营的新格局。1999年工程优良率87.8%，先后有惠民小区、乌兰小区、佳园小区、赛音小区跨人全国优秀管理住宅小区行列。1997年被国家建设部命名为“全建设系统精神文明建设先进单位”，1999年被自治区政府命名为“自治区级文明单位”。

党总支书记、处长：尚云

包头市房地产经营管理处

包钢实验军校

早操

部队首长视察军校

微机课

包钢四中实验军校是1992年经包头市军分区和包头市国防教育委员会批准成立的，是自治区第一所少年军校。几年来，坚持以学为主的办学方针，把中国人民解放军三大条令贯穿于学校教育教学活动之中，着眼实现“双向育人”的目标，即培养德智体美劳全面发展的社会主义建设者和保卫者；保证教育过程的“三个结合”，即军校活动与中学生日常行为规范教育相结合，与中学生生理心理特点相结合，与社会、家庭教育相结合；突出“四个特别”的素质要求，即军校学员必须做到特别爱学习，特别守纪律，特别懂礼貌，特别能吃苦；经过实践探索，已形成管理规范、教学科学的包钢和包头市中小学国防教育的示范阵地，总政联系地方少年军校的基地。1996年，学校赴京参加全国首届少年军校检阅式，荣获金奖。

““军乐部”

包头东宝实业集团有限公司

公司创建于1984年，现有总资产1.5亿元，资产负债率32%，占地面积20万平方米。随着集团的不断发展，已形成皮业、明胶、保健品、煤炭储运、开发区等多种经营同步发展的集团化规模经营格局。1995年跻身于全国私营企业500强行列。

集团下属子公司有：东宝皮业有限公司，东宝乐凯明胶有限公司，东宝生物保健品公司，东宝煤炭集团有限公司以及工业开发区等。

东宝集团1998年通过ISO9002国际标准质量体系认证。真诚欢迎各界有识之士到公司考察交流，洽谈合作，或通过因特网查询访问。

地址：中国包头市东河区巴彦塔拉东大街

邮编：014040

电话：0086-0472-2122266、4171423

自治区党委书记刘明祖为公司董事长兼总裁王军发奖

副总裁：王海（右）

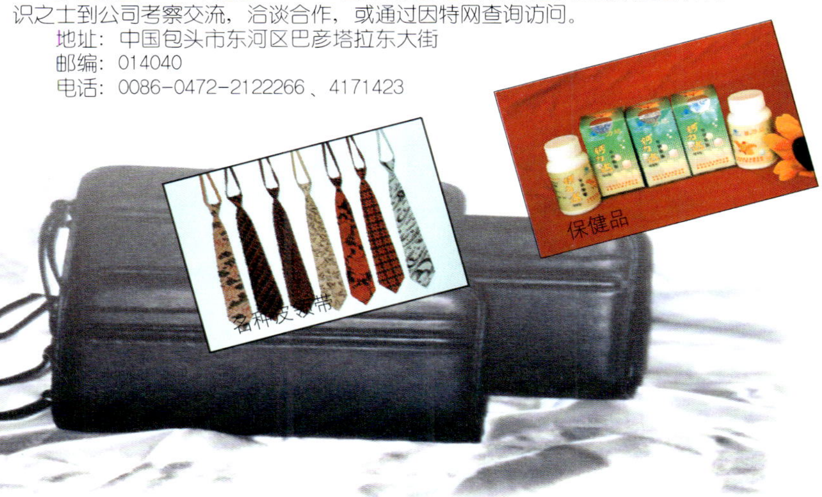

各种皮领带

保健品

包头市新鹿源太阳能有限公司

总经理　王占奎

公司是致力于研究开发、利用太阳能，制造、销售太阳能热水器的专业化公司。座落在青山区幸福路69号（公交运输集团院内），拥有职工100多人，其中管理人员占12%，科研技术人员占5%，生产销售（服务）人员占83%。固定资产350万元，年生产太阳能热水器10万台左右，是内蒙古首家集科研开发、生产销售为一体的规模化、专业化生产企业。

公司根据北方寒冷地区自行研制开发生产的“鹿源”牌太阳能热水器系列产品，分三大系列（豪华型、普通型、小康型），24个规格，并配有公司自行研制生产的联冻排空装置、水温水位显示仪、光电互补装置、自动上水装置，使产品更加卓越。外形美观，造型别致的商标设计，更具内蒙古草原特色。

生产基地一角

鹿源牌热水器获得包头市消费者协会“消费者信得过产品”

包头苏蒙特亚麻纺织合营有限公司

董事长、总经理：孙欣

包头苏蒙特亚麻纺织合营有限公司是由包头亚麻纺织厂于1991年和前苏联合资而发展起来的亚麻系列产品综合生产企业，下设籽种公司、原料基地、纺纱厂、织布厂、针织厂、人造板厂，占地面积80公顷，拥有固定资产3.2亿元，在职员工1 880人，属国家大型二档企业。1999年底，公司实行转制，组建成包头苏蒙特亚麻纺织股份有限公司。

公司拥有10 000锭的纺纱规模，年生产各种支数的亚麻原色纱、半漂纱2 000吨，中密度板15 000立方米，各种规格的纯亚麻布、麻粘交织布、麻棉交织布300万米，以及各种款式的针织衫10 000件。产品销往美国、日本、意大利、法国、比利时等国家及香港地区，深受消费者喜爱。近年来公司开发的亚麻保健毯、亚麻免烫衬衣分别荣获首届和第二届国际纺织面料博览会金奖和银奖。

钢铁大街第四小学

钢铁大街第四小学始建于1962年，1990年11月被定为包头市五年制实验小学，1995年9月1日由市、区两级政府投资翻建的四层教学大楼落成。钢四小现有教学班24个，在校学生1 300余人，教职工70人，校园占地面积12 333.39平方米。学校现拥有一支献身教育，素质良好的教师队伍，其中高级教师28人，一级教师26人，大专学历26人，取得后本学历5人，学历合格率达100%。

近年来，先后被命名为全国读书育人特色学校、“双有”活动先进集体，自治区语文学科整体改革试点学校、内蒙义务教育示范学校、实验学校、电化教育优秀学校，包头市校园建设优秀单位、手拉手活动典型联谊学校。

包头市哈德门黄金矿业开发有限责任公司

领导班子成员

主竖井

包头市哈德门黄金矿业开发有限责任公司的前身是包头市哈德门金矿。位于110国道以北3公里包头市九原区阿嘎如泰苏木境内。勘定矿区面积80平方公里，现已探明黄金储量28吨，远景储量可达50－100吨，是内蒙古西部地区生产规模和储量最大的黄金矿山（日处理量700吨，年生产黄金18 800两）。公司资产总额1.2亿元，自1992年建成投产共上缴利润税金1 543万元。公司共有员工898名，其中有中级以上专业技术人员81名，高级技术人员8名。

董事长兼总经理：王立荣

党委书记：张振亮

工会主席兼监事会主席：刘占江

其他领导班子成员有：胡秋丰 郝云占 任广顺 薛文清 石永胜 岳纲

包头新大新家具有限责任公司

系列产品

包头新大新家具有限责任公司始建于1953年，现有员工300多名，固定资产1 500万元，年产值1 500万元，是包头市产销办公及酒店家具的重点企业之一。

自改革开放以来，新大新人以其全新的理念及卓越的胆识，在技术改造、产品开发上刻意进取，先后引进了意大利和德国具有世界领先水平的生产线，将一批批独具匠心、造型别致、品质优良的板式及实木家具推向市场，深受包头及周边地区客户的喜爱，获得良好的社会效益和经济效益。

系列产品

进入新千年，新大新人坚持以实施西部开发战略为契机，以科技为先导，以市场为导向，不断推陈出新，继续完善售后服务，为家具事业的发展争作贡献。

1991年1月29日，中共中央总书记、国家主席江泽民来公司视察。

始建于1954年，是国家特大型企业，原隶属于中国兵器工业集团公司，1999年改制组建成国有独资公司。公司现有资产总额21 7042万元，职工2万余人，其中专业技术人员500余人，共有设备7 500余台套。公司选择开发与能源、交通、原材料密切相关的产品，相继开发出合金钢、改装车、工程机械、煤矿机械、冶金机械和矿用自卸车等六大产品系列。公司科研手段完备，拥有科研所、民研院、大中专院校、科研试验基地、大型计算中心及国家一级理化实验室。经过40多年建设，已发展成为具有冶炼、铸锻造、机械加工、焊接装配、电气液压、仪表制造、总装调试等生产工艺门类齐全、综合加工能力强的机械制造企业。公司曾先后荣获国家科技进步特等奖、国家质量奖、国家二级企业、全国环保先进企业等100多个荣誉称号，并通过了ISO9000质量体系认证。

总经理　安富荣

（五十铃底盘）

33M混凝土泵车（北方－奔驰底盘）

内蒙古北方重工业集团有限公司

包钢技工学校

学校现有教职工452人，在校生1 381人。建校40多年来，为包钢培养合格中级技术工人14 856人，面向社会在职培训3 000余人，培养劳动预备制人才500多人，为包钢、包头市的经济建设和发展做出巨大贡献。在包钢操作者队伍中，技校毕业生95%已成为一线的骨干力量，部分毕业生已走上领导岗位。目前较固定的专业有选矿、烧结、焦化、炼钢、轧钢、稀土、耐火、建筑、运输、车工、钳工、电工、铆焊、汽修等15个。现有12个实验室和1个技术设备先进的电教室。校内实习工厂设金属加工、钳工、电工、铆焊四个实习车间计280个工位。

被自治区、劳动部命名为“省部级重点技工学校”，荣获国家教委、国家体委、劳动部联合授予的“全国职业教育系统体育工作先进学校”，又被国家劳动部、自治区劳动厅先后命名为“技术等级培训定点单位”和“国家职业技能鉴定所”。

校领导一班人。左起：蔡世忠、史爱平、王允臣、牛东辰、赵跃军

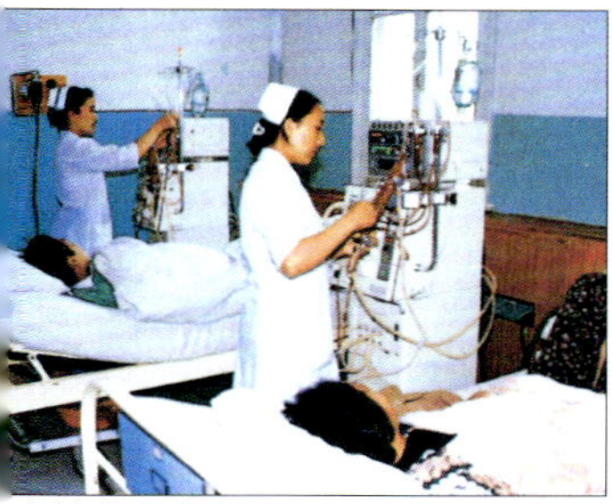

血液净化中心

干部保健所

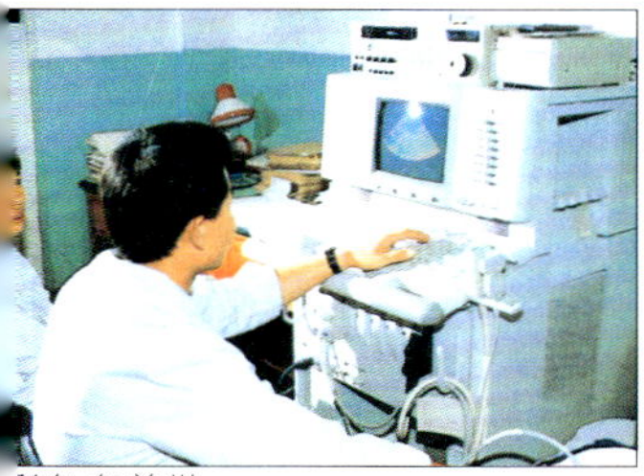

彩色多普勒

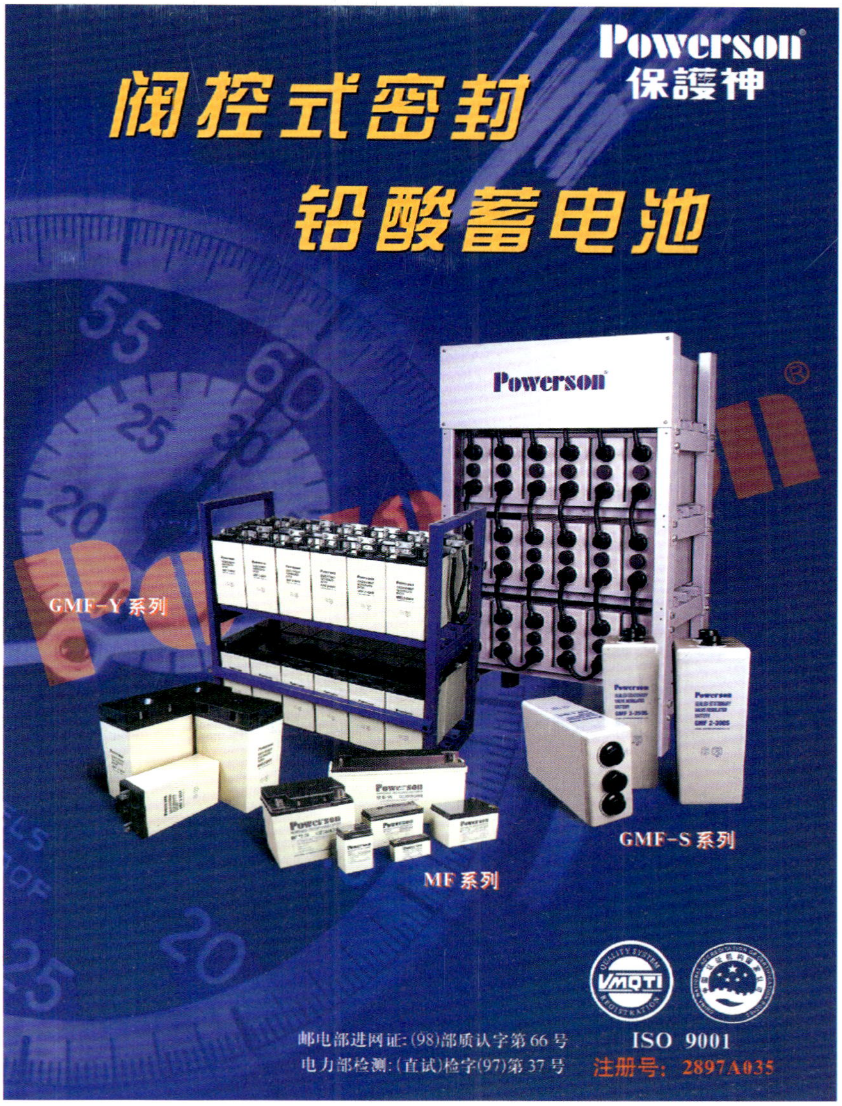

院长：关志雄

内蒙古电力中心医院，是内蒙古西部较大的一所集医疗、教学、科研、预防、保健、急救、康复等多功能为一体的综合医院，内蒙古消化病研究所和包头市第一急救中心内设其中，同时承担包头医学院的教学、实习任务，为包头医学院第二附属医院，是包头市医疗卫生行业唯一荣获自治区级“文明医院”的单位。

全院现有职工542人，其中副高级以上职称专业技术人员45人，中

内蒙古电力中心医院

150人。开设病床510张，内科系统设有消化内科、心内科、肾内科、呼吸内科、神经内科、小儿科等，外科系统设有普通外、肿瘤脑外科、骨科、烧伤整形外科、妇产科等共有18个临床专业科室和9个医技科室，其中消化研究所、心脏内科、干部健所、急救中心等为重点特色专科。消化研究所为自治区领先学科，在胃肠动力学研究、功能性消化不良症诊疗等方面享誉治区内外。心脏内科在高血压病研究和心脏介入治疗等方面居自治区领先水平。120急救中心以临床各科室为依托，完善的急和监护系统使院前、院内急救在包头地区独领风骚，120急救专线全天24小时为您提供急救服务。

包头市绿宝肥业有限责任公司成立于1997年5月，是自治区高科技企业。长期以来，与大中型科研院所保持着紧密的技术合作关系，是科研与生产相结合的企业公司，成为全国规模最大的稀土微肥生产基地。公司拥有年产1 000吨稀土微肥能力，产品销往全国各地，拥有600多个销售网点的销售网络。高效稀土多元复合肥是经十几年研制而成的新一代高科技产品，完全克服了目前各种稀土农用产品的种种缺点。其基本成份为：稀土元素，多种常量、微量元素，多种维生素、氨基酸螯合剂、叶面保湿剂、生理活性物质，抗病因子，各种成份有机地结合在一起。本产品以科学合理的配比精制而成，充分发挥各成份之间的互补、平衡、抗逆、增效作用，集补充养份、生理调节、抗病抗灾于一体。该产品理化性稳定，保质期长，易溶于水，用量少，每亩每次用肥量不到100克。使用方便，可用于拌种、浸种、喷施的方法对作物施肥。

总经理：刘勇

包头市绿宝稀土肥业有限责任公司

该产品有如下优势：适应性广，适用于任何土壤环境和作物品种；增效农药，与农药混配性好，提高药效、节约药量、减少污染、省工省力；提高单产效果明显；保持叶面水份，抗干热风；改善品质，提高植物营养含量和商品等级；节约生产成本，大大提高化肥的利用率，减少作物对多种农药的依赖，缩短生长周期，提前成熟；增糖作用显著；可降低农药、化肥在植物体内的残留；保鲜力强，对各种蔬菜、水果有显著的防腐、防病、保鲜作用，延长保鲜期和存放期；提高植株自身的免疫力，抑制有害菌对营养的获得，提高抗寒、抗旱能力；对各种生理病害一次性治愈率高；对各种农药引起的药害有明显的康复作用。

电话：0472-5113283　邮编：014030

乌兰小学始建于1992 年，位于昆都仑区最东端，座落于乌兰小区正中，校园占地面积12 800平方米。环境幽雅，校舍美观，教学设备精良先进。有较为完善的少先队室、实验室、体育器材室、音乐室、民乐室、舞蹈室、美术室、卫生保健室、图书阅览室、电脑培训室、劳技室、校展室和一座可容纳300人的电化教学阶梯教室，为培养一代适应新时期要求的高素质人才提供了可靠的物质保证。

学校现有教学班20个，学生954名。附设学前班1个，儿童45名。教师60人，其中超高级职称1人，高级教师21人

包头市昆区乌兰小学

大专学历14人；区级教学能手2人，区级学科带头人1人，市级教学能手5人，市级学科带头人1人，自治区级教学能手人。

近年来，在各级教育行政部门和主管部门的直接领导下，学校的义务教育工作取得长足进展。自1995年以来，先后被评为内蒙古电化教育示范学校，包头市义务教育示范学校，自治区义务教育示范校，包头市绿化标兵单位，昆区精神文明单位等。1998年获国家表彰5项，自治区级表彰8项，评为国家“双有活动先进集体”、“读书读报特色学校”。包头市关工委投资在该校建立了“包头市昆区小学生民族乐器培训基地”。

微机室

内蒙古煤炭工业学校

内蒙古煤管局领导视察学院

内蒙古煤炭工业学校具有42年的办学历史，已培养机电、采煤等22个专业，13 000多名毕业生。1980年被教育部确认为国家重点学校，1993年在自治区组织的评估中被列为省部级重点学校。近年来，学校在师资力量、办学设施等方面不断加强，办学质量不断提高，已成为自治区煤炭工业工程技术人才的摇篮。

学校现设地下采煤、矿山机电、应用电子技术、露天运输、工程测量、计算机及应用、工业企业电气化、煤炭综合利用、汽车运输与维修、物业管理、通讯线路、煤矿生产与管理、地质与测量、机电一体化、发电厂热能动力、企业形象策划等16个专业。学校现有全日制在校生1 873人。教职工263人，其中专任教师88人，高级职称26人。专任教师中有“双师”型教师16人。

校长：孙绍华　纪委书记：李国儒

副校长：杨占明　云志盛

包头市医药公司

局长：陈功

包头市医药管理局、包头市医药公司领导班子成员：局长兼党委书记陈功，经理、副局长张民英，常务副经理、副局长宋建兴，副经理、副局长寇宝祥、王炳炎、徐连贵、卢爱国，纪委书记纪荣叶。

包头市质量技术监督局

BAOTOUSHIZHILIANGJISHUJIANDUJU

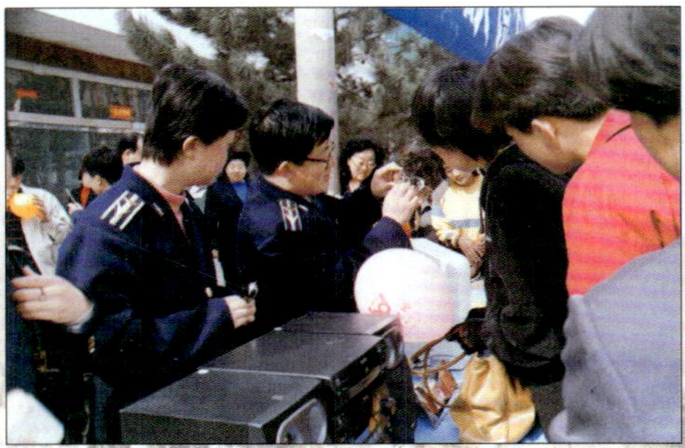

专业技术人员为消费者免费检测眼镜

执法人员在法律咨询现场

包头市质量技术监督局负有统一管理和组织协调全市标准化、计量和质量工作的职能，是《中华人民共和国产品质量法》、《中华人民共和国计量法》、《中华人民共和国标准化法》的执法主体。至1999年末，局机关内设办公室、综合科、标准化科、计量科、工业质量科、商品质量监督科、锅炉压力容器安全监察科、质量管理科、科技宣教科、纪检监察室。设局长1人，副局长3人，现任局长莎拉基德。

局属事业单位5个：包头市计量所、产品质量监督检验所、技术监督检查所、锅炉压力容器检验研究所、劳动安全检测检验中心。

局属9个质量技术监督局（分局）：包头市质量技术监督局昆都仑区分局、青山区分局、东河区分局、九原区分局、石拐区分局、白云鄂博矿区分局，固阳县质量技术监督局、土右旗质量技术监督局、达尔罕茂明安联合旗质量技术监督局。

包头市土右农电局

包头市土右农电局供电辖区拥有35-100KV变电站9座，主变电容量84150KVA,10-35KV 输配电线路41回1 034千米，配电变压器1 090台/容96001KVA，年售电量1.1亿KWH。企业现有员工453名，下设5个部、11个供电所、21个供电营业站和多经总公司及8个多经单位。近年来，以电力“为农村、农业、农民服务”为宗旨，以安全文明生产为基础，发扬“文明严谨、求实创新”企业精神，坚持电网建设改造，全面拓展农村电力市场；坚持县为实体，积极构筑新型农电管理体制；坚持两手抓、两手都要硬，推进两个文明建设持续协调发展，坚持科技兴电和多经兴电，促进企业上等升级，取得良好的经济和社会效益，先后获得全国自动化实用化达标单位，电力“三为”服务达标单位，全区121工程先进集体，自治区级文明单位，全国农村电气化县、节电先进县、全区农电管理标兵单位等16项国家、省部和地市级荣誉称号，一跃跨入全国同行业先进行列，塑造了企业发展史上的丰碑。

局长：丁仁维

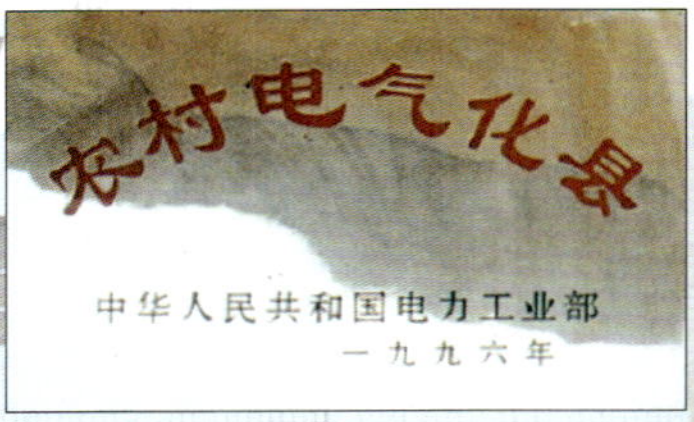

党委书记、总经理 王瑶

公司前身为包头市内燃机配件厂，于1999年完成企业转机建制工作。主要生产内燃机铝活塞、气缸套、缸盖、机油滤清器底座等80多种机型产品，年生产能力280件。企业资产总额9 000万元，现有员工1 152人，技术人员106人，产品主要为中国一汽集团、北内集团、天津夏利汽车股份有限公司内燃机制造分公司等十余家主机厂配套。主导产品BNP牌492Q系列活塞、缸套、FL912/913风冷缸套、4115系列塞活、FL912塞活、CA488活塞曾荣获机电部、自治区优质产品称号。CA488系列活塞、429Q系列活塞、缸套、FL912/913风冷缸套、天津大发370Q、夏利376Q缸盖为国内知名品牌产品，在全国占有较大的市场份额。

企业曾荣获自治区质量管理奖及自治区标兵企业、自治区科技先导型企业、机械工业部科技示范企业等荣誉称号。

包头市鸣华内燃机部件有限责任公司

挤压车间

模具车间

铝棒

氧化车间

内蒙古吉泰铝业有限公司，是1998年从农业银行郊区支行接收五年没有正式投入生产的原郊区豪达铝型材厂后新建的私营企业。先后投资1 000多万元，在原厂基础上进行了扩建和全面的技术改造，淘汰了原有落后设备，引进了台湾产具有九十年代先进水平的铝合金型材生产设备和国内外先进的铝合金门窗加工设备，形成了1 500万元固定资产，年产3000吨铝合金型材和年加工30 000平方米铝合金门窗的能力，成为内蒙古地区唯一集生产、销售、加工为一体的铝合金型材企业。不仅填补了内蒙古地区的空白，同时创出同行业当年投资、当年设产、当年见效的记录。

内蒙古吉泰铝业有限公司

NEI MENG GU JI TAI LU YE YOU XIAN GONG SI

1、李鹏委员长亲切接见马德海总裁
2、李岚清副总理会见马德海总裁
3、姜春云副委员长与马德海合影
4、布赫副委员长会见马德海总裁

内蒙古宁城集团

内蒙古宁城集团是国家大型二档企业，总部设在赤峰市宁城县八里罕镇。

目前，集团拥有可经营资产8亿元，全资、控股、参股子公司20个，有职工6 000多名，年生产能力为宁城老窖优质系列白酒2万吨，天然保健饮料宁露杏仁饮料3万吨，优质矿泉啤酒2万吨，配合饲料1.5万吨，包装制品产品已经与主导产品相应配套。1998年末，集团完成工业总产值13 658万元，实现销售收入4.5亿元，实现利税近1亿元，上缴宁城县财政7 000万元。企业进入全国轻工系统200强和全国饮品企业100强，内蒙古工业企业效益排名第5位，获“中国明星企业”称号。宁城老窖被原国家副主席乌兰夫誉为“塞外茅台”。宁城老窖系列优质白酒36个品种，其中，有7个获得区优、3个部优、1个国优、2个国际金奖。集团总裁马德海被评为全国食品工业优秀企业家，并当选为全国九届人大代表。

赤峰太阳油脂有限公司

公司是内蒙古最大的植物油产销企业之一。资产总额8 500万元，固定资产3 443万元，年销售额1.5 亿元，实现利税500万元以上。系国家农业部油料及制品“产品质量跟踪检验企业”，中国工商银行内蒙古分行重点支持企业，资信等级AAA级企业，赤峰市优秀企业，翁牛特旗骨干企业。

公司始建于1982年，1998年改为国有控股公司。主营植物油加工及精炼、饲料产销。具有国内领先水平的制油生产线一条和引进德国工艺并与国内先进设备相配套日产50吨色拉油生产线一条。年加工油料能力50 000吨，年炼油能力12 000吨。主要产品“太阳”牌食用油脂系列产品，是以本地产优质原料精加工而成的高级植物食用油。色拉油、高级烹调油、一二级油，品种齐全，质量卓越。“太阳”牌葵花色拉油采用国内先进的“五脱”工艺，清除各种有害物质，富含不饱和脂肪酸等营养成份，具有色泽清亮、无杂质、无油烟等优点，曾多次获得赤峰市、自治区免检产品称号，自治区消费者信得过产品称号及中国农业博览会银奖。产品主要销往天津、河北、辽宁、通辽及赤峰市等各大中城市。

控股子公司“赤峰正虹饲料有限公司”是该公司与湖南正虹饲料股份有限公司合资兴建的大型饲料加工企业。产品科技含量高，品种齐全，曾获得20多项省、部级奖励，系“全国十大名牌饲料”之一，享有较高的信誉和市场占有率，深受广大客户好评。

董事长兼总经理：苏安全　　传真:0476-6322712
地址：内蒙古赤峰市乌丹镇新华街
邮编：024500

党委书记、行长：乔丁一

中国工商银行赤峰分行成立于一九八五年一月一日，是中国工商银行设在赤峰市的分支机构，正县级建制，现下辖13个支行，34个城镇分理处，115个自办储蓄所，61个联办和代办储蓄所。全行职工2 367，其中具有中高级职称的449人，占职工总数的26.14%，中共党员601人，占职工总数的30%。

中国工商银行
内蒙古自治区赤峰分行

营业厅

中国工商银行赤峰分行依照国家的金融法规办理人民币存款、贷款、结算；办理票据贴现；代理发行金融债券；代理发行、兑付、销售政府债券；代理收付款项及保险业务。

根据国家规定，工商银行赤峰分行还办理外汇存款、贷款；外汇票据的承竞兑和贴现，国际结算业务；总行授权的外汇担保、结汇、售汇；总行授权的代客外汇买卖；进行资信调查、咨询、见证等业务。

中国工商银行赤峰分行自成立以来，认真贯彻、执行党和国家的各项金融方针、政策，结合国家的产业政策，积极支持赤峰地区的经济建设，促进了赤峰经济的快速发展。自成立以来，累计向能源、冶金、纺织、通讯、电子等国家重点行业投放贷款800多亿元，使一大批企业重整旗鼓、焕发青春，成为赤峰市经济建设的骨干力量，今后，中国工商银行赤峰分行将一如继往地支持赤峰地区的各项建设，为赤峰经济腾飞再立新功！

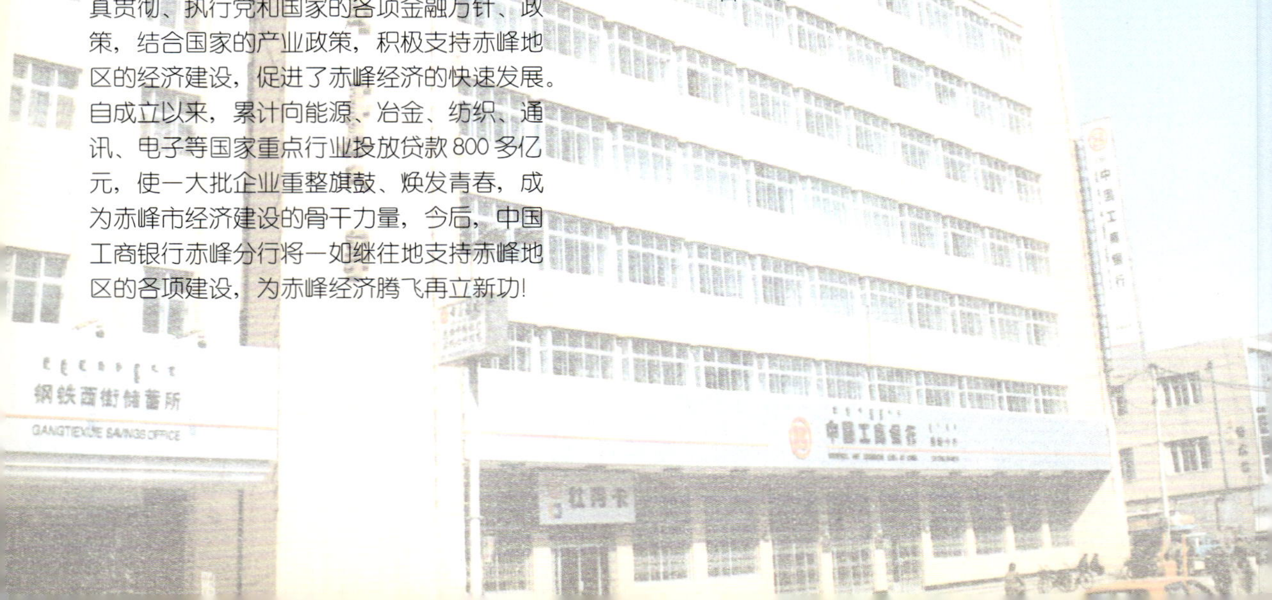

内蒙古塞飞亚集团公司

塞飞亚集团公司位于宁城县汐子镇工业小区，创立于1988年4月，是以印刷包装、肉鸭养殖加工产业为主导的乡镇企业集团。1996年股份制改造后，组建为有限责任公司。1997年，在稳步发展包装印刷产业的基础上，走农牧业产业化之路，建设了集养殖、饲料加工及鸭肉深加工为一体的600万只肉鸭产业化项目，并于1998年8月全面投产。现肉鸭系列产品畅销上海、南京、杭州、武汉等国内大城市，并出口日本、韩国、菲律宾等国家。

赤峰制药厂一角

厂长　石秋林

赤峰制

CHI FENG

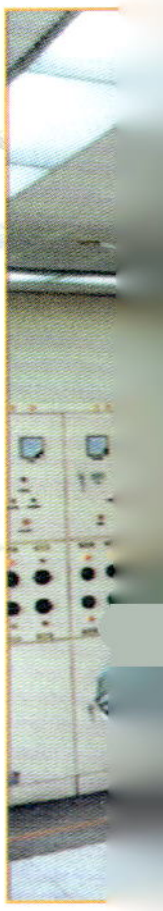

赤峰制药厂始建于1949年6月，是一个具有50年历史的以生产化学原料药和制剂产品为主的综合性制药企业。从白手起家，成功地生产出中国人自己的麻黄素为开端，经过50年的艰苦奋斗，走出了一条从小到大的发展之路。现在，我厂有固定职工4 500人，在职职工3 414人，其中：研究生、大中专院校毕业生844人，具有中级以上专业技术职称人员281名。拥有自备热电厂和药物研究所。年产销规模近2亿元，出口创汇近千万美元，资产总额3.3亿元，固定资产原值2.5亿元，净值1.8亿元，净资产9 392万元，资产负债率71.27%。

50年来，赤峰制药厂一直是内蒙古自治区医药行业的骨干企业，在赤峰市工业经济和全区医药经济中发挥着重要作用。被列为自治区37户重点企业之一。

目前，赤峰制药厂拥有盐酸左旋麻黄碱、盐酸右旋麻黄碱、土霉素碱、盐酸土霉素、灰黄霉素、萘普生、维脑路通、泰乐菌等原料药产品20余种，年生产能力1 500吨；制剂产品包括固体制剂、液体制剂近200个品种，年生产能力20亿片（支）。赤峰制药厂的制剂产品深得国内各地消费者信赖，部分产品被评为国家或自治区优质产品。赤峰制药厂“赤峰”牌商标1998年获著名商标称号。已有多个国家级制剂新药获得卫生部颁发的新药证书。其中抗感冒新药雷蒙特、雷蒙欣及止咳平喘新药甲苓扑喘片、心血管类新药安心酮及抑制胃酸新药他尔特自投放市场以来，因疗效确切，销售势头较好。

药厂始终坚持“精益求精制好药，质优誉高为人民”的质量方针，建立了完善的质量保证体系。已通过ISO9001国际质量标准认证。产品从设计、开发、研制、生产到售后服务都执行药品生产质量管理规范（GMP）及ISO9000系列标准。企业具有健全的三级质量监督网，具有严格的质量保证体系，生产过程控制严格、检测仪器先进、检测方法可靠，充分保证最终产品的质量。1993年赤峰制药厂被评为内蒙古自治区“用户满意企业”；1994年、1995年连续两年被评为全国医药行业“质量效益型先进企业”。

地址：内蒙古赤峰市红山区一东街84号　　　邮编：024001
电话：(0476)8224413　　传真：8220481

赤峰市第三医院（附属医院）是赤峰地区唯一一所集医疗、教学、科研为一体的综合性医院，也是赤峰市唯一的红十字医院。

医院现有固定资产2 400万元，编制床位300张；职工420人，其中中高级专业技术人员180人；年门诊量16万人次，收治住院病人8000余人，完成大中手术近3 000例，门诊手术10 000余例，年收入2 400余万元。

1991年以来，医院先后投入1 700万元用于购

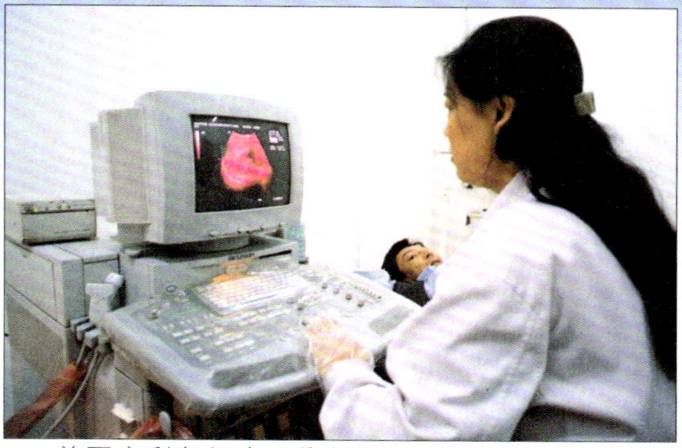

美国产彩色超声显像仪

学校附属医院

字会评为红十字先进集体，连续三次获赤峰市白求恩杯优胜服务竞赛“金杯奖”，连续三年获满意在赤峰优质服务竞赛“先进单位奖”。1997年被市文明委和市卫生局命名为“文明服务示范窗口”，同年被自治区卫生厅评为“文明杯先进集体”，1998年被赤峰市消协评为“消费者信得过单位”。1999年被市卫生局评为全市卫生系统“文明优质服务先进单位”，同时被内蒙古自治区评为“全国执行物价政策法规最佳单位”、“全区卫生工作先进单位”称号，2000年再一次跨入全市卫生系统“文明优质服务先进集体”行列。

地址：赤峰市红山区园林路东三段四号

院长：吴桂珠

总机：8330350　8330352

急诊：8335928

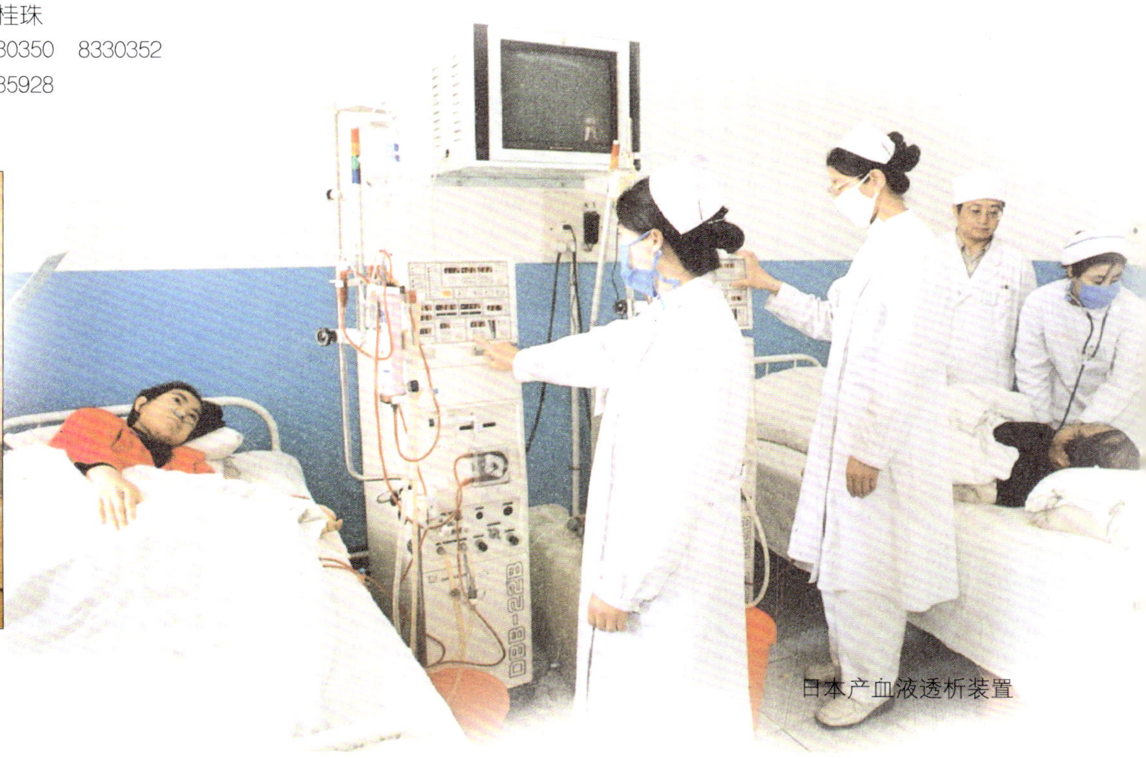

日本产血液透析装置

赤峰红烨锌冶炼有限

赤峰红烨锌冶炼有限责任公司，是内蒙古自治区“八·五”期间重点项目，是赤峰市目前为止投资最大的地方工程。总投资4.2亿元，现有职工1 150人。

依托赤峰地区丰富的锌精矿资源，采用国际领先湿法炼锌新工艺，年产2.1万吨锌锭，3.6万吨硫酸。并综合回收铜、镉、钴等稀有金属。

主产品锌锭以100%的一级品率、良好的服务赢得了国内外市场；公司已通过ISO9000国际质量认证，同时获得国际最具权威的英国NQA质量认证，并拥有了自营进出口权。

自1998年5月18日改制以来，全体员工同舟共济、求真务实、真抓实干，积极倡导讲实话、办实事、求实效的“三实”企业精神，创造了“抓住两头，管好中间”的红烨管理模式，使企业走上了健康发展的轨道。

1998年企业大幅度减亏；1999年一举扭亏为盈，实现利税1 250多万元，跨入赤峰地区超千万元纳税大户行列。2000年6月末，实现利税超过1 440万元；其它各项经济技术指标在全国同行业中居先进水平。

为了充分发挥地区资源优势，形成规模效益的二期改扩建工程已经自治区计委批准立项。现在，二期工程可行性研究报告论证已经完成，正在积极组织二期施工图设计审核工作。二期工程竣工后，可使生产能力达到年产4.5万吨锌锭、7.2万吨硫酸，新增经济效益3000万元，企业将以更好的效益服务社会，从而实现可持续发展战略。

总经理 王凤朝

责任公司

熔铸工段

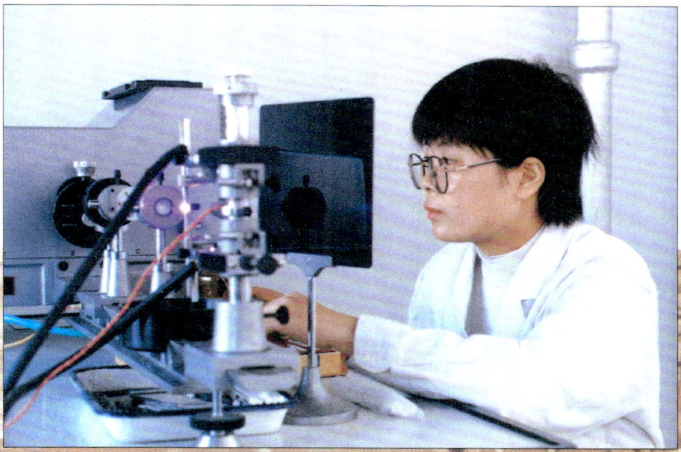

检验人员进行化学分析

厂长：孟宪良

元宝山热电厂

元宝山热电厂座落于赤峰市东35公里处，与国家重点能源企业元宝山发电厂、元宝山露天煤矿毗邻。厂区占地100亩，一期工程总投资4932万元，装机容量为1×1.2万KW双抽冷凝式汽轮发电机组配1×65T/H中温、中压煤粉炉，1992年7月并网发电。1999年经资产管理局对资产重新评估，总资产已达7 200万元。现有职工412人，其中中专以上学历72人，中级以上职称28人。下设3个分场，9个职能科室和35个班组。

投产几年来，在各级党委、政府和董事会的领导下，全厂职工发扬“求实、进取、敬业、自强”的企业精神，制定“扭亏、创效、上台阶”的奋斗目标，深化企业改革，强化经营管理，挖潜降耗，设备技术改造。1996年率先在电力行业中推行生产材料费承包制，制定严格的奖惩办法，取得了显著的经济效益，仅耗油一项，1995年耗油402吨，1996-99年分别下降到132、85、71、66吨，年平均节约燃煤款30万元，平均节约材料费72万元。30多名中层以上干部缩减到16名，科室撤消合并，推行一人多职、一专多能、一岗多责的管理模式，工人全部获全国通用的初、中级等级证书。由于经营思想对头，内部机制科学，管理措施得力，1996-1999年分别实现利税359万元、460万元、847万元和976万元，成为赤峰市企业行列的佼佼者，先后被授予“内蒙乡镇企业最大规模第十七名”、“赤峰市优秀企业”、“赤峰市技术改造先进企业”、“赤峰市文明单位”、“集体人库税金第一名”、“乡镇企业百颗星”等荣誉称号，厂长孟宪良连续四年评为市级优秀企业家及市级劳动模范，1999年获“内蒙古优秀乡镇企业家”称号。

人民银行赤峰市中心支行

党委书记、行长：王有成

人民银行赤峰市中心支行党委成员

人民银行赤峰市中心支行管辖10个支行，现有职工670人。多年来人民银行赤峰市中心支行本着“以监管保平安，以服务促发展”的宗旨，求真务实，开拓创新，取得了物质文明和精神文明建设双丰收，各项工作在自治区同行业综合评比中连续5年获得第一名，涌现出一大批科学技术带头人和业务岗位能手，有7个科室和80多人（次）受到辖区分行和总行表彰奖励。市中心支行和10个支行全部获得了市级以上文明单位称号。中心支行党委一班人精诚团结，敢抓敢管，内强素质，外塑形象，狠抓内部管理，严厉查处各种违法违规行为，保证了全市金融秩序的稳定。与此同时，他们密切与地方党政的联系，为地方经济发展出谋划策，千方百计筹措资金，通过再贷款、再贴现和资金市场等调控手段，合理增加地方信贷资金投入，积极引导金融机构信贷投向，为地方经济的发展做出了积极的贡献。

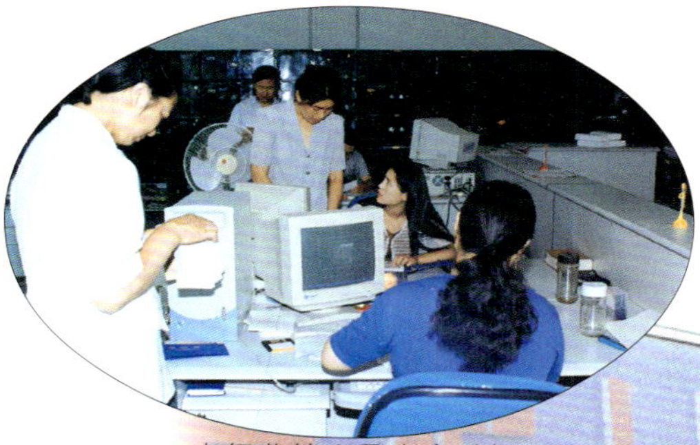

支行监管人员在金融机构进行现场检查

货币发行人员面向社会进行人民币反假宣传

微机控制发酵

赤峰啤酒

赤峰啤酒集团公司是内蒙古自治区规模最大的啤酒生产企业、自治区先进企业、自治区37户重点企业之一，是全国啤酒行业的常务理事厂之一。现生产能力达12万吨以上，拥有现代化的生产设备和先进的质量检测手段。糖化、发酵等主要生产工序实现了微机自控和监控。

主要产品品种有赤峰牌8度低醇啤酒、8.5度啤酒、10度啤酒、11度啤酒、11度清爽型啤酒、1度特制啤酒、12度精制啤酒、金啤酒、黑啤酒、红啤酒、听装啤酒、扎啤、鲜啤和具有保健功能的螺旋藻啤酒等十几个品种。

赤峰啤酒应用国内外现代化先进工艺技术、选用优质原料、采用国际标准精酿而成，产品具有酒液清澈透明、泡沫洁白细腻、有明显酒花香气，口味纯正、爽口、杀口力强等特点。

赤峰啤酒质量可靠，通过了ISO9002质量体系认证。曾先后被评为“全国行业质量评比银奖”、“轻工部优质产品”、“自治区优质产品”、“A级产品”、“著名商标”、“首批名牌产品”、“免检产品”、“啤酒类唯一推荐产品”、“采用国际标准先进企业”、“消费者信得过产品”、“加拿大国际博览会金奖”等荣誉称号，产品不但畅销本地市场，而且在呼市、哲盟、兴安盟、锡盟及河北、辽宁等周边地区也深

展柜

新产品

团公司

厂长：陈开利

受广大消费者青睐，还远销蒙古、俄罗斯等国家。

多年来，赤峰啤酒厂始终坚持“团结、求实、改革、创新”的企业精神，以“科技创新、质量兴企”为宗旨，牢固树立“质量第一、信誉至上”的经营思想，贯彻执行“提高质量、开拓市场、强化管理、增加效益”的十六字工作方针，不断深化“一包、四定、两挂、超利润分成”的内部经济责任制，完善了质量保证体系。

赤峰啤酒集团公司向广大消费者郑重承诺“以一流的设备、一流的工艺技术、一流的管理和服务，为广大消费者提供一流的产品。

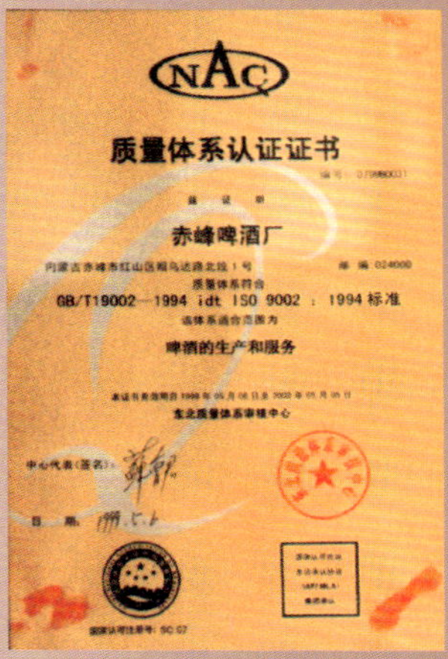

赤峰热

CHI FENG RE DIAN CHANG

赤峰热电厂是国家电力公司东北公司直管的一个热电联产中型企业，座落于内蒙古自治区赤峰市红山区东郊。现装有7台汽轮发电机组，总装机容量为9.7万千瓦，供热面积280万平方米。全民正式职工1 136人，主业职能科室21个（其中党群5个、行政16个），主业生产二级机构6个（分场），多种经营职能科室4个，多经独立核算单位7个。专业技术干部296人，其中中高级专业技术人员103人。除发电外，还担负着向市区十多家工业企业提供生产用汽和城市居民采暖供热任务。

厂长：徐立天

热电厂始建于1921年，原址在赤峰电业局处，1926年8月投产，装机容量仅60千瓦。这是原热河省境内第一个发电厂，称“赤峰电灯厂”。1958年，为适应赤峰工、农、牧业发展的需要，在赤峰市东郊（现址）新建赤峰发电厂。1963年12月起，三台机组相继投入运行，装机容量2.4万千瓦。1969年，赤峰发电厂划归东北电管局，1970年并入东北电网。1999年3月29日国家电力公司东北公司成立后，成为东北公司的10家直管单位之一。

近几年来赤峰热电厂以深入持久地开展安全文明生产达标、创无漏泄火电厂工作为主线，狠抓设备治理和安全生产。1996年开始在巩固达标、无漏泄火成果的基础上，又深入开创一流工作。1993年，热电厂被原能源部命名为“安全文明生产达标企业”，1995年进入东北电管局“无漏泄火电厂”行列，1995-1998年连续四年实现了安全年，并连续四年被东北电管局评为“安全生产先进单位”，1995、1996年被东北电管局评为“突出贡献单位”，1996、1997年被东北电管局授予“先进企业”称号。

赤峰热电厂的多种经营工作也已步入健康发展

厂党委书记：徐世昌

硅酸铝保湿材料生产线

第五届职工艺

电厂

的轨道，多经总公司（赤峰电力关联总公司）是经国电东北公司批准的副处级多经企业，现已初具规模，其生产的聚乙烯高分子密度板、硅酸铝保湿材料已销往内蒙、辽宁等地，雪莲牌纯净水在市场上已占领了一席之地。多经工作为企业的经济效益注入了新的活力。

随着企业的发展，职工收入逐年提高，职工生活条件明显改善，全厂先后共建家属楼21栋，已解决了近80%的职工住房。厂幼儿园、运转员休息室、职工浴池、职工医院都进入东北电管局“职工生活标准化全优单位”行列。注重厂区和家属住宅区（“热电小区”）环境的绿化和美化，热电小区公共设施日臻完备。1996年为全厂职工统一安装了外线电话，职工住宅24小时供应热水。1998年赤峰热电厂被红山区人民政府命名为“花园式单位”。1996年，热电小区被赤峰市文明委命名为“安全文明小区”、被自治区文明委命名为“文明示范小区”，被赤峰市环保部门命名为“安静小区”。

1996年以来，赤峰热电厂一直保持自治区级精神文明建设甲级单位及思想政治工作先进单位称号，1998年被自治区评为“先进企业”，1999年又荣获“自治区文明单位标兵荣誉称号”。1995和1997、1998年被东北电管局授予“双文明单位”称号。

赤峰热电厂全景

主控制室

雪莲纯净水公司1999年投产

1999年底新建 $\#_7$ 发电机试运场面。

汽轮机车间

局长：刘锦

党委书记：张俊卿

环境优美的职工住宅小区

"太阳神"职工住宅小区一角

平庄矿务局成立于1959年，位于内蒙古自治区赤峰市元宝山区，矿区面积210平方公里，是集煤炭生产、洗选加工、铁路运输、建筑建材、设计安装、机械加工、林业、生活服务、教育卫生等一体化发展的综合性企业。

平庄矿区由平庄、元宝山两块煤田组成，煤田面积为81平方公里，已探明储量16.7亿吨。现有8个生产矿（6个井工矿、2处露天矿）、设计年产原煤700万吨，年生产能力为1 000万吨。煤种主要为老年褐煤和部分长焰煤，是火力发电、工业及民用较为理想的燃料。

平庄矿务局是一个具有广阔发展前景的大型煤炭企业，也是我国北部较大的能源基地。

平庄矿

年产500万吨优质煤炭的元宝山露天煤矿

红庙矿年洗120万吨煤炭的选煤厂矿仓

我国自己设计年产150万吨的西露天矿采场夜景

平庄矿务局机电总厂

局

平庄宾馆夜景

井塔

风水沟矿井下采煤机

CHIFENGSHI
SONGSHANYIZHONG

赤峰市松山一中

学校校园环境

校长：高波

自治区主席宝音德力格尔视察松山一中

在电教室上课

松山一中是内蒙古自治区赤峰市的重点高中之一。它是一所年轻的学校，始建于1976年，现有教学班35个，在校学生2 000余人，教职工170余人。学校环境优美，绿草、鲜花组成了“花园式”校园；教学设备先进，具有完整的多媒体教学设备；师资力量雄厚，拥有一支治学严谨，乐于奉献的教师队伍。松山一中师生谨守“团结勤奋、遵纪爱校、求实创新”的校训。在办学过程中，坚持素质教育、坚持面向全体学生、坚持全面发展的个性教育，努力培养跨世纪的复合型人才。以人本管理、严谨治校、发展特长、全面提高为主要办学特色。教育教学水平居自治区领先地位。学科竞赛在内蒙古自治区占突出位置，连续多年高考录取人数在自治区名列前茅，被人们誉为“大学生的摇篮”、“塞外明珠”，深受全市乃至自治区瞩目。学校先后被授予“赤峰名学校”、“赤峰市常规管理示范校”、“内蒙古自治区高中管理先进学校”等荣誉称号。

赤峰市交通局

新改建的省道219八里罕大桥

现代化汽车综合性能检测线

赤峰市是连接东北、华北和内蒙古的咽喉要塞，号称北京北大门、经济区划于“环勃海经济圈”，自古有“旱码头”之称，省道205线经辽宁朝阳至锦州港仅270公里，是内蒙古自治区最近的出海通道；省道206线经河北承德距首都北京仅430公里，是内蒙古自治区距离北京最近的城市。赤峰市公路网布局较合理，北有303国道（集安至锡林浩特）、南有111国道（北京至加格达奇）、305国道（庄河至林东）、306国道（绥中至经棚）与111、303国道连接成“开”字型公路网。在四条国道上交织着近300条省、县、乡公路，形成了以市区为中心，横贯东西，纵贯南北的公路网。至1999年底，公路总里程达10187公里，其中：国道4条1395公里，省道4条565公里，县道39条2777公里，乡道256条5371公里，专用公路11条79公里。公路事业的发展，促进了运输业的繁荣，全市拥有各类机动车8万多辆，客运班车1300多辆，营运班线607条，跨省班线达113条，对外发往北京、天津、石家庄、温州、沈阳、哈尔滨、长春等大城市，对内通往乡镇（苏木）和村（嘎查），对促进我市的经济社会发展起到了重要作用。

赤峰市交通局决心把握住西部大开发的历史性带动，带动全市交通系统万名职工以最优惠的政策，最宽松的环境，最饱满的热情，全力以赴的迎接我市重点公路建设高潮的到来。

赤峰市计生委主任白音那（左二）、副主任段秀云（右二）、邱海月（左一）、纪检组长

赤峰市计划生育

CHI FENG SHI JI HUA SHENG YU WEI YUAN HU

1999年在市委、市政府正确领导下，在各有关部门的积极配合下，在社会各界的支持和监督下，全市人口实现低出生、低死亡、低自然增长。全市人口出生率为12.51‰，比上年下降2.49个千分点，比自治区下达的责任目标值低2.99个千分点；自然增长率为6.76‰，比上年下降了3.84个千分点。

年初，全市各级党委、政府层层签订计划生育党政领导目标责任书，建立严密的责任制体系和严格的考核兑现体系。各地在财政非常紧张的情况下，将资金投入到位，部分旗县区积极为计生部门解决实际问题。

赤峰市巴林右旗计划生育局局长、全国劳模陈玉（左）与国家计生委主任张维庆（右）在一起。

赤峰市巴林右旗计划生育局局长陈玉（中）、书记张二）、副局长李洪涛（左四）、李亚春（左一）、斯琴（左

客喇沁旗计划生育局局长刘瑞明（左四）副局长
兰（左三）王军（右四）与环节干部

敖汉旗计划生育局局长张国生（右三）陪同联合国人口基金官员韩京女士（右一）欠慕德先生（左一）参观考察计划生育工作。

员会

敖汉旗计划生育局局长张国生

喀喇沁旗计划生育局局长刘瑞明

客刺沁旗定期举办计划生育培训班和会议。

敖汉旗计划生育协会为双女节扎户建蔬菜大棚。

国家副主席胡锦涛来我村视察指导工作

国家副主席胡锦涛在村民赵文生家做客

赤峰市山前

山前村位于赤峰市元宝山区人民政府所在地平庄西4公里，总面积7900多亩，耕地面积3200亩。全村下辖7个村民组，2198口人，几年来，凭借党的富民政策和得天独厚的地缘条件及资源优势，山前村两个文明建设取得了令人瞩目的成绩。

到1998年底，工业总产值实现4.8亿元，利税实现1.2亿元，人均纯收入4600元，综合实力在内蒙古自治区排名第二位，并先后被自治区、赤峰市、元宝山区命名为文明村和小康示范村，连续三年被内蒙古自治区政府评为“发展乡镇企业先进单位”；1996年村党总支被内蒙古自治区党委评为“全区党的基层组织先进单位”被中组部评为：全国先进基层党组织；1999年9月被中央精神文明建设委员会评为“全国村镇精神文明建设先进单位”。

山前村现拥有村办集体企业11家，初步形成了以制药、煤炭、建材为龙头的村办工业体系，区内外闻名遐迩的元宝山制药厂年创产值3000万元，被自治区命名为十强企业，药品质量达到国际药典标准，获中国乡镇企业博览会万象金鹰奖和农业部名牌产品称号。

村办企业的发展为反哺农业提供了可靠的物质保证，经过十几年坚持不懈的努

村党委书记：修国义

]振民（右一），在山前村南苑小区视察

市委书记刘玉祥来我村绿色养殖集团视察

前村

元宝山制药厂

力，全村已实现坡地梯田化，平地畦田化、耕地林网化、小流域治理标准化、人均持有粮已达500公斤，农业生产正向产业化方向迈进。

物质生活富足的同时，村领导远见卓识抓教育，抓精神文明建设，1988年，山前村投资55万元兴建了自治区第一家高标准农村实验小学，1998年又投资80万元扩建装修，并投资10万元购买586电脑19台次，村里每年为考取大中专院校的学生发放奖学金。几年来，山前村加快城乡一体化进程，科学系统地进行村域总体规划，兴建中心广场，带状公园，硬化改造了道路，规划建设了"南苑"、"旭东"两个农民住宅新区。

荣誉已成为过去，已取得不菲成绩的山前村下一步目标是：在较短的时间内实现村办经济一体化，农民住宅楼房化，村貌建设标准化，争创内蒙第一村。

峰市元宝山区山前镇山前村党总支
国先进基层党组织
中共中央组织部
一九九六年七月一日

赤峰药业集团公司董事长　王瑞祥

CHIFENGY

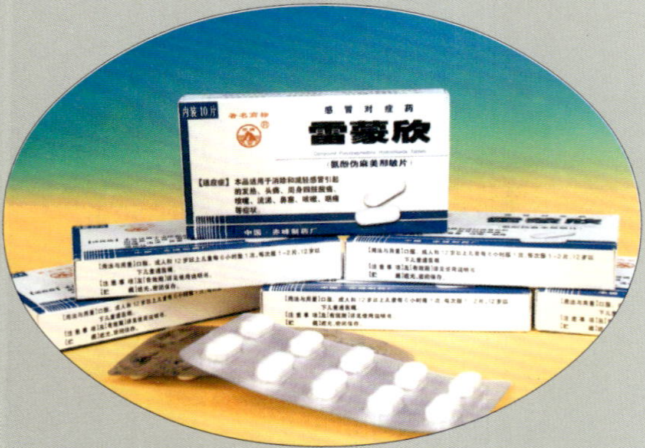

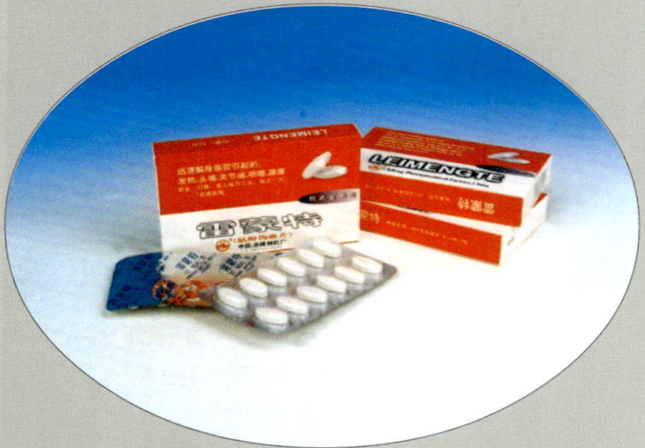

该公司是经内蒙古赤峰市政府批准设立的大型企业集团，拥有资产总额6亿元，现有职工7 500人，年实现工业产值3.5亿元，经营收入4.5亿元，实现利税3 500万元。

集团公司下设四个成员企业：赤峰制药厂、赤峰北方联合制药厂、赤峰丹龙中药制药有限责任公司和赤峰医药集团公司。现有原料药产品14个，年生产能力达1万吨；制剂产品八大类200多个品种。原料药主要产品有：盐酸麻黄素150吨/年、灰黄霉素110吨/年、土霉素碱1 500吨/年、萘普生50吨/年、注射用葡萄糖8 000吨/年、玉米淀粉30 000吨/年。其中盐酸麻黄素及右旋盐酸麻黄素分别荣获国家金质奖；萘普生及灰黄霉素荣获国家医药管理局优质产品奖；复方羊角胶囊列入国家中药保护品种。另外，还有30余种产

赤峰制药厂

药业集团公司

JITUANGONGSI

品荣获国优、区优、优秀新产品等荣誉称号。产品深受国内外广大用户的信赖和欢迎，销售网络覆盖全国，并已远销到世界40多个国家和地区。

赤峰市位于东北、华北两大经济区的结合地带。地域辽阔，资源丰富，铁路、公路、航空四通八达，水、电、气能源充裕。公司热忱欢迎海内外工商、药业同仁、金融界人士前来洽谈贸易，开展经济、技术合作。

地址：内蒙古赤峰市红山区东街84号
邮编：024001
电话：(0476) 8233167

中药有限责任公司

赤峰北方联合制药厂

赤峰市红山区信用合作联社

信用联社党组书记、主任 陈君

红山区信用联社是合作金融组织，是农村金融体系的基础，现辖五个信用社、一个营业部、一个营业室、37个分社，5个储蓄所，共49个营业网点，遍布于红山区两镇一乡及市区内各主要街道。信合员294人，其中大中专以上学历的135人，占全部职工人数的46%，到1999年末各项存款余额达3.23亿元，各项贷款余额达到2.26亿元。

红山区信用联社与各家专业银行一样执行中国人民银行统一制定的金融方针、政策、法令、法规及存贷款利率，除办理人民银行允许的活期存款、定期存款等各项存款外，还广泛地开展入股业务，办理国营集体、工商企业、乡镇企业、私营企业和个体工商户的贷款业务、办理国营集体农业、农村承包户、种养殖业专业户，为农业服务的社会化服务体系的贷款业务和存单抵押贷款业务，办理各种结算业务。

红山区信用联社在金融体制改革中不断发展壮大，现已成为资金实力雄厚，现代化服务功能齐全，结算渠道畅通，办公手段先进，业务辐射面广，拥有广大新老客户，至诚至信、高效廉洁、竭诚服务、人民群众放心的银行。多年来靠独特的服务，卓越的经营，突出的业绩，凭张张笑脸，声声您好，次次蹬门，预约服务，全体员工识大体、顾大局、讲文明、树新风，好人好事不断涌现、层出不穷，很多单位被评为自治区级“十强信用社”、“双百优先进集体”、“最佳储蓄所”、“安全保卫无事故先进集体”、“增存杯优胜信用社”、市级“安全防范工作先进集体”、“会计决算第一、二名”。很多员工被评为自治区级“最佳储蓄员”、市级“青年文明号”、“增存杯储蓄能手”。各级班子紧密团结、精诚协作，全体信合员工爱岗敬业，干劲倍增，担负起支持农业、农民和农村经济及地区经济发展的重任。

红山区信用联社的广大干部职工热忱欢迎社会各界朋友踊跃前来办理存款、贷款、入股、结算等业务。

合作金融　吉祥幸福的向征

合作金融　耕耘播雨的祥龙

红山区信用联社营业室

红山区信用联社营业厅

红山区信用联社桥北信用社办公楼

赤峰市松山区信用联社

主任：徐爱民

营业厅

基层信用社

认真贯彻执行党和国家的农村经济政策，坚持合作制原则，大力组织资金，不断增加对农业投入，为地方经济的发展和农牧民致富达小康提供了方便快捷的金融服务。一年来，联社本着管理基层、服务基层的宗旨，指导信用社不断沿着健康的方向发展，使信用联社的资金实力日益雄厚，联社的自身建设得到明显增强，经济效益明显好转，农村信用合作事业与全区经济建设得到同步发展，较好地完成了上级和地方党政交给的各项工作任务。至1999年末，各项存款余额41 978万元，超市行计划的103.8%，同比增加5 139万元；各项贷款余额控制在31 269万元，控制在市行计划之内，同比增加3 640万元；固定资产3 248万元，资本金2 510万元，同比增加338万元；股金842万元，同比增加338万元；全区信用社实现利润187.7万元，创历史最好水平。

实习基地赤峰第三医院

学生做实验

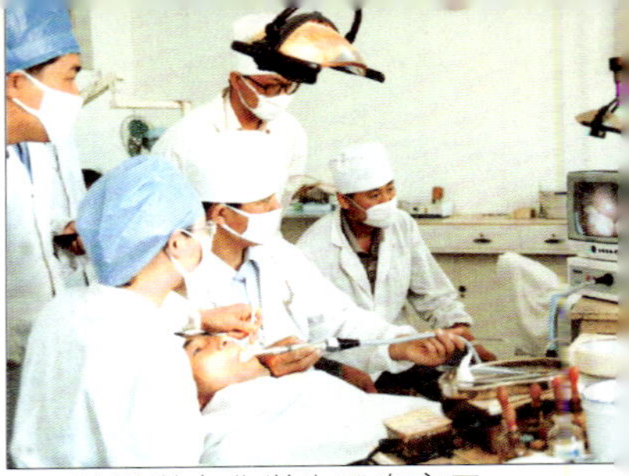

口腔医学专业学生正在实习

赤峰卫生学校

校园

学校创建于1958年，1980年被确定为内蒙古自治区和全国重点中等专业学校，1994年再度被评为省部级和国家级重点普通中等专业学校。

全校共有教职工532名。有专任教师117名，有高级技术职务人员48名，中级技术职务人员185名。

设有行政科室12个，教研室27个，实验室22个，图书馆1个，研究室2个，一个实验中心和一所附属医院。设置社区医学、口腔医学、中医学、妇幼卫生、医学检验、护理、影像论断、全科医学等8个专业。现有在校生2 971名。建校以来已培养出大中专毕业生11 000余名。

1985年被市政府评为精神文明先进集体；1986年被卫生部评为卫生文明先进集体；1987年被自治区教育厅评为先进学校；1999年被国家卫生部授予“全国卫生系统先进集体”称号、被内蒙古自治区人民政府评为教育先进集体、被市政府评为职教先进集体。

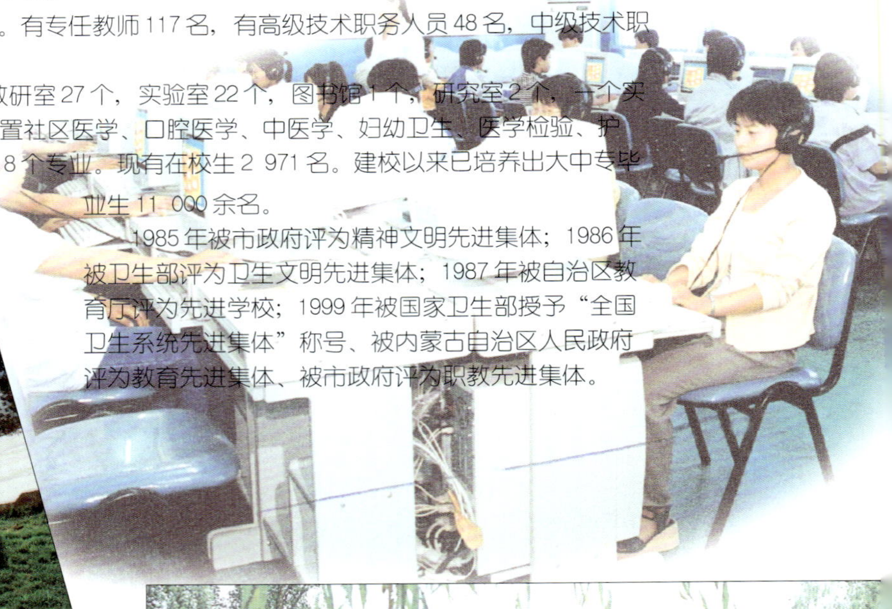

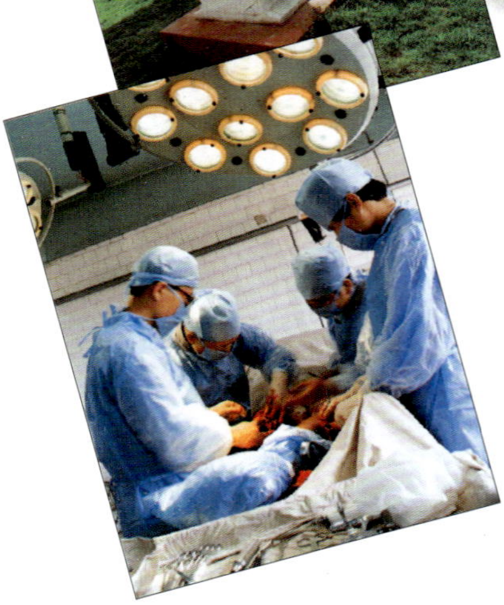

赤峰市第二中学

自治区副主席宝音德力格尔视察学校

赤峰二中是自治区首批重点中学之一。现有34个教学班，在校学生2 000余人，教职工148人。学校教学环境优美，教学设备先进，师资力量雄厚。在几十年的办学过程中，认真贯彻落实党的教育方针，执着教书育人，坚持素质教育，注重全面发展，致力培养特长，形成了“勤奋上进、严谨扎实、锐意求新”的校风和办学特色。教育教学水平居自治区领先地位。多年来为社会主义现代化建设事业培养了大量合格人才，向各类高等院校输送新生近万名，深受社会各界称赞。学校先后被评为“赤峰名学校”、自治区“高中管理先进学校”、“义务教育示范学校”等，是中国健康促进学校全国12所示范学校之一，并获得“中国/WHO合作项目”健康促进学校金奖。

自治区主席云布龙在中直库扩建现场听取尚范局长汇报工作后勉励说：继续发扬成绩，再创新高

赤峰

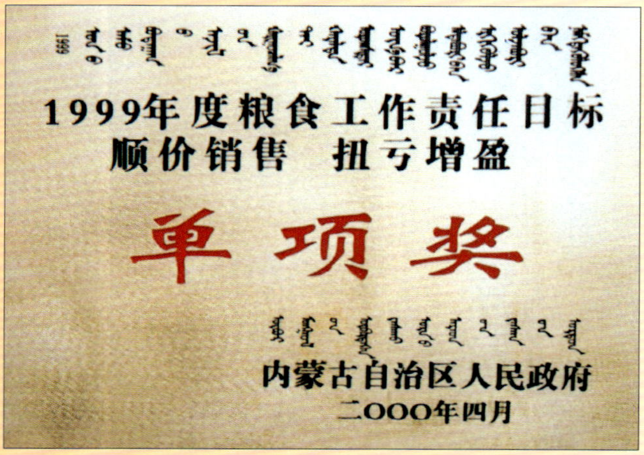

赤峰市粮食资源富足，年平均商品量12亿公斤以上，其中优质玉米9亿公斤左右。高粱、谷子。荞麦、绿豆、红小豆、芸豆、青皮豆、大小粒黑豆、黄豆等杂粮杂豆品种齐全，质地优良，在日本、韩国、新加坡等东南亚国家和福建、广东、湖南、四川、北京等省市的粮油市场上均有较高知名度。

赤峰市粮食部门拥有资产28.6亿元；国有粮食购销企业183户，其中国家粮食储备库14户，自治区粮食储备库2户；粮食仓储能力9.57亿公斤；职工总数12 853人。

各级粮食部门较好地落实按保护价敞开收购农

赤峰市杂粮杂豆资源富足，并以其纯天然、无污染的优良品质名扬海内外。

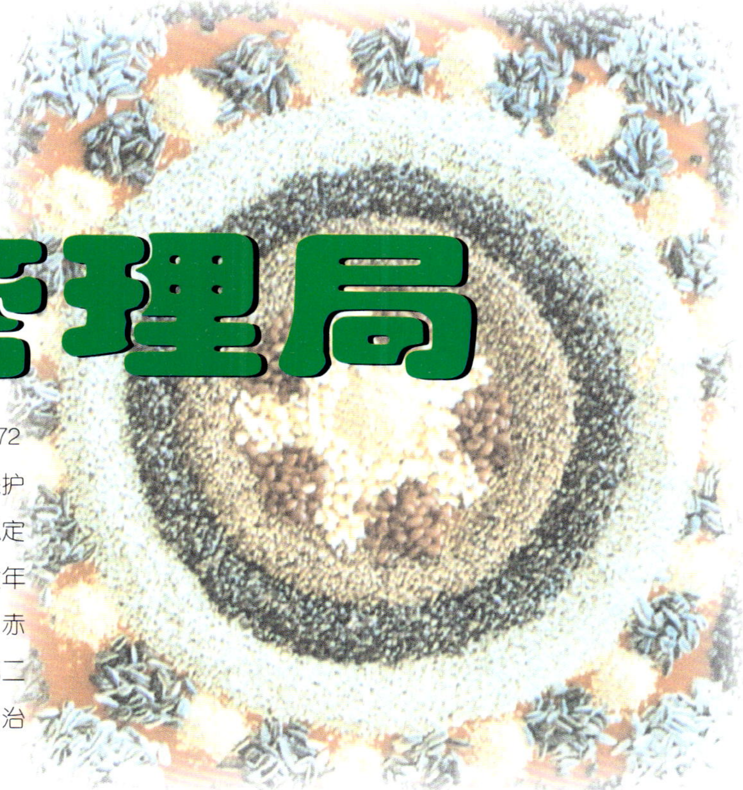

粮食管理局

余粮政策。1999粮食年度，累计入库粮食10.72
公斤，是全市粮食总产的40.32%，有效地保护
农民的种粮积极性，为全市经济发展和社会稳定
出了贡献，大力开展顺价销售工作，1999粮食年
累计销售粮食7.24亿公斤。在全区各盟市中，赤
市库存粮食销售率、销售量分别名列第一、第二
。全市国有粮食购销企业管理科学化，位居自治
前列。

五道石门水电站

响水电站大坝

龙口水电站

国家水利部派员视察工作

胡家湾水电站

水电开发公司1996年5月成立，隶属于克旗水利电力水产管理局，是一个集水力发电、淡水养鱼、水电工程施工和其它多种产业于一身的企业，现有固定资产1.68亿元，职工568人，其中主业人员340人。主管的9座水电站总装机17 260千瓦，年发电量5 000万千瓦时，年创产值1 000余万元，年上缴利税500万元左右，占全旗财政收入的1/9，是克旗的支柱产业，为克旗经济发展做出了巨大贡献。

克什克腾旗

水电开发公司

局长　宋国臣

土地局1988年成立，有办公楼1 128平方米，配备了适应土地管理工作需要的车辆、微机等先进交通工具和办公设备。有职工32人。连续两年评为自治区土地管理先进旗。

赤峰市翁牛特旗土地局

公安干警上岗前封闭训练

自治区领导到旗交警大队视察工作

交警大队办公楼全景

为小学生讲交通法

赤峰市翁牛特旗交警队

领导班子成员

办公楼

翁牛特旗畜牧局本着以科技为先导，建设为基础的原则，面向市场，优化畜禽品种结构，因地制宜合理布局，根据资源优势，努力培育特色主导产业。积极开拓国内外市场，提高市场占有率，建立健全社会化服务体系，大力推进产业化经营，加快实现畜牧业两个根本转变，提高发展速度与综合效益，促进农业增产、农民增收，把畜牧业建成农业的第一主导产业。

多年来，先后被上级党委政府及业务主管部门授予“兴牧杯”二等奖、“畜牧业经营管理先进单位”、“畜牧业产业化先进单位”、“黄牛冷配先进单位”等荣誉称号。1999年被市畜牧局评为畜牧局效益奖第一名、旗委、旗政府授予的防沙治沙先进单位。

翁牛特旗畜牧局

翁牛特旗农电局

领导

办公楼全景

翁牛特旗电力网始建于1970年，经过30年的建设，农电事业取得了长足的发展。现有职工264人，下设9个管理科（室）和11个供电所，拥有66千伏及以上输电线路160多公里，变电站8座，主变总容量4万多千伏安，高压配电线路近2 ---500 公里，配电变压器2 400多台，10万千伏安，整个农电网络覆盖全旗31个乡镇苏木和国营农牧场，乡、镇苏木通电率达100%，村（嘎查）通电率达99%。1999年供电量达9 000万千瓦时，营业工作实现了微机化管理。

几年来，经济效益不断增长，安全生产连续10年无重大事故，相继建设投产了梧桐花变电所、乌丹北郊变电所，乌丹镇内由原二线一地制供电改为三线制供电，提高了供电质量和可靠性。在精神文明建设上，先后荣获全国电力“三为”服务达标单位，自治区文明单位、自治区级民族团结先进集体，同时也被市、旗授予多种荣誉。

局长：杨国元

变电站全景

翁牛特旗城乡建设局

局长　张义

办公楼

翁牛特旗城乡建设局是旗政府的主要职能部门之一，是全旗行风 建设的窗口单位。担负着全旗城市建设、村镇建设、工程建设和建筑业、房地产业、市政公用事业管理的重要职责。局内设党办、办公室、人事股、村建股、建工股五个职能股室，下设规划办、城管队、市政所、质监站、检测中心及局属自来水公司、房改办、房产所、设计所、市政工程公司、正维监理分公司、路源建筑工程有限公司等12个企事业单位，职工总数286人，其中专业技术人员156人，占职工总数的54.5%。

翁牛特旗城乡建设局先后获全市市政建设先进单位、先进管理单位、工作实绩突出单位、精神文明建设先进集体、“文明杯”竞赛优胜单位等光荣称号。

城市一角

宁城啤酒厂

NINGCHENGPIJIUCHANG

宁城啤酒厂系内蒙古宁城老窖股份有限公司全资子公司。该厂始建于1982年，现已由原年产200吨小厂发展到年产啤酒2万吨，拥有总资产4 095万元，职工310人，各类专业技术人员24人的专业啤酒厂家。该厂位于宁城县城中心，厂区占地32 287.21 平方米。

该厂设备先进，技术力量雄厚。主导产品10°、11° 豪宇啤酒，11° 宁城啤酒采用德国先进的比尔森工艺，选用优质进口大麦、香型酒花精酿而成，产品质量上乘，口味纯正，深受消费者喜爱。该厂现已通过国际I SO9002质量体系认证。

该厂在“名品、名企、名人”战略思想指引下，取得了辉煌业绩。豪宇啤酒在1995~1997年连续三年被区、市消费者协会评为消费者信得过产品，1997、1998年被市技术监督局认定为免检产品，1999年被赤峰市消费者协会命名为全市啤酒系列唯一推荐产品，1996年该厂被赤峰市政府评为免检企业，被全国酒文化研究会评为全国酒行业优秀企业，99年豪宇商标被评定为赤峰市著名商标。厂党支部书记、厂长齐凤鸣1998年被评为赤峰市优秀青年企业家，1999年被评为赤峰市劳动模范、全县先进工作者，同年当选为县人大代表、政协委员。

目前，为满足当地消费者的需要，该厂正在进行五万吨啤酒技术改造。现该厂正以全优的质量、热情的服务回报社会。

厂址：内蒙古赤峰市宁城县天义镇
电话：0476-4223260　传真：0476-42233741
邮编：024200

宁城保健饮料厂

NINGCHENGBAOJIAN YINLIAOCHANG

该厂是内蒙古宁城集团的直属企业，是以生产饮料和矿泉水为主的中型企业，具有年产杏仁饮料、矿泉水2万吨的生产能力。

1997年，与天津食品研究所、内蒙古轻工设计研究院联合，在传统工艺的基础上推出了“鲜榨工艺”，研制出“宁露”第二代鲜榨杏仁露。它是采用当年采摘的野生山杏仁和最新的水处理设备、乳化均质设备精细加工而成，其色泽洁白、体态均匀、不含任何防腐剂和色素，是纯天然、无污染的绿色食品，集天然、营养、保健于一身，具有宣肺、祛痰、止咳、平喘、益智、养颜等保健功效。1996年，被中国绿色食品发展中心评为“AA”级绿色食品蛋白饮料，同年被中国第二届国际食品博览会评为名牌饮品；1997年被中国保护消费者基金会推荐为信得过产品，评为1997-1998年度免检产品；1998年，“鲜榨工艺”通过中国食品工业协会专家组鉴定，获得全国食品行业名牌产品证书，被自治区政府命名为1998年度名牌产品，指定为国家重点新产品，被中国食品工业协会定为'98中国食品推荐品牌，“宁露”商标被内蒙古工商行政管理局命名为著名商标；1999年“宁露”杏仁露经中国食品工业协会审查，定为质量合格达标食品，2000年1月被国家卫生部评为保健食品。

厂长　马竞

宁城县医院

院长　周振波

始建于1951年，现已发展成为集医疗、教学、保健、康复、急救为一体的国家“二级甲等”医院，担负着全县60万人口及邻县3万人口的治疗任务。

医院床位编制260张，固定资产1 600余万元。有正式职工355人（卫生技术人员298人），其中高、中级职称99人。设有16个临床科室，10个医技科室，11个护理组和10个职能科室。年门诊量10多万人次，年收住院病人8 000多人次，年手术近2 000例，床位使用率达104.7-111.7%。1999年加入国际紧急救援中心网络医院，被自治区、赤峰市消协评为“诚信单位”。

自治区副主席宝音德力格尔视察医院

党委书记、局长：王文庆

宁城县公安局

宁城县公安局现有民警308人，内设15个部、处、科、大队，28个派出所，担负着全县59万各族人民的安全保卫任务。近年来，在县委、县政府和市公安局的领导下，局党委本着“抓班子、带队伍、促工作、保平安”的总体工作思路，坚持“一手抓队伍，一手抓业务”两手都要硬的方针，以严格公正执法为主线，以维护稳定为重点，以人民满意为根本标准，开拓进取，求实创新，扎实工作，为维护全县社会政治稳定，民族团结，促进地区经济发展做出了突出贡献，赢得了殊荣。1999年全国网上追逃专项斗争中，以数量多，质量高而位居全市第一，受到市公安局的重奖，并荣记三等功一次，通过考核、测评，年度目标化管理，维护稳定情报信息，创满意活动四项工作均步入全市先进行列。局领导班子被县委、县政府评为实绩突出班子，局党委被评为全县先进党委。在2000年全区组织开展的打痞除霸专项斗争中又以工作出色名列全市第一，网上打拐专项斗争位居全市前列。近年来，全局有37个单位，137名民警受到自治区公安厅、市公安局的表彰奖励，有2名民警荣记二等功，4名民警被评为自治区级人民满意民警，54名民警荣记三等功。

廉洁勤政，务实高效的集体

局长王文庆深入一线指挥侦查破案

赤峰市林西县城乡建设局

局长：于海涛

林西县城乡建设局始建于1976年，所属单位有金城建筑安装公司、市政建筑安装公司等10多个单位，系统内共有职工1 000余人。

近年来，林西县城乡建设局取得了两个文明建设双丰收。城市基础设施建设取得了迅猛发展，市政公用设施逐步完善，城市面貌日新月异。从1997—1999年，投入城市建设资金1 200余万元，建起了西山公园，博物馆、十字街镇标工程、北环岛工程、高杆灯、商城。在镇北修建了占地17 400平方米的街心花园。

1999年城建局机关被命名为市级文明单位，连续两年被县委、县政府评为社会治安综合治理先进单位和“长安杯”优胜单位。局机关工会连续五年被评为市级优胜工会。在二五普法工作中，被自治区建设厅评为“二五普法宣传教育”先进单位。

领导班子

局长：李井泉

敖汉旗地方税务局成立于1994年9月。现在局机关内设5个职能科室，下设30个基层地税所，有正式职工271人，在册协税员13人，共管辖全旗405户企业、4 508户个体工商业户及全旗30个乡镇的农牧业税收及其它零散税收的征管工作。

现有固定资产468万元。先后兴建了2 800平方米的职工住宅楼和1 000平方米的办税服务厅。现在局机关已有微机9台，税收征管基本实现了电算化。在组织收入方面，敖汉旗地税局从成立之始起连续6年来年年超额完成税收任务，为敖汉旗的经济发展和社会进步做出了突出的贡献，多次受到市地税局和旗委、旗政府的肯定和好评，1998年被旗委、旗政府授予文明标兵单位，被赤峰市地税局授予实绩突出单位。

新的世纪谱写新的诗篇。敖汉旗地方税务局决心以争创市级文明单位、争取市局规范化管理A类前三名为目标，再接再励，再创辉煌，为完成好各项工作任务而继续奋斗！

CHIFENGSHI AOHANQIDIFANGSHUIWUJU

赤峰市敖汉旗地方税务局

敖汉旗土地管理局

局长：鲍瑞祥

自1998年成立以来，经过土地管理工作者的共同努力，土地管理事业取得了长足发展。1989～1992年完成了全旗8大类46小类土地利用现状调查，对全旗13万宗各类建设用地进行了确权、登记、发证，建立了标准化的地籍档案。1996年以来年年受到各级政府奖励。

敖汉旗质量技术监督局

始建于1959年4月，当时为敖汉旗地区计量检定所，负责敖汉旗与宁城县两地的计量器具检定工作。1960年5月更名为敖汉旗标准计量管理所，是赤峰市旗县区中建制最早的技监部门。1991年经旗政府批准，更名为敖汉旗技术监督局，走上了以质量为中心，以计量、标准化为基础的“三位一体”发展格局。

局长：徐孝奎

翁牛特旗水泥厂

厂长张鲍和

领导班子

始建于1970年，现为股份合作制国有企业。职工160人，总资670万元，主要产品有425#、525#普通硅酸盐水泥。

经过几届领导班子共同努力，水泥厂在生产设备、工艺配置、生能力等方面有了重大突破，先后有18次受到全国总工会、自治区政赤峰市政府、翁牛特旗政府表彰。

特别是十五大以来，在自治区劳动模范、厂长鲍广和的带下，认学习邯钢经验，坚持“人本管理讲政治”、“成本管理增效益”的治厂针，加强技术改造投入，提高企业市场竞争能力、降低成本，使企业了新的起色。企业生产能力由4.4万吨提高到7万吨，利税由55万提高到150万元，一步跨入本地区先进企业行列。

电　话：(0476) 6326444
地　址：翁牛特旗新华街西段
联系人：林庆
电　话：(0476) 6322754

消费者协会推荐商品
“康凌”425
赤凌　普通硅酸盐水泥
1999-2000年度
内蒙古自治区消费者协会

敖汉旗畜牧局

自1998年以来，用产业化思路指导和服务于畜牧业，使全旗的猪禽产业化呈现出强劲的发展势头。据1999年6月末统计，全旗牲畜存栏总数90.98万头（只），其中生猪存栏48.36万头。人工种草完成25.23万亩，人工种草保存面积达101.5万亩。笼养蛋鸡存栏329万只。全旗共推广二元杂交基础母猪4 286头，种公猪218头。种禽公司生产的“富达”牌鲜蛋，不仅打入北京市场，还在北京注册上市，成为我国第一家在京注册上市的塞外绿色鸡蛋。所生产的优良豆科牧草种子不但国内畅销，还出口过日本、韩国等国家。所生产的三元杂交商品瘦肉型猪以其个体均匀、瘦肉率高等特点深受广州、深圳等沿海市民的青睐。1998、1999年畜牧局多次受到旗委、政府和赤峰市畜牧局表彰。

巴林右旗畜牧局

巴林右旗以牧为主，畜牧业经济在全旗的国民经济中占有举足轻重的位置。经过50年的奋斗和发展，畜产品产量增加，畜牧业产值增长，人民生活水平不断改善。1949年全旗牲畜出栏总数25 200头（只）、出栏率13.6%，到1998年出栏总数达到586 796头（只），出栏率达到40%，是建国初期的3倍。其中商品率1949年为8%，1998年为35.6%，是建国初期的4.5倍。牲畜头数的增加、畜牧业的发展，为国家贡献也在持续增长，全旗肉类总产量由1949年6吨发展到1998年的13 022吨，其中猪肉3 814吨、牛肉3 697吨、羊肉4 636吨，其它肉类875吨；全旗奶产量由1949年的2 251吨发展到1998年末的10 817吨；羊毛羊绒产量由1949年的6吨发展到1998年末的1 222余吨。1997年末，全旗农牧业产值完成25 722万元，其中牧业产值14 473万元，占农牧业总产值的56.3%。

局长　李庆东

巴林大街畜牧局办公楼

内蒙古交通高级技术学校

是自治区首批高级交通技术学校，始建于1975年，隶属于内蒙古交通厅。学校经过多年的建设已发展成为教学基础设施齐全，实验实习设备先进，教学实力雄厚、规模较大的交通高级技术学校。自1991年被自治区政府首批评定为省部级重点技工学校以来，学校几届领导内抓质量、外树形象、开拓进取，于1999年被国家劳动与社会保障部批准晋升为国家级重点技工学校和高级技术学校，同时开办了汽车维修、计算机应用与维护、公路与桥梁、汽车钣金维修、维修钳工、电工电器维修、汽车评估师等高级技工专业班。

党委书记、高级讲师：宝音朝古拉

校长、高级讲师：张吉国

赤峰师专附中

是一所由赤峰民族师范高等专科学校与市教育委员会共同管理的一所普通完全中学。现有24个教学班，其中普通高中12个班，初中12个班，在校学生1200多人。

教职员工98人，教师学历合格率90%以上，受过市级以上奖励的优秀教师57人，优秀班主任11人，市级以上教学能手4人，市级青年教师基本功大赛获奖者7人，校长赵衍贵评为赤峰市名校长。学校1997年12月被市教委授予“师德建设先进集体”，1998年学校领导班子被市教委评为“先进领导集体”，1999年被评为“赤峰市常规管理示范学校”、“普通高中管理先进学校”。

校长：赵衍贵

领导班子

多媒体微机教室

县几大领导班子参加全县计生工作会议

召开局长（扩大）会议研究“三结合”工作

林西县计生局

局领导班子深入“三结合”户了解情况

局长 绳立国

中国民用航空赤峰站

党委书记、站长：王繁平

始建于1958年的中国民用航空赤峰站，经过40多年的发展建设，达到国际3C级机场标准，综合保障能力大大提高，运输生产能力不断增强，年旅客吞吐量25000人次左右，客运量平均每年增长10%左右，在自治区7个民用机场中处于中上游水平。40多年来，民航赤峰站为赤峰地区社会、经济的发展做出了积极贡献。

市内售票处：0476-8333188
机场问讯：0476-8333956

中国农业发展银行林西支行

中国农业发展银行林西支行1996年12月31日正式组建，行长刘振祥，副行长刘如平，现有在职职工19人。职工平均年龄37岁，其中党员11人，团员3人，少数民族2人。支行下设办公室、综合业务科、财务会计科三个科室。支行党支部、工会、团支部、妇联等组织机构健全。其主要业务是粮油收购贷款，做好粮油收购资金供应和管理。

学院教学楼外景

中外专家进行蒙药学学术交流

蒙医疗术科研课题通过自治区级科技成果鉴定

内蒙古蒙医学院

学院位于通辽市，是国内唯一的一所蒙医药高等学府，具有鲜明的地区、民族与时代特点，用蒙汉两种语言文字授课，主要面向内蒙古以及吉林、辽宁、黑龙江、青海、新疆、甘肃等八省（区）招生，是蒙医药高等教育、教学、科研和医疗的中心，也是首批通过原国家教委教学工作合格评价的本科院校之一。

学校占地面积13.9万平方米，建筑面积7.2万平方米，拥有综合教学楼、图书馆楼、实验楼、学生公寓楼、行政办公楼、食堂楼等基础设施；现有1所以蒙医为主、蒙西医结合的附属医院，床位500余张，同时还有13所教学医院和实习基地，均为综合医疗机构。

学院计算中心一角

学院现拥有蒙医系、医学系、基础医学部、马列教研部等5个教学系部。设有临床蒙医（五年制本科和三年制专科）、临床医学（五年制本科和三年制专科）、蒙药（三年制专科）、蒙医骨伤（三年制专科）和高等护理（三年制专科）等5个专业，设有62个教学研究室、11个实验室、1个电化教学室、1个语音室和1个中心实验室。，同时还开办蒙医函授、蒙医助教进修班和研究生课程进修班等成人教育。学院已由单一的本科教育发展为本科、专科及联合招收蒙医硕士研究生三个培养层次，基本形成了普通高等教育为主、函授教育、成人教育并存的办学格局。学院现有本专科全日制在校生1 240人，夜大、函大、助学生、研究生班学生1 343人、留学生5人。建院二十年来，为我国培养了各民族、各层次毕业生5 000余名、夜大、函授成人学员近2 000名。为自治区和边疆少数民族地区的经济建设和人民健康作出了贡献。

党委副书记兼纪委书记：白长明

局党组书记、局长 高苏和

司法局在全市开展“148”妇女维权周活动

通辽市劳教所基层干警研究工作

通辽市司法局

TONG LIAO SHI

始建于1980年末。20年来，在市委、市政府的领导下和自治区司法厅的指导下，发挥“法制宣传、法律保障、法律服务、法学教育”和监狱、劳教工作职能，在维护社会稳定工作中，充分显示了司法行政机关不可替代的作用。为加强社会主义民主与法制建设、促进经济繁荣社会进步，做出了应有的贡献。

近年来，高举邓小平理论伟大旗帜，坚持“依法建制、以制治局、规范管理、争创一流”的工作指导思想，全市司法行政工作实现了历史性跨越。在1999年自治区目标化管理工作位次评比中，荣获全区第二名，其中监狱工作、律师工作、政治工作获全区第一名，其它业务工作全部跨人自治区先进行列。国家公务员规范化管理工作、廉政建设都取得优异成绩，受到自治区人民政府、通辽市纪检委、市直机关党工委的表彰、树立了新时期司法行政机关和司法行政干警的良好形象，为司法行政事业跨世纪发展做出了新的贡献。　撰稿：宏伟　摄影：祁林

通辽市科尔沁区公证处

训练犯人

被自治区监狱管理局命名为“文明监区”的通辽监狱第三监区犯人监舍及太阳能浴室

总经理：范桓进

通辽市哲一建总公司

哲一建总公司成立于1952年，系资质一级建筑施工企业。良好的社会信誉，优秀的管理水平和技术素质，优质高速的建筑产品，已在通辽大地上建立了基地。另外本公司的安装业已多年施工在广东、湖南、湖北等三省市，并取得良好的信誉。

公司下辖：11个土建公司、设备安装公司、火电安装公司、桩基公司、土方公司、机械站、施工机械供应公司、构件厂、物资供应管理公司、综合经济开发公司、建筑产品质量检验站及2个项目经理部等23个生产、经营单位。除工业与民用建筑外，还承担设备安装、锅炉安装、压力容器设计与制造、起重机械制造与安装、砼构件、基础振动灌注桩、建筑产品质量检测、钢窗、房地产开发等专业施工和多元经营能力。

哲一建人将一如既往地发扬“严要求、创一流”的企业精神，愿为社会各界同仁和用户承建安全、舒适的工业与民业建筑，共创未来。

电话：(0475)8235381

传真：(0475)8255715

地址：通辽市科尔沁区明仁大街130-2号

邮编：028000

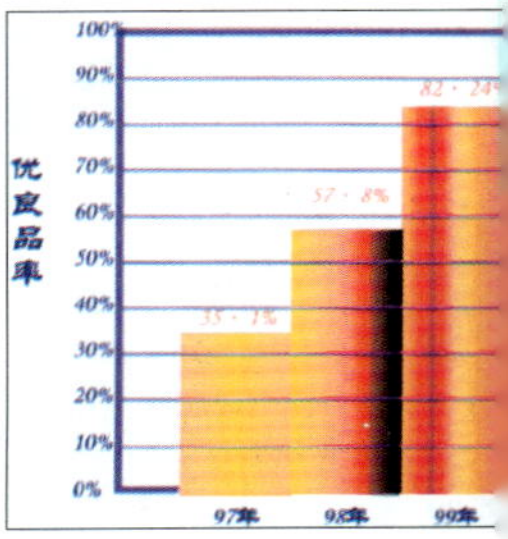

哲里木畜牧学院

党委副书记：刘金赋

副院长：马国文

学院是国务院首批授予学士学位授予权的农业高等院校之一，是自治区人民政府直属的全日制普通高等农业院校。它面向全区招生，肩负着为自治区经济建设培养现代化农业科技和管理人才的重任。

学院现有本科、专科和函授3个教育层次。党政管理机构12个，教学单位9个（分别是动物科学系、动物医学系、草原系、农学系、牧业机械系，成人教育部、社会科学部、基础部和计算中心）。设有10个专业，分别是畜牧、淡水渔业、兽医、畜牧兽医、草学、农学、植物保护、农业机械制造与维修、计算机应用与维护专业。现有实验室29个，教学仪器设备563万元。图书馆1个，文献总量16.5万余册，其中图书15万余册。学院设有鸡场、种猪场、试验鱼场、兽医院、草原试验站、农场、实习工厂等校内实习基地，占地近400亩；校外挂牌基地11个。

现有教职工497人，其中教师和研究人员199人，教授3人，副教授66人。现有在校生总数1 078人。

院长、党委副书记、教授：姜桂石

党委书记、副研究员：孟宪海

内蒙古民族师范学院的前身是通辽师范专科学校，建于1958年。1964年改建为通辽师范学院。1980年改建为内蒙古民族师范学院。1981年在全国首批获得学士学位授予权。1989年开始与兄弟院校联合招收硕士研究生。1994年获外教聘任资格权、留学生招收资格权。1995年开始招收留学生。1998年为硕士学位授予权单位。

学校占地面积360亩。校舍建筑面积12万平方米。教学用房3.84万平方米，实验室面积9 100平方米。学生宿舍面积15 600平方米。固定资产总值5 109万元。教学科研仪器设备1 331万元。图书馆藏书67万册。

有在职人员917人，其中教师和研究人员440人。教学人员占教职工总数的47%。在教师中，有教授32人，副教授128人，讲师195人。教师中具有高级职称人员占教师总数的36.3%。此外，在其他各系列中还有高级专业技术人员24人。有突出贡献的中青年专家4人，享受政府特殊津贴的专家7人，自治区“321人才工程”人员9人。具有博士、硕士学位的和参加研究生课程进修的172人。有6人被其他院校聘为兼职硕士生导师。

学校现有在校学生2 865人。其中本科生有1 949名，专科生有886名，研究生有9名，留学生有21人。函授、夜大学生2 349人。学校设有中文、政史、蒙文、数学、物理、化学、体育、外语、艺术、教育等10个系22个专业，以本科教育为主。在历史、物理、蒙文等专业设有硕士学位学科点。

世界史、计算物理两个学科是自治区级重点学科，现代蒙古语课程是自治区级示范课程。有蒙古语言文学、凝聚态物理、中国古代文学、有机化学等8个院级重点学科。有10门院级重点课程。有世界史研究所、科尔沁文化研究所、计算物理研究所等9个科研机构，设有文物陈列室和分析检测中心、计量检测中心、计算中心、电教中心以及各类基础和专业实验室23个。

1991年以来，承担国家、省部级以上科研课题156项，共获科研经费235.30万元。在省区级以上学术刊物上发表论文、出版著作2 952篇（部）。其中在国外10个国家重要学术期刊和国际学术会议上发表论文90篇，国家级学术刊物上发表308篇，有61篇论文被国外权威索引刊物收录。出版专著、译著、教材240部，获专利5项。获省级以上科研成果奖53项。

内蒙古民族师范

通辽国家粮食储备库

内蒙古通辽国家粮食储备库位于通辽市新建大街十九号，始建于1947年。1989年晋升为自治区先进企业，1993年批准为国家粮食储备库。自1991年起连续被评为自治区300家经济效益最佳企业和经营规模最大企业，拥有职工995人，为全民所有制中型一档企业、国家二级计量单位。全库总资产2.4亿元，其中固定资产0.6亿元，占地面积24万平方米，年库存量约12万吨，具有性能优良的储粮、保粮设施，院内有铁路专用线4条计2 030延长米，水泥晒台6.4万平方米，各式仓库10栋，房式仓容5万吨，圆筒仓容0.6万吨，同时拥有精密的检化设备。“大华”牌面粉外观洁白，口感纯正，质量稳定，被自治区、盟市评为消费者信得过产品，并获得内蒙古名牌产品称号。1997年2月，国家内贸部部长陈帮柱视察工作时，对取得的成绩给予了充分的肯定。

通辽市邮政局

通辽市邮政局是全国三级邮政中心局，拥有957名职工、下辖七个旗（县、市）邮政局的全民所有制单位。服务人口300万。通辽邮政点多、线长、面广。在通辽6万平方公里的土地上，到处都有通辽邮政。

1998年通辽邮政独立运行以来，全局上下始终坚持“以市场为先导，以经营为中心，以服务为宗旨，以效益为目标，以改革为动力”这一指导思想，克服困难，开拓进取，企业经济效益和通信能力明显提高，现在已拥有一个时效性强、组织严密、运行可靠、科技含量高的统一的邮政通信网。165个邮政服务网点遍布城乡，43条邮路构架起全市邮政全方位服务的骨干网络。邮政综合计算机网和邮政储蓄绿卡网的建成，为通辽邮政管理和服务水平的进一步提高奠定坚实的基础。

通辽邮政在抓好传统业务发展的同时，充分利用网络和网点优势积极开拓新的业务领域。邮政广告作为邮政的一项新业务，在设备的投入和广告媒体的建设上加大了力度，目前拥有当地最先进的喷绘设备、帐单机以及条幅机。邮购网络遍布城乡。代办保险、代办移动通信、代收电话费用、代发工资等项业务全面启动，企业经济效益明显提高。

通辽邮政将以更先进的技术，更完善的网络，更优质的服务，满足社会各界的用邮需求，以崭新的姿态迈入新世纪！

通辽邮政，与您共创美好的未来！

领导班子成员。左起：蔡香露副局长、高凤武局长、骆庆云副局长

储汇中心营业厅

绿卡网机房

奈曼旗城乡建设局

始建于1971年，现有职工900余人，辖有17个企事业单位。

1998-1999年间，在旗委、旗政府及上级业务部门的正确领导下，在系统干部职工的努力拼搏及社会各界的积极参与下，全旗的城乡建设事业蓬勃发展，进入快车道。

两年间修筑镇内道路22.7万平方米，增设路灯300盏，排污排水管道11 000延长米，栽植风景树4 050棵，发展花草面积8 000平方米，硬化路侧面积6.5万平方米，新增楼房面积12万平方米，总投资近2亿元，整修城镇面貌焕然一新。

城乡建设的成果，为教育、文化、卫生、广播电视等各项事业开辟了道路，为建立优美环境、优良秩序打下了基础，使人们的思想道德素质、科学文化素质明显提高，学习、工作、生产、生活环境得到改善。

局长：张玉杰

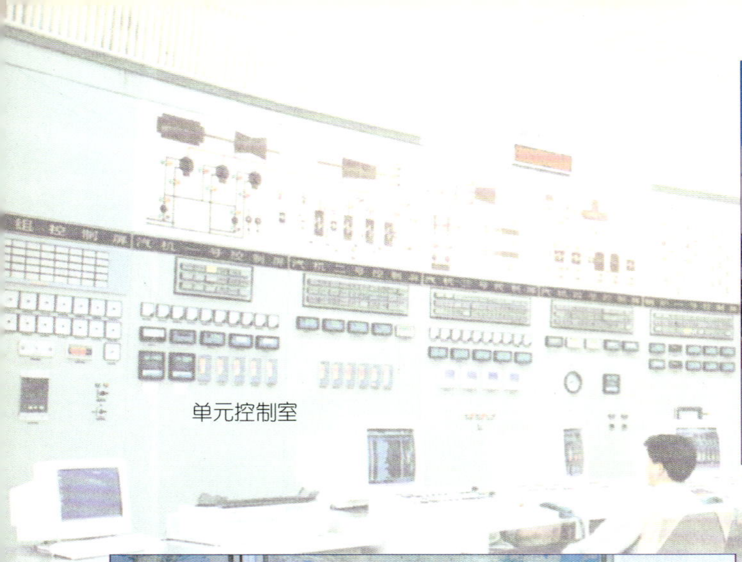

单元控制室

通辽电厂外景

厂长 米树华

领导班子

被誉为“草原明珠”的通辽发电总厂，位于内蒙古东部通辽市西北郊，属东北电网西北边缘，系国家“八五”重点建设项目之一，于1978年筹建，1983年8月15日投产发电。现总装机容量84.8万千瓦，全民职工3 465人。多年来，企业发扬“改革开拓，团结奋进，从严求实，创优争先”的企业精神，坚持以电量为龙头，以安全文明生产为基础，以经济效益为中心，以深化改革为动力，大力发展多种经营，深入开展两个文明建设，经历届领导班子和全厂职工的不懈努力，企业各项管理水平和整体素质不断提高，先后获得了原能源部“火力发电厂安全文明生产创水平达标企业”、原东北电力集团公司“一流火力发电厂”，自治区“先进企业”、“标兵文明单位”，中华全国总工会“模范职工之家”、“五一劳动奖状”等称

通

发电机组

通辽电业局

局长　马连生

通辽电业局是国家电力公司东北公司直管中型供电企业，担负通辽市、兴安盟及锡林郭勒盟部分地区的供电任务。该局1973年成立，现有职工1,600人，年售电量近17亿千瓦时。

通辽电业局所辖电网是东北电网的重要组成部分，供电半径为400公里，覆盖面积达12万平方公里，在同类型供电企业中位居前列。该局拥有66千伏以上送电线路1 166公里，其中220千伏线路790公里，66千伏线路376公里，10千伏配电线路391公里；66千伏以上变电所16座，变电总容量100、15万千伏安，其中220千伏变电所4座，容量72、90万千伏安，66千伏变电所12座，容量27、25万千伏安。

近年来，该局坚持以经济效益为中心，以安全生产为基础，以优质服务为宗旨，深化改革，加强管理，保持了两个文明建设协调发展，先后获得全国电力系统营业工作先进单位、首批安全文明生产达标单位，东北电网一流供电企业，内蒙古自治区十佳用户满意企业，全国精神文明建设先进单位等荣誉。

地址：内蒙古自治区通辽市新建大街４８号
邮编：028000 电话：(0475)8236929
传真：(0475)8202666

河西220千伏变电所主控室

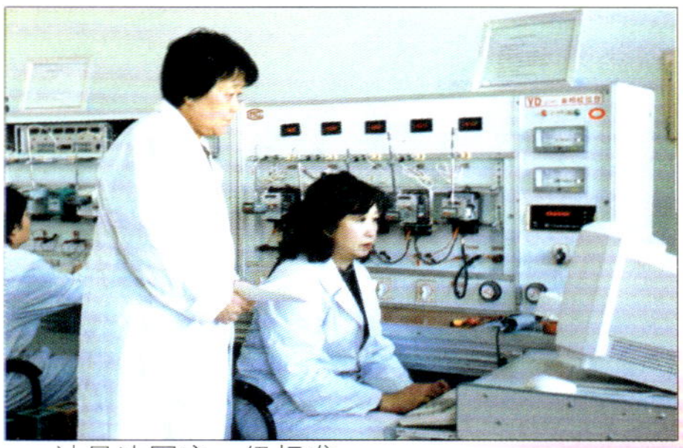
计量达国家一级标准

电业“110”报警服务

状态维修

中国西门塔尔牛草原类型群培育

国家和自治区领导视察市三元种猪示范场

西门塔尔种公牛

通辽市畜牧局

通辽市畜牧局所属二级事业单位有家畜繁育指导、草原、兽医、科研、卫生监督、草原监理、药械、种鸡、种畜等10个。现任局长李永刚，副局长布仁。

近两年，紧紧围绕农村经济产业化这条主线，突出养牛为核心的产业化龙头与基地建设这一重点，搞好畜种调整，稳定发展猪，突出发展牛，加快发展羊和禽，抓住政策、科技、投入、社会化服务四个关键，实现农区畜牧业大的突破。

1999年末，全市牲畜存栏总数659.5万头（只），良种改良种比重86.6%，肉类、鲜奶、禽蛋、绒毛产量分别达到26.2万吨、4.3万吨、4.2万吨、0.5万吨，畜牧业产值达24.9亿元，农牧民人均牧业收入650元（自治区畜牧行业综合评比第二名）。畜牧业经济步入持续、稳定、健康发展的轨道。实施“种子工程”获自治区一等奖。通辽市家畜繁育指导站晋升为国家级种公牛站，高林屯、嘎达苏种畜场被农业部确定为国家级种畜繁殖场。

演出

草原明珠

图书阅览中心

号。1999年安全年，创造了连续安全生产1 349天的历史最高记录。投产以来（1985－1999年）全厂累计发电590.89亿千瓦时，1999年完成发电（量48.9亿千瓦时，供热量156.67吉焦，实现工汪总产值）3.5亿元，向地方财政上缴税金4,225万元，实业总公司形成具有24 267万元资产、12个独立核算单位的多种经营实体。目前，厂长米树华偕班子全体成员，正带领广大干部职工向企业发展的更高目标一国家一流火电厂奋进，让昔日的“草原明珠”绽放出更加耀眼的光芒！

花园式工厂

发电总厂

ngLiaoFaDianZongChang

扎鲁特威林酿造总公司

董事长：王永兴

扎鲁特威林酿造总公司有固定资产1051.3万元，企业占地面积89 155.3平方米，其中建筑面积15 547.3平方米，厂房面积12 562.7平方米，办公面积2 984.6平方米，供热、供水全部自给。现有职工366人，其中35岁以下职工占89%，初高、中以上文化程度96%。

近几年来，公司产品不断推陈出新，质量稳步提高，产品市场不断扩大，企业经济效益和社会效益捷报频传。1990年获自治区轻纺工业质量管理奖；1992年中国轻工业大中型企业经济效益排名第64位，同年在内蒙古300家最大经营规模工业企业排序中列居第213名；1993年步入国家统计局发布的“中国500家最大饮料制造企业”行列，排名第257位；1993年首届中国糖酒工业企业评价中，被评为中国白酒制造最佳经济效益“百强”之一，同年，被批准为国家中型二档企业；1994年被国务院发展研究中心、国家统计局工业交通司评为内蒙古100家最佳经济效益第54位；1995年被中国企业评价中心的内蒙古分中心评为内蒙古300家最大经济效益工业企业第253位；1997年3月被自治区消费者协会评为“消费者质量信得过单位”。

厂址：内蒙古扎鲁特旗北镇
邮编：029100
电话：（0475）7222514

开鲁县卫生局

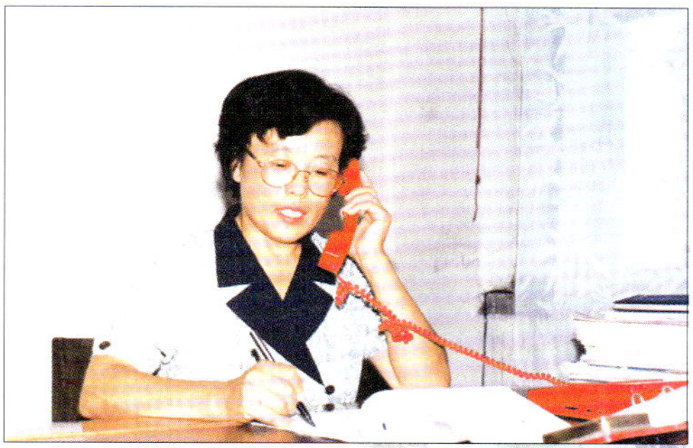
局长　叶宏兴

副县长张志刚在全县卫生工作会议上讲话

卫生局长叶宏兴与县医院院长郭彦民签定卫生目标责任状

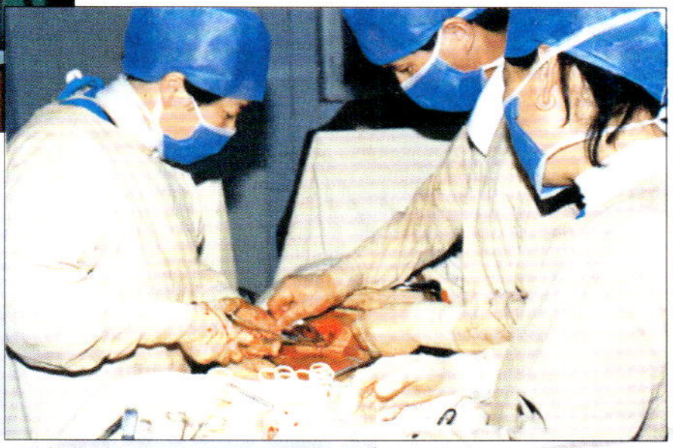
小街基中心卫生院实施外科手术

原自治区卫生厅长哈斯巴根视察开鲁县小街基中心卫生院

通辽批发城建于1997年7月6日，由通辽市商业局牵头，利用原盟百货、纺织、五金等3个二级站的大仓库。占地总面积10万平方米，商品营业面积8万平方米，是经营日用百货、服装鞋帽、针纺织品、床上用品、布料毛料、洗涤化妆、五金工具、土产日杂、高档家具、装饰材料、果菜副食等十几类商品的批发市场，设有精品间及摊位5 000余个，现有近3 000户客商在此经营，日客流量2万多人次，年交易额达5亿元。市场服务机构齐全，内设担保代理公司可为厂商代理经营，担保贷款，代办保险等；服务中心为客商提供商品储存、运输、住宿、安装电话等一系列服务，总服务台随时为客商排扰解难；治安办公室巡逻队昼夜巡逻保证经营者人身财产安全。

经过三年的发展，通辽批发城建成了800平方米的外地客商公寓楼；800平方米的服装楼；19 000平方米的综合交易楼；9 500平方米的副食日杂交易楼；11 000平方米的批发城大厦，13 000平方米的家居楼；8 500平方米的客货运大楼，在市内还建立了占地30 000平方米的批发城新潮装饰材料市场。同时以市场为龙头，利用本地资源开办了绿色农业开发公司，皮件营销公司，旅游公司，创办了《通辽日报·市场周刊》。为活跃市场，使市场向高层次发展，加大市场含金量，在市场内建立文化市场、儿童乐园、乒乓球馆，百家姓馆等大型娱乐设施。如今批发城已成为自治区最大的商品集散地，正向企业集团迈进。

自治区副主席周德海1999年10月视察通辽批发城

交易场面

繁华景象

通辽批发城

通辽批发城综合交易楼外景

总经理　王海富

通辽变压器股份有限公司是中国输变电设备行业协会变压器分会会员单位，专业生产电力变压器的定点厂家，自治区级先进企业。

公司积三十余年专业生产电力变压器的丰富经验，具有国际先进水平的工艺装备及检测手段，以及全体员工为用户服务的火一般的热诚，为用户提供具有国际先进水平的变压器产品。

通辽变压器股份有限公司

3WG-80 挖坑机

本公司生产的“金驼”牌电力变压器等采用国际IEC标准，是1995年中国变压器检测中心检查合格的产品。S7系列30千伏安－1 600千伏安1995年获自治区免检产品称号。

公司可以生产60－110千伏及以下31 500千伏安及以下的有载无载电力变压器，及31 500千伏安及以下电炉变压器，矿热炉变压器，整流变压器及其它特种变压器。

我公司竭诚欢迎各界用户选用我公司产品，欢迎各界朋友来公司参观指导。

铁心车间备有先进的纵剪线，微机自动横剪线

SQZ-45 植树机

通辽市第三人民医院

TONGLIAOSHIDISANRENMINYIYUAN

院长：林德才

新一届领导班子历经几年大胆改革、科学管理，使一个曾经负债百万余元、门庭萧条、濒临倒闭的医院逐步发展成为拥有占地面积5 870平方米，集保健与医疗为一体的新型妇幼保健机构。现有高、中、初级职称技术人员122人，设有内、外、妇、儿及辅助检查科室44个，尤以妇产技术力量较为突出。肩负科尔沁区28个乡镇苏木及区内9个医院妇幼保健工作的监督、检查、指导、培训任务。现服务范围已辐射到通辽市城乡及毗邻地区。

几年来，先后购进电脑胎儿监护仪、气囊助产仪、兰光培养箱、新生儿抢救台、日本东芝B超仪、多功能微波治疗仪、宫腔镜等十余种技术含量较高的科技设备，填补了医疗技术上的部分空白。

在妇产手术发展领域里，通过学习、参观以及对一些新型技术课题的不断研究，已逐步掌握到较先进的手术方法。目前能开展多种难度较大的手术，进一步减轻了患者痛苦及经济负担，方便了患者。

院领导班子

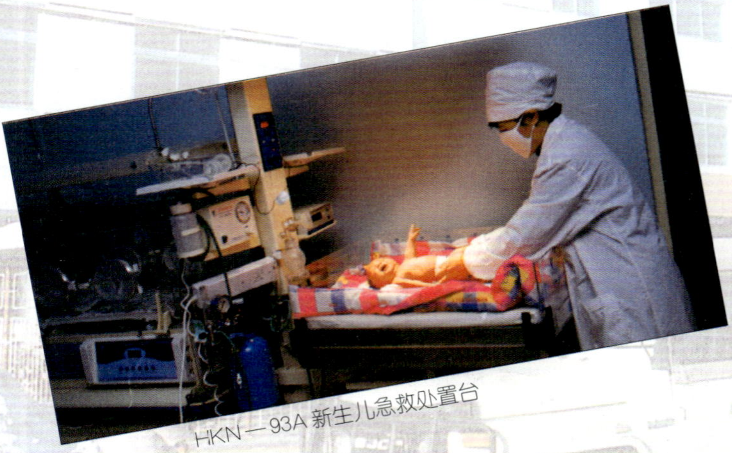

HKN—93A 新生儿急救处置台

领导班子

文艺演出

语音电教室

通辽第一中学是内蒙古自治区首批办的重点高级中学。

学校座落在通辽市科尔沁大街中段，占地面积5 800余平方米。现有30个教学班，1 700余名学生，专任教师120人，其中特级教师2人，高级教师32人，一级教师74人。教学设备齐全，拥有教学楼、电教、实验楼、图书艺术楼、后勤楼、教工宿舍楼等。图书馆藏书6万余册，物理、化学、生物等实验室的实验开设率达到100%。电教馆内设有多媒体微机室，NT网络微机室、语音室、电子备课室、电子阅览室、多功能电教室、普通电教室、音像资料室等现代化设备，为学生的全面发展提供了良好的条件。

通辽第一中学创办于1926年，建校初为通辽县立初级中学；学校形成“严谨、朴实、团结、上进”的优良传统，为国家输送了两万余名初高中毕业生，为社会主义建设做出了应有的贡献。

改革开放以来，学校在原有的基础上又有了飞速的发展，使这所学校焕发出新的青春和活力，取得了显著成绩。1983-1997年学校获得了“全国德育先进校”，全国群众体育先进校，自治区文明学校等11项殊荣（自治区级6项，国家级5项）。从1977年恢复高考以来，高考升学率在通辽（哲盟）地区一直名列前茅，在自治区首批办好的重点中学中位居上游。1992-1999年八年间有159名学生获得国家、自治区学科竞赛奖，学校田径运动队8次参加自治区试点中学田径运动会，一次获得第一名，四次获得第二名。

世纪之交，学校领导班子偕全体师生职工以更高昂的激情，更务实的精神，创办“一流的教师队伍，一流的办学条件，一流的管理水平，一流的教学成果”的社会主义现代化学校而奋斗。

通辽市第一中学

对加油机进行检定

监督检查化肥市场

对商品市场进行检查

通辽市质量技术监督局

它的前身是哲盟计量检定所，始建于1958年。40多年来，广大职工无私奉献，辛勤耕耘，由一个单一衡器检修发展到融标准化、计量、质量监督管理为一体，检定、检验手段较为齐全，覆盖全市八个旗县市区的综合监督管理和检定检验体系。

改革开放以来，贯彻执行“以质量为中心，标准化、计量为基础”的工作方针，全面履行综合管理和行政执法两大职能，强化质量意识，加大执法力度，在加强综合管理、强化行政执法，提高监督的有效性 在打假治劣，维护广大用户和消费者的合法权益；在规范市场行为，促进消费，净化市场环境 在加强法制建设，提高行政执法水平，保证经济建设健康有序地发展方面做出了积极贡献。

全区先进工作者，通辽市交通局党组书记、局长王兴华（左二）载誉归来

自治区副主席周德海(右三) 检查通辽市公路建设

通辽市交通局

TONG LIAO SHI JIAO TONG JU

“九五”以来，抢抓国家实施加快基础设施建设，拉动经济高效增长及西部大开发的历史机遇，使公路建设步入了蓬勃发展的历史时期，取得了显著成绩。前四年已累计完成投资14.9亿元，预计“九五”期间可完成22亿元，将是“八五”期间的11倍。1998年底全市实现了乡乡通公路，1999年底，全市公路里程达到6 939公里，公路密度达每百平方公里11.5公里，是“八五”期末的2.17倍。在公路网通达深度大幅度增加的同时，路网等级有了显著提高，现有二级以上公路213公里，贯穿南北的大通道已初步形成，横跨东西的通道工程正在加紧建设，全市“三纵四横五出口一绕城”规划布局，正跃然显现在通辽大地上，一个便捷、畅达、安全、高效的公路交通体系正日趋成形，将对全市的经济发展和社会各项事业的全面进步做出应有的贡献。

内蒙古重鹤食品有限公司

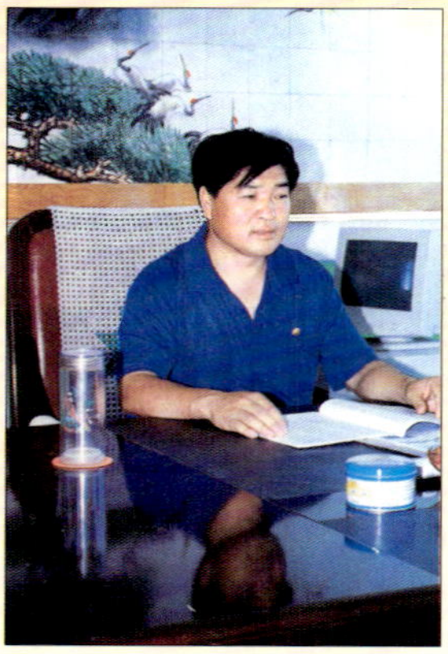

公司是经国家商检局注册，享有出口权的食品加工企业。公司成立于1974年，总投资500万元，占地面积10万平方米，建筑面积7 000平方米，现有850吨冷库一座，配有清真牛羊加工车间，生猪加工车间，活牛、活羊、活猪屠宰加工流水线各一条，现班宰活牛150头，活羊1 000只，活猪300口，班产成品肉20吨，年产优质及高档成品肉4 000吨。

公司主要产品：鲜冻分割牛肉、羊肉、四分体牛肉，各种规格定量包装羊肉，分割小包装猪肉等。产品主要销往韩国、俄罗斯、香港等国家和地区，特别是冻分割羊肉产品来源于内蒙古纯天然草原，在北京、天津、辽宁等大中城市享有很高的声誉，一直畅销不衰。

公司新上牛肉干项目，年创利润30万元，愿有意合作的国内外客商前来考察、合作、投资。

地　址：奈曼旗大沁他拉镇青山路南段

董事长：　刘　贺

电　话：　0475-4212941

手　机：　13904759328

园长：刘金荣

幼儿园全景

儿童活动场地一角

通辽市幼儿园

该园始建于1951年，是一所寄宿制一类甲级幼儿园，被自治区首批命名为示范性幼儿园，也是内蒙古自治区教育厅首批办好的10所示范园之一。园占地面积5 941平方米，建筑面积3 499平方米，现有幼儿班12个，幼儿560人，全园教职工294人，各类专业人员合格率100%，专任教师30人，其中专科以上学历24人，占总数80%。

幼儿园教学设备齐全，师资力量雄厚，不断深化教育改革，开展了电化教学，幼儿听读游戏识字教学的实验研究，1995年被自治区确定为电教示范园，并被自治区教育厅评为电教优秀园，1998年被国际婴幼儿科学汉字教育研究会评为幼儿听读游戏识字优秀园。

该园以规范的管理、优良的师德形象及良好的教育教学质量赢得了社会的普遍赞誉，多次被自治区、盟市评为先进集体、先进党支部，并被授予甲级文明单位称号。

老领导观看小朋友制作版画

与美国小朋友共庆“六一”

通辽师范学校

TongLiaoShiFanXueXiao

教学楼全景

学生美术作品

内蒙古通辽师范学校创建于1951年3月，是一所蒙汉中等专业学校。经过近五十年的发展，已为社会输送近两万名小学教师，学校英才辈出，桃李满园，为基础教育做出了贡献，被誉为科尔沁草原小学教师的摇篮，成为草原上一颗璀璨的明珠。

学校实行校长负责制，内设13个科室，17个教研组，有教职工286名，其中专任教师150名，占教工总数的52.44%，具有本科以上学历的教师138人，占教师总数的92%；专任教师中高级讲师36人，讲师103人。学校现有34个教学班，其中蒙授12个班，汉授22个班，在校生1 509名，中师函授生738名，设置普师、音乐、美术、英语等专业。

自1981年以来，学校曾有数人分别获得全国“为人师表”、“五讲四美”先进个人，全国优秀教师；自治区劳动模范、优秀教育工作者、模范班主任、德育教育先进工作者、民族教育先进个人、中华曾宪梓基金会奖等荣誉称号。学生在全国、全区各种活动中，均获得较好的名次。学校还多次受到各级政府和党委的表彰与奖励，特别是1996年被命名为全国教育系统先进集体，1998年又被命名为全国优秀师范学校。

通辽市殡仪馆

通辽市殡仪馆位于通辽市科尔沁区东北部，距科尔沁区中心约11公里，馆区占地面积2 100多平方米，现有干部、职工19人，服务中心22人。

近几年来殡仪馆自筹资金300多万元建了殡葬综合大楼（办公、住宅、服务为一体），馆区先后修建了凉亭、花墙、月亮门、塑像等。基础设备不断更新换代，1999年引进2台新式中档火化机和1台高档遗体入炉车，购置了5台接运尸体专用车，组建了殡仪车队。馆区设有英烈堂、雅安堂、寄存室、祭思园、告别厅。经自治区批准建立了骨灰墓园。为加速殡仪服务步伐又成立了丧葬用品服务中心。由于全馆干部职工的不懈努力，出色的完成了全区的殡葬改革工作，实现了两个效益齐发展。曾多次被评为自治区殡改先进单位和殡改先进集体，1996年被国家民政部评为国家级三级殡仪馆。

奈曼旗舍力虎水库

水库主任　张云

舍力虎水库东西长25公里，南北宽2.5公里，最大的库容面积为45平方公里，最大的蓄水量为1.2亿立方米。灌区范围内属温带大陆性干旱、半干旱季风气候，灌区土地面积为304.2万亩，耕地面积33.1万亩，草牧场151.4万亩。灌区设计灌溉面积32.9万亩，有效灌溉面积22.4万亩，宜井灌溉面积13.9万亩。灌区内有主干渠一条，长9公里；干渠六条，长101公里；支渠40条，长224公里。库区周均为自然沙丘，由主坎、泄洪洞、分水闸、滞洪库等四部分组成，是全国300座大型水库之一。

水库主要的功能是分洪灌溉和水面养鱼，其水源分别来自教来河和孟柯河。该库为两河分洪达50次之多，最大的分流量395立方米／秒，年最高灌溉面积达20余万亩，年产鲜鱼最高产量40万公斤。

局长 徐文彦

扎鲁特旗文化广播电视局

1999年1月18日建局以来，在局党委及新一届领导班子带领下，全局干部职工，团结一致，改革创新，积极进取，以饱满的政治热情，良好的精神状态，大胆进行内部机制改革，确立了“围绕服务求发展，抓住发展求活跃”的方针，使本旗文化事业走出低谷，向着良好态势发展。

1999年初至今，文化下乡、文艺演出，举办各种比赛130场，义务服务四项八场，军、营、校园、机关辅导13个单位70天。科技下乡，送图书3 000余册，印发450份“科技致富信息报”，放映科技电影60场。

在活跃群众文化的同时，注重发挥阵地作用。旗图书馆坚持每月开馆56小时，图书流通量达23 400册，被文化部命名为“国家三级图书馆”。乌兰牧骑与企业联姻，走上一条以文补文的新路子。文化馆、创编室，共创作作品270篇，为全市旗县级文学创作之最。文物管理破获了几起盗挖古墓的犯罪团伙，并配合上级考古工作队挖掘了辽代大型古墓，积极开发“金门山”等旅游景点，提高扎鲁特的知名度，为充分发挥电影的宣传作用，电影公司、电影院常年流动放映在基层，使镇内中、小学生看到多部爱国主义教育影片，也使广大的农牧民通过科技电影掌握了多种致富本领。

一年多来，广播电视工作严格把握以宣传为主这一切入点，紧紧围绕旗委、政府各个时期的工作重点，多角度、全方位的开展宣传。以新闻立台，以栏目开路，把镜头焦点对准全旗经济建设第一线，战役宣传，集中报道，充分发挥了手段先进的优势。

局长：李国良

扎鲁特旗电信局辖16个支局所，11个代办所，有职工97人。

近年来，全旗电信职工在局领导班子的带领下，抢抓机遇，加快发展，齐心协力描绘扎鲁特大地信息化蓝图，通信网在规模容量、技术层次、服务水平等方面均实现了高起点、跳跃式的发展。目前，全旗电信固定资产超亿元，拥有程控交换机21 135门，有线接入5 988线，无线接入10信道，光缆总长度475公里，固定电话用户15 276户。一个交换程控化、传输数

营业厅

扎鲁特旗
电信局

程控机房

字化、有线无线相结合、传统业务与增值业务相补充的具有现代化水平的立体化通信网已初具规模。伴随通信能力的增强和通信技术的进步，电信通信服务于社会、服务于用户的水平日益提高，现已开办固定电话、数据通信、会议电话、卡式公话等多种通信服务业务。

世纪之交，扎鲁特电信将紧紧抓住国家实施“西部大开发”战略的历史性机遇，以豪迈的气魄，满怀信心跨入更加灿烂辉煌的明天。

奈曼旗邮政局

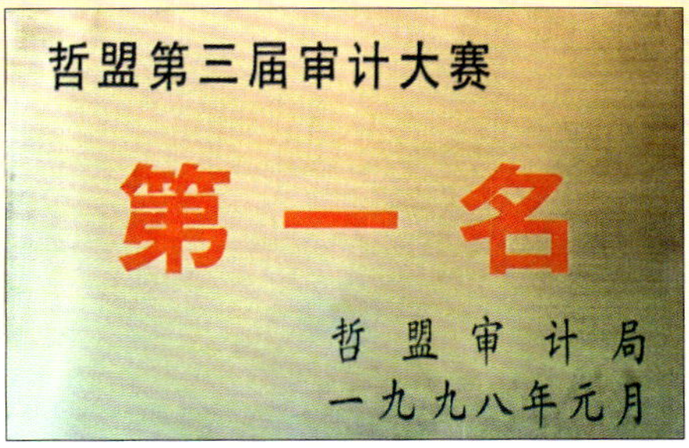

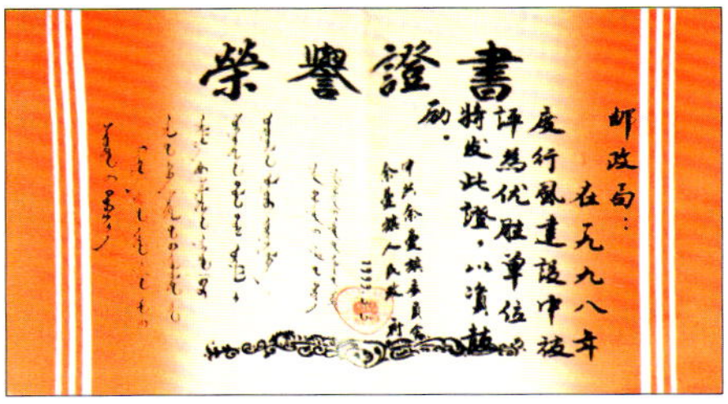

局长：徐静波

1999年，全旗邮政工作，以党的十五大精神和邓小平理论为指针，以经济建设为中心，紧紧围绕年初工作会议提出的奋斗目标，努力改善服务，加强经营管理，克服重重困难，在独立运营的第一年里，超额完成上级下达的各项任务。全旗业务收入累计完成283.01 万元，比上年增长40.33 %；上缴税金9万多元；全旗业务总量累计完成159.02 万元，比上年增长1.92%。储蓄业务全年完成余额3 991.1 万元，收入完成142.42 万元，比上年增长40.84%。邮购完成销售额22.9 万元，完成收入9.5 万元，比上年增长2.15。集邮业务完成销售任务19.63万枚，完成收入41.36 万元，比上年增长105.57 %。特快完成收入8.06 万元，比上年增长42.15%。汇兑业务完成收入14.14 万元，比上年增长11.25%。包件业务完成收入8.59 万元，比上年增长33.18%。函件业务完成收入17.45 万元，比上年增长23.15%。机要业务完成收入0.38 万元，比上年增长72.73 %。

铁道部第十九工程局

第四工程处

布赫副委员长为第四工程处亲笔题词“筑路英豪、为民造福”

郑州至洛阳高速公路英峪沟高架桥

第四工程处采用大型公路路面摊铺设备正在施工中

该工程处是具有独立法人资格的国家一级施工企业。可承担铁路综合配套工程、公路工程、工业与民用建筑工程、铁路电务工程、大型土石方工程（含爆破）及机场、码头、火电、水利水电、设备安装和市政工程。处机关驻通辽市和平路16号。

各类专业技术人员228人，其中中级技术职称93人，高级技术职称16人。具有工人技师44人，其中高级技师1人。拥有各种大中型设备294台，总价值10 990万元，总功率20 348千瓦，动力装备率7.5 千瓦／人。拥有机动车辆145台（辆），总价值2 378万元，总功率17 069千瓦，总吨位1 023.25 吨。

在企业发展的道路上，四处外争市场，内抓改革，不断探求企业发展的新机制、新路子，以质量求生存，以效益求发展，创出了多项优质工程。在已交付的工程中，被评为国家、省部级优质工程的有8项，被建设单位评为优质工程的有19项，被评为中国铁道建筑总公司和十九工程局优质工程的有124项。全面质量管理成绩显著，四处先后获部级ＱＣ成果8项；总公司和局级ＱＣ成果35项；获部、总公司优秀工法和科技成果进步奖10项。1990年5月竣工的铁法煤矿专用线，被铁道部评为优质工程，被铁法矿务局定为免验工程。在京九会战中，四处铺架段连创4个全路第一：日架32米梁7孔，日铺轨6.5 公里，年单口铺轨433公里，年单口架梁621孔。四处在珠海电厂移山填海造陆施工中，成功地实施了全国最大的一次装药量达730吨的非电起爆大爆破。1998年，四处达成铁路铺架，被四川省人民政府评为“四川省重点建设先进单位”。

第四工程处建成的江苏省徐州云龙大厦

开鲁县电力总公司

党委书记、总经理　袁风义

电力通讯系统

开鲁县电力总公司现有11个科（室）、21个供电营业所、8座变电所，有主变16台，容量95 450千伏安，担负着全县25个苏木乡镇、15个国营农牧林场（库）及协管单位的供电任务，在不断深化改革过程中逐步发展壮大。

公司1999年底在完成第一期农网改造任务并顺利通过验收的基础上，实现了公司提出的实现利税300万元和实现社会效益最佳年的两大目标。

购电量完成7 850万千瓦时，售电量完成7 140万千瓦时，综合线损率完成11%，电费结余816万元，多种经营企业实现销售收入900万元，累计完成销售收入2 413万元，实现利税325万元。完成第一期农网改造工程的4个项目，并通过市局验收。全年共引进外商投资1 063万元，新开项目8个，安置社会下岗职工和企业富余人员150余人。新上项目当年实现产值385万元，实现利税35万元。

调度指挥系统

通辽市第八中学

校长：张有才

通辽八中已有30多年历史，占地面积28 865平方米，有宽敞、明亮的教学楼6 13.6 平方米。拥有高级教师5名，一级教师32名，二级教师29名，师资力量雄厚。学校物理、化学、生物实验室设备一流，微机室、可视功能语音室为学生们创造了很好的学习环境。学校还与东北师范大学附中分校建立了长期合作、交流关系，使教学质量有了长足的发展，并取得了丰硕的教学成果。近几年来，通辽八中在全市各级各类竞赛中，无论是学习、体育还是文艺等方面都多次获奖，得到社会一致认可。

文艺演出

外语语音课

建校劳动

运动会冠军

国家计委副主任郝建秀、自治区政府副主席王凤岐视察北粮库

1999年，全市80个粮食购销企业（中心库）有77户盈利，实现利润905万元，上缴税金1 170万元，一改10年亏损局面，进入二十一世纪。全市粮食购销企业占地1320万m^2，铁路沿线中心库34个，拥有专用线总长2万米，被命名的国家粮食储备库31个，自治区储备库6个。全市粮食系统通过减员增效粮食产量已连续三年稳定在70亿斤以上，1999年粮食商品量280多万吨，2000年5月末库存商品粮379万吨，1999年粮食经营量610万吨。通辽是全国、全区优质玉米、小麦、水稻、大豆、荞麦、红小豆、芝麻、葵花籽、蓖麻籽及其它作物的重要产地，通辽也是全国重要的商品粮基地。通辽黄玉米，色泽金黄，粒大饱满，蛋白含量高，享誉遐迩，深受国内外客商欢迎。通辽市地理位置十分优越，位于东北与华北交汇中心，交通极为便捷，具有良好的经营环境，是粮食客商必争之地。是全国仅有的6个条铁路交汇的枢纽站之一。热情的通辽人民时刻欢迎八方来客、四海宾朋。

TONGLIAOSHILIANGSHIJU 通辽市粮食局

面对新世纪，通辽市粮食系统以当地粮食购销企业为基础，在大连港、营口港、锦州港设立三个中转、销售中心，既可作外贸、又可作内贸，已初步形成了大进大出大流通的格局。

目前，全市粮食系统通过深化改革，已建立了牢固稳定的国际国内销售网络，相信通辽粮食系统一定会创造出更加辉煌的未来！

总经理　武玉峰

通辽市第六建筑安装有限公司

通辽市第六建筑安装有限公司系股份制施工企业，资质等级三级。企业现拥有固定资产500余万元，职工500人，有职称经济技术人员48人。企业年施工能力2 600万元，拥有各种机械设备278台件，总功率2 720千瓦。

多年来，公司为通辽市的城市建设贡献了力量，社会信誉、经济效益逐年提高，1995年公司经理武玉峰同志被中国集体建筑企业协会评为“全国优秀集体企业家”1996年被哲盟建设局评为“建筑企业先进个人”,1998年公司被内蒙建设厅评为“先进企业”，公司经理武玉峰被内蒙建设厅评为“先进个人”，公司党支部被通辽市委评为“先进党支部”，1999年公司被通辽市政府评为“先进企业”,公司经理武玉峰同志被评为“先进个人”，企业三星级“文明单位”。

企业地址：通辽市霍林河大街6号
法人代表：武玉峰
邮　　编：028000
电　　话：8310879

内蒙古蒙医学院附属医院

医院始建于1978年。二十多年的风雨历程，医院不断发展状大。特别是党的十一届三中全会以来，继承、发扬蒙医蒙药这一祖国传统医学的特色，已发展建设成为一所以蒙医为主、蒙西医结合、集医疗、教学、科研于一体的大型综合性医院。

医院占地面积8.9 万平方米，拥有床位500张，现有职工624人。医疗专科设置齐全，技术力量雄厚，医疗设备先进。设有医疗、医技37个科室。卫生专业技术人员509人，其中，主任医师11人；副主任医师48人；中级专业技术人员213人；护理人员199人；医技人员112人。拥有全身CT扫描机；全自动胃肠透视机；全自动钾、钠、氯分析仪；血液透析仪；电子内窥镜；620型腹部心脏B超机、体外震波碎石机、核多功能测量仪等先进设备，总价值900万元。

多年来，大力扶植一批以蒙医疗术科、蒙医骨科、蒙医内科、蒙医妇科、蒙医针灸理疗科，西医心血管内科、神经外科、胸外科、泌尿外科、普外科、骨外科、妇产科、神经内科、呼吸消化内科、急救中心、ICU重症监护病房等为重点科室，带动和影响其它专业的发展，形成完整的医疗服务体系。其医疗服务范围为自治区东部地区和周边省'分的患者。年门诊量15万人次，年总收入2 000万元。

医院注重人才队伍建设，为培养高层次、高素质、高水平的人才队伍，每年对不同层次对象进行不同形式的培养，如进行专业技术人员的继续教育、到上级医院进修学习、参加短期培训和参加学术活动、研究生深造，为医院发展增加技术力量。现享有国务院特殊津贴的专家2人；自治区有突出贡献的中青年专家1人；自治区跨世纪专业人才3人；博士、硕士研究生12人。医院注重整体形象和文化建设，创意性的美化、绿化、净化医院环境。宽敞明亮的门诊大厅、舒适温馨的病房，给患者创造了良好的疗养条件。院内有兰球场地和排球场地，活跃了职工的文化生活。医院曾获“自治区文明医院”、“卫生先进集体”、“花园式庭院”等称号。

20多年的历程记载着全院职工的辛勤劳动、辉煌业绩。新世纪来临，医院将以生存、发展、创新的精神迎接二十一世纪的挑战。

院长：杨阿敏

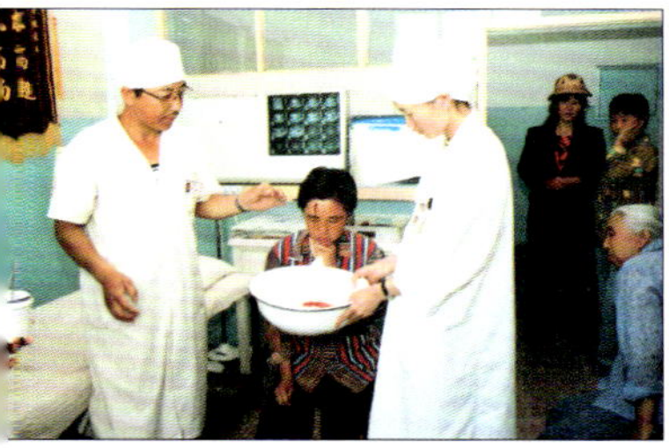

蒙医传统放血疗法

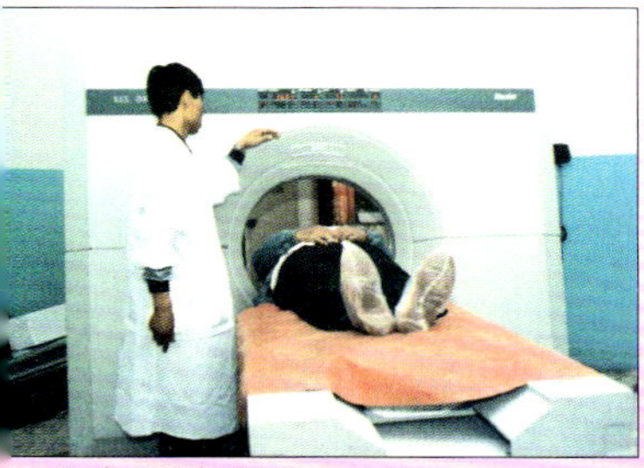

全身CT扫描仪

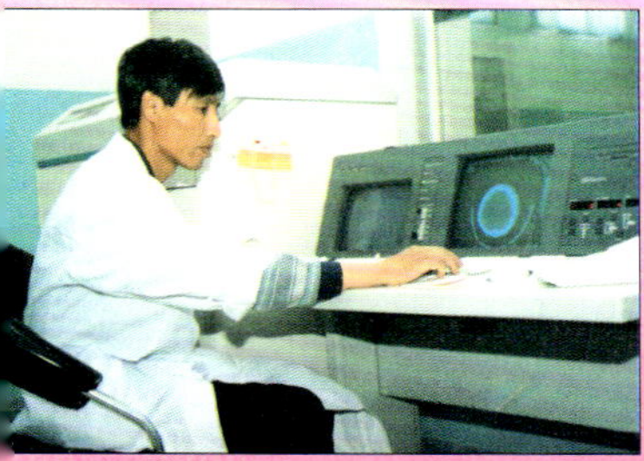

CT扫描鉴定

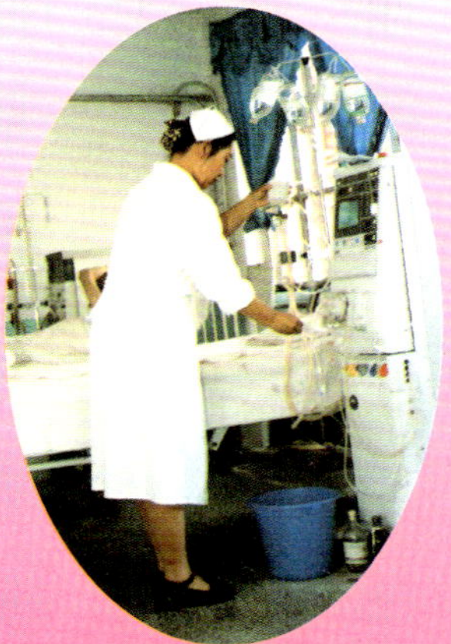

血液透析仪

通辽市蒙医整骨医院

院长：海龙

通辽市蒙医整骨医院座落在名誉传四方的接骨神医“黑狗大夫”故居科左后旗甘旗卡镇内。是自治区仅有一所以祖传蒙医传统手法整骨的具有浓郁民族特色的骨科专科医院。他像镶嵌在科尔沁草原上的一颗明珠，以其独特的治疗方法和神奇的疗效吸引了全国的骨伤患者。蒙医整骨医院现有职工130名，其中主任医师1人，副主任医师6人，主治医师18人，具有医（护）士职称人员40人。辅助科室齐全，开设病床100张。院内设有患者食堂、招待所，为患者一条龙服务。医院年平均收治住院骨伤患者达1 000余人次，接待门诊患者达二万多人次。收治来自全国20多个省、市、自治区的10多个民族的各种骨伤患者，治愈好转率达98%以上。来此就诊者，均慕名而来，满意而归，收到了很好的社会效益。

几年来多次被国家卫生部、自治区卫生厅命名为“文明医院”、“全国卫生文明建设先进集体”、“自治区民族团结先进集体”、“文明中蒙医院”、“全国百家名牌特色医院”等。

联系电话：0475-5214407（办）
5214403（宅）
邮　　编：028100
地　　址：科左后旗甘旗卡镇玛拉沁街

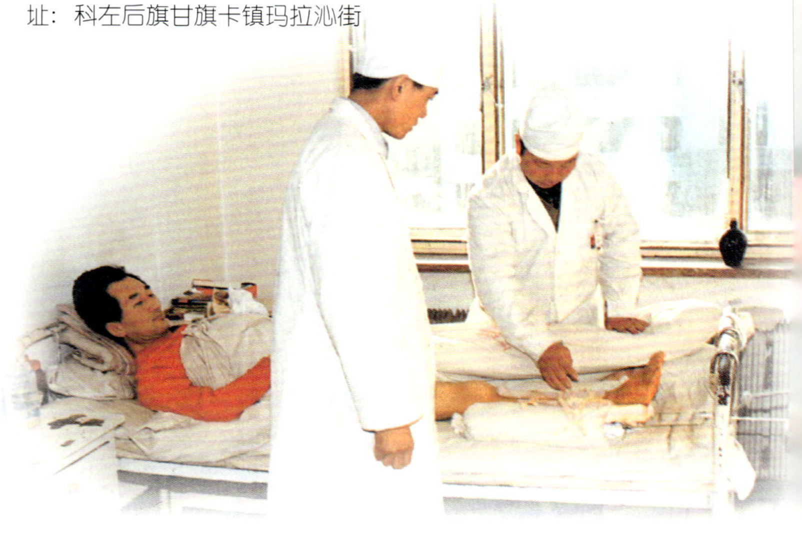

扎鲁特旗计划生育局

宇山乡举办计划生育"三下乡"宣传活动

扎鲁特旗计划生育局下辖计划生育宣传技术服务站，是一个以监督、检查、指导全旗人口计划落实情况，向广大育龄群众宣传计划生育法律、法规，提供避孕节育、生殖保健等服务的职能科局。到1999年，全旗的计划生育工作已经取得了令人瞩目的成绩。全旗人口出生率从1980年的23.6‰，下降到11.07‰，人口自增率从19.30‰下降到5.79‰，计划生育率从78.1%上升到99.77%，旗计生局为全旗经济发展、社会稳定、人民生活水平提高作出了突出贡献。计生局连续多年完成上级下达的人口计划指标，在全市检查评比中多次得人口计划完成达标奖，受到市委、市政府和旗委、旗政府的表彰奖励。

旗政府领导散发计生宣传单

旗乡两级领导散发计生宣传品

计划生育主任培训班

TONG LIAO SHI KE ZUO HOU QI JU

局长：王景和

通辽市科左后旗交通局

1999年，全系统干部职工努力工作，拼搏进取，全面完成了年初确定的各项工作任务，两个文明建设取得了新的成绩。全年共完成公路建设投资1 834.7 万元，较年计划提高8%；修建地方道路327.1 公里，为年计划的218%。继续坚持公路建养并重的原则，加大投人，加大养护力度，使公路养护管理水平提高，技术状况进一步改善。全年先后处理翻浆1 078平方米，处理坑槽3 287平方米，勾缝15万延长米，整修路肩86.5 万延长米，清沙1 664立方米，整修县、乡道路分别为229.6 公里和369.94 公里，为年计划指标的664%和160%，公路好路率达到53.3 %，干线公路达到76.8 %，分别比计划提高11.8 和18.1 个百分点。

全年征收运管费80万元，为年计划的120.3 %，征收客运附加费14.5 万元，为年计划的100.4 %，征收通行费66万元，养路费大额征收570万元，完成计划的102.9%，小额征收63万元。

随着公路建设不断发展，公路通达深度不断增加，运输网络覆盖面逐步扩大，又有140个村嘎查实现了通客运班车。全旗乡镇苏木通班车率达到100%，嘎查村通班车率达到75%。

客货运输持续增长，全年完成客运量226万人次，客运周转量1.3 亿人公里，货运量416万吨、货运周转量2.3 亿吨公里，均超额完成年度计划指标。

行业精神文明建设也取得新的进展。年内又涌现出市级文明单位2个，旗级文明单位2个。公路段被文明办授予文明单位标兵。

科左中旗林业局

KEZUOZHONGQILINYEJU

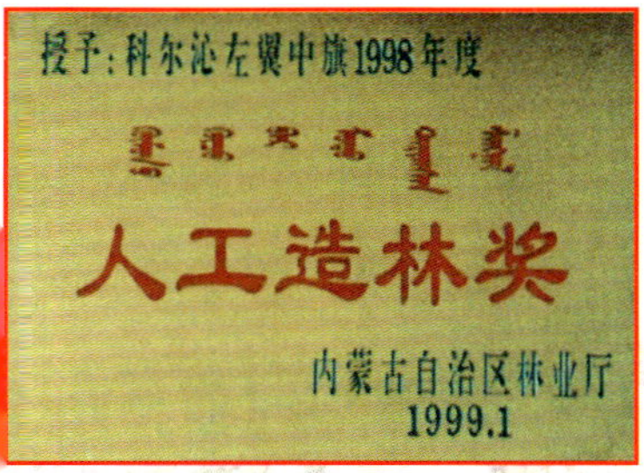

科左中旗林业局设在保康镇红旗街。设政工、财会、林防、管理5个职能组。负责科左中旗森林资源管理和利用；林业生产计划和实施；以及国营林场、苗圃的行政业务管理。到1990年底企业发展良好，资金由12万元已积累为150万元。现以变地方国营企业。随着改革形势的发展，根据左中林业生产的需要，我主管局已下设主管行政事企业单位13个，林业工业总站、主管全旗35个苏木林业分站。国营劳动事业林场：东苏林场、包罕林场、新开河林场、白音花林场、乌斯吐林场、佳木斯林场、保康林场、协代林场。国营苗辅：巴彦塔拉苗圃、保康苗圃、宝龙山试验苗圃。国营企业：科左中旗牧区林产品经销公司。

旗林业局计划经历1991－2000年整十年的艰苦奋斗，以每年造林30万亩速度，最终达到我旗实有林面积400亩。坚信十年绿化科左中旗。森林覆被率将达到27.6%。

《通辽日报》（蒙汉文版）是中共通辽市委机关报。一直把当好党、政府和人民的喉舌，成为党、政府和人民之间联系的桥梁作为办报宗旨，坚持面向社会、面向群众、面向生活的编辑方针，坚持在办报中突出经济宣传的主旋律。具有鲜明的民族特点和浓郁的地区特色，图文并茂，指导性、服务性、知识性、可读性强。集通辽地区政治、经济文化、教育、科技、民族风土人情于一体，是了解通辽巨大的发展变化的重要窗口。

社长　王卫平

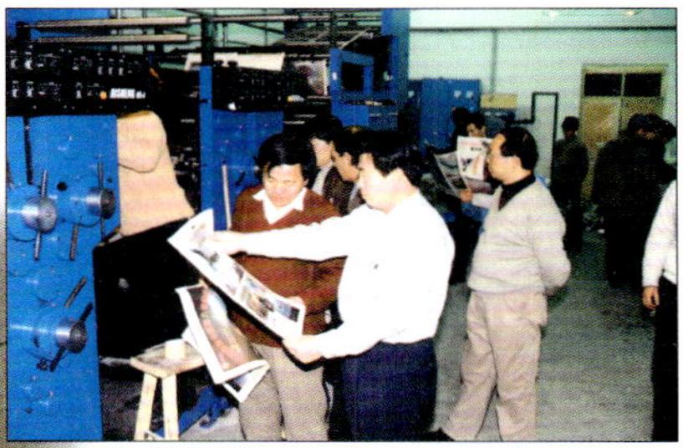

印刷车间

通辽日报社

法人代表：刘秉海

扎鲁特旗助剂厂

该厂生产聚乙烯稳定剂已有二十余年历史，现厂区占地面积3.2 万平方米，建筑面积5千平方米，固定资产1 200万元；年产热稳定剂和其它化工产品4 000余吨。主要产品有：硬脂酸钡、铅、镉、镁、锌、钙、二盐基硬脂酸铅、三盐基硫酸铅、二盐基亚磷酸铅、氧化铅、硬脂酸、甘油及复合稳定剂。

产品质量全部达到国家标准和部颁标准，在全国同行业中占居领先地位。1990年被评为自治区优质产品，产品行销全国各地，在用户中享有很高的声誉。

该厂领导和科技人员及全体职工愿意同兄弟企业与各界朋友真诚合作、携手共进、永结友谊，祝各兄弟企业和各界朋友事业有成、兴旺发达。

通辽市科尔沁区二轻局

TONGLIAOSHIKEERQINQUERQINGJU

通辽市科尔沁区二轻系统共有二十五户生产、经营企业，职工5 000人，包容了塑料、建材、化工、油漆、家俱、皮件、包装、服装、鞋帽等十二大门类近两千多个产品品种。1999年产值达7 000多万元，利税近200万元。

在跨向新的世纪里，二轻人在内蒙古振兴企业优秀青年领导者——局长王明才的带领下，本着“强自身、保稳定、抓管理、扩服务”的原则，以组建三大企业集团——即软硬纸塑包装集团、塑料生产基地集团、建材门窗生产集团为发展方向，力争2000年产值超亿元。在企业深化改革上重点推进民营为主，全面提高企业管理者水平。加快企业技术改造速度，不断提高企业经济效益，把一个全新的二轻带人新千年。二轻的事业将更加美好。

局长：王子成

霍林郭勒市地方税务局自1994年成立以来，坚持以组织收入为中心，严格依法治税，依率计征，连续六年超额完成了税收任务，并且年均增长幅度达30%，为地方经济的发展做出了突出贡献。被自治区地方税务局授予"党风廉政建设先进集体"称号，现在，地税局是通辽市级文明单位，连续几年被通辽市地方税务局命名为"规范化管理优胜单位"。4个基层单位中，区级"文明税务所"1个，区级"最佳办税服务厅"1个，通辽市级"青年文明号"1个。

在税收征管中，始终坚持以改革总揽全局，不断深化税收征管改革，率先在全市地税系统中实现了税收征管的微机化管理和税银一体化。税收征管改革的一些成功经验在全市地税系统得到广泛推广。

在队伍建设和精神建设上，我们始终坚持以人为本，大力倡导和弘扬了"兴我地税，爱我岗位，尽我职责，献我智慧"的价值观念，形成一支具有"团结、创新、务实、一统"精神和"敢打硬仗，善打硬仗"光荣传统的高素质的干部队伍。

霍林郭勒市地方税务局

办税厅外貌

办税厅一角

办公楼

霍林郭勒市国税局位于草原煤城霍林郭勒市友谊路，占地面积5 525平方米，全局有职工54人，其中：大专学历的人数占全局职工的85%。国税局内设机构有办公室、税政综合管理股、稽查分局、人事教育股、监察室、发票管理股、办税大厅、个体征收分局等8个部门。管辖纳税925户，平均年收入任务4 600万元。国税局办税厅和局内各股室均采用现代化办公手段，在为纳税户服务过程中，做到政策宣传到位，服务态度热情，使纳税户和国税局拉近距离，消除隔阂，形成良好、有序的征纳关系。

该局被评为通辽市级文明单位，个体征收分局被评为霍林郭勒市级文明单位和自治区级青年文明号，办税大厅被评为全区国税系统文明办税大厅。

局长：杨广学

霍林郭勒市国家税务局

通辽第五中学

校长：刘锋

党总支书记：管凤鸣

通辽第五中学占地面积 69 100 平米。现有 43 个教学班，在校生近 3 000 名。1979 年 10 月被内蒙古自治区确定为首批办好的重点中学。1993 年被评为自治区普通高中管理先进学校，1999 年晋升为自治区级文明学校。有一流的实验室、电教室、微机室、语音室，有标准的 400 米田径运动场，有功能齐全、服务一流的学生公寓和师生食堂、洗浴中心。高标准的设施，一流的服务，为高质量的教育教学奠定了坚实基础。学校 158 名任课教师中，有特级教师和专业技术拔尖人才 4 名，高级教师 45 人，一级教师 101 人。有自治区级教学能手 14 人，市级教学能手 33 人。高素质的教师队伍，一流的教育教学，为培养高素质的人才提供了可靠的保证。学校实行奖学金、助学金制度－－对拔尖学生予以重奖，对品学兼优但家境贫寒的学生予以扶持。

1999 新一届领导班子领导班子有胆有识，锐意改革，勇于进取。学校实行分层教学，分类指导，使不同层次的学生都得到了提高。尤其是对尖子生实行导师制以来，收到了明显的成效。1999 － 2000 学年中，学生在全国中学生物理、化学、数学、生物、外语等学科竞赛中取得从未有过的好成绩。丰硕的教育教学成果，引起了社会的极大关注，得到了广泛好评。

通辽市 文化局

WENHUAJU

TONGLIAOSHI

局长　张志强

深入农村牧区演出

校长 柏玉

内蒙古广播电视大学通辽分校

内蒙古广播电视大学通辽分校，位于通辽市建国路2号，占地面积10 000平方米，校舍总建筑面积4 300平方米。20年来，经过全校师生员工的不懈努力，通辽广播电视教育从无到有，从小到大，从城市到旗县乡镇苏木，从经济文化较发达地区到不发达地区，发展迅速，成绩显著。依托中央电大和内蒙电大统开专业和课程，共开设了包括理工、文、经、法、农、医等学科的40多个专业，其中有些专业，如审计、商业企业管理、市场营销、染整、铁道信号、蒙生英语等填补了本市大中专院校专业设置的空白。20年来，通辽电大为全市各条战线，基层企、事业单位及兄弟盟市培养输送了大专层次应用型人才大约4 000名，各类非学历教育结业生及中专层次应用型人才大约3 000名。为自治区经济、政治、文化、教育、科技等繁荣发展作出了重大贡献，得到了社会的称道和肯定。实践充分显示了电大多媒体、远距离、现代化的教育适应性强，覆盖面广，花钱少，效益高的巨大优势和旺盛的生命力。它已成为我国高等教育事业的重要组成部分。

目前，通辽电大在基础设施、师资队伍、在校学生、电教设备、管理干部诸方面都已形成一定规模。学校建有比较先进的语言室、微机室和电视、计算机网络，并有相当数量藏书。现有专兼职教师180人，其中教授、副教授53人，讲师86人，在校生总数3 000人左右，其中大专部分2 000人左右，中专部分1 000人左右；为进一步适应市场经济对人才的需求，通辽电大在稳定发展普通大专学历教育基础上，拓宽办学路子，积极发展成人学历教育，大力发展非学历教育。通辽电大的办学网络已延伸到旗县市区和乡镇苏木，在旗县市（区）建立8个工作站，形成了辐射面广，领域全的分级办学网络。

通辽市实验幼儿园

园长：鲁英杰

通辽市实验幼儿园是内蒙古自治区级示范幼儿园，是全国少儿版画教育基地。是通辽地区文明单位，一类甲级幼儿园，两个文明建设红旗单位。

经过全园教职工的辛勤努力，幼儿园初具规模，十个教学班，一个寄宿班，含有9个民族的368名幼儿分别学习生活在大、中、小班。有2 500平方米的幼儿综合教学楼4 749平方米的院园。

实验幼儿园认真贯彻两个幼教法规，运用科学化的管理办法，利用现代化的教学设备，采用高水平的教学手段，除完成规定的教学任务外，还创办了10多个特长班，营造出了自己独有的实验园特色。

内蒙古东蒙农牧业有限责任公司

董事长 黄坤

公司前身为中国人民解放军后勤部直属军马场。地跨哲盟、锡盟、兴安盟三盟，占地2 580平方公里，下属九个农牧业结合的分公司，还有面粉加工厂、修理厂、兽医站、农田水利工程公司、气象站、电视台、学校等配套辅助设施。公司有着广阔的优质牧场和肥沃的耕地，年粮食产量在5 000万斤左右，牲畜存栏8万头（只）。大型现代化农业机械630多台（套），农业生产全部实现了机械化。

改制后的内蒙古东蒙农牧业有限责任公司确立了管理创新，向现代企业制度迈进；深化改革，转换经营管理机制；夯实基础，加快农田草原水利设施建设步伐；调整结构，发展名优绿色农牧产业的企业发展战略。公司依托土地草原优势，大力发展节水灌溉农业，加强草原生态环境建设，积极发展绿色生态农牧业，建设新型的现代化农牧业企业。公司员工正努力把东蒙农牧业有限责任公司建成为一个跨地区、跨行业、多元发展的现代化农牧业企业而奋斗。

公司地址：霍林郭勒市中心路东段　邮编：029200
董事长兼党委书记：黄　坤　　　　总经理：曹广华
电话：0475-7953394　　传真：0475-7953396

1998年以来，抓住西部大开发和撤盟建市的有利时机，认真贯彻全区经济工作会议和市委扩大会议精神，按照“全党抓经济，重点抓工业，突出抓效益”的指导思想，进一步加强了对工业经济的领导力度，全市确立了“突出抓大、完善放小”；重点发展四大支柱产业、五大集团、六大龙头企业；放小放活发展中小企业的兴工格局。对全市工业经济工作分四条战线进行组织领导，即重点企业改革与发展办公室、重点项目办公室、生产调度办公室、中小企业改革办公室，对全市工业经济统筹兼顾、协调运作、集中力量、重点突破。连续两年对重点企业派驻工作组，帮助企业协调解决改革和发展中存在的困难和问题。两年来紧紧围绕企业改革、结构调整、开拓市场、扩大开放、强化管理、扭亏增盈等重点工作，强化调研统计、综合分析职能，加大协调服务力度，立足抓早、抓紧、抓实，克服市场制约硬化、资金严重短缺等困难，全面完成了自治区和市委、市政府下达的经济工作责任目标。连续两年被自治区经贸委授予“经贸工作先进单位”称号。

通辽市经济贸易委员会

通辽铁路分局

分局局长 赵毅

通辽铁路分局地处内蒙古通辽市，隶属沈阳铁路局。分局现有职工31 688人，管辖正线1 668.2公里，总延长2 405.9公里，地跨辽宁、吉林、河北、内蒙古三省一区，167个车站分布在京通、通让、通霍、平齐、大郑五条线上。全国最长的地方铁路集通铁路（集宁—通辽）在通辽北站接轨。管内所辖地区历史悠久，文化遗产丰富，优美的自然风景与人文景观竞相辉映，形成了美丽的旅游风景区。四合永木兰围场、大青沟原始森林保护区、达里诺尔沙地淡水湖、一望无际的科尔沁草原令游人留连忘返。

随着分局的发展，分局的旅游业已形成规模，建立了集吃、住、行、游、购、娱为一体的服务功能。通铁大厦是市内规模最大的宾馆。分局所在地通辽是全国铁路重要路网枢纽站之一，从这里开行或通过的列车可直达大连、北京、天津、吉林、呼和浩特、杭州、上海、齐齐哈尔、海拉尔等地。

几年来，分局始终坚持"两手抓，两手都要硬"的方针，不断深化改革，锐意进取。围绕落实资产经营责任制，强化经营管理，精干运输主体；狠抓客货营销，拓宽收入渠道；实施内部模拟市场经营，极大限度地盘活存量资产，使分局各项工作稳步推进。1999年分局提前53天完成全年运输任务，换算周转量和运输收入分别创历史最好水平。至2000年4月9日，分局实现安全生产2 562天，比历史最好水平超出890天。分局和分局党委分别被内蒙古自治区评为"优秀企业"和"思想政治工作先进单位"。分局党委被辽宁省和铁道部评为"先进党委"、"思想政治工作先进单位"。分局连续两次被国务院授予"民族团结先进单位"称号。

通辽神经精神病院

内蒙古通辽市精神病医院是通辽地区唯一的一所精神病专科医院，主要承担通辽地区及内蒙古东部毗邻省市精神疾病的防治和社区医疗任务。是内蒙古蒙医学院教学实习医院。

医院地处通辽市东郊通郑公路22号，占地面积9.6万平方米，建筑面积7 500平方米，编制床位60张。在册职工170，其中：专业技术人员149人，占在册职工的88%以上；具有高、中级专业技术职称人员65人。

医院在诊断和治疗上具备了比较完善的检测手段和治疗系统，有的达到区内乃至国内先进水平。主要设备有X线机；脑电图机；超声波诊断仪；微循环检测仪；音乐治疗机等仪器。

心理"CT"室

院长：李瑞珍

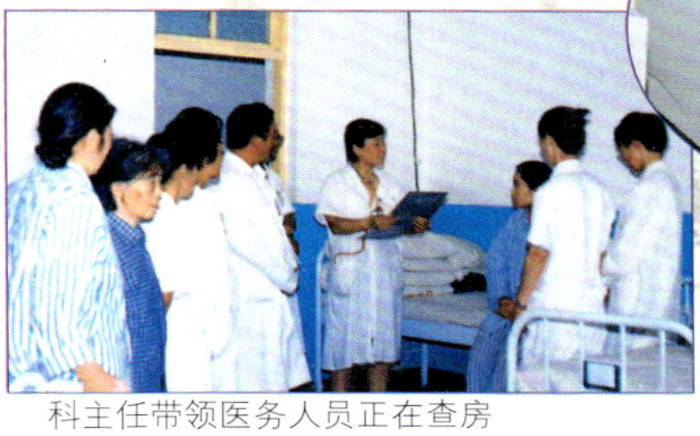

科主任带领医务人员正在查房

科左后旗水利局

灌区配套工程

40多年来，国家对科左后旗水利建设给予大力支持，共投资54多万元，水利工程建设取得辉煌成就。修筑西辽河、东辽河堤防120公里；建成小型水库9座，总库容达2 400万立方米；建成万亩灌区3处，水稻面积35万亩，名列全市之首；配套机电井31 193眼，其中：大井6 693眼，小井24 500眼，有效灌溉面积达98.2 万亩；全旗可利用水面18万亩，年鲜鱼捕捞1 600吨，名列全区前茅。同时在牧区水利、治涝和水利科研等方面都得到全面开展，并取得了可喜的成果。

随着水利事业的发展，全旗水利职工队伍逐年发展和壮大，已从1952年的40余人，发展到400多人，其中水利工程技术人员70多人。全旗水库、灌区、堤防等基层单位发展到6处。

抗旱打井

抗旱服务组织

科左后旗工商局

全系统279人。上划后在编在岗211人，离退休20人。离岗退养12人，临时工27人；末上划人员中在消协、个协、价格事务所工作的有9人。在岗人员中。大专及大专以上文化程度65人，中专60人，高中及以下76人。年龄在45岁以下的有4 1人，35岁—45岁80人，35岁以下上90人。局机关共有工作人员3 5人，其中领导干部7人，公务员21人，其它工作人员7人。局内设6个股，分别为政秘股、市场股、企业股、物价股、公平交易股、个体股，另外设有个体劳动者协会、消费者协会、市场信息服务中心。局属工商分局1个，工商所（含专业所）12个，物价检查所、价格事务所各1个，分别设在5个主要建制镇和主要经济区。

近年来，局基础设施建设步伐明显加快，局、所两级办公环境不断改善。各工商所、专业所普遍配备了必要的交通工具和通讯设施，增加了必要的办公设备。在抓好硬件建设的同时，连续多年开展了形象建设活动。通过逐步建立并完善各项规章制度，全面推行服务承诺制和行政执法公示制，激发了工作积极性和主动性，使全系统的社会声誉显著提高。局机关于1996年被评为旗级文明单位，另有2个工商所被评为市级文明单位，2个工商所被评为旗级文明单位，7个所被评为镇级文明单位。

通辽市 科左后旗公安局

先进的办公设备

科左后旗公安局现有民警317人。承担着维护全旗政治稳定和社会安定的重任。

1998年，破获各类刑事案件201起，其中重特大案件103起。打掉犯罪团伙21个，成员69人。追捕在册逃犯21人，为群众挽回经济损失200万元。增强了群众的安全感。

1999年，破获各类刑事案件149起，其中重特大案件67起。打掉犯罪团伙14个，成员56人。为群众挽回经济损失240万元。在1998年11月至1999年3月开展的打击盗抢走私机动车犯罪专项斗争中，破获盗抢机动车案件6起，追缴被盗机动车18台（辆）。在全区第四届民运会保卫工作中，全局干警克服人员少、路况差等困难，顶烈日，战高温，疏导车辆3万余台，观众15万人次，安全无事故，受到了自治区、通辽市等有关领导的好评。为此，旗公安党委荣立群体三等功。

经济间

套房会客室

标间

蒙古餐厅

大厦外景

套房

通铁旅服股份有限公司

校长　吴日图

通辽蒙古族中学

通辽蒙古族中学座落在通辽市霍林河大街18号，建于1954年，择优招生的区、市两级重点中学。学校占地面积64 752m²，建筑面积22 600m²，有全区一流水平的实验楼，实验楼内有全自动通风装置的理、化、生实验室5个，有同时容纳200人的阅览室，订阅180多种报刊杂志，图书馆藏书30 000余册。有先进的计算机房，有电教插放厅和地面卫星接收站等。通过地面接收站可录制全国十二个教育电视台的电视节目。还有音乐、美术专用教室和400m²标准环形跑道的操场，有硬化的篮、排球场，绿化面积达7 000m²。

学校现有教职工206名，专任教师150名，其中全国劳动模范2名，国家级优秀教师2名，特级教师3名，高级教师29名，中级教师81名。现有32个教学班，其中高中“三语”实验班3个，初中“三语”实验班8个，学生总数2 010名，住宿生1 710名。

学校在近几年的高考中，升学人数均超过200大关，尤其1999年高考上线251人，升学率达56.1%，在全区同类学校中名列第一。通辽蒙中以新的面貌、一流的办学水平和鲜明的办学特色迎接21世纪的挑战。

通辽蒙古族中学
校长：吴日图
电话：0475-8310355
邮编：028000

学校全景

微机室

通辽市财政局

1999年，通辽市财政局设办公室、预算科、行财科、农财科、综合科、国资局、采购办、工企科、商企科、外经科、控购办（车编办）、社保科、基建科、财政监督科、农业综合开发办公室、会计科、机关事务服务中心。财政局所属事业单位：通辽市财经学校、财政科研所、通辽市预算外资金管理局、通辽市资金管理局、通辽国债服务部、通辽市财政干部培训中心、内蒙古中华会计学校通辽分校、通辽会计师事务所通辽三元示范场。1999年，局机关及所属二级单位职工115人，其中国家公务员57人。在职工中，有研究生1人，大学本科学历43人，大学专科38人，中专以下33人；妇女干部31人，占27%；蒙古族及其他少数民族干部39人，占34%。

科尔沁左翼中旗信用合作社

局长：艾秀山

全旗现有独立核算信用社16个，信用分社18个，1个联社营定部，11个储蓄所，共有员工361名。到1999年末，各项存款达到13 930万元，贷款余额最高占用15 189万元，社员股金余额达到1 117万元。

信用社以办理存款、贷款、结算业务为主要工作，是一支重要的金融力量，在保康镇内遍布了1 2家信用合作营业机构，分别是联社营业部，营业部储蓄专柜，营业部第一、二、三储蓄所，保康镇信用社，保康镇第一、二、三分社，永红信用社，永红储蓄所，巨宝作用分社。所有的营业机构都实行节假日不休息工作制，大部分开办了电脑储蓄，实行了挂牌服务和服务承诺制。

全旗信用社是由社员入股组成，由社员民主管理，主要为入股社员服务的真正的农村合作金融组织。我们始终树立为社员服务，为农业服务和农村经济发展服务的工作宗旨。到目前，信用社贷款面占全旗农户的85%，入股社员面达到95%以上。

主任 刘生

科左中旗粮食局

旗粮食局设在保康镇。有三个国家粮食储备库。即保康国家粮食储备库；宝龙山国家粮食储备库；舍伯吐国家粮食储备库。旗所在地设有一个县级批发市场，对外有科左中旗驻锦州港粮食购销储存公司。从这里把粮食直销沿海和东南亚各国。世行和国家粮食局投资扩库增容可储存3亿公斤仓库。全旗有一流的储粮设备，各种类型的烘塔11座、粮食企业经营实现微机程控、监控的科学现代化管理。做为主产品的玉米除销往沿海市场外，又占领了日本、独联体和东南亚各国市场。1997年被国家贸易部授予全国县级粮食收储晾晒先进单位。

通辽市科尔沁区住房制度改革办公室

通辽市科尔沁区住房资金管理中心、住房制度改革办公室为直属区政府正科级职能机构。科尔沁区现行公有住房租金每平方米使用面积1.15元，约占双职工家庭年平均工资收入的8%。已出售公有住房160多万平方米，出售率达75%，住房私有率达86%。

科尔沁区经济适用住房（安居工程）建设已于1998年列入国家安居工程建设试点城市。1999年经济适用住房建设投资力度加大，建设步伐快，成效显著，累计建设面积46万平方米，完成投资7.1亿元。于1999年10月竣工的通辽市安居工程之一“平安小区”，是通辽平安安居工程建设有限责任公司承建的优质工程，占地面积5万平方米，建住宅15栋面积7万平方米，现已有1 000多户居民喜迁新居。

中心（房改办）加强了对单位住房基金、住房公积金以及其它房改资金的管理，严格坚持了专项资金，专户存储，专款专用；有效发挥了房改资金必要的、合理的投放运用，目前仅向平安小区、希望小区经济适用住房建设通过金融部门委托贷款使用房改资金1 500多万元，有效地促进了小区住宅建设的快速发展。

面对新世纪，争取为科尔沁区房改事业和住宅建筑业的发展做出更大的贡献。

主任：张才

科左中旗交通局

局长：李军

科尔沁左翼中旗公路交通局新建县级路一条42公里，建乡级路10条326公里，新建村级路631公里。整修县级公路2条141.39公里，整修乡级路五条189公里，维修国道路基94.1公里。修建过水涵洞四道，从此科尔中旗提前两年实现了乡乡通公路的目标。全旗有国、省干线4条246.1公里；县级公路2条242.7公里；乡级公路21条769公里；村级公路49条1 173公里；永久性桥梁54座、1 047延长米，涵洞114道。其中黑色路面319.7公里，上等级土路944公里，已形成连接城乡，纵横交错，四通八达的交通网络。1998年，全旗有大中小型机动车832台，年货运量完成356万吨，货运周转量达2.7亿吨公里；客运量完成246万人次，客运周转量为1.2亿人公里。省道302线保康—架玛吐20公里油路翻修工程的完工；国道302线六桥一涵续建竣工；完成维修县道保巴线玻璃山旧桥一座36延米，建新桥一座52延米、新建过水路面320延米。三项工程总投资1 100万元。这三项工程的胜利完成，为科左中旗公路建设及经济的早日振兴起到不可估量的作用。

国道304线六桥一涵主骨架焊接钢筋

检查验收302线公路

通辽市审计局连续三次在内蒙古自治区审计厅两年一度的审计工作综合考评中获得第一名；1997年被评为全国审计机关先进集体；1995～1998年连续四年被通辽市委、政府评为“实绩突出领导集体”。

特别是1999年，通辽市审计工作又显成效。预算执行和财政决算审计。工商银行审计收效显著，得到自治区审计厅表扬。外资审计被评为自治区先进单位；全面开展了粮食、运输、交通、旅游等行业的其它审计工作。

通辽市审计局1999年被市委评为工作实绩突出单位；自治区政府授予公务员管理先进单位，自治区财贸工会授予全区财贸系统建功立业先进集体；信息、统计、管理等项工作受到审计厅表彰；被通辽市有关部、委评为献爱心先进单位、社会治安综合治理工作先进单位、保密工作先进单位等荣誉称号。

局长：杨凤春

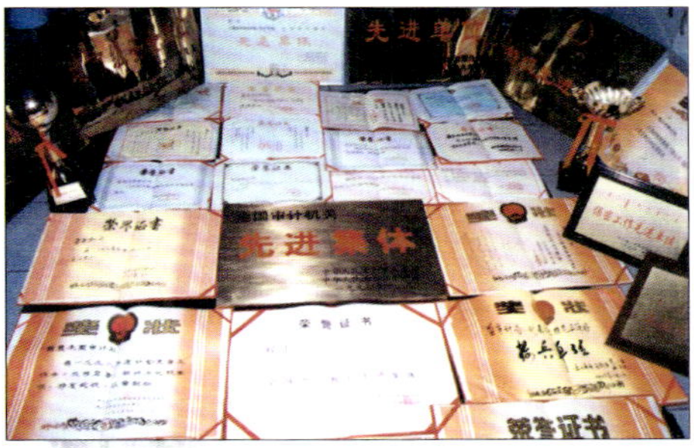

TONGLIAOSHISHENJIJU

通辽市审计局

通辽市残疾人联合会

市残联理事长赵玉春同旗县残联理事长签责任状

残疾人事业引起各级政府的重视。市、县两级政府都成立了残疾人工作协调委员会、康复工作领导小组、扶贫工作领导小组等机构。

几年来开展了形式多样的“助残日”和宣传活动。1998年“残疾人之声演唱、演讲会”、1999年残疾人书画演讲比赛、2000年庆祝市残联成立10周年表彰大会、自强模范、助残先进集体事迹报告团巡回报告等活动在社会反响强烈。社会各界共捐款80万元，落实扶贫贷款500多万元，红领巾助残、青年志愿者助残、“一助一”送温暖等志愿者助残队伍不断扩大。全市涌现出扶残助残先进集体114个，残疾人工作先进个人147名，有1人被授予“全国助残模范”光荣称号。

全市12.4万残疾人平等参与社会生活能力不断增强，4名残疾人被选为国家政协、市政协、区人大委员，34名残疾人被授予全国、自治区、市级“自强模范”，10名残疾人被市、县级有关部门命名为十杰青年、三八红旗手、优秀少先队员等称号。

聋哑学生表演舞蹈

局长：　马文忠

领导班子

科左中旗农电局

科左中旗农电局有职工600余名，下设8个供电所，主变14台，44 780千伏安，60千伏输电线路6条146.82公里，10千伏出口线路31条1 902.8公里，全旗35个苏木乡镇12个国营农牧林场全部通电，并在1995年消灭了无电村，实现了全旗村村通电，有电面积达100%，年售电量达7 000万千瓦时左右。

在实行农电体制改革的同时，加快农村电网改造步伐，我们采取积极措施，实行农村分类综合电价，大力宣传农网改造的好处，取得当地政府和广大农牧民的理解和支持，充分调动各方面积极因素，到目前为止，全旗有160多个村屯完成了低压网改造，全部实行表计集装化，提高了农村低压网的健康水平。同时加强农网改造资金的管理，提高了透明度，严防挤占挪用和流失，做到了统筹安排，为切实减轻农民负担做出了应有的贡献。

迎着新世纪的曙光，继续以“两改一同价”为主线，以安全文明生产为基础，以深化改革为动力，以经济效益为中心，以优质服务为宗旨，以电力营销为重点，大力发展多种经营，加强精神文明建设，树立企业形象，全面推进科左中旗农电事业的改革与发展，满怀信心地迈向新世纪。

科左中旗电信局

KEZUOZHONGQIDIANXINJU

局长：　王春华

112机房（查询障碍）

“九五”以来，科尔沁左翼中旗电信业务取得了极大的发展。无论从电话普及率还是业务的发展看，旗电信业的发展始终保持旺盛的势头，成为全旗发展最快的产业之一。电信业务也从早期的电报、电话业务发展到现在的多种业务并存的局面。

科左中旗近年来电信技术的发展，已为多媒体时代的到来准备了条件。多媒体通信的发展，将充分发挥人类的智能，到2010年，该旗电信将在网上开发出远程教育、远程医疗、家庭购物、家庭办公、视像自选等多种多媒体服务，并在生产、管理、教育、科研、医疗、娱乐等领域得到应用，成为科尔沁左旗经济一个新的可持续发展的增长点。

霍林郭勒市热力总公司

电工师傅在检修

生产前检修

经理：王威

霍林郭勒市热力总公司，隶属于市政府。共承担供热面积21.5万平方米，因此，经市政府批准又新建成一个供热五车间，新安装1台热水锅炉，供热能力4T/h及全套附属设备。城区住宅享受集中供热的居民已达95%以上。极大的净化了环境，基本上控制住烟气量对市区的污染。1998年在激烈的市场竞争面前，原来的有些体制已不适应目前供热运行的需要。将“热力总公司”分解成第一热力公司、第二热力公司、第三热力公司、第四热力公司，4个热力分公司隶属于城乡建设局。

分解后的4个热力分公司，统一目标，齐抓共管，发挥内部潜力，降低成本，提高企业在供热运行中的生命力，为提高供热运行在社会上的影响力和知名度。各分公司施行承诺制，切实为供热用户创造一个温暖、祥和的环境，一步一个脚印的做好我们的供热工作。

通辽市石油分公司

霍林河分站

通辽市石油分公司霍林河分站始建于1982年，现有职工64人，固定资产1 100万元，拥有油库1座，储油容量2 500m³，现代化加油站5座。1999年实现销售12 423吨的好成绩，创造了自建站以来销售最高记录，实现利税75.5万元，1999年被通辽市市委、市政府命名为文明单位，2000年该站进一步加强管理，转换经营机制，采取灵活多样的策略，可随时为用户送油到家，并制定了服务承诺：昼夜加油，保证质量，缺一补十，举报有奖，信誉第一，顾客至上，优质服务，重塑形象。为霍林郭勒市地区经济的发展做出了贡献。

霍林河分站

加油站

心电工作站

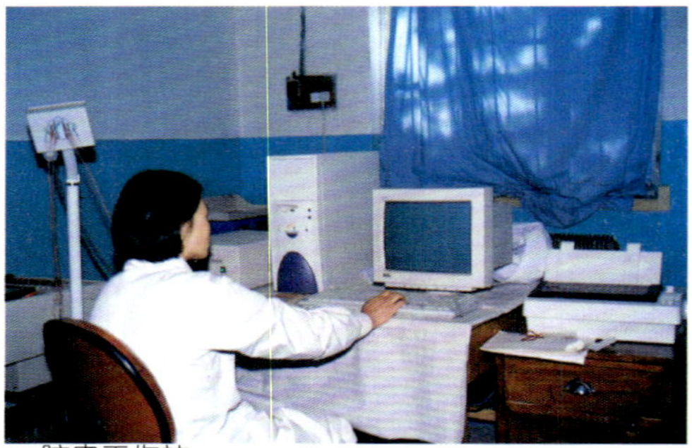
脑电工作站

科左后旗人民医院

KEZUOHOUQIRENMINYIYUAN

是一所以医疗为中心，兼顾教学、科研为基本职能的综合性医院。占地面积31 000平方米，建筑面积8 516.7平方米，现有职工257人，其中卫生技术人员占职工总数的80%。有副主任医师9人、中级职称人员47人。全院共设23个科室，分内（呼吸内科、神经内科、消化内科、泌尿内科、心血管内科）、外（脑外、骨外、胸外、普外）、妇（妇科、产科）、儿（小儿内科）、五官（耳、鼻、喉）、传染、囊虫七个疗区，并设有全院中心重症监护病房（心脑血管意外患者）。设有床位150张，年平均门诊量6万余人次，出入院病人1500余人次。1989年被自治区党委、政府命名为“文明单位”，1997年被哲里木盟委评为“优秀基层党组织”，1993年被卫生部确认为“二级乙等医院”，1995年被卫生部、联合国儿童基金会、世界卫生组织命名为“爱婴医院”，1997年10月被卫生部确认为“二级甲等医院”，1999、2000年被旗委评为优秀基层党组织。

局长：额尔敦仓

现有人员40名，其中局机关13名，下属计量检定测试所27名；干部14名，工人26名；大中专毕业生20名。经济师1名，助理工程师、会计师、统计师14名，现有办公楼481M^2、化验室50M^2、锅炉房40M^2、小汽车2台、客货两用车1台，固定资产总值30万元。

该局以质量为中心，以标准化、计量为基础，全面履行综合管理和行政执法两大职能。广泛深入地宣传、贯彻、执行《计量法》、《标准化法》、《产品质量法》和《锅炉压力容器安全监察暂行条例》，加大执法力度，严厉打击假冒伪劣产商品，为振兴后旗经济、提高质量、净化市场，加强技术监督、强化安全监察以及推进与国际贯例接轨等方面发挥了重要作用。

科左后旗质量技术监督局

自治区主席云布龙听取粮库主任张启增汇报工作

通辽北国家粮食储备中转库

该库位于通辽市河西镇，地处通辽、开鲁、科尔沁左翼中旗的腹地，铁路、公路交通四通八达。粮库隶属市粮食局，现有固定资产净值7 600万元，仓容15万吨，占地面积24万平方米，两条铁路专用线可供全天候装卸。自1996年以来，通过全库员工的不懈奋斗，取得了显著的经济效益和社会效益，实现了连续三年盈利，而且稳步增长。随着中央直属库建库工程的投入使用，企业已形成一定规模，成为具有现代水平的仓储企业。库党委连续三年被评为“建功立业”先进集体，粮库先后被评为市级文明单位和区级重合同守信用单位，被团中央命名为国家级青年文明号，是国家二级计量单位和国家二级档案管理单位。库党委书记、主任张启增荣获自治区“优秀青年企业家”称号，并被选为市政协委员、科尔沁区人大代表。

通讯地址：通辽市河西镇

邮　　编：028021　　电　　话：(0475)8611843

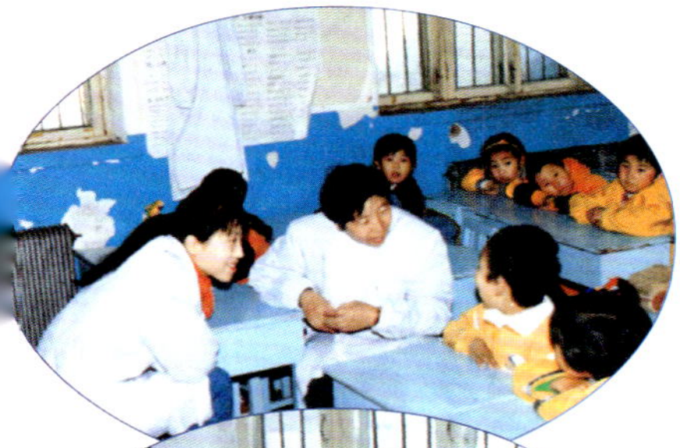

通辽市现有卫生机构513个，其中医院225个，拥有床位5 835张，平均每千人拥有1.92张。专业卫生人员13 464人，其中卫生技术人员10 866人，平均每千人拥有卫生技术人员3.58人。行政村卫生室覆盖率95%，乡村医生和卫生人员4 098人。

全市卫生工作成效显著。其中，计划免疫以乡镇苏木为单位，实现了儿童免疫接种率达85%的目标。目前，全市计划免疫服务网络已经形成，计划免疫相关传染病发病率稳步下降，与实施计划免疫前相比，下降95%以上。牙病防治工作被全国牙病防治指导组确定为“全国农村初级口腔卫生保健工作四个模式之一”，先后获得“全国牙病防治先进单位”、“全国爱牙日活动先进单位”荣誉称号。全市先后有科左后旗、奈曼和开鲁被全国牙病防治指导组评为“全国牙防先进县”。

通辽市卫生局

TongLiaoShiWeiShengJu

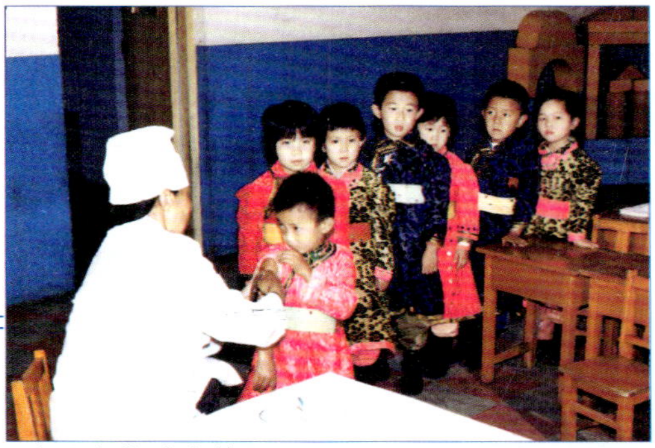

为儿童接种疫苗

奈曼旗 扶贫办公室

NAIMANQIFUPINBANGONGSI

主任：卜庆国

扶贫物资送下乡

奈曼旗扶贫工作机构始建于1980年。1996年更名为奈曼旗扶贫开发领导小组办公室至今。

奈曼旗扶贫办现有职工10名（男7，女3），行政领导班子4人（1正，3副），在职工中有党员7名，建有党支部，隶属直属机关党委。扶贫办辖1个公司（扶贫开发公司），现有职工15名，固定资产近300万元，拥有地膜生产厂、塑料管生产厂、网围栏厂和裕民商店，承担全旗扶贫开发物资的生产和供应任务，年产值和销售额500万元，实现利税20万元。

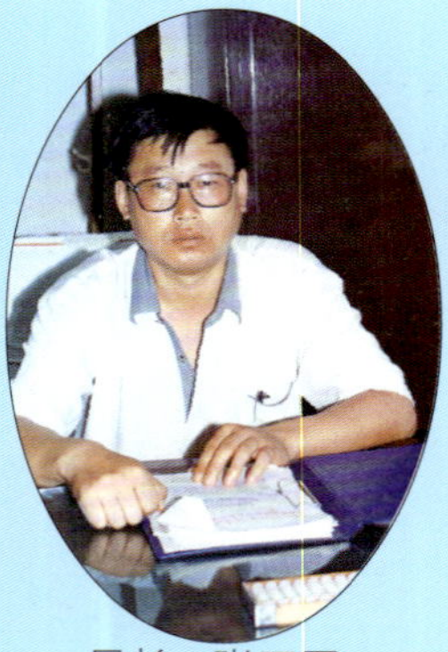

局长：张亚军

奈曼旗审计局

NAIMANQI SHENGJIJU

1999年，共完成上级审计机关下达的指令性计划和地方党政领导交办的审计项目（单位）95个，其中财政审计13个，金融审计17个，企业审计10个，行政事业单位审计19个，农业资金审计2个，国外援款贷款审计2个，党政领导干部任期经济责任审计28个，地方党政领导交办审计事项4个。共查出违规行为资金1 218万元，完成市局下达任务的174%；促进增收节支321万元，完成市局下达任务的104%；挽回国有资产流失70万元，完成市局下达任务的233.3%；共上缴财政资金96万元，上缴财政资金人库率和审计决定落实率均为100%。审计中查出并向纪检监察以及司法机关移送经济违法案件8起，处理处罚违纪违规责任人14人，其中副科级以上领导5人。

在全盟审计系统综合考评中被评为第二名；1999年被自治区审计厅评为审计信息工作先进集体；被旗委旗政府评为扶贫工作先进集体。党支部被评为优秀党支部。

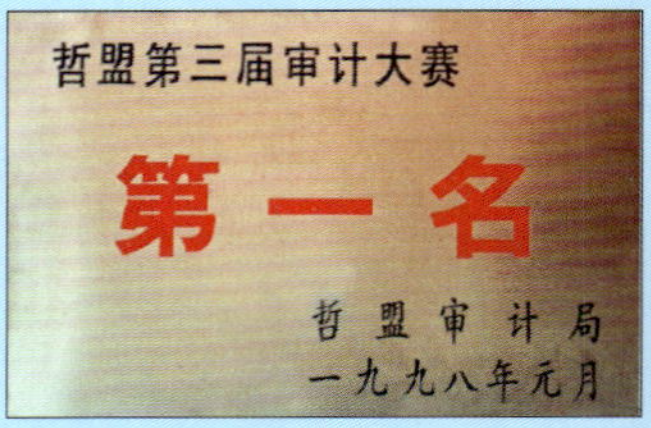

通辽市科尔沁区第二中学

校长：万代珊

通辽市科尔沁区第二中学，为国家培养出近12 000名高、初中毕业生，他们遍布祖国各地，成为专家、学者和各条战线的骨干。学校被誉为"培养少数民族干部的摇篮"。1997年被评为自治区"义务教育示范学校"，自治区"体育传统项目先进学校"，1998年自治区"二级档案室"达标，科尔沁区"少儿版画教育基地"，1999年通辽市"精神文明单位"、"先进教工之家"等。

学校现有教职工182人，党员30人，一线教师134人，高级教师33人，一级教师71人，32人攻读研究生。近几年来受国家表彰4人，自治区级17人，发表国家级论文70余篇，省（区）级论文90余篇。高、初中共有33个教学班，学生1800人。学校占地30 759平方米，建筑面积为8 300平方米。有音乐、舞蹈、美术、版画、劳技、团队、教工之家等活动室，语音室、微机室，设施齐全。办学条件初步实现"四个一流"。

开鲁县审计局

开鲁县审计局有职工14人，其中：大专以上学历12人，占85.7%；中级以上专业技术职称人员10人，占71.4%。现任局长侯瑞林，副局长李贵森、栾臣。局内设办公室、行政事业审计股、企业审计股、固定资产投资审计股和财政金融审计股5个职能股室。

1998、1999两年，该局连续获得全市审计工作综合考核评比第一名，有19个单项进入前三名，审计信息工作荣获全区审计系统先进单位称号，支部党建工作先后被县委、县直属机关党委评为"先进党支部"、"党建工作先进单位"、"树立良好形象工程先进党支部"称号。局领导班子获得"工作实绩突出领导班子"称号。通过履行审计监督职能，在维护财经法纪，促进廉政建设、改善经营管理和提高经济效益，以及为领导宏观决策提供服务方面，做出了贡献。财政审计、行政事业审计、金融审计、固定资产投资审计、经济责任审计。任重道远。全局职工将为促进跨世纪审计事业的发展而团结奋斗，开拓进取。

局长：侯瑞林

审计人员进行上机训练

业务学习讨论现场

大青沟正门

大青沟国家级自然保护区，位于科左后旗境内，距沈阳市200公里，距通辽市80公里，总面积12.5万亩。区内大小青沟纵贯南北，呈“Y”型分布，沟长24公里，宽200－300米，深近100米。有各类珍稀动植物740多种，原始森林植物种类包括内蒙古、华北和东北三个植物群落，是科尔沁沙地唯一保存下来的天然植物宝库，沟深林密，风景奇特，素有“沙漠绿洲”之誉。

大青沟地貌怪异，风景独特。沟下原始森林、奇花异树纯属自然，为沙海一绝。五月杏花六月桑 、八月山里红到家，这里到处闪烁着生命的灵光。春天百花齐放，夏季绿树成荫，秋天枫叶似火，冬天云雾蒸腾，到此一游真有一种回归大自然的感觉。

大青沟气候宜人，是一处理想的旅游、避暑、消闲、度假胜地。谒诚欢迎社会各界人士到大青沟参观浏览，投资开发实业，共创美好未来！

国家自然保护区大青沟

GUOJIAZIRANBAOHUQUDAQINGGOU

业务厅

霍林郭勒市土地管理局成立于1991年4月，现有干部职工29名，现任局长田鹰，下设机构有地籍科、地政科、土地监察科、土地监察大队、珠斯花土地管理所、达莱胡硕土地管理所、沙尔呼热土地管理所，管辖着全市585平方公里的土地面积。1992年编制完成《霍林郭勒市土地利用现状调查报告》，并通过自治区验收；1994年编制完成《霍林郭勒市土地利用总体规划》，获得自治区优秀成果奖。1997年11月，土地隐形市场清理，“三无”乡镇建设工作，土地复垦工作，日常地籍调查等几项工作通过盟级验收；城镇地籍调查成果，非农业建设用地大清查工作通过自治区验收。1999年新一届领导班子团结拼搏，励精图治，严格实行土地利用规划控制和用途管制，使土地管理事业得到长足发展。迄今全市商业性质用地100%实现了不同形式的有偿使用，工业性质用地60%实现有偿供地，土地用户持证率达到90%。

HUOLINGUOLESHITUDIGUANLIJU

霍林郭勒市土地管理局

科左后旗人民武装部

KEZUOHOUQIRENMINWUZHUANGBU

在军分区党委和旗委、政府的双重领导下，新任部长张培金和政委布特带领党委一班人，确立了“八个一”的工作思路，既强化一个意识：思想政治工作的首位意识；抓住一个关键：党委班子建设；围绕一个中心：民兵工作“三落实”；突出一个重点：干部队伍；树立一个形象：一流军事机关的形象；倡导一种精神：艰苦奋斗，勤俭持家，求真务实，争创一流；提出一个口号：远学红山区，近学科尔沁；确立一个目标：一年打基础，二年上台阶，三年创先进，四年迈大步。几年来，全体干部职工发扬“以部为家，艰苦奋斗”的精神，武装部全面建设发生了很大变化，取得可喜成绩，受到旗委、政府和社会各界人士的好评。武装部和张培金部长曾多次被分别评为“先进单位”和“优秀人武干部”。

科左后旗畜牧局

KEZUOHOUQIXUMUJU

局长：包金龙

科左后旗地处辽宁、吉林和自治区三省交界处，畜牧业生产在农村经济中占有较大比重，是农区畜牧业和草原畜牧业并存，以草原牧业为主，平原畜牧业和沙区畜牧业结合，以沙区畜牧业为主的经济类型区。以黄牛为主的畜牧业是农村经济产业化的主体，生猪生产也占较大比重。

全旗土地面积1 730万亩，其中耕地面积185万亩，可利用草牧场1 050万亩，占总面积的60.7%。天然草牧场产草量7.3亿公斤。沙丘、沙地占全旗土地面积的70%。1998年牧业年度家畜存栏97.1万头（只、口），其中黄牛24.8万头，生猪36.5万口，大小畜折算羊单位为203.6万只。黄牛存栏和改良程度都居自治区旗县之首。生猪饲养量61万口，居自治区旗县第四位。全旗粮豆总产量稳定在5亿公斤，农作物秆产量7亿公斤。

董事长：齐吾义

党委书记：关圣才

霍林河源源集团有限责任公司

源源公司七彩城

霍林河源源集团有限责任公司是一家集工、农、商、贸为一体的股份制企业。曾获得国家和省、市多次表彰奖励。公司现有6个分公司，10个子公司，800多名员工，固定资产8000多万元，年产值上亿元，利税1 000多万元。公司已经形成配套成龙的综合型经济体系。其中，生产经营优质褐煤、腐植酸、粮油、建材、复合肥、牛排罐头等产品，并形成一定规模。煤炭、腐植酸以质量好、价格低、信誉高而受到用户的信赖，销往东北和内蒙古各地。年产上万吨的复合肥厂设在通辽市，该厂生产的“佳源”牌复合肥已被评为省级名牌产品，深受农家好评。公司的机械化分公司拥有推土机、装载机、拖拉铲运机和翻斗车等配套设备85台，能够承揽大型的土石方工程，年完成土石方量500多万立方米，机械化施工素享盛名。公司还与南韩大虎高社合作，兴办了霍林郭勒食品有限责任公司，公司生产的牛肉卷、牛排罐头深受中外用户的赞誉。

公司联系电话：13904758338

源源宾馆电话：0475-8231073　8252100

霍林郭勒市城建局

HUOLINGUOLESHICHENGJIANJU

局长：唐志芳

霍市紧紧围绕“从实际出发，增强城市意识，充分发挥现状城市化水平高的优势，强化完善基础设施建设，加强环境保护和环境卫生综合整治，增加绿色空间，以山水城市为建设目标，把霍林郭勒市建设成为富有草原民族特色、环境幽雅、生态和谐的山水区域中心工业城市”的建设目标，聘请自治区城市规划市政设计研究院专家对原有规划进行了修编。新的规划，充分考虑当前与长远、局部与全局、地上下地下等关系，把城市基础设施建设、环境建设、提高人民生活质量等作为规划重点，增强了城市道路、给排水、供热、供电、通讯、绿化、环境保护等专项规划。

1997年开展了“城市建设年”活动，一年内完成滨河路拓宽、自来水一期建设、供热管网改造等11个重点项目；1998年，霍市抓住洪灾后重建机遇，千方百计筹资和积极争取亚行贷款及上级专项资金，进行了霍林河河道防洪工程、市政道路改建、桥梁复建及自来水重建工程。三年间，全市基础设施投资近1亿元，使城市面貌得到根本改观。

通辽市交通运输管理处

处长　刘春和

该处是通辽市交通局领导下负责全市道路运输管理工作的行政事业单位，受市交通局委托履行交通行政执法权，现有运政管理人员33人，有处长、副处长及党支部书记、副书记4人，内设办公室、征管科、财会科、计审科、机务科、业务科、稽查科、培训科8个科室，负责全市8个旗、县、市、区的道路运输管理工作。

几年来，由于在运政管理机构内部开展“内强素质，外树形象”的自身建设，坚持依法治运、依法行政，寓管理于服务之中，实现两个转变，公开办事制度，向社会公开承诺，接受群众监督，在业务管理和精神文明建设方面都取得好成绩。1999年升为自治区级文明单位。在全区运管系统位次考核评比中，1997-1999年连续被评为全区运管系统实绩突出单位，被市直机关党工委评为建功立业先进单位。

为了实现目标化管理，每年召开一次专业工作会议，由处长和所长签订责任状

为树立交通运输良好社会形象，运政人员文明执法。

局长：邹芳德

通辽市专利管理局被评为全国专利系统先进单位。

通辽市专利管理局是通辽市专利工作机构。承担着专利服务和专利执法双重职责。多年来他们在没有经费来源，缺乏技术人员的艰苦奋斗下，白手起家，坚持工作，在专利服务和专利执法工作中创造出许多独特的工作方法，解决了专利申请难，

通辽市专利管理局

专利保护程序复杂，操作性差等问题，打开了当地专利工作的局面，专利申请量迅速提高，连续多年居全区第二、三位，个人代理量全区第一位，为全区乃至全国提供了在欠发达地区开发专利工作的经验。连续多年被自治区评为专利工作先进单位，1999年被国家知识产权局、劳动人事部评为全国专利系统先进单位。

奈曼旗工商行政管理局

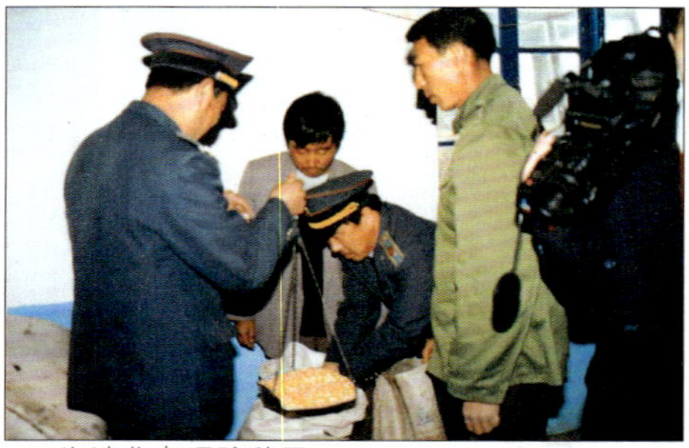

为消费者理赔种子

开展法律、法规宣传

奈曼旗工商行政管理局从1979年恢复建局以来，在几代人的不懈努力下，经过二十多年的艰辛发展历程，现在，“组织健全、队伍精良、管理严格、执法规范”，正逐步朝着“政治坚定、业务精通、作风过硬、纪律严格”的准军事化管理的队伍建设的方向全面发展。

目前，全旗工商系统有干部职工147人，其中：男职工103人，女职工44人，具有大学以上学历的4人，大专学历的86人，中专学历的20人，党员114人，占总人数的77%。

系统内设：党办、政办、纪检监察、法制、财务、企业、个体、市场、公平交易、收费、价格等13个股室，下设9个基层工商所，1个物价检查所。

全系统干部职工遍布在全旗31个苏木乡镇的8 159平方公里土地上，肩负着市场监管，依法行政的神圣职责，为维护市场经济秩序，创造公平竞争环境，保护消费者合法权益，促进地方经济健康、持续、快速发展等方面都做出突出的贡献。

工商系统曾先后被自治区人事厅、自治区工商局评为“争当人民满意公务员，创建文明机关先进集体”。

奈曼旗国家税务局

奈曼旗国家税务局是1994年8月税务机构分设后组建的。机关内设办公室、监察室、稽查分局、计会征收股、人事教育股、税政综合股和发票管理所7个职能股室。全局负责征收管理的纳税户2 554家，2000年全局增、消两税任务是1 530万元，税收收入任务连续几年超额完成。为地方经济发展作出了突出贡献。

通辽市工会

TONG LIAO SHI GONG HUI

市工会第一次代表大会当选的主席张为民（中）、副主席高锡文（右）、闫青兰（左）

在通辽市委领导和各级党政的支持下，广大工会干部，以增强基层工会活力为中心环节，以团结动员广大职工群众献身现代化建设为己任，坚持工会自身改革和建设，转变作风，加强调研，努力创新，形成合力，不断提高工会工作整体水平，有力地推动了工会各项工作，初步形成了具有时代特点的工会工作新格局。主要表现在：围绕贯彻落实工会工作总体思路，确立了高举邓小平理论伟大旗帜，团结动员各族职工为本市跨世纪宏伟目标建功立业的中长期目标体系和主要任务，实现了长期规划和近期目标的统一。工作目标定性要求与定量要求相结合的量化指标和考核体系，实现了工会工作虚与实的统一，全面要求与突出重点工作的统一。改变了工会工作内循环状态，主动自觉地争取社会力量的帮助，优化了外部环境。工会工作从活动型向指导型转变，注重调研成果用于指导工作。工作重点突出，以重点带动一般，推动整体水平提高。注重建章建制，强化工作规范要求，着眼于从机制、法制和制度上来解决问题。从工会工作被动配合向主动追求、开拓创新转变，工会干部被动协管向主动协管转变，初步形成了工会自身建设的良性循环机制。

通辽市歌舞团

通辽市歌舞团系原哲里木盟歌舞团成立于1959年。建团40年，积累了丰富的艺术经验与艺术资源，已发展成为拥有固定资产近300万元的专业艺术表演团体。所有在职人员均是历届艺术大中专院校毕业生。该团曾多次代表国家和自治区赴日本、尼泊尔、蒙古、荷兰、德国、比利时、印度、香港、澳门等国家和地区演出。1998年10月国家民委委派，组成“中国蒙古族音乐家小组”远赴荷兰、德国、比利时三国进行巡回演出，演出的节目受到欧洲朋友的广泛好评。1999年元月，受国家文化部委派，组成“中国内蒙古科尔沁民间艺术团”赴印度参加国际民间艺术节，演出的节目受到来自世界各地艺术家的高度赞誉。

扎鲁特旗土地管理局

局长：图门乌力吉

成立于1988年，局内现设8个股级单位，共30人。其中副科以上领导干部4人，党员14人。下设25个“土地与乡村建设管理所”，编制110人。

近年来，扎旗土地管理工作按照自治区和市土地局的部署，在旗委、政府的正确领导下，着力抓好土地管理的基础性工作，积极深化土地使用制度改革，各项工作都取得了比较好的成绩。

旗、乡两级土地利用总体规划的编制和修编工作，被自治区评为优秀成果。全旗地籍变更调查的经验，在自治区范围内进行了推广。该局王庆禄副局长在全国土地利用现状调查工作中被国家土地局评为“全国土地详查先进个人”。

局长：金斯琴

近几年扎旗民政工作实现了五个突破。一是新建敬老院4处，扩建8处，维修6处，使敬老院的建设、管理实现了新突破。二是双拥优抚工作实现新突破，1999年9月经自治区检查验收，扎旗第四次被命名为自治区级“双拥”模范旗，民政局被评为双拥模范单位。三是基层政权建设实现新突破，全旗245个嘎查村的到届换届、228个嘎查村选举任务全部一次性完成。四是殡葬改革实现新突破，全旗平迁坟2 529座，境内304国道500米之内的坟墓全部得到平迁。五是精神文明建设实现新突破，扎旗民政局多次被评为旗先进单位，局党支部被评为先进支部。

扎鲁特旗民政局

ZHALUTEQIMINZHENGJU

科左后旗人民法院

科左后旗人民法院审判庭竣工留影

法院成立于1948年，现有干警88人，内设13个庭、室、科、队，派出法庭9处，每年收结案件2 000余起。

近年来，科左后旗人民法院在党委的领导、人大的监督下，紧紧围绕司法公正这条主线，坚持审判工作为改革、发展、稳定服务。全体干警齐心协力，艰苦奋斗，不断开创法院工作新局面，在审判方式改革、机构改革、干部人事制度改革方面进行了卓有成效的探索，加强了队伍建设、两庭建设，取得了较好成绩。1997年荣立集体二等功，2000年被共青团中央、最高人民法院授予全国法院系统"优秀青少年维权岗"称号。

局长 刘玉斌

市财政局现有职工40人，其中：男21人，女19人，科级1人，副科级3人，平均年龄35岁，党员14人，大专以上文化程度30人，占职工总数的75%。共设两个二级单位，13个股室，其人员分布情况是：预算外资金管理局9人，办公室10人，预算股3人，行财股、农财股、社保股合署办公3人，企财股、综合股、基建股合署办公4人，监督股1人，国有资产管理股2人，控购办3人，国债部2人，会计股3人。

1999年财政收入完成6 149万元，其中地方财政收入3 376万元，财政支出完成5 112万元。

左起：财政局副局长齐风学，霍林郭勒市市长助理、财政局局长刘玉斌，市预算外资金管理局局长杨立华

霍林郭勒市财政局

通辽市科左后旗电信局

科左后旗电信局所属部门有17个电信支局，16个电信代办所。

到目前为止，旗局程控交换机总容量已达1万门，实占8 340门；农话交换机部容量为13 000门，实占8 747门。全旗公用电话有415部，主要公共场所及街道安装室外IC电话亭60个。到1999年底，电信业务总量从1993年的205万元增长到1 350万元，电信业务收入从219万元增长到1 276万元。人均劳动生产率12.9万元。

营业厅

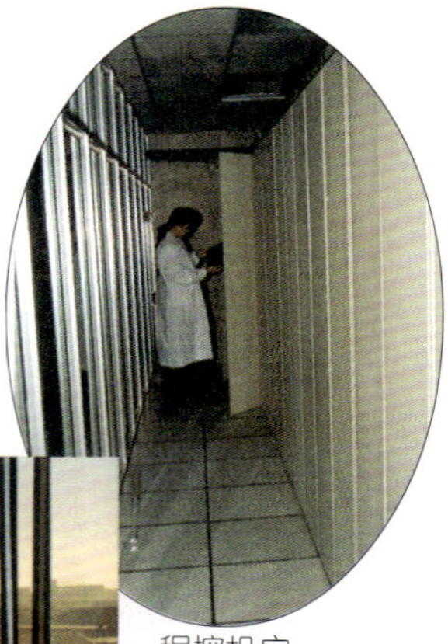

程控机房

局长：嘎达

通辽市科左后旗财政局

局长：布和巴特尔

科左后旗财政局下辖34个乡级财政所。其中：旗财政局34人；预算外资金管理局15人；乡级财政所133人。

近年来，全旗财政收入保持高速增长势头，到1999年底，财政总收入已达7 009万元，1997-1999年，年均增长12.33％。在抓收入、控支出、保改革、保发展和促进“两个提高”过程中，财政工作紧紧围绕旗委、旗政府的工作部署，为全旗社会经济的发展做出了应有贡献。

自治区副主席宝音德力格尔（中）视察学校

学生在语音室学外语

学生学习微机操作

甘旗卡第一中学

甘旗卡一中是一所纯蒙语授课的盟级重点高中，始建于1958年。近年来坚持“团结拼搏、求实创新、争创一流”的甘一中精神，在很短时间里，学校管理已进入自治区普通高中管理先进校行列，被命名为全区示范性民族高中；教育教学质量稳步提高，1996年全区会考综合测评中列为全区第三名、盟内第一，高考录取从1996年的119名增加到1998年的221名，居全区之首；办学条件有了根本性改善，办学效益明显提高。建校40年来为社会培养了15 000余名高中生，向高等学校输送本科生近3 000名、中专生千余名。学校环境优美，秩序井然。

局长：邹立和

该局下辖水工队、水保站、水资源办公室、防汛办公室、水产站、河道管理段六个事业单位。现有在岗人员75人，其中大中专毕业生49人；专业技术人员37人（高级工程师2人、工程师13人、助理工程师14人、技术员8人），技术力量雄厚，为乌兰浩特市水利事业的发展奠定基础。

随着对水利建设投入的不断加大，该市水利基础设施建设取得突破性进展。特别是1998年农业一期开发以来，该市加强了以水利为中心的农田基本建设及全市防洪工程建设，先后建成一批优质水利工程。水利局多次受到自治区、兴安盟、乌兰浩特市各级政府嘉奖和全市各族人民赞誉，曾荣获全区水利建设先进县、抗洪立功单位等称号。

乌兰哈达灌区渠首引水枢纽

城防堤—永联大堤

乌兰浩特市水利局

西卓子山草原

西卓子山草原水泥股份有限公司（原西卓子山水泥厂）是国家水泥行业的大型骨干企业，经国家建材局核定年生产能力100万吨，是自治区优质高标号水泥和商品材料的主要生产基地。

企业座落在生产水泥所需各种原材料的矿群之中，由于品种齐全、储量大、品位高、易开采、运距短，形成了得天独厚的资源优势。

该企业曾多次跻身全国最佳效益企业500强之列，是国务院首批认定的国家二级企业，自治区重点企业，三优带动企业，质量效益型企业，科技先导型企业和高新技术企业，荣获全国总工会颁发的“五一劳动奖状”。

依靠强劲的资源品位优势、名牌质量优势、成本管理优势和高新技术优势，使公司保持了连续20多年的高盈利水平，累计实现利税已超过建厂投资的10倍以上，成为自治区连年表彰的学邯钢优秀企业。

公司具有先进完备的质量监测手段和质量保证体系，采用国际标准生产，是国家级质量认证和质量体系认证的双认证企业。公司生产的“草原牌”水泥品种齐全、质量优良，各项指标均优于国家标准。主导产品525普通、525复合和525矿渣硅酸盐水泥荣获国优、部优、区优、自治区名牌

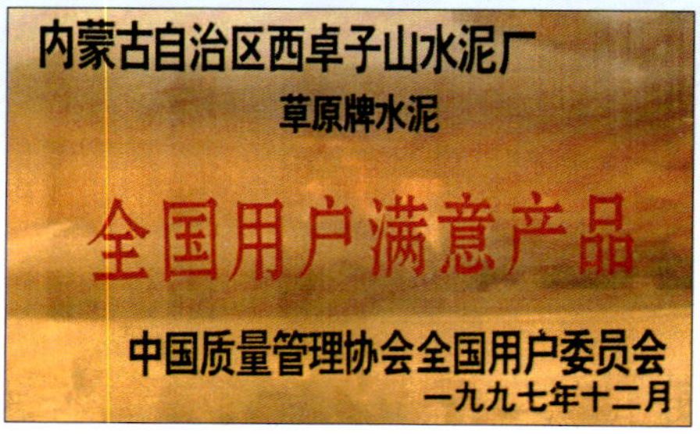

泥股份有限公司

产品和著名商标称号，被中国质量管理协会评为全国用户满意产品。近年来，有9个品种水泥被中国工业设计协会确认为向全国城乡重点推荐名优水泥，5个品种水泥被国家建材局和建设部联合向全国推荐的建材产品。

根据重点工程的需要，公司在国内还率先研制开发出625普通硅酸盐水泥、375快硬硅酸盐水泥、P_{II}型高强低碱机场跑道专用水泥、325路基缓凝水泥等一批高新技术产品，填补了国内空白。根据用户的特殊要求， 还可批量生产725超高标号硅酸盐水泥。

多年来，“草原牌”水泥大量用于国内和自治区的各大工程项目，并在国内外重点工程招标中多次一举中标，如神延铁路、黄河大桥、丰镇、托县、薛家湾、达旗等特大型电厂工程、世行国际招标的河套灌区工程及援外蒙古国工程等。1996年在举世瞩目的首都国际机场跑道改扩建工程中，以高强低碱的优势成为首选的唯一供货厂家，并在其后陆续支援了国内多处机场跑道的建设，保证了现代化机场的高标准要求，开创了生产机场跑道必须使用高强低碱水泥的先河。

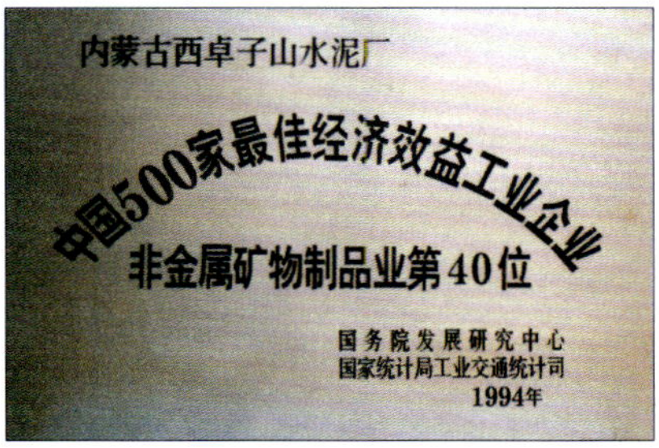

党组成员

2000年初在全区双拥模范城、单位、个人和“双十佳”表彰大会上，乌海市被中共内蒙古自治区委员会、内 蒙古自治区人民政府、内蒙古军区命名为双拥模范城。这是该市第三次获得“双拥模范城”称号。同时，海勃湾区政府、海南区人民政府、乌海市工业技校、海南区人民武装部、乌海市公安消防支队被评为双拥模范单位。王建国、周文华、李丽梅、吴俊、郇东等被评为双拥模范个人。

乌海市民政局

WuHaiSHiMinZhengJu

总经理：赵宝泉

乌海市丰源化工有限责任公司

公司前身是乌海市电石厂，于1998年12月底转制而成。现下设三部一室、三个公司。现已形成年产电石3.3 万吨、石灰氮1万砘、溶解乙炔5万瓶、出口电石包装桶10万只、石灰3万吨、氧气10万余瓶和氮气产品的生产、加工、制造能力。经过十五年的发展，资产总计达1.04 亿元。厂区占地面积19万平方米，职工近千人。连续三年跨入内蒙古300家最大经营规模和最佳经济效益工业企业先进行列，是内蒙古中型二档企业和科技先导型企业及国家经贸委、外经贸部批准的自营进出口企业，乌海市重点骨干企业之一。公司所生产的“丰源”牌电石荣获自治区名牌产品称号。

公司地址：内蒙古乌海市海南区卓子山西街107号
电　　话：(0473)4022856　4022851
传　　真：(0473)4021849
电　　挂：0617
邮　　编：016030
联 系 人：赵宝泉　迟建国

内蒙古一通机械有限责任公司

公司1985年开发出摩托车减振器产品。经过三次大规模的技术改造和兼并扩张，逐步成为全国最大的摩托车减振器生产企业之一、公司先后被评为自治区科技先导型企业、质量效益型企业和重点企业。

公司主导产品摩托车减振器是自治区名牌产品和全国用户满意产品。“九六四”牌被确认为自治区著名商标。产品现已形成包括本田、铃木、川崎、雅马哈系列在内的80余个品种，为40多个定点摩托车生产企业配套。近年又相继开发成功奔驰重型汽车和多种轿车减振器。目前，机动车辆减振器生产能力达160万支。

法人代表：张俊清
地址：乌海市海勃湾区鄂尔多斯东街
电话：0473-2032818
传真：0473-2032058
邮编：016016

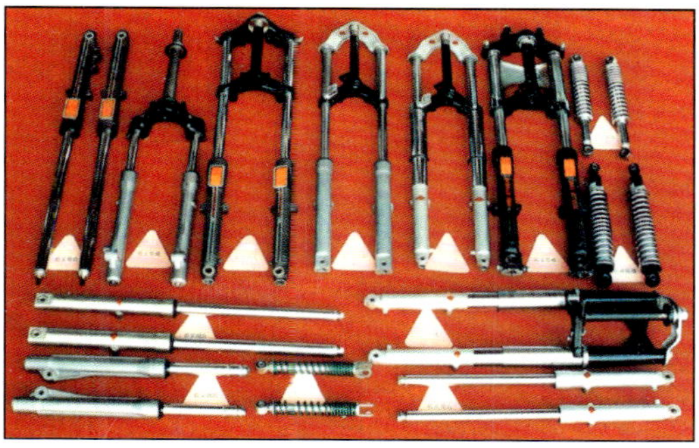
摩托车减振器系列产品

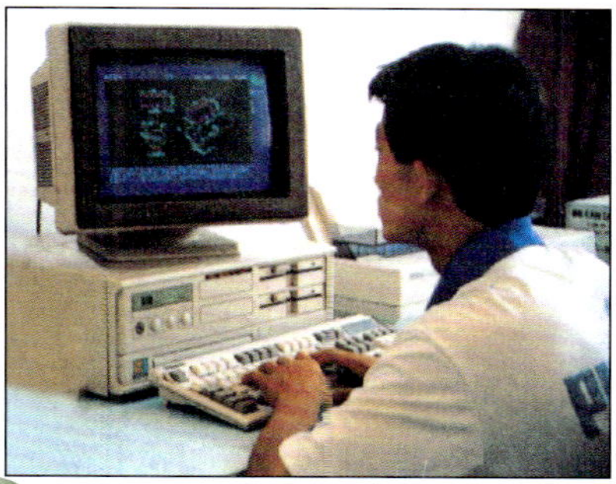
应用CAD系统开发新产品

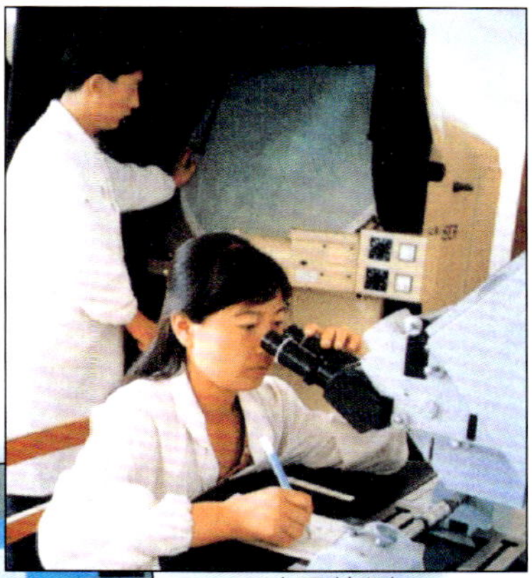
计量检测

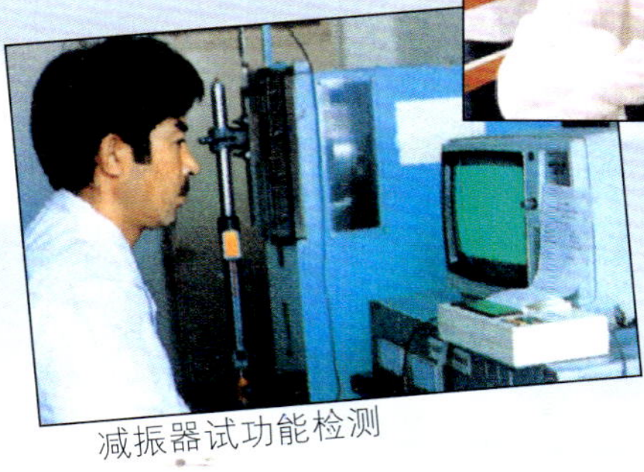
减振器试功能检测

内蒙古太西煤集团有限公司

董事会、经理班子成员

董事长、总经理：王以廷

公司是自治区唯一生产加工、经销和组织出口太西煤的股份制企业。公司辖20个基层单位，其中直属煤矿7个，年生产能力100万吨；现代化洗煤厂一座，年人洗能力40万吨；分布在包兰线和乌吉支线上的乌达、西大滩、本井三个发煤集运站和洗煤厂，有铁路专用线4 150米，年发运能力150万吨，其中出口煤30万吨。在册职工1 880多人。总资产4.2亿元，其中净资产1.8亿元。

太西煤产地古拉本矿区位于内蒙古与宁夏交界的贺兰山中段阿拉善盟境内，太西煤资源储量丰富，含煤面积64平方公里，可采及局部可采煤层11层，平均总厚度26.42米，现探明储量3.9亿吨，远景储量10亿吨，潜在经济价值2 500亿元。

太西煤具有独特的优良品质，是中国乃至世界煤炭之珍品。太西煤独具低灰、低硫、低磷、高发热量、高比电阻、高块煤率、高机械强度、高化学活性、高精煤产率等“三低六高”的优势，被誉为“煤中之王”，广泛用于化学、冶金、化工、建材等工业，是其他煤种难以替代的工业原料和燃料。

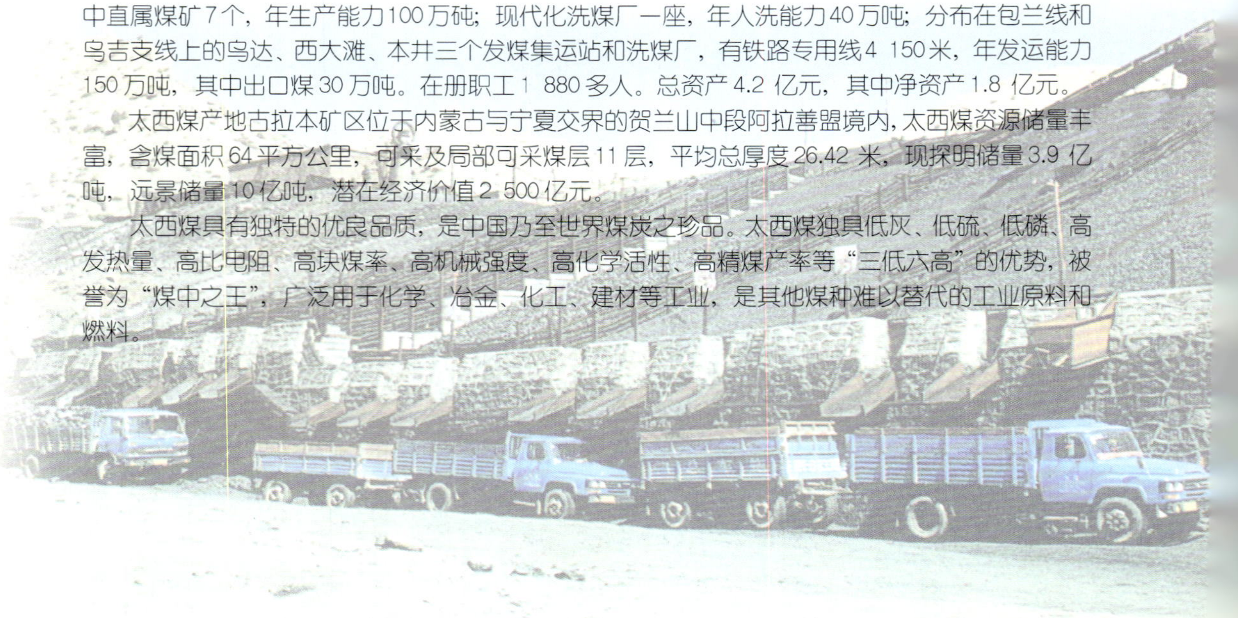

内蒙古乌海市黄河工贸集团

从1985年开始，通过开发乌海航运，创建煤矿、洗煤厂；接收海南焦化厂、内蒙古千里山钢铁厂等六家企业，使集团形成以原煤开采，精煤、炼焦开采为主；集炼铁、水泥、石灰石、铁路运输于一体的多元化企业集团。

到1999年底，集团总资产达2.7亿元，职工4 380人，为乌海市规模最大，发展速度最快、效益最佳的龙头乡镇企业。集团现有下属企业11个；乌海市黄河焦化有限责任公司、乌海市千里山钢铁有限公司、千峰水泥分公司、黄海煤焦有限公司、民惠炼铁有限责任公司、黄河航运有限公司、黄河运销有限责任公司、黄河煤炭有限公司、黄河种养有限责任公司。黄河焦化腾达洗煤厂。主要运输设备有：11公里的铁路专用线连接包兰线，一台自备车机头，两列自备车皮和130多台货运及特种车辆。集团每年可产焦炭26万吨，焦油2万吨，洗精煤35万吨，原煤40万吨，生铁11万吨、水泥20万吨、石灰石40万吨，年销售产值2.6亿元，利税4 000万元。

乌达矿务局生物肥料廠

始建于1997年，1999年元月正式投产。厂区占地面积5.3万平方米，拥有固定资产1 800万元，职工150人，年产生物肥料3万吨，产品已出口美国、马来西亚，国内销往北京、上海、安徽、宁夏、内蒙古等省市区，受到国内外用户好评。

生物肥料不同于化肥，它通过生物新陈代谢向植物提供营养，具有增加作物产量、改善果实品质、改良土壤结构、保护环境等功能，是现代农业发展的理想农用肥料。乌达生物肥料厂的产品为“大地”牌生物肥料，是一种既可作为基肥，又可以作为追肥施用的氮、磷、钾全元生物肥料。1999年在国内外大面积种植使用均获得成功。特别在蔬菜、玉米、葵花、瓜类及经济作物上的施用，表现出奇特的优势。用农民的话说：“产量大、味道好、土地有了蚯蚓”。

产品投放市场，呈现出供不应求的局面，现已完成二期6万吨的扩建计划，总规划生产规模达到50万吨／年。该厂愿与天下有识之士共同发展，共创未来。

内蒙古黄河化工集团公司

总经理、党委书记：高宏斌

中共中央政治局常委、国家副主席胡锦涛、自治区党委书记刘明祖、自治区主席乌力吉、市委书记巴特尔来厂视察

公司是在内蒙古第二通用机械厂（九五四厂）的基础上组建的。下辖三个厂：内蒙古黄河化工厂（原内蒙古第二通用机械厂）、乌达化工厂（原乌达化学工业总公司）、乌海塑料厂。

生产规模为：年产2万吨烧碱、2万吨PVC树脂、1.5万吨盐酸、2.5万吨电石、0.5万吨液氯、1万吨石灰氮以及双氰氨、硫脲和年产1000万条复合编织袋生产线。为企业配套的还有煤矿、焦炭、白灰、电极糊、砖厂、工程队、机械加工等集化工、轻工、机械加工、原材料供应为一体的综合性大型企业。"九五"期间计划投资建设5万吨离子膜烧碱、5万吨PVC树脂等技术改造项目，不断发展壮大企业实力，加强企业在市场竞争中的能力。

电话：0473-225775
221086 221087
地址：内蒙古乌海市
邮编：016000

乌海市 WU HAI SHI 司法局

局长：白　彦

2000年，坚决执行好党风廉政责任制的落实和追究工作。实行党风廉政建设责任制要责任到位，工作到位。把责任制内容、要求、标准层层分解，落实到单位个人。年内重点追究：一是直接管辖范围内发生重大案件，致使国家、集体资财和人民生命财产遭受重大损失的；二是本部门本单位发生重大事故和恶性事件的；三是对直接管辖范围内明令禁止的不正之风不制止不查处，或者对上级机关交办的责任范围内的事项拒不办理，或者对严重违纪违法问题隐瞒不报、压制不查的；四是领导干部配偶子女利用该领导干部职权和职务上的影响获取非法利益，造成恶劣影响的。

内蒙古鄂托克制药厂

Nei Meng Gu E Tuo Ke Zhi Yao Cang

厂长：杨贵仁

内蒙古鄂托克制药厂属国家医药系统管理的国营中型企业，经过几次大型技术改造，现已发展成为生产左旋麻黄素、右旋麻黄素、麻黄浸膏粉、药用氯化钠（原料药）及各种制剂的综合性制药企业。

现拥有固定资产1 100多万元，职工300余名，工程技术人员25名，厂区占地15万平方米。年产能力：麻黄素50吨、麻黄浸膏粉300吨、药用氯化钠800吨、各种制剂4亿片（粒、袋）。所有出厂产品都执行高于法定标准的厂内控制标准，质量可靠，注册商标为“吉昌”牌。

该厂技术力量雄厚，生产工艺先进，机械设备、检测仪器齐全，加工制作精细。左旋麻黄素荣获部优产品称号，右旋麻黄素荣获区优产品称号，该产品远销美国、日本、瑞典、香港等十几个国家和地区。各种制剂、药用氯化钠行销国内20多个省、市、自治区。药厂坚持走科技兴药的发展道路，积极研制开发新产品，以产品质量求生存、求发展。

1998年实现产值2 000万元，利润198万元，1999年实现产值2 100万元，利润200万元。

厂　　长：杨贵仁　　　　电　　话：(0477)6476958

传　　真：(0477)6476958　　邮政编码：016064

开户银行：伊盟鄂旗工行棋盘井办事处

帐　　号：54702210018-862

地　　址：内蒙古鄂托克旗棋盘井

乌海市五湖泵业有限责任公司

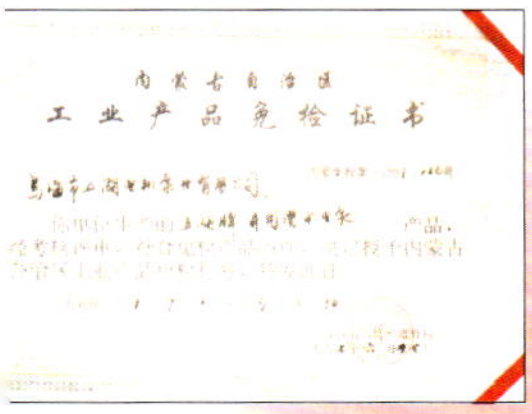

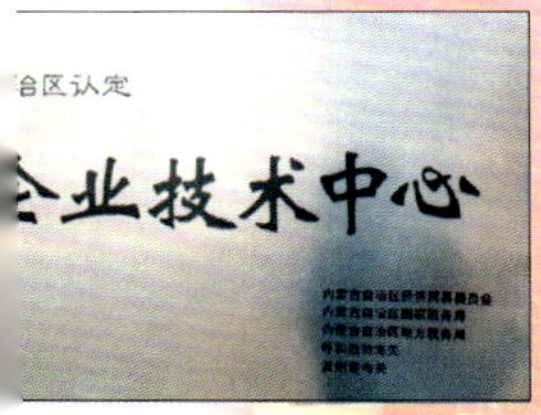

乌海市五湖泵业有限责任公司，生产“五湖牌”井用潜水电泵系列产品：150QJ、175QJ、200QJ、250QJ、300QJ和350QJ六个机座号（井径），5m3/h—350m3/h20多种流量等级，11m—460m 300多种扬程规格；潜水电机2.2—185KW61种规格。还生产Y系列普通电机、污水污物潜水电泵、螺杆潜水电泵、小型潜水电泵、单相湿式微型潜水电泵、电动机起动保护器和灰口铸铁、球墨铸铁给排水或输煤气管（ø100—ø800）、ø150—ø450铸铁井壁管等产品。

董事长：钱耀峻　　　电话（传真）:0473-2027626

总经理：王勇进　　　电话：0473-2027418

销售副总经理：解金祥　电话：0473-2025877

地　址：内蒙古乌海市海勃湾区海河北路

校长：田俊林

乌海市第二中学始建于1972年，是乌海市教体委直属的全市最大的初级中学，位于人民广场正南，人民公园北侧。学校占地面积50 323平方米，建筑面积7 787平方米，共有30个教学班，121名教职工。有中学高级教师4人，一级教师65人。专任教师学历合格率100%。

学校以跨世纪的素质型人才为培养目标，注重学生潜能开发和独立人格的培养，增设计算机课，实行体育课改革，学校倡导严谨、勤奋、求实、创新的校风。

学校在实施义务教育中，制定了“启动内驱力，拼搏创一流”的校训，并努力创设“严谨、敬业、爱生、奉献”的良好教风和“勤奋、多思、乐学、创造”的良好学风。学校始终重视德育工作和校园文明建设，并取得了显著成效。1994年乌海二中被海勃湾区政府命名为“文明单位”;1996年被内蒙古教育厅命名为“义务教育示范学校”；1997年被乌海市精神文明建设委员会命名为“花园式单位”；同年被自治区教育厅评为“贯彻体育卫生工作条例优秀学校”；1998年被乌海市教体委评为“电化教学先进单位”。

乌海市第二中学

中国内蒙古金宇硅业有限公司

内蒙古金宇硅业公司是由广润（利润）发展有限公司[GENERAI,RESOURCE(H.K) DEVELOP-MENT LTO]和乌海电业局多种经营总公司合作兴办的中外合作企业，总投资额3 080万元。位于中国内蒙古乌海市海南高耗能工业区内，占地70 000平方米，技术力量雄厚、生产工艺先进、检测手段完善。现建成投产的有硅冶炼炉四台，年产化学硅9 000吨，产品优良，远销日本及欧美等地，年创汇100万美元以上。

地址：乌海市
电话：0473-4020188
传真：0473-4020188
网址：NMJYG · Eashome · NET

内蒙古乌海市煤炭集团公司

公司是按照市政府煤焦运营战略目标成立的一级法人企业，是乌海市地方唯一具有原煤出区计划的国有企业。公司现有职工400多名，拥有资产6 326万元，有直属煤矿4个，原煤年生产能力50万吨以上，煤种有焦煤9#、10#、14#、16#四种，还有低灰、低硫的优质精煤，该煤种的发热量为：应用基低位发热量在5 800大卡／千克以上；含硫在0.5%以下，灰份在10%以下。公司现有自备车三列(135辆)，年外运能力30万吨，发运站有乌海站、乌海西站、包头站、万水泉站。公司年销售原煤和精煤30万吨以上，焦炭10万吨左右，销售收入3 000多万元。为了进一步拓宽销售渠道，开辟新的销售市场，提高经济效益，公司在包头、呼市、北京、沈阳、鞍山、潍坊、常州等地设有办事处。公司愿以已形成的生产、销售、运输一体化的完整体系真诚地与国内外用户精诚合作，互惠互利。

公司地址：乌海市海勃湾区新华西街33号
邮编：016000
电话：(0473)2023189　2022750　13904732768
传真：0473-2023189

1992年4月由内蒙电力总公司、海勃湾矿务局、乌达矿务局、西卓子山水泥厂、武汉锅炉厂、内蒙古自治区信托投资公司、国家能源投资公司等7家法人单位发起组建，并经自治区人民政府批准成立。公司首次注册资金5亿元，采取定向募集，由12家法人单位及认股单位内部职工认购，全部股本用于乌海市海南区建设海勃湾发电厂一期工程2×100兆瓦机组及相应电网配套工程。

公司建设和经营的海勃湾发电厂属于坑口电站，煤质优良、煤价低廉、储量35.5亿吨，建厂条件十分优越，且政策优惠、效益可靠。1994～1997年分别实现利润4 047.27万元、7 595万元、7 648万元、7 412万元。

海勃湾电力股份有限公司

海局大漠水泥厂

水泥生产线微机总控室

窑头控制室

该厂是神华集团神海公司直属水泥生产企业。总投资8 839万元。年产425#、525#普通早强型硅酸盐水泥10万吨。注册商标“漠中”牌。该厂工艺先进，自动化程度高。烧成系统采用国内比较先进的带N H型五级旋风预热器的干法回转窑。生产实现微机控制，且具有先进检测手段和完善的环保设施。产品经省、市技术监督局抽查检验，各项指标均达到或超过国家标准。该厂生产的水泥以其凝结时间快、早期强度高、质量稳定等特点受到用户广泛好评。热忱欢迎新老朋友惠顾。

厂　址：内蒙古乌海市老石旦街火车站西侧

电　话：(0473)4118149　4882325

邮　编：016033

开户行：建行乌海市海南区支行老石旦分理处

帐　号：263003

税　号：150303114733237

大漠水泥厂水泥铁路专用线

乌海市大汗酒业有限责任公司

产品

公司位于乌海市海勃湾区黄河东街1号，是由“乌海市制酒厂”于1999年经股份制转制而来。企业占地面积近3万平方米，固定资产1 300多万元，年生产设计能力为5 000吨。年创利税近仟万元，是乌海市的利税大户之一。

该企业不断强化质量和营销管理，产品质量稳定，企业效益逐年提高。产品自被推荐为消费者信得过产品、信得过放心饮用酒后，两大系列白酒又被评为全国食品行业“质量信得过产品”，乌海系列白酒被评为“国家质量达标食品”。1999年以来，企业被评为自治区级诚信单位、自治区级重合同守信用单位，乌海市“模范纳税大户”，企业通过ISO9002:1994国际标准质量体系认证。“乌海”牌商标誉为自治区“著名商标”。

地　址：乌海市海勃湾区黄河东街1号

法人代表：陈请效

电　话：0473-2028071　2023389

内蒙古第八地质矿产勘查开发院

该院原为内蒙古自治区一〇八地质队，隶属于内蒙古地质矿产勘查开发院。现在岗职工130人，其中干部42人，各类工程技术人员43人。单位主要从事地质勘察、水井施工、化验测试、绘图复制、地质咨询、矿业开发、工程地质勘探及房产出租等产业。从1958年建队以来，高质量、守信誉，为乌海市经济的发展做出了资源上的重大贡献。单位有可供开发利用的基地4处，占地面积15万平方米，水电暖设施齐全。其中，综合办公楼可出租房屋面积2 000平方米，将积极吸引内外地客商合资办厂，使多种产业稳定协调发展。

院长：史晓　电话：13904733367　0473-2033653

地址：乌海市海勃湾区海河北路139号

邮编：016006

该公司由原内蒙古阿拉善苁蓉集团有限责任总公司、宁夏西部林草生态工程有限责任公司和宁夏民族化工集团合资组建而成，于1998年10月9日成立。合资组建的集团公司总注册资本为1 163万元人民币。新组建的合资公司以阿拉善名贵的中药材肉苁蓉的系列产品及药物研究、开发为主。经营范围包括土地开发、农业、林草业、畜牧业、生物工程的研究开发及产品深加工，农、林、土畜产品的销售。是跨行业、跨地区的企业集团。

公司现已具有内蒙古名牌产品称号的苁蓉酒，国家卫生部批准的保健功能 型食品苁蓉养生液的国际先进水平的生产线。

董事长：宋　军

总经理：翟彦奎

总经理：翟彦奎

内蒙古阿拉善苁蓉集团有限责任公司

NeiMengGuALaShanCongRongJiTuanYouXianZeRenGongSi

前进中的阿拉善盟交通事业

党组书记、局长：陶克图

中华人民共和国成立前，阿拉善地区没有一条正式公路，境内一切物资进出及人员往来均靠骆驼来完成，交通十分闭塞。

新中国成立后，特别是改革开放20年来，阿拉善盟的公路交通事业发生了巨大的变化，一条条公路穿越大漠戈壁，连通城镇牧区，形成以盟府巴彦淖特为中心的四通八达的公路网。全盟公路总里程达4 700公里，基本上实现乡乡（苏木）通公路。在加快公路建设的同时，坚持建养并重，加强养护管理，公路平均好路率达70%；公路运输迅猛发展，市场开放，活跃有序。到1999年末，公路客货运输量分别达到257万人次和614万吨，基本上实现货畅其流和人便于行。

公路测设、公路施工队伍不断壮大，技术水平日渐提高，已分别具备二级公路测设和高等级路面施工的能力。全盟交通系统90%的单位分别跨入自治区和盟旗文明单位行列，实现了物质、精神两个文明双丰收。

巴彦浩特汽车站

银巴公路

吉兰泰盐化集团

原盐采掘

原盐集坨

公司总裁：王刚

自治区的大型企业集团，现有成员企业十几家，员工7 000余人，总资产10亿元，净资产4亿元，年创利税9 000多万元。集团的核心企业是吉兰盐化集团公司即原吉兰泰盐场，是我国第一座机械化湖盐场，属国家大型一档企业，也是我国湖盐行业规模最大、机械化程度最高、生产能力最大的企业，具有260多年的开采历史。自1953年建场以来，累计生产成品盐1 900万吨，上缴利税13亿元，46年从无亏损，为民族地区的经济做出了突出贡献。企业1991年进入全国300家最佳经济效益企业，列盐行业之首。1992年列自治区最佳经济效益企业第5位。1993年被国务院发展研究中心和国家统计局认定为全国行业50家最佳经济效益企业第一名和行业50家最大工业企业。1996年在全国非金属矿采选业中，产品销售收入列第15位，利税排第5位，进入轻工200强企业之列。企业先后荣获自治区先进企业、文明企业、企业管理先进单位、全区文明单位标兵，全国文明单位、财会先进企业、特级AAA信用企业、普法先进集体、民族团结进步先进集体、体育工作先进单位、绿化300佳单位、环保先进单位等近百项殊荣，被全国人大常委会副委员长布赫誉为“沙漠明珠”。

阿拉善左旗一中

始建于1947年，是自治区的重点中学，是阿盟建校最早、学生最多的一所普通高中。占地4.7万平方米，拥有教学楼、实验楼、办公楼和较完备的教学设施。现有高中教学班24个，学生1 200余名。有藏书2万余册的图书室、语音室、微机室、物理、化学、生物实验室，还有美术、音乐活动室。现有50人规模的中型乐队和美术活动小组。

学校师资力量较强，现有教职工154名，其中特级教师1名，高级教师8名，一级教师58名，高中级职称教师占教师总数的60%。先后被评为旗级德育先进学校、盟级体育传统项目学校、盟级社会治安综合治理先进集体。1994年经自治区教育厅检查和评估验收，被命名为全区普通高中管理先进学校和自治区电化教育优秀学校。

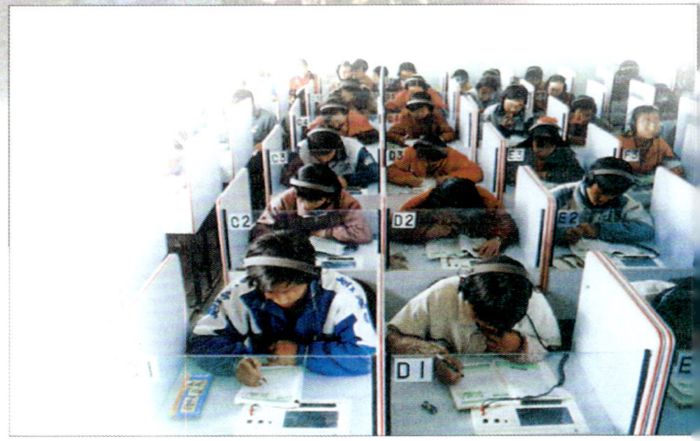

局长：李国忠

该局是集公路养护建设和管理于一体的事业型企业化管理单位。内设10个职能科室，下设6个管理公路工区、2个边防公路养护队、8个直属企业、3个独立核算单位、29个固定养护站，担负着省级干线公路5条、旗（县）级公路4条、边防公路7条共2 714公里的养护任务。

全盟公路系统拥有筑养路机械16 905马力/259（辆），平均动力装备率6.2马力/公里，同时拥有实力雄厚的工程技术人员，有能力承揽各种大中型工程项目。

阿拉善盟公路管理局

阿左旗实验小学

校长：林淑英

原名巴镇三小，创建于1956年，地处阿左旗文化街，占地面积10800平方米，是一所设备完备、环境怡人、校风优良的“自治区义务教育示范学校”和“全区教育先进单位”。该校办学宗旨是：办规范加特长的学校，育合格加特长的学生。

学校实行五年学制，共有20个教学班，其中实验班12个，在校生总数958名。学校附设学前班3个，总人数130人。

多年来，一直承担着“电化教学”、“注提”、“韵语”语文教改实验任务，在各方面取得优异成绩。1996年被评为“全旗德育先进集体”、“全旗优秀少先大队”；1997年被评为“自治区电化教育先进学校”、“全旗教育目标管理先进学校”；1998年获得“自治区义务教育示范学校”、“全盟义务教育示范学校”、“全盟师德建设四认真学校”、“全旗教育工作先进单位”；1999年在全区教育工作会议上被表彰为“全区教育先进集体”。

总经理：黄国良

公司是经阿左旗硝化厂转制而成，是生产元明粉（Na_2SO_4）的专业厂家，有一万吨、二万吨、五万吨三条生产线，年生产元明粉8万吨，在国内同行业中占前8位优势，居内蒙古前列。

公司原料储藏丰富，可溶性杂质少，生产车间采用先进的四效顺流强制外循环蒸发新工艺，生产的Na_2SO_4白度高，含量纯，均达到和超过国家标准。产品远销日本、新加坡、泰国、南朝鲜、香港、越南等东南亚国家和地区，以及国内18个省、市、自治区，赢得广泛的声誉和一致好评。公司生产的“达来湖”牌元明粉被评为自治区优质产品，被政府命名为“重合同，守信用”单位，质量、计量、质检全部达标。

元明粉是一种重要的化工原料，在合成洗涤剂、玻璃、造纸等行业都有极其广泛的用途。以元明粉为主要原料生产的泡花碱，公司均有高、中、低模数的合格产品。

公司在宁夏银川市设有办事处，电话：0951－3072417７，交通便利，产品实行三包，发货及时，欢迎来人、来函洽谈业务。

地址：内蒙古阿左旗银巴路89KM

邮编：750300　　电挂：4285

电话：(0483)8639991　传真：8639988

阿拉善左旗

富达盐化有限责任公司

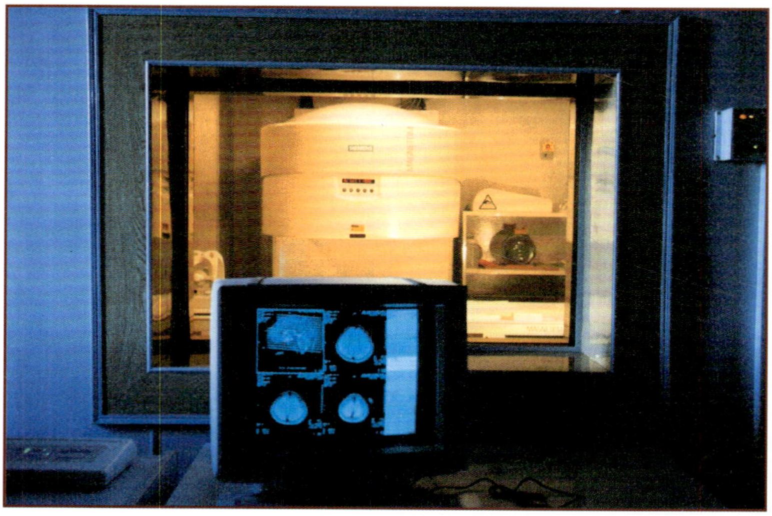

德国西门子磁共振成像系统

内蒙古林

医用电子直线加速器

德国西门子 1000MA 数字胃肠机

德国西门

总医院

内蒙古林业总医院隶属内蒙古大兴安岭林管局，位于大兴安岭林区、呼伦贝尔草原交汇处。是呼盟境内第一
级乙等医院、呼盟人寿保险公司定点服务医院、国际紧急救援中心网络医院、自治区文明医院、全国卫生系
进集体。

医院设有床位500张，设备齐全、技术力量雄厚，是大兴安岭林区医疗、教学、科研和保健中心。

医院“全心全意为患者服务”为宗旨，大力发展林区医疗卫生事业。肿瘤防治中心在呼盟境内是第一家除手
化疗外能够开展放疗和介入放射技术治疗各类肿瘤的医院。远程会诊中心可将磁共振、CT等图像传递到北京
名专家认证。急救中心配有强大的远程救护系统，可在车内完成急救手术，是呼盟首家开展24小时ICU救护
院。特需护理可随时为病人献爱心，为所有需要的病人家庭排忧解难。

为病人提供高质量、高水平的医疗服务是内蒙古林业总医院永远的追求！

地址：内蒙古大兴安岭牙克石市林城路81号

联系电话：0470-7425282

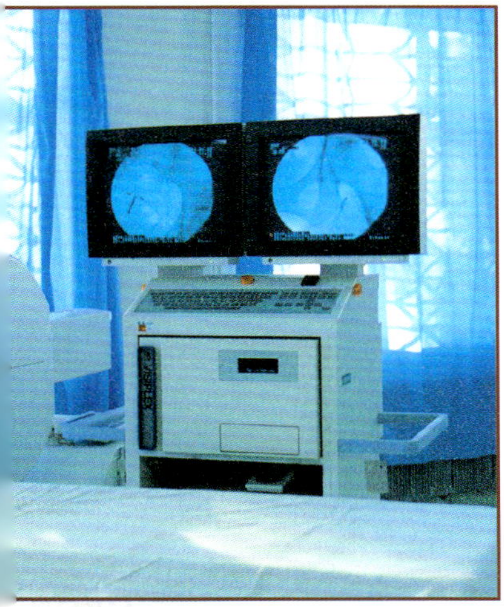

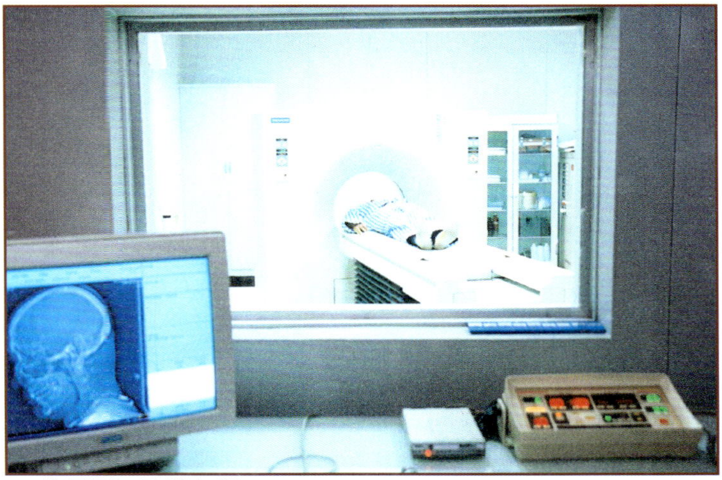

德国西门子螺旋CT

总经理　胡明

呼伦贝尔海乳乳业有限公司

呼伦贝尔海乳乳业有限责任公司的前身是海拉尔乳品厂。海拉尔乳品厂始建于1950年3月，座落在牧草丰美、肥沃辽阔的呼伦贝尔大草原上。得天独厚的自然环境，历史悠久的畜牧业，纯天然无污染的牛奶原料，为乳品工业的发展奠定了雄厚的物资基础。它生产的产品有乳品、冷饮品和药品三大系列。多年来，“海乳”牌系列产品均为自治区、部级以上获奖产品，乳品厂先后被评为自治区先进企业、轻工业部优秀质量管理企业、中国乳制品工业十大企业等荣誉称号。

为适应市场经济发展的需要，企业进行了转制，组建了“呼伦贝尔海乳乳业有限责任公司”。在上级政府的支持下，企业走招商引资的路子，拿出部分资产和北京三元食品有限责任公司合资组建了“呼伦贝尔三元乳业有限责任公司。目前，合资企业运行状况良好，产品供不应求。

为进一步适应市场经济和企业发展的需要，决定海乳冷饮厂、海拉尔制药厂2个下属企业实行对外合作，寻找合作伙伴，引进资金，引进人才，借西部大开发的东风，把企业尽快发展壮大起来。

呼伦贝尔草原这个古老而辽阔的绿色净土，造就了“海乳”系列绿色食品。“海乳”将发挥地域优势，生产出更多更好的产品奉献给社会。

地址：内蒙古海拉尔市建设大街
电话：(0470)8222821-2003
邮编：021008　　传真：(0470)8222770

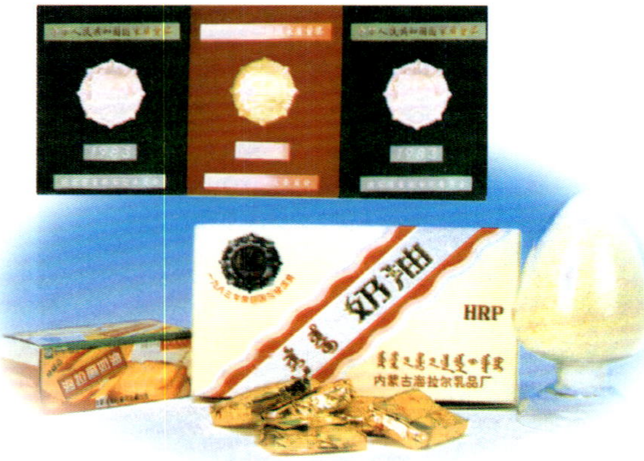

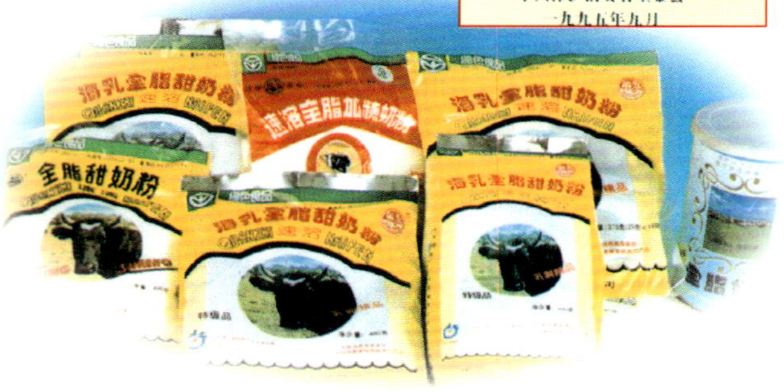

呼伦贝尔盟卫生局

呼伦贝尔盟地处祖国北疆，1999年全盟共有各级各类卫生机构1 617个（含各类诊所），有卫生技术人员17 344人，病床10 503张。全盟各医疗卫生单位在改革开放中开拓进取、勇于创新，注重特色建设 为更好地满足各族人民群众的医疗保健需求做出了积极的贡献。

呼伦贝尔盟人民医院是全盟最大的一所综合性医院，始建于1954年，1997年被评为三级乙等医院，承担着全盟医疗急救、医疗科研与临床教学等中心任务。近年来医院开展脑深部巨大肿瘤切除术、椎管手术、肝肾动脉栓塞术、断耳再植、逆行胰胆管造影及尿激酶栓治疗心脑梗塞二尖瓣狭窄球囊扩张术、射频消融、动脉导管介入治疗等多项新技术。特别于1999年成功地开展了肾脏移植手术，又一次填补了呼盟地区临床医疗技术的空白。

呼伦贝尔盟中蒙医院是呼盟地区集中蒙医疗、教学、科研一体的全盟最大的中蒙医院。医院在业务建设上发挥中蒙医特色和优势，在诊治循环、消化、呼吸等系统疾病等方面积累了丰富的经验。肛肠科和血栓病科是医院的“重点专科”已取得了很好的疗效，走在呼盟地区的前列。医院研制生产的“山黄降脂片”、“三七五味散”、“骨病逐瘀丸”和蒙医药治疗骨结核、淋巴结核等受患者好评。

呼伦贝尔盟妇幼保健所是呼盟地区妇幼保健业务指导中心，现有卫生业务人员85，其中正副主任医师4人，主治医师22人，开放病床40张。认真开展优生、优育、优教的妇女儿童保健工作，开展产科及妇科疑难病症的诊治，儿科常见病、多发病和新生儿疾病的抢救治疗，并创造条件开展妇儿保健的科研及培训等项工作。

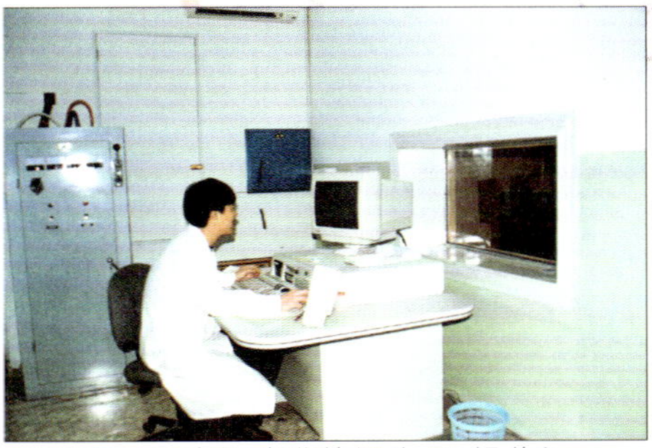

盟人民医院新购进的螺旋CT操作间

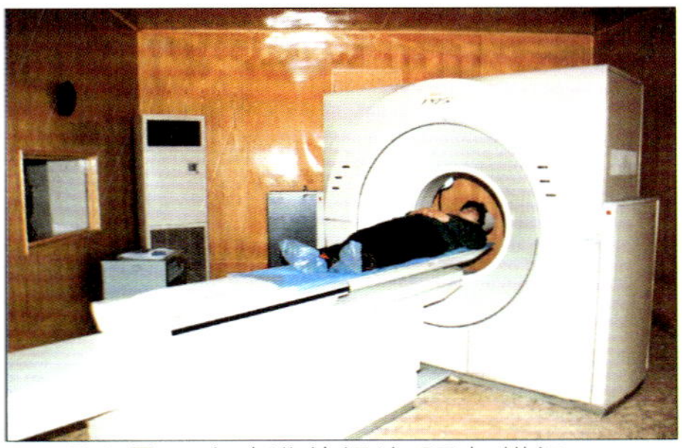

盟人民医院购进的螺旋CT扫描间

呼盟中蒙医院科研成果获盟级一等奖

盟中蒙医院院长：于宝峰

盟妇幼保健所所长：李顺

2000年4月17日，中共中央政治局常委、国家副主席、中央军委副主席胡锦涛视察国门时同站领导合影

检查员在国际列车上对外籍旅客宣传我入境法律法规

站长刘文江与俄罗斯后贝加尔边检站站长达伊尔巴耶夫会晤宴会中举杯共庆合作成功

满洲里边防检查站

龙腾虎跃训练场

站长　刘文江

政委　陈怀树

中华人民共和国满洲里边防检查站1951年8月23日正式成立，隶属内蒙古边防总队，现有人员近400人，担负着国际客货列车和公路客货运的检查、监护任务，年平均检查出入境旅客70余万人次，各类交通工具10多万辆（列次）。

1997年以来，开拓进取，勇于创新，按照江总书记“政治合格、军事过硬、作风优良、纪律严明、保障有力”要求，全面加强部队正规化建设。几年来，全站以“内强素质、外树形象”为目标，提高边检队伍的整体素质，加大硬件投入，改变各执勤现场和营区环境，使各检查现场的硬件建设得到前所未有的发展。1999年底，满站被部局评为全国出入境边防检查系统勤务规范化建设先进单位。2000年9月，全国陆地边防检查站业务研讨会成功地在满站召开。

满洲里边防检查站始终把精神文明建设作为部队建设的一项重要内容，并以开展“为人民服务、树边检新风”活动为载体，提高了边检官兵的思想道德教育和业务素质。同时积极开展警民共建活动，利用会谈会晤优势，支持地方经济建设，推动了精神文明建设向深层次发展。1998年底，满站被评为盟级精神文明建设标兵单位。1999年3月，被公安部边防局评为“为人民服务，树边检新风”先进单位。

呼伦贝尔盟 长途电信线务局

呼盟长途电信线务局是呼盟电信行业的一个重要部门，担负着全盟25万平方公里土地上辐射各地的4 400多公里长途及本地网通信光缆的维护和抢修任务。现有职工2 161名，其中工程技术人员16名，大中专以上毕业生34名，拥有固定资产1.2 亿元。下辖海拉尔、满洲里、牙克石、莫旗、根河、大杨树等8个线务分局，其中海拉尔、满洲里、扎兰屯、莫旗、根河、大杨树已建成光缆维护中心，它们各自承担着保障本地区通信光缆安全畅通的任务。已实现了维护机械化和维护管理、会计结算、档案资料管理、文件打印的计算机化，实现了光缆自动监测系统的计算机化，为呼盟地区基础产业建设和通信网络的形成，为推进改革开放，促进地区经济发展，创造良好投资环境，做出了巨大贡献。几年来，呼盟线务局先后被有关部门授予“盟级文明单位标兵”、“军警民共建先进单位”、“抗洪抢险保通信先进单位”等荣誉称号，并多次受到表彰。

目前，呼盟线务局全体干部职工，正在以积极的姿态、饱满的热情，投身西部大开发热潮，为呼盟电信新一轮创业争做贡献。

团结、务实、高效的领导班子（左起：纪检委书记崔福、副局长宋船海、李中亚、巴图、局长周黎明、党委副书记德力格尔、副局长齐伯银、政治部主任陈喜）

党委书记、局长　周黎明

1998年，呼伦贝尔盟境内的大部分地区，先后遭到了百年不遇的特大洪水袭击。在人民生命和国家财产受到严重威胁的危急时刻，呼盟公安机关各级指挥员和广大公安民警，面对洪魔临危不惧，勇往直前。他们一次次临险，一次次排险，一次次凯旋，在生与死面前经受住了考验，用鲜血和生命谱写了一曲曲战天斗地、力挽狂澜的人民警察之歌。

在长达数月的抗洪救灾期间，呼盟公安局党委一班人，殚精竭虑，周密策划，一手抓抗洪救灾，一手抓维护稳定。他们身先士卒，积极投身到抗洪第一线抵近指挥，用实际行动赢得了党和人民的高度赞誉和信赖。据统计，在抗洪抢险斗争中，全盟公安机关共出动警力45 498人次，出动车辆4 629台次

呼伦贝尔

抗供抢险刚结束，

出动船艇90艘次，抢救转移被洪水围困群众19 664人，抢救公私财物3 974件，价值2 080万元；抢修险工险段137处，排出险情306处，护送抗灾人员、物资668车次。全盟公安系统涌现出一大批先进集体和先进个人，共有52个集体227人受到表彰。其中，全国抗洪抢险先进集体1个，全区抗洪抢险先进集体2个；全国抗洪抢险先进个人7人，全区抗洪抢险先进个人6人。全盟公安民警为灾区捐款74.1万元，盟公安局在资金紧张的情况下，克服困难，主动承担了扎兰屯受灾最重的两个村的承建任务，重建住房40栋，受到盟委、行署表彰，盟公安局领导班子荣立集体三等功。

升旗

公安局

中

呼盟公安局指挥大楼

呼伦贝尔盟国土规划局

呼盟国土规划局前身为呼盟土地管理局，组建于1988年。1994年11月，将城市规划和村镇规划职能划入，组建为国土规划局。目前，全盟形成盟、旗市、乡镇（苏木）三级对土地、地政、规划实行统一管理的行政管理、执法监督、征费稽查和评估中介新的运行机制和管理体制。建立起一支政治思想觉悟高、业务技术水平精、工作作风硬的领导班子集体和职工队伍，使呼盟国土规划管理工作上了一个新台阶，连续四年被盟委、行署评为实绩突出单位。

局党组书记、局长：陈维德

局党组领导班子

几年来，全盟共完成土地总收益47 502.91万元；用于城市、村镇规划编制的资金900多万元，高质量地完成盟级和13个旗市土地利用总体规划、体系规划和13个旗市所在地跨世纪城市建设总体规划，12个旗市编制完成区域性的中心区、改造区、开发区、风景区的详细实施规划（其中盟级土地利用总体规划得到自治区人民政府的高度评价，并在全区推广），完成136个乡镇级土地利用总体规划，74个乡镇级建设规划，并广泛开展了村庄规划；共查处违法用地案件5 125件，拆除违法建筑11万平方米，收回土地4 750.9亩；共查处1988年以来未经批准擅自开荒的土地面积168.9万亩，全部进行了处理；开展“三无”乡镇（苏木）123个，占乡镇总数的79%，已开展的巩固合格率达87%；先后召开各种大型宣传会议57次，建永久性标志牌221块，散发大量的传单及宣传特刊，累计投入宣传经费98万多元；完成基本农田划区定界面积108.99万公顷，占耕地总面积84.04%；在加强生态环境保护与建设上，从1997年起停止审批开发宜农荒地，实施退耕还林还草，完成退耕面积近72.22万亩；完成土地复垦面积2434亩。

呼伦贝尔盟林业局

党委书记、局长　于海岐

呼伦贝尔盟地方林业分布于大兴安岭南部及其两翼，是整个大兴安岭国有林区的重要组成部分，总经营面积562万公顷，其中有林地面积320万公顷，活立木总蓄积1.97亿立方米，辖区森林覆盖率24.6%。呼盟林业局为呼盟行署职能部门，负责全盟地方林业的行政管理工作。直管6个林业局，业务指导13个旗市林业局，还归口管理两个林航站、两个科研机构、一所林业技校、三个职能事业部门和一个企业单位。现有84个基层国营林场，120个各级林业工作站，有各类苗圃330个。全系统现有在岗职工2.1万多人，林业人口6万多人。呼盟地方林业均为国有次生林区，属事业性经营，主要任务是营林、造林和资源管护，为国家培育后备森林资源。

为加强森林资源保护，1998年末国家批准盟属6局陆续启动实施了“天然林保护工程”。这项工程的启动，为呼盟地方林业的经营转向（资源保护）、经济转型（非林非木产业）创造了条件，也为呼盟地方林业发展注入了新动力。

随着西部大开发和天保工程的实施，今后地方林业工作中心将转向资源保护和生态建设上来。在经济上主要以开发林下资源为主，大力发展非林非木产业和绿色特色产业作为新的经济增长点。地方林业地域广阔，物产丰富，林下的可食类山野菜、菌类、野生浆坚果、中草药、林间草场、矿产、水面、森林旅游等各种可开发利用资源极具潜力。因此，养殖业、种植业、采集及采集加工业和森林旅游业是今后地方林区产业结构调整的方向和重点。

绿野茫茫

天然林保护工程禁伐区

国营林场

迷人的山水风光

兴安春色

工会主席：陈焕彬

呼伦贝尔盟工会

HULUNBEIERMENGGONGHUI

呼伦贝尔盟工会在中共呼盟盟委和自治区总工会的领导下，高举邓小平理论伟大旗帜，认真贯彻落实党的十五大、一五届四中全会和自治区、呼盟经济工作会议精神，贯彻落实全总十三届二次执委会议和自治区工会七大精神，1999年重点抓了以下工作：

动员和引导各族职工积极投身经济建设，深入开展群众性劳动竞赛等一系列生产经济技术活动。劳动竞赛和“双增双节”增创效益7044.79万元，合理化建议活动创造和节约价值4521.22万元，帮扶16户小型企业实现停、减亏和扭亏为盈。同时，在活动中涌现出一大批先进个人和先进集体，其中：根河野生资源开发研究所孙亚红、大兴安岭农场管理局巴彦农场熊树兴获全国“五一”劳动奖章，伊敏煤电公司一露天矿生产段获全国“五一”劳动奖状。1999年全盟签订集体合同企业达87家。工会劳动争议调处、劳动法律监督和劳动保护工作进一步加强，全盟大多数企业建立劳动争议调解组织，各旗市都建立工会劳动法律监督委员会，全盟半数以上的企业建立劳动法律监督组织，工会劳动法律监督体系建设初见成效。全盟工会劳动保护监督检查网络已经基本形成。有效地维护了职工合法权益，对建立和谐稳定的劳动关系起到很大的促进作用。

1999年，在推行职代会制度的企事业单位中，有200个单位开展了民主评议领导干部工作。全盟有221个企业实行了厂务公开制度，多数企业执行业务招待费使用情况向职代会报告制度。职工民主管理和民主监督工作的不断强化和完善，在推动落实党的依靠方针、审议企业重在决策、维护职工合法权益、监督企业领导干部、促进企业改革发展等方面发挥了积极作用。

全盟累计建扶困基金组织29个，累计扶困基金961.41万元；建立职工互助补充保险组织118个，累计金额479.27万元；累计建立职工互助储金会452个，储金375.32万元。全年帮扶特困职工3 365户，实现脱贫471户；新增扶贫市场3个，举办下岗职工职业培训班98期，工会再就业服务机构帮助下岗职工再就业2 511人；工会累计资助困难职工子女上学1 232人，资助金额48.57万元。为下岗职工发放基本生活费，及时缴纳养老、失业和医疗保险金，促进了各项政策的落实。

继续开展职工读书自学、岗位成才的读书活动，全盟参加这一活动的职工达55.56万人次。各级工会还坚持开展形式多样、健康有益的职工文体活动，利用自身宣传阵地和宣传队伍大力宣传工人阶级先进人物、劳动模范的光辉事迹，宣传工会工作，在社会上扩大了工人阶级光辉形象和工会工作的影响。在文化宣传工作中，有2名同志获区总颁发的“五一新闻奖”。

主　席：陈焕彬

副主席：徐云鹏　敖同成　兴安高娃

领导班子成员

呼伦贝尔盟国税局

呼盟国税局下辖12个旗市国税局，38个分局（所），在岗干部职工近800人，担负着全盟26 518户国有、集体、三资、股份制、私营企业和个体工商户的税收征管工作。

1998年，全盟国税系统共实现工商税收入库42 177万元，完成年度计划的100.78%，其中“两税”入库39 482万元，为年计划（含追加任务）的101.24%。

1999年，呼盟国税系统按照自治区国税局的统一部署，全面开展了科（局）长竞争上岗工作。有26名普通干部竞争走上了科（局）级领导岗位，占此次任职干部的32%；竞岗后全盟科（局）级领导干部平均年龄为39岁，比竞岗前降低4岁，具有大专以上学历人数占总人数的86%。

呼盟国税系统积极开展“文明行业”的创建活动，全系统共获各级各类荣誉94个，其中，牙克石市国税局博克图征收分局被国家税务总局命名为“全国税务系统文明单位”、海拉尔市国税局荣获自治区人民政府命名的“先进征管单位”称号。

办税服务厅

牙克石融声琴行

牙克石市融声琴行创建于1990年。多年来始终坚持以促进和发展社会主义事业为目的，积极为繁荣和提高呼盟地区文艺事业而努力工作。多次开展社会公益活动，先后举办《青少年器乐大奖赛》、《电子琴、手风琴、钢琴大奖赛》、《电子琴独奏、合奏专场音乐会》、《电子键盘乐器现场咨询演示会》、《吉它大奖赛》、《双排键电子琴演奏音乐会》、《青年歌手大奖赛》、《群众卡拉OK擂台赛》等社会各界文艺活动。另外，融声琴行还注重发展社会音乐教育，相继开办钢琴、电子琴、手风琴、吉它和乐理知识学习班，配合学校开展校外音乐普及工作，以提高青少年的音乐素质。在商品销售的同时，注重售后服务，确保用户利益，以维护琴行的声誉。面对新世纪的到来，融声琴行将再接再励，一如继往为大力发展社会文化事业作出更大贡献。

地址：牙克石市西七道街新工小区14－101号

邮编：022150

电话：(0470)7304572　7425449

经理　迟立昌

雅马哈音乐教师马丽群在音乐学院学习

雅马哈教室的师生与中央音乐学院的学生同台演出

双排键电子琴教室的孩子们在训练中

★YA KE SHI NIANG JIU CHANG

牙克石酿酒厂

朱镕基总理在牙克石酒厂视察

啤酒车间生产线

酒窖

收购果酒原料

万山利口酒誉满中外

校长：张树萍

综合教学大楼

扎兰屯师

ZHALANTUNSHIFANXUEXIAO

自治区党委书记刘明祖来校视察

自治区主席云布龙来校视察

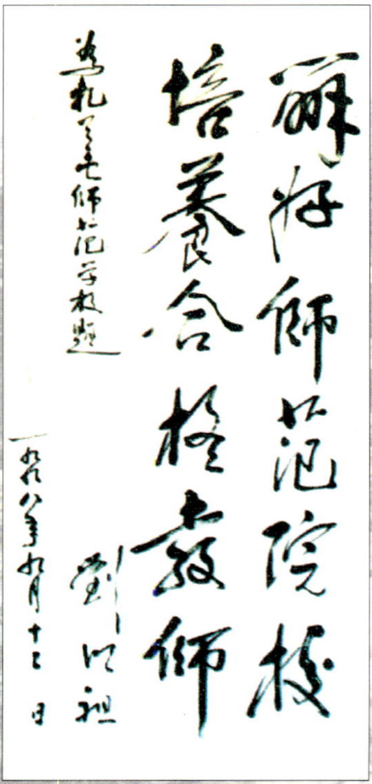

扎兰屯师范学校创建于1946年，现有教职工171人，在校学生1 164人。

改革开放以来，认真贯彻党的教育方针，抓住机遇，锐意改革。总投资超过2 600万元，建设了高规格的多媒体微机，语音教室，校长教学评估系统，微机售饭系统，多功能体育馆，现代化的化学实验室，全体教学班“三机”进室。现代化的教学手段促进了全体师生现代意识的形成，为普及素质教育开辟了广阔前景。目前，学校在办学条件、教研教改、学校管理、制度建设、德育管理等方面已处于全区领先水平，具有地方特点和师范特色，形成了教育、教学、管理三位一体的教育体系和全方位多层次的立体教育网络。迄今为止，已为社会培养14 000余名合格的人民教师和优秀的“四化”建设者。

54年的风风雨雨造就了扎师人不畏艰难、开拓发展的性格，办学效益日益显著，多次受到国家教育部，自治区政府、教育厅，盟委、盟行署，市委、市政府的表彰奖励：

集体舞比赛

计算机课

学校

150 人的鼓乐队

1989 年被国家教委表彰为师资培训先进集体；

1999 年被自治区政府表彰为教育先进集体；在全区中师教师教学能手评定中有4名教师成为区级教学能手，其中有2名取得参赛选手中最好成绩，成为区级优秀教学能手。

在盟、市两级评比中，被授予盟“花园式”单位称号；多次被授予“精神文明先进单位”、“先进党委”、“廉政建设先进单位”、“综合治理先进单位”、“计划生育先进单位”等称号。

北京军区副司令员梁光烈曾于1997年到我校视察军训及边防教育工作；1998 年自治区党委书记刘明祖、副书记乌云其木格，政府主席云布龙、副主席宝音德力格曾先后到学校视察工作，都给予高度评价，促进了学校工作向更高更深的层次发展。

全校学生做广播操

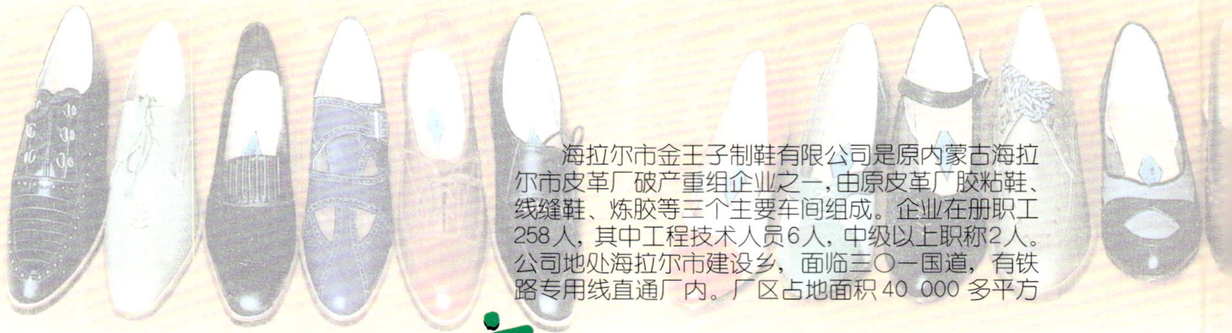

海拉尔市金王子制鞋有限公司是原内蒙古海拉尔市皮革厂破产重组企业之一，由原皮革厂胶粘鞋、线缝鞋、炼胶等三个主要车间组成。企业在册职工258人，其中工程技术人员6人，中级以上职称2人。公司地处海拉尔市建设乡，面临三〇一国道，有铁路专用线直通厂内。厂区占地面积40 000多平方米，各种厂房及房屋建筑面积10 000多平方米。拥有固定资产560万元(1995年净值)。各种设备200多台（套），绝大多数为制鞋专用设备最先进水平。有完整的供电、供水、供汽设施，是一个生产要素齐备的中型皮鞋加工企业。全公司最大生产能力为年生产各种皮鞋20万双。

海拉尔市 金王子 制鞋有限公司

全套引进的制鞋生产线

新组建的金王子公司，由于资金短缺，现生产经营处于暂时困难时期，实际产量仅为生产能力的20%。如果有资金投人达到生产能力的70%，可每年创利150万元以上。

为了能够使金王子公司早日达到生产能力，创造出好的经济效益，公司本着互惠互利的原则，竭诚欢迎国内外有识之士前来合作，共同发展。在形式上可以采用合资、租赁、承包、兼并、出让产权等双方能够接受的方式。另外，还可以根据当地政府的有关政策，对合作者给予比内地更加优惠的条件。

邮　　编：021011
电话传真：0470-8281462
联 系 人：彭建军　李殿凤

越来越受青睐的皮革服装和革制品

国际先进设备法国梅希尔片皮机

★ ARONGQIFEILONGWANG
★ NIANGJIUYOUXIAN
★ ZERENGONGSI

阿荣旗飞龙王酿酒有限责任公司

阿荣旗飞龙王酿酒有限责任公司组建于一九九八年五月（组建前为始建于一九六八年的地方国营制酒厂，并于一九九四年六月改组为阿荣旗酿酒有限公司）。资产总额608万元,；固定资产净值237万元，流动资产372万元，负债总额563万元，其中长期负债72万元。厂区占地面积45957平方米，其中厂区为36514平方米。公司还有一个储料场和酒家批发部。拥有股东47人，其中有中专以上学历的6人，有专业职称的12人；还聘请1名高级工程师为技术顾问。以生产销售飞龙王酒、阿伦河酒、怪王酒3个系列10几个品种为主。主产品飞龙王酒年生产规模150吨，其它产品可达2000吨。年销售收入200万元以上，是地方纳税骨干企业之一。产品不仅销到盟内、区内，还销往区外一定数量，得到消费者好评。

飞龙王酒荣获自治区科技成果奖和中国酒文化世纪之星奖。飞龙王酿酒公司为呼盟消协信得过单位。飞龙王酒为地方名酒。

电话：(0470) 4212591

书记：布仁

旗长：达喜扎布

鄂温克族自治旗是内蒙古自治区三个少数民族自治旗之一。位于大兴安岭西侧，呼伦贝尔大草原东南部，气候属中温带大陆气候，年平均温度在零下2.4-2.2 ℃之间。自治旗以鄂温克族为主，由汉、蒙古、达斡尔等20个民族组成，总人口14.6 万，土地总面积19 111平方公里。

旗辖3镇1区1乡7个苏木，共44个嘎查。旗内有三大国有企业，大雁矿务局属全国标准化煤矿之一，是国家二级企业；伊敏煤电公司是我国煤电联营试点企业；盟属红花尔基林业局座落在著名的樟子松故乡红花尔基镇。

境内资源十分丰富，主要植被为森林、草原。全旗可利用草场1 171.5 万亩，占全旗土地面积的62%；林地面积6 400平方公里，占土地面积的33%；流域长度20公里以上的河流有31条，各种湖泊600多个。地下资源以煤为主，总量在百亿吨以上，还有铁、石灰岩、大理石、锌、铝、等。天然苇塘总面积120万亩，年产芦苇3万吨。有著名的维纳河阿尔善矿泉，该矿泉属高密度矿泉，泉水中有20多种人体必需的微量元素，有较高的医疗保健价值。

鄂温克族自治旗

EWENKEZUZIZHIQI

呼伦贝尔盟地方病防治研究所

党总支书记、所长：王革

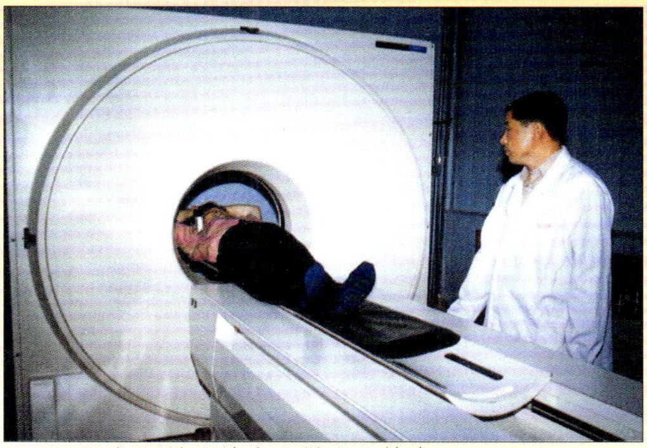

医师贾铭山给病人做ＣＴ检查

呼伦贝尔盟地方病防治研究所现有职工76名，主要担负克山病、大骨节病、碘缺乏病、地方性氟中毒、心脑血管病防治研究工作。承担的国家“七五”攻关课题“克山病发展趋势与环境动态变化关系的研究”、“生态环境中硒等生命元素与大骨节病关系的研究”于1992年、1993年分别获中国科学院科技进步二、三等等奖。承担的“克山病非生物病因研究”获1978年全国医药卫生科学大会奖。主持的“稳心草治疗慢型克山病临床观察和实验研究”获1978年黑龙江省科学大会奖。“尿激酶溶栓治疗急性脑梗塞多中心研究”1998年内蒙科委主持的专家会议鉴定评为具有“国内先进，区内领先水平”。1998年获盟科技进步一等奖1项，二等奖2项。共发表各级科技论文232篇，参与编著医学专著9部，在地方病、心脑血管病防治研究工作达到自治区先进水平，使猖獗多年的地方病得到了有效的控制，并显著地提高了心脑血管疗效。

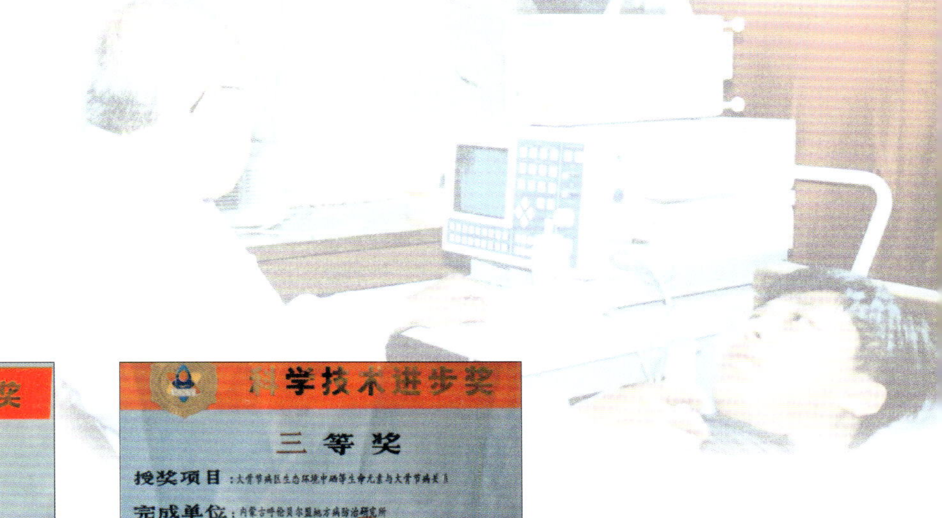

主任医师车绍庭给病人做心动超声

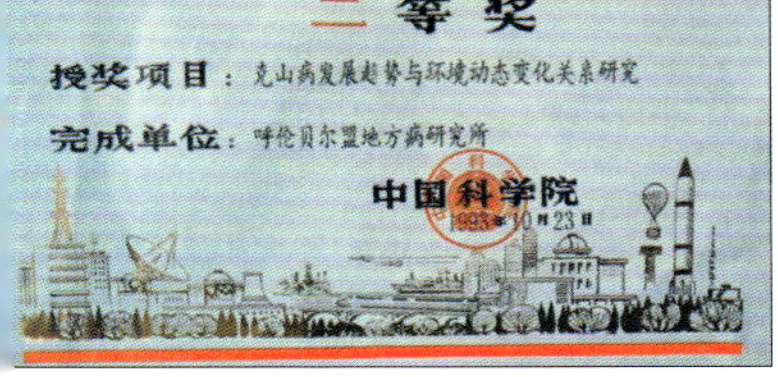

牙克石市百货

YAKESHISHIBAIHUODAL

牙克石市百货大楼位于市兴安中街，是全市最繁华的商业区，是全市最大的综合性国有商贸企业，现有职工588人，营业面积12 000平方米。是一个集购物、健身、观光、游乐、餐饮、代售车票等多功能为一体的商贸企业。她以独具特色的建筑、高档豪华的装修、典雅温馨的环境、琳琅满目的商品形成了现代化商场的规模和品位。楼内滚动式电梯、“汤姆熊”娱乐城。现代化的企业，使光顾牙克石市百货大楼的每一位消费者都能得到满意的服务和温馨的享受。

牙克石市百货大楼，以“诚实守信，优质高效”的服务宗旨，“团结奋斗，求实创新”的企业精神和“永远追求一流”的神圣承诺服务于人民、服务于社会，以全新的面貌树立企业的良好形象。

我们的服务就是承诺，我们的承诺就是保证。合理作价无假货，合理退换保满意。当好消费者购物的参谋，做好商品售后服务。

牙克石市百货大楼，以其自身的实力引导着现代消费，是时尚一族的新潮和领先。有象征企业标志的场徽；体现企业尊严的场旗；激励职工奋发向上的场歌；隆重庄严的升旗仪式。

牙克石市百货大楼以崭新的面貌坚实的步伐骄傲地跨进21世纪！

牙克石市百货大楼永远是您最真诚的朋友！

地　址：滨州线牙克石市兴安中街1 9号

总经理：万卫强

电　话：0470-7303773

传　真：0470-7303776

邮　编：022150

百货大楼夜景

楼

总经理　万工强

百货大楼康乐保龄球俱乐部

法人代表：刘晓江

★ NEI MENG GU
★ YA KE SHI WU
★ MEI TAN JI TU.

内蒙古牙克石五九

内蒙古牙克石五九煤炭集团位于呼伦贝尔盟牙克石市东北部煤田镇境内。1957年筹建，1958年投产，1995年转制为有限责任公司，1997年组建集团。

五九煤炭集团现有职工4 000多人，资产13 332.8万元，产量可达150万吨，年创利税2 000万元左右，年发电量3 000多万千瓦。现已形成以煤为主、电力为辅、门类齐全、多业并举的现代企业。

五九煤炭集团生产的长焰煤，低硫、低磷、高发热量，是优质工业和民用煤，深得东北各大电厂青睐，并为大兴安岭“以煤代木”发挥了重要作用。

改革开放以来，五九
的内部管理达到规范化、
区评为“扭亏为盈先进单
在矿区两个文明建设取得
境优美。职工爱岗敬业，
企业精神，在生产经营中

电话：0470-793202
传真：0470-793226
邮编：022161

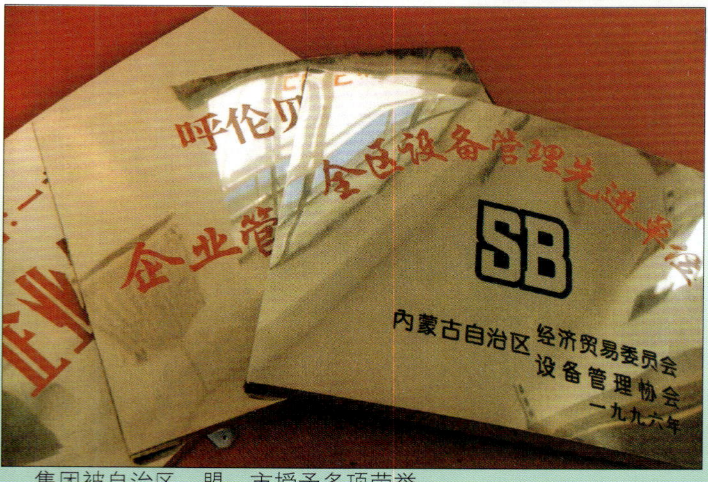

集团被自治区、盟、市授予多项荣誉

五九

技集团

模式进行了大胆改革，使企业
93年扭亏为盈，1994年被自治
大户和牙克石市骨干企业。现
质量大幅度提高，社会稳定，环
硬、不甘落后和敢为人先”的
九品牌”。

集团庆典—升矿旗仪式

公司军乐团在欢迎检查团

局长：三焕昌

扎兰屯市水利局组建于1976年10月，现拥有现代化的办公条件和人才济济的专业队伍。建局以来共获得国家、自治区和盟、市各级奖励50余次，并晋升为盟级精神文明标兵单位。

1998年特大洪水后，上级下达水毁堤防工程修复建设项目13个，其中国家计划内项目3个，特大水费补助项目10个，项目总投资2764.63万元，其中国家投资1 192万元。在工程建设中，该局认真贯彻基建三项制度，加强质量监督，确保工程如期完成，其中扎兰屯市区大堤修复成为呼盟形象工程。

1997年开始节水示范工程，1998-1999年建万亩节水喷灌区8个，打水源井1 988眼，形成喷灌能力24万亩，在抗春旱、伏旱中发挥了积极作用。1998年6月在全区节水喷灌现场会上得到区、盟领导肯定。1999年，扎市被列为全国300个节水增产重点示范县之一，示范区位于成吉思汗镇繁果村，建设任务3 500亩，打井23眼，建蓄水池4座，工程投资300万元，工程按期完成。

扎兰屯市水利局

水土保持综合治理已由零星治理转向规模治理，“九五”期间以工程措施为主，挖水平坑321.86万个。“十五”期间，抓住西部大开发机遇，将以生物措施为主，加快生态建设步伐。

水利局自行研制开发的《水资源综合管理》电脑软件，通过国家、自治区有关专家鉴定，为自治区首创，国内领先水平，填补了自治区水资源管理实现办公自动化的空白，获呼盟科技进步一等奖，全区水利科研二等奖，自治区科技进步三等奖，现已试推广应用。

修复中的市区大坝

市区大坝

经理：张乃有

额尔古纳市石油支公司

领导班子研究工作

办公楼

额尔古纳石油支公司地处祖国北疆，与俄罗斯隔河相望。公司组建于1977年2月，现有职工51人。公司下设油库、加油站、综合办、财会、业务、车队等主要职能部门。油库占地面积30 282平方米，库容750立方米，年吞吐量12 000吨；拉布大林加油站（蒙0336），经营场所面积1 763平方米，电脑加油机3台，职工13人；新华街加油站（蒙0337），经营场所面积736平方米，电脑加油机3台。公司自1985年划归系统管理后，曾7次被自治区石油总公司评为“先进单位”或“六好企业”；曾6次被额尔古纳市委评为“先进党支部”；1994-1999年连年被呼盟石油分公司评为“先进单位”和“优秀企业”。

1999年石油商品购进总量完成15 625吨，销售5 465吨，销售总额1 304万元，实现利润10万元。

旗长：贺其叶勒图

陈巴尔虎旗

陈巴尔虎旗是呼伦贝尔盟纯牧业四旗之一。全旗7个苏木、3个镇、3个国营农牧场。旗内居住14个民族共5.5万人口。境内有着丰富的农牧业资源优势，优质草原比重大，是呼伦贝尔草原的中心地段。每年可利用牧草贮量49.8亿公斤，年产肉类7 500吨、牛奶3.5万吨、绒毛340余吨、皮张17万余张。陈旗是全国闻名的三河牛、三河马产地。农作物以小麦、油菜、薯类为主，1999年小麦产量10万吨，油菜籽产量1.8万吨，薯类总产700吨。

陈旗自然资源十分丰富，尤其独具特色的草原生态旅游资源是其潜力巨大、具有发展前景的一大优势产业。

巴尔虎酒、莫日格勒酒系列产品

东山酿酒厂产品

草原春色

丰收

收割

阿达盖矿泉水

领导班子成员

根河铁路公司

根河铁路公司在内蒙古自治区根河市管辖区内，在行政区划上隶属海拉尔铁路分局，为全面落实资产委托经营责任制，加快企业制度建设，深化铁路支线管理体制和经营机制改革，于2000年4月20日正式挂牌营运。公司管辖全长274km953m的两条线路上，共有车站19个，工务分段1个，领工区4个，工区51个，共有职工1 137名。所辖区域内跨2市、6个林业局和8个城镇，承担着林区北部线上的旅客和货运运输任务，年客运发送量60万人，货运发送量波动在260万吨左右，年运输收入超过2亿元，为繁荣地区经济作出了应有的贡献。

根铁公司在安全生产中以“规范管理、强基达标”为重点，认真开展“安全大检查”等阶段活动，安全生产实现“有序可控、基本稳定”。在客货营销工作中这个单位以市场为导向，强化营销办法的落实，实行责任联控，使客货运输市场竞争日趋激烈的情况下，争取了客流，稳定了货源。各项任务均超额完成。在多元经济发展上，形成了以运输代理为主体、以捆绑加固材料销售为支点，以接取送达装卸服务为基础，以旅游餐饮为辐射，以种植、养殖为补充的多元经济发展体系。积极推进公司化改革，建立了有利于干部职工利益、有利于管理、有利于提高经济效益的现代企业管理制度，并切实承担起资产委托经营责任，实现了自主经营、自负盈亏的经营管理方式。在精神文明建设活动中，根铁公司以路风建设为重点，向旅客、货主提出服务承诺，主动接受社会监督，管内车务进入盟级文明单位标兵行列，工务保持省级文明单位称号。

总经理　吕新树

党委副书记　邢洪义

大雁矿务局地质勘探公司

经理 陈殿海

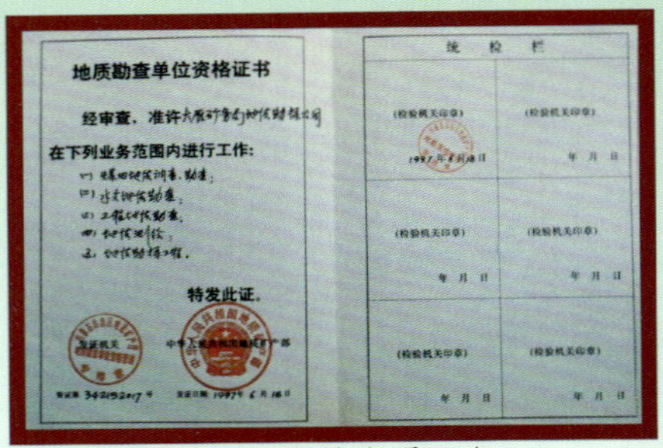

国家地矿部颁发的资质证书

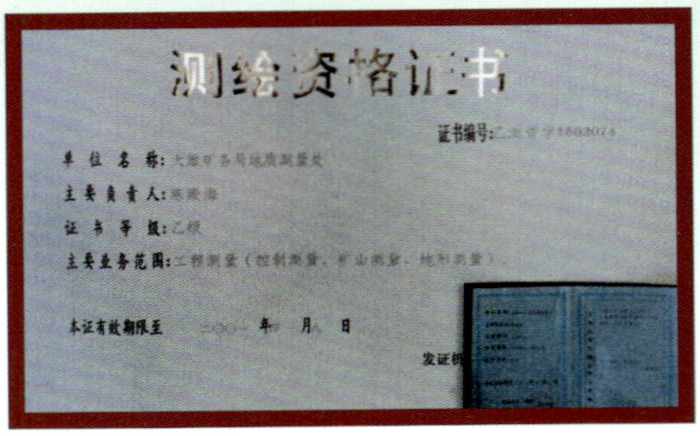

该公司是近年来崛起于呼盟草原的集地质、勘察、测绘为一体的技术密集型企业。现有职工194人，其中高级工程师4人，工程师17人，初级职称26人，工人技师11人，工程技术人员占职工总数30%。主要服务项目有：煤田地质勘探、工程及水文地质勘察，各类工程测绘、地籍测量、土地勘测与规划、地图编制、矿山地测等。地质勘探为国家煤炭和地质行业乙级资质，开发研制的地形、地籍自动化成图技术成果居自治区先进行列，先后获得内蒙古土地管理科技进步一等奖、国家土地管理应用科学技术二等奖。

公司先后荣获内蒙古自治区文明单位、呼盟先进基层党组织、自治区思想政治工作优秀单位、全区争先创优劳动竞赛先进集体、呼盟卫生先进单位等荣誉称号。

在西部大开发之际，大雁地质勘探公司，正在组建“大雁工程勘察测绘股份有限公司”，并将以新的面貌、新的水平给客户一个完美的服务，给社会一个真诚的回报。

计算机应用技术

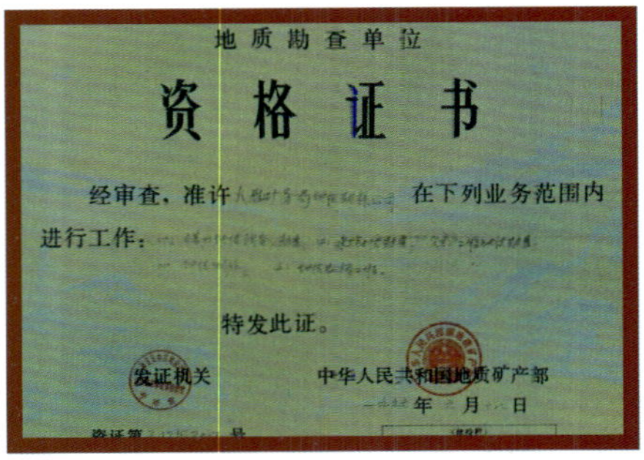

总经理：陈殿海　总工程师：温吉祥
电话：(0470)8645994　传真：(0470)8646306
地址：内蒙古呼伦贝尔盟大雁矿区胜利路18号
邮编：021122

局长：徐岱

牙克石市林业局位于牙克石市六道街兴安中街，施业面积253 486公顷，其中有林地面积94 837公顷、苗圃103公顷、森林覆盖率41%。拥有职工690人，林业总人口2 000人。局内设有党政综合办、财务审计办、林政资源办、造林绿化办四大部门；下设林业工作站、森林病虫害防治检疫站、林业公安分局、木材综合加工厂、火柴厂、牙克石国营林场、免渡河国营林场、林产工业公司8个基层单位。所经营的多种综合利用项目有：木衣夹、包装箱、纸夹板、宝塔管、削片、鞋楦、火柴、雪糕棒、男女式皮鞋、旅店、饭店等，全市15个镇政府设林政股，负责全市护林防火、植树造林、林业政策执行、林政管理等。

领导班子（左起：工会副主席秦锡焕，副局长刘淑珍，党委书记高培义，局长徐岱，副局长曹绍清、冯瀚）

牙克石市林业局

林业系统综合利用项目产品

凤凰山庄人工林

局长　郝志英

领导班子

海拉尔

海拉尔市粮食系统是综合粮食购销、调拨、加工、储存为一体的粮油经营单位，承担国家储备粮油任务及海拉尔地区、牧业四旗及周边地区的军需民用，全系统共有15家独立核算企业，即：海拉尔市西郊国家粮食储备库（第一粮库）、海拉尔市河东国家粮食储备库（第三粮库）、第二粮库、军粮供应站、海拉尔市面粉公司、骏龙植物蛋白有限责任公司、海拉尔粮菜副食品集团连锁经营公司、海拉尔粮油批发交易市场、裕丰粮油工贸有限责任公司、饲料公司、华良经营公司、新

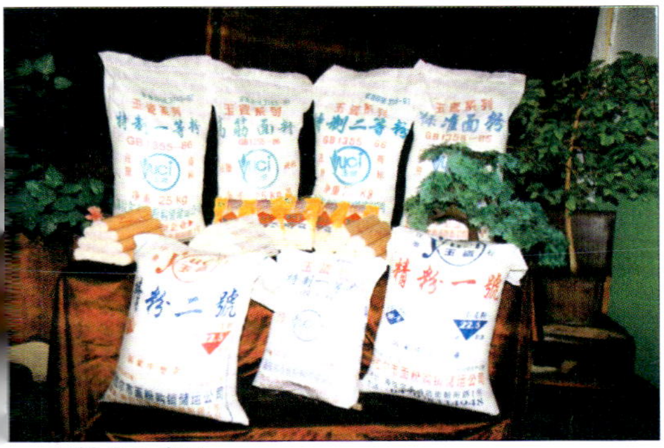

面粉公司产品

面粉公司

粮食局

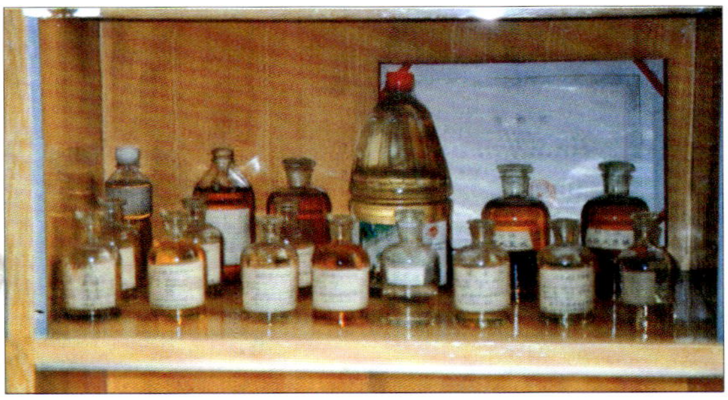

世纪房地产开发有限责任公司、物业管理处、粮贸大厦、粮食招待所。全部职工2536人。

全系统固定资产总额10923万元，企业总占地面积811200平方米，铁路专用线4条，计1978延长米，仓储能力25万吨，并拥有年加工6万吨原料、年产1000吨大豆分离蛋白粉和产出7万吨面粉的生产线，多种经营项目达14个，已形成多业并举局面。

连锁经营公司超市

连锁经营公司超市

校长：王茂山

党委书记、高级政工师：刘宗礼

内蒙古大兴安岭林业卫校

内蒙古大兴安岭林业卫校始建于1980年，座落在牙克石市光明路。1996年，成立了大兴安岭林区医药卫生教育培训中心，承担林区医疗卫生技术人员各种培训任务。1997年，林业卫校成为自治区面向全区招生的中等专业卫生学校。林业卫校占地面积30 000m²，建筑面积15 000m²。标准教室、阶梯教室内建立了校内电化教学网络，语音室、微机室、标准实验室、阅览室、图书室、附属卫生院等一应俱全。

学校适应自治区及林区的卫生事业发展，积极调整专业设置，先后开设了社区医学、护理、药剂、口腔、中药、妇幼等10个专业。与此同时，与其它院校走联合办学之路，开设了医疗大专班、高护班。同时，学校以邓小平教育理论为指导，提倡“严谨治学，求实进取”的校风，建设了一支业务精、素质高、结构合理的教师队伍和一支甘于奉献、精于管理的行政后勤队伍。学校拥有“二甲”以上、实力雄厚的三所实习医院，并建立了128亩中草药基地。

教学楼

春华秋实，20年来，林业卫校培养了大、中专毕业生3 000余名，分布在全国10余个省、市、自治区，特别在林区成为各个医疗卫生单位不可缺少的骨干力量。他们热爱本职工作、无私奉献，成为林业卫校的骄傲。多年来，学校以教学为中心，大力开展社会主义精神文明建设，并取得了丰硕成果。先后获得了林管局授予教育工作先进集体光荣称号、林管局文明单位、牙克石市文明单位、省部级档案达标单位、林区模范职工之家、林区综合治理“长安杯”获得者。党建工作进入林区一类党委，共青团工作连续多年荣获林区红旗团委，林业卫校成为大兴安岭林区享有盛誉的中等专业学校。

成绩已属过去，二十一世纪已经到来，卫校人将不辍耕耘，为医疗卫生事业培养更多更好的医疗技术人员而努力，以报答党和人民的关怀与厚爱。

蓬勃向上的领导班子

董事长、工程师：王立堂

金石水泥建材工业有限公司

阿荣旗金石水泥建材工业有限公司是由原阿荣旗水泥厂转制而成的股份制工业企业。现有固定资产885万元，年产水泥5万吨，占地5万平方米。产品品种有425#、525#普通硅酸盐水泥、矿渣硅酸盐水泥、火山灰质硅酸盐水泥及道路水泥。产品销售不但覆盖全旗，还辐射到周边的莫旗、鄂伦春旗、查哈阳农场、甘南县、齐齐哈尔、扎兰屯等地，深受广大用户欢迎。

公司生产线全部实现微机控制，质量管理规范严格，产品出厂合格率、袋重合格率和富裕强度合格率均达100%。1997、1998、1999年三年实现利润700万元，荣获国家级“环境保护先进企业”；连续四年被评为全旗“工商企业人均上缴利税第一名”企业，1998年被呼伦贝尔盟公署评为“企业管理优胜企业”、“设备管理优秀企业”；1999年被盟公署授予“学邯钢示范企业”称号。目前，公司正积极筹措资金进行节能改造，两年内将达到年产20万吨水泥的生产规模。

地址：阿荣旗那克镇中央街1号
邮编：162750
电话：0470-4222607（办）

厂长记、省级评酒员：　张振岭

呼伦贝尔盟
根河市酒厂

根河市酒厂位于大兴安岭原始森林腹地。始建于一九七六年，厂区面积31 000平方米，建筑面积22 000平方米，固定资产7 850 000元。酒厂现具有高、中级职称人员27人，专业技术人员齐全。

厂内设有综合化验室、中心化验室、产品质量监督检验室。检验机构得到了国家技术监督局计量认证。产品连年受检合格，1992年根河市酒厂被国家评定为“计量证合格单位”获二级计量单位证书。同年评为自治区工业企业最佳经济效益第264名。

现年生产果酒1 000吨、白酒2 000吨、饮料400吨，产品分补酒、果酒、白酒、饮料四大系列几十个品种。

根河酒厂全体员工真诚感谢新老用户、国内外各界朋友多年来给予的支持和光顾。

电话：（0470）5223807　　邮编：022350
传真：（0470）5222842

海关关长：刘国光

满洲里海关

中华人民共和国满洲里海关位于欧亚大陆桥交通要冲—满洲里口岸。1994年海关总署批准满洲里海关为副局级海关。满洲里海关业务管辖区域包括内蒙古自治区的呼伦贝尔盟、兴安盟、通辽市、赤峰市，面积45万平方公里，辖区内边境线长1 808公里，分别与俄罗斯、蒙古国接壤。关区内现有6个一类口岸、4个二类口岸。满洲里海关负责对上述地区和口岸进出关境的运输工具、货物和物品进行监督管理，征收税费、查缉走私、编制海关统计和办理其它海关业务，并对上述地区内三资和加工贸易企业进行前期审批和后续管理。海关内设机构有办公室、货运监管处、行李邮递物品监管处、关税处、调查处、人事教育处、行政处、财务处、综合统计科、信息化管理科、技术科、稽查筹备组、机关党办（政工办）和走私犯罪侦查分局；隶属机构有额尔古纳海关、海拉尔海关；派驻机构有中华人民共和国满洲里海关驻十八里办事处、驻赤峰办事处、驻通辽办事处。

另一方面继续深化业务改革，帮助地方用好用实优惠政策。口岸环境的优化，极大地促进了口岸进出口贸易的发展。

为企业办理各项业务

全员科技培训

关员纺织厂了解生产情况，宣传有关进出口政策

微机课

语音课

海拉尔一中

海拉尔第一中学是呼盟唯一的一所自治区民族重点普通高级中学有24个教学班，学生近1 000名，教职工140名。

学校座落于海拉尔西山脚下，占地面积12万平方米，校舍面积1.96 万平方米。学校建筑颇具民族特色和现代风格，有4 440平方米的教学楼、1 500平方米的实验楼、2 500平方米的教学综合楼；可供1 500多人同时就餐的学生食堂和满足学生住宿就读的5 100平方米的学生宿舍楼；有阶梯式教室、语音室；藏书2万多册的图书馆和订有100种以上各类报刊杂志的阅览室；有设备配套的微机教室及卫星信号接收系统等。物理、化学、生物实验室配套，有各类仪器设备2 000余件，可满足高中各科实验教学需求。拥有“两机一幕”系统、多媒体电教室和教学监控系统，学校已上101远程教育教学网；有标准化的硬化篮球场、300米跑道运动场，并有与之相配套的体育器械，有音乐教室和一定数量的音乐器材。

学校师资力量雄厚，教师政治、业务整体水平较高。现有高级教师26人、中级教师50人。有盟市、自治区、全国级的优秀教师、教学能手近40人。有的教师在盟内外学术界具有一定影响力。在全国学生数学联赛和全区尹湛纳希杯、明安图杯竟赛中取得过第一、第二、第三的好成绩。

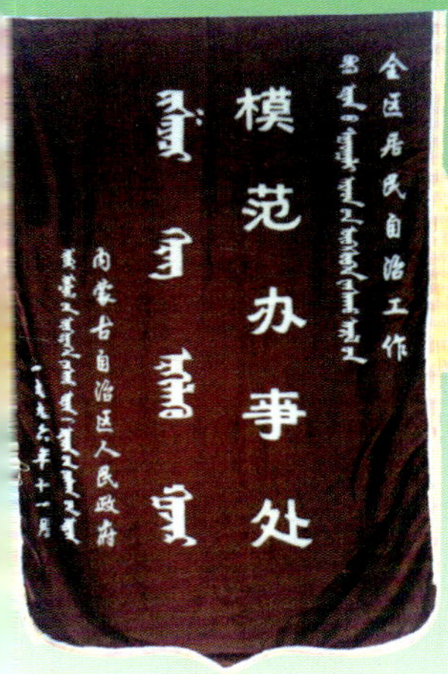

领导班子研究工作

海拉尔市胜利街道办事处

修路通车

慰问驻军部队

1999年胜利办事处按照市委十一届五次全委（扩大）会议的部署，紧紧围绕抓好实施《内蒙古自治区街道党建三年规划》和各项“责任状工程”，落实争创“五个有”先进党委和办事处晋升区级文明单位的奋斗目标，扎扎实实地开展“三迎”（卫生城、文明城、双拥城）工作。突出抓班子、队伍和机关作风建设，坚持“树立公仆形象、当好政府桥梁、勤恳为民办事、争创最佳业绩”的工作方针，充分发挥办事处行使属地管理、指导、协调、服务的积极作用，千方百计调动社区内的机关和群众等一切社会力量，积极参与社区建设，形成了“共驻社区、共建社区”的良好氛围，为社区的两个文明建设打好坚实基础。

一年的工作成绩得到了群众的公认和上级领导的肯定，不断受到各级的表彰和奖励。办事处党委被盟委评为先进党委；连续四年被市委评为先进党委；领导班子连续三年被评为优秀中心组；党委通讯组被市委宣传部评为先进报道组；综治工作、群众修路工作、消防工作分别被市委、市政府评为先进集体；胜利大街被自治区命名为文明示范大街；党建、计划生育、卫生、全民健身等项工作分别代表市委、市政府接受区盟市级检查；社区建设、社区教育工作分别作为区、盟级先进典型经验进行交流；老年体协、关心下一代工作也分别受到盟、市领导的高度评价。

扎兰屯市秀水泉

有限责任公司

公司外景

秀水泉有限公司座落在大兴安岭南麓、素有“塞外苏杭”美称的扎兰屯市。公司现有职工577人，资产1 000万元，是一个以生产白酒为主，年生产能力达5 000吨，产值2 800万元的中型企业。是呼伦贝尔盟最大的白酒生产基地。

多年来，公司凭借天然矿泉水的资源优势，采取传统的酿造工艺与先进的生产技术相结合，利用现代化生产设备与质量检测手段，不断生产出新产品、新品牌，形成了以秀水泉宴酒为龙头，各种滋补保健酒为依托的多品种、多系列、多档次的产品格局。产品质量优、价格廉、装潢美，产品质量得到了国内酿酒专家的赞誉和广大消费者的一致好评，曾多次在国内外获得产品金奖。各种产品畅销全国各地，在同行业中享有较高的声誉。

公司奉行生产一流产品，创造一流效益，诺守最佳信誉，以提供最佳服务为宗旨，以内蒙人特有的豪爽与真诚喜迎八方佳宾。

公司法人：许会彬

公司地址：扎兰屯市酒厂路1号

公司电话：0470-3203936-8006

保健精品　强身健体

秀水泉宴酒　金奖产品

扎兰屯市农业技术推广中心

扎兰屯市农业技术推广中心

2000年农业适用技术培训班

农技推广中心建于1984年。几年来，农技推广中心的工作条件逐渐改观，服务手段与服务能力不断增强，加大了农技推广力度和自身活力。在1986年创办了农业技术服务总公司，1992年建了农化厂，国家立项新建的农技推广服务楼于1998年竣工投入使用。农技推广中心现有职工60名，其中高级农艺师4名，农艺师10名，助理农艺师14名，技术员7名，有技术职称的占职工人数的58%，下设植保、推广、土肥、水稻部、信息办、微机室，内部机构设置合理，工作运转效率高，推广农业新技术快。

农化厂主要生产“扎兰”牌复混肥，年生产能力一万吨。复混肥是含有N、P、K及多种微量元素的作物专用肥，总养份含量分别为40%和45%两种，复混肥经过多年试验、示范和农民使用，增产效果好，已被广大农民认可，并已实现了“测、配、产、供、施”一条龙服务。

农技推广中心取得了多项科技成果，获得农业部奖5项、内蒙科技进步奖11项、内蒙农业厅成果奖12项、盟科技进步奖38项、有56篇科技论文公开发表。农技推广中心和主要科技工作者，多次被评为农业部、内蒙农业厅、呼盟农牧局先进集体和个人。

微机室

科研小区试验

农化厂一角

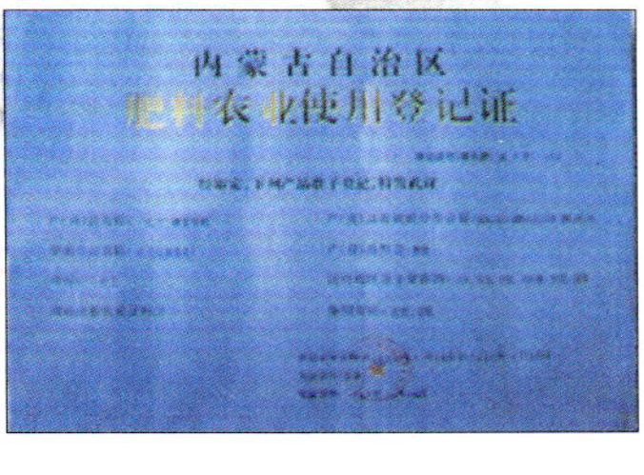

呼伦贝尔宾馆

总经理：肖忠友

呼伦贝尔宾馆位于海拉尔市中心，具有典范的草原情调和民族特色，是国家三星级水准宾馆，担负着呼伦贝尔盟重要的对外交往和接待任务。

总统客房为来访的各国元首提供高品位服务，豪华套房标准房可接待各方宾客500余位，宫庭式、蒙古包式、欧式、日式、等大中小餐厅可安排上千人同时就餐，任君品尝独具草原风味正宗地道的烤全羊、烤羊腿、手把肉和粤鲁川、京、东北等南北名菜及西式佳肴、糕点。

宾馆已成为全盟各类服务设施最为完善、服务档次最高、星级氛围最浓，代表呼伦贝尔形象与特点的宾客之家。到呼伦贝尔宾馆来做客将使你终生难忘，享受超一流的温馨服务。

地址：海拉尔市胜利大街2号
总经理：肖忠友
副总经理：张书忠、张恩雨、孙玉萍、刚冬雪
总会计师：王庆忠
电话：(0470)8222212（总机）

厂长：陈增林

额尔古纳市拉布达林发电厂

额尔古纳市发电厂是一个发供合一的中型企业，1997年被呼盟电业局托管，拉布达林发电厂现有装机容量6 000KW，年发电量为1 650万度，年供电量为2 400万度，线路总长250公里，下设三个供电所、一个变电站，行政职能科室有五部一会一车间，主要经营管理额市境内9个乡镇，6个国营农场的国有工矿企业，行政事业，农牧业生产及市民用电，为发展牧区建设及全市人民生活用电，提供电力电源。

1994年，电厂通过了自治区农电验收“双达标”，1996年评为自治区扶贫先进单位，1997年晋升盟级文明单位，目前拉布达林发电厂正在实施第二次创业，实现热电联产工程。

厂领导班子

办公楼

呼伦酿酒厂

美丽的呼伦贝尔草原，到处洋溢着酒文化的芬芳，大草原乳汁哺育的民族，感情与酒一样浓烈。

呼伦酿酒厂本着为家乡酿好酒，让人们喝放心酒的宗旨，多年来，不断更新设备，现已初步实现半机械化生产线，并精选岭南优质红高粱为原料，所出产品全部由本厂自备的深井优质矿泉水精心酿制而成。现有清兼两香型的“呼伦王”系列白酒，具有清澈透明，窖香浓郁以及绵、甜、香、柔的独特风格，独树北方酒林。

以质量树立企业形象，注重产品质量管理，“呼伦王”系列白酒连续四年通过盟市技术监督管理局的抽样检查，产品合格率百分之百，并获得“计量、质量信得过单位”、“重合同、守信用单位”和“模范企业”称号。1999年又被评为“1999－2000年度3·15诚信单位”。

呼伦酿酒厂永远为消费者着想，“呼伦王”系列白酒永远是您的朋友。

经理：陈洪文

厂址：海拉尔市玫瑰园街102号

电话：0470-8335315

手机：13904700295　13804709312

局长：谭培连

党委书记：李　燕

呼伦贝尔电业局

HU LUN BEI ER

呼伦贝尔电业局系内蒙古电力公司直属大型一档企业，下辖发电、供电、供热、电力设计、调整试验、专业学校等20个单位，有职工4 865人，加多经企业和行业直属管理的各旗（市）农电局职工近万人，有35KV以上输电线路1 000多公里，集中供热面积300多万平方米，为呼盟地区的主要供电营业企业。

多年来，由于种种原因，该局始终处于经营亏损状态，至1995年亏损额达到4 645万元，使企业经营举步维艰。1996年新领导班子上任后，面对企业人多、装机容量小、售电量少、地方经济增长迟缓的实际，果断调整经营方针，实施主业大幅度减亏与多经大发展一体化经营战略，锐意改革，勇于开拓，强化管理，抓住机遇实施低成本扩张，先后托管并救活了地方十家危困企业，使该局综合经济实力迅速增强，从1996年开始持续减亏1 000万元，终于在1999年扭亏为盈，取得两个文明建设双丰收。

办公楼

厂长：刘洪儒

内蒙古海拉尔麦淇淋厂

内蒙古海拉尔麦淇淋厂是我国东北地区唯一以加工油菜籽为主的油脂生产、经营企业。该厂始建于1985年9月30日。予榨、浸出车间的工艺设备于1997年进行了配套性的技术更新改造。企业隶属于内蒙古海拉尔农牧场管理局，厂址位于海拉尔市东郊，占地面积83 300平方米，该厂拥有一支具有十几年生产、经营经验的职工队伍，职工人数200人，工艺设备先进，检测手段齐全。现有固定资产净值2 000万元。

企业生产能力：年加工油菜籽4万吨，可产出二级油14 000吨、菜籽粕23 000吨、色拉油25 000吨。工艺设备能力是：予榨日处理油菜籽150吨，浸出油饼日处理100吨，连续精炼一、二级成品油日产50吨，间歇生产色拉油日产10吨。

企业主要生产工艺：原料予处理——予榨——浸出——连续精炼——间歇生产色拉油。

企业原料：来源于地处无污染的呼伦贝尔大草原。该地区盛产低芥酸、低硫甙“双低”油菜籽，年度播种面积300万亩，年产油菜籽20多万吨，农业种植结构调整后每年还能增加。

企业产品：以生产经营优质一、二级菜籽油和菜籽色拉油为主。该厂生产的低芥酸炼菜籽油和低芥酸菜籽色拉油被自治区评为优秀产品，同时获得国家农业部科技进步三等奖。色拉油是我国首批获得“绿色食品”证书的产品。产品销往全国各地并出口俄罗斯、蒙古国。

电话：0470-8222933
电传：0470-8229602
邮编：021008

低芥酸菜籽色拉油

生产检测

先进的工艺设备

海拉尔第二中学

内蒙古自治区教育厅领导及盟市领导到学校施工现场视察

生物教研组进行教研

微机课

学生体育活动

校长：王金宝

海拉尔第二中学是呼盟唯一的一所汉语授课的自治区级重点中学。学校占地面积55 200平方米，有32个教学班，学生总数为1 900多人。学校内设党政办公室、教务处、政教处、总务处和语文、数学、外语等10个教研组。设有图书阅览室、藏书室、体育馆、学生食堂、学生宿舍、阶梯教室、电教室、语音室；物理、化学、生物实验室等。现有在岗教职工120人，其中特级教师3人，高级教师26人，一级教师55人，二级教师28人。

海拉尔第二中学建校63年来，累计培养毕业生约2万余人，其中考入高校6 000余人。比较杰出的有：长二捆火箭总设计师王德臣；中央电视台东方时空主持人白岩松；著名影视演员张秋歌；

1998年2月，海拉尔市第二中学被呼盟精神文明建设委员会授予“花园式”单位荣誉称号，并晋升为呼盟精神文明标兵单位；1999年5月，学校被编入《中国4000所中学纵览》一书。1999年10月，学校被评为“全国学校体育卫生工作先进单位”受到国家教育部、体育总局的表彰。在全国普通高等院校统一招生考试中，学校成绩显著；1998年，理科上线371人，上重点线126人；文科上线122人，上重点线44人。1999年，理科上线396人，上重点线156人；文科上线129人，上重点线47人。

在第三次全国教育工作会议精神指引下，海拉尔第二中学面向21世纪确定了办学目标：将海拉尔第二中学办成“呼盟向高等院校特别是全国重点大学输送合格学生的基地”。又进一步明确了办学方向，即：学校管理第一流；办学条件第一流；教育教学质量第一流。并努力跻身于全国千所示范性高中的行列。

莫旗邮政局

局长：李纯德

左起：综合办主任孙贵春、副局长苏永利、经服部主任吴玉奇、局长李纯德

莫力达瓦达斡尔族自治旗邮政局，拥有职工141名，为30万各族群众履行普遍服务，城乡通邮率达100%。邮电分营后，面对十分艰巨的扭亏任务，全局干部职工以坚定的信心，满腔的热情，励精图治，艰苦创业，积极发展业务，努力加快建设，不断改善服务，加强管理深化改革，使莫旗邮政局在跨越新世纪的征途上开创了新局面，取得了新成就。

坚持以经营为中心，以效益为目标的思想，树立忧患意识，增强竞争观念，在激烈的市场竞争中，迎难而上，努力开发市场，培育市场，占领市场，大力发展业务，强化营销力度，不断提高企业经济效益。

坚持以服务为宗旨，树立邮政新形象。在服务工作中形成党政工齐抓共管，充分发挥和管理人员分层负责的制度，建立严密的服务质量检查体系，充分发挥社会监督作用。积极改进服务工作，不断提高用户满意率，使莫旗邮政服务工作达到规范化、标准化要求。邮政营业厅和纳文西大街营业厅均被上级局评为规范化服务示范窗口，树立了邮政新形象。被旗委、旗政府授予精神文明单位。

旺泉市场

满洲里市房地产综合开发有限责任公司

满洲里市综合开发有限责任公司是满洲里市最早成立的开发企业，1988 年由呼盟建设局批准为三级资质企业，承担着全市的房地产开发工作，随着市场的变化，公司也改变了经营方针：实施一业为主，多种经营的战略。经过十多年的努力，公司员工由十几人现已发展到近百人，拥有固定资产 3 000 万元。除房地产开发外，公司还设有分支机构：旺泉市场建筑面积 1 万平方米，设有门市房、经营摊位500个。兴湖物业管理中心，承担着近 30 万平方米楼房的物业管理工作，并担负着两个小区 12 万平方米的供暖工作。中心宾馆位于市中心，建筑面积 3 500 平方米，60 个标准间，10 个普通间，可同时容纳旅客 120 人。边贸公司不仅开展对俄贸易，同时也开展对内贸易。

公司董事长兼总经理谢有祥先生，欢迎各方人士前来满市做客，到满洲里市房地产综合开发有限责任公司洽谈业务。

联系电话：总经理室 0470-6222399
公司办公室 0470-6223367
旺泉市场　0470-6227870
边贸公司　0470-6223941
总　　机　0470-6221133
传　　真　0470-6221139
热　　线　0470-6229872　0470-6222499

董事长兼总经理：谢有祥

额尔古纳市电信局

EERGUNASHIDIANXINJU

程控电话交换机房

额尔古纳市电信局为全市近10万群众提供普遍通信服务。自1998年10月1日挂牌运营后，额尔古纳市电信局抓住机遇，加快发展，通信面貌发生了深刻的变化。目前，全市大部分乡镇均实现了光纤数字传输，全市固定电话交换机总容量2万门，固定电话用户1.7万户。全市电话普及率20部/百人，业务总量可实现1500万元。

展望未来，额尔古纳市电信事业充满生机。全市电信职工将以精诚团结，奋进拼搏的企业精神为动力，以效益为中心，以经营为龙头，以运行维护为支撑，努力建设一个技术先进、服务优良、高效安全，适应额尔古纳市经济发展和城市建设的现代通信网络。

电话：0470-6826199

局长　卢海同

行政办公楼

领导班子

内蒙古森林工业集团富伦纸业有限责任公司

内蒙古森林工业集团富伦纸业有限责任公司是我国第一家国有控股、林纸结合的大型二档制浆造纸企业。公司占地面积67万平方米，以大兴安岭落叶松造纸材“三剩物”和桦木为主要原料，采用硫酸盐工艺，生产长纤维木浆系列产品——精制落叶松木浆、本色木浆等。设计规模5万吨/年；主要设备由瑞典、芬兰、德国引进，具有完备的现代化制浆、造纸、碱回收、自备热电站等系统；现有在册职工2 070人，其中专业技术人员300余人，中高级工程技术人员50余人。注册资本金1.2亿元。

公司前身是扎兰屯纸浆厂，1999年由内蒙古森林工业集团整体收购，同年11月27日富伦纸业有限责任公司挂牌营运。资产重组后，公司建立起规范的法人治理结构，经过恢复启动生产、三项制度改革和工艺技术改造，加大基础工作建设，落实以降低消耗控制成本为目标的经济责任制，开展“四条龙”劳动竞赛，进行满负荷生产演练，使企业面貌发生了深刻变化，呈现出新的生机和活力。至2000年6月，主要经济技术指标月月刷新，均超过历史同期最好水平：产量18 545吨，完成全年计划产量的62%；实现税利1 000万元；销售收入突破72 500万元大关；主产品秀林牌精制长纤维落叶松木浆、本色木浆，受到用户欢迎，实现产销平衡。

公司隶属于内蒙古森林工业集团直接领导，集团总公司及下属的6个林业参股富伦纸业有限责任公司，形成林纸结合、优势互补，资源优势得天独厚，发展前景十分可观。

目前，集团总公司把制浆造纸企业做为林区发展的支柱产业，经过可行性研究和技术论证，将通过技术改造和扩大生产规模，再上一个新台阶，争取更大的经济效益。

董事长、法人代表：王明宇

总经理：丁宝林

公司电话：0470-3302442

公司地址：呼伦贝尔盟扎兰屯市纸浆街33号

邮　　编：162650

产品

生产车间

牙克石市教育局

安全生产，文明施工，创优质工程

学校

办公楼

呼盟牙克石市教育局所辖61所学校（幼儿园、教学点），教工1 840人，学生2.4 万人。有自治区级实验学校1所，盟级示范校、重点校14所。

在市委、市政府的关怀重视下，教育事业蓬勃发展，素质教育全面推进。1998年通过“两基”达标验收；在自治区“小语整改”区域实验验收中又获得很高评价；初中“青浦教改”又取得突破性成果；幼教、职教、成教稳步发展。牙一中系盟级重点普通高中，高考上线人数连续几年居全盟第二。教育服务公司转制后，更名为建兴公司，现已发展成为全市颇有影响的建筑和房地产开发公司，连续几年获全盟建筑大奖。

教育局连续多年被市委、市政府评为“实绩突出领导班子”，1999年被盟教育局评为“优秀旗市教育局（处）”第一名。牙市的教育事业在“全教会”精神鼓舞下，深化教育改革，积极调整教育结构，将为两个文明建设做出更大贡献。

局长：李秀峰

海拉尔市国土规划局

海拉尔市国土规划局始建于1988年。局内设6个科室、4个三级事业单位。主要负责全市1 440平方公里国土规划管理工作。主要职能是：对全市土地、城镇地政实施统一管理。合理利用土地资源，切实保护耕地，充分发挥土地资源优势，积极培育和建立土地市场，规范市场行为。强化城市、村镇土地利用总体规划的实施。提高城市、村镇土地利用总体规划的法律效力和法律权威，对土地法律、法规的贯彻实施进行监督检查。行政执法和协调服务等工作。

近年来，海拉尔市国土规划局在市委、市政府的正确领导下，在上级业务主管部门的大力支持下，在各有关部门的密切配合下，坚持以邓小平建设有中国特色理论和党的十五大精神为指导，土地管理工作取得一年上一个台阶的好成绩。

经过多年锻炼，形成一支政治强、业务精，具有团结向上、廉洁奉公、开拓进取精神的领导班子和严格执法、全心全意为人民服务的职工队伍。全局职工在局党政领导班子的带领下，扎实工作，勇于改革，在全市开展的“当公仆、树形象、做表率”及“行政效能监察”活动中取得了可喜的成绩。在封闭不宜耕种土地、退耕还林还草工作中做了大量工作。认真贯彻执行新《土地管理法》，进一步落实“十分珍惜、合理利用土地和切实保护耕地”这一基本国策。认真落实土地有偿使用制度，深入进行土地制度改革。近三年来，土地收益以百分之四十的速度递增，为城市建设积累了资金。在法律、法规允许的情况下，对土地开发商给予优惠政策，近三年来累计开发总量120万平方米。几年来，完成了海拉尔市1996～2010年土地利用总体规划的编制和各乡镇土地利用总体规划的编制。1998～1999年连续被盟、市评为实绩突出单位和实绩突出领导班子。1999年精神文明创建晋升为盟级文明单位。

党组书记、局长：苏日勒

领导班子成员（左起 副局长周天安、王永杰、局长苏日勒、纪检组长、副局长王凯杰，副局长苏鸿雁）

海拉尔市国家税务局

办公楼外景

海拉尔市国税局是隶属于呼伦贝尔盟国家税务局的正科级行政机关，内设六个行政、业务职能部门，下设两个副科级征收分局，共有职工 178 人，依法负责海拉尔市行政辖区内以增值税、消费税为主的中央级税款征收入库工作，以及对相关涉税事宜进行管理。

1998 年以来，在呼盟国税局、海拉尔市委、市政府的正确领导下，依靠社会各界的广泛关注和鼎力支持，牢固树立组织收入工作的中心地位，始终坚持贯彻“带好队，收好税”和“两手抓，两手都要硬”的方针，在全面落实税收工作“向征管转移，向基层转移”的同时，大力推进依法治税，努力强化税收征管，严厉打击涉税犯罪，狠抓两个文明建设，各方面工作都取得可喜成绩。自1995年以来连续五年超额完成上级下达的税收任务，并于1998年首次突破亿元大关，为呼盟国税事业的腾飞发展和繁荣海拉尔市地方经济做出了卓越贡献。

税收宣传员带领小学生们共同朗诵《税收小喇叭》读本

1999年10月，国税局百人合唱团参加海市“唱家乡、迎国庆、庆回归”千人合唱比赛，获演出二等奖。

海拉尔铁路分局多种经营管理处
海拉尔铁路分局经济技术开发总公司

分处投资兴办的多经大厦，内设高、中档客房、餐厅、健身房和庄重典雅的洽谈室、会议室

处长、总经理：曹延杰

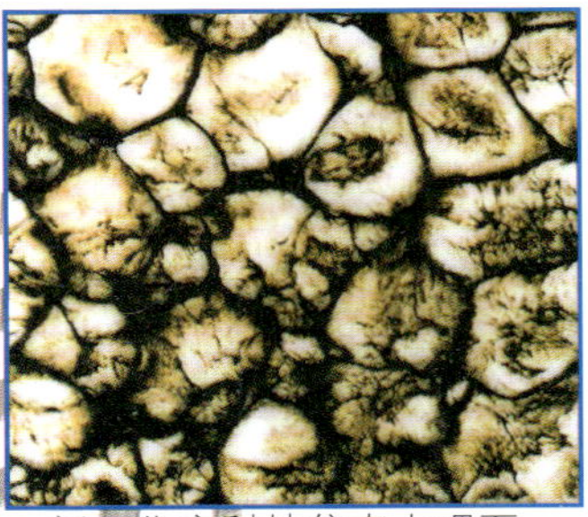

新一代高科技仿真大理石

满洲里铁路储运有限责任公司货场

伊图里河锶宝矿泉水有限责任公司生产的"伊霸锶"饮用天然矿泉水

海拉尔铁路分局贯彻执行党中央、国务院提出"一业为主、多种经营"的方针，运用地方政府相继出台的优惠政策和辖区木材、煤炭、草原、农作物等资源优势及满洲里口岸站优势，从1985年开始创办以货物运输延伸服务为主的铁路多种经营企业。经过15年艰苦创业，海铁分局的多种经营企业已形成初具规模并有一定市场竞争能力的企业群体。已有跨及运输代理业、仓储、商业贸易、饮食服务、矿业开发、粮油经销、旅游广告、工业加工、种植养殖、建筑施工等10个行业的生产经营体系。现有多经企业234个，形成覆盖滨洲西部和整个大兴安岭林区铁路沿线多种经营格局。到1999年末，累计创收17.6亿元，实现综合效益3.98亿元。固定资产原值6 400万元。多种经营已经成为分局强局富工的重要经济支柱和"半壁江山"。

随着新千年的到来，海铁分局的广大干部职工面向新世纪，根据铁道部、铁道部政治部《关于推进铁路运输业多元经营改革和发展的若干意见》，坚持有进有退，有所为有所不为的方针，积极推进多种经营向专业化、规模化、集团化方向发展。面向新世纪，构建多元经营大格局，使海铁分局的多种经营事业实现企业体制公司化、产业规模化、管理规范化、经营市场化，为呼盟试验区的发展建设做出更大贡献。

满洲里口岸报关行

总经理：吴跃南

团结的领导班子

满洲里口岸报关行是经海关总署批准成立的专业报关企业。主要经营报关、报检、报验、仓储、减免税申请、保税货物登记备案和核销、缮制单证及相关的咨询服务等业务。

为了进一步扩大业务的广泛性，相继成立了满洲里大陆经济贸易有限责任公司、满洲里新时代对外贸易运输代理有限责任公司，形成了集报关、贸易、运输代理为一体的集团性企业。现已实现报关自动化、财务电算化、管理现代化。企业坚持总经理办公会议制度、职能部门联席议事制度，协调工作、沟通情况，发现问题，及时解决。公司一贯奉行“客户至上”的服务准则，“让客户满意是我们永恒的追求”，崇尚服务质量的信条，一切以客户的利益为目的，提高业务人员的服务素质和服务意识，公司以重义守约、讲求实效、长期合作、共同发展为经营宗旨。在开具信用证及对外付汇等方面具有良好的信誉，深得银行、外管局、国内外客户的赞扬，进出口贸易额列居满洲里市进出口公司的前列。

满洲里口岸报关行、满洲里大陆经济贸易有限责任公司、满洲里新时代对外贸易运输代理有限责任公司愿与新老客户携手迈向新时代。

局(台)领导与《碧土时空》栏目制片人在晚会现场

海拉尔市广播电视局是局台合一的体制。所辖海拉尔电视台，海拉尔人民广播电台，呼伦贝尔广播电视报社。现有职工97人。内部机构设置15个部门，对外具有管理海拉尔地区地面卫星接收站和海拉尔铁路有线电视站的技术监测业务职能，是海拉尔市委、政府的主要新闻机关。

海拉尔电视台发射功率1千瓦，使用7频道播出。每天播出10.5小时，覆盖半径25公里，辐射海拉尔市95%地区和周边牧区、矿区，覆盖人口60万。电视摄影制作设备全部使用BEJACAM系列设备，是内蒙古自治区二级

海拉尔市广播电视局

HAILAERSHIGUANGBODIANSHIJU

台。台办有11个自办节目，节目结构集新闻、社教、文娱体育、广告信息服务于一体。1999年各类新闻作品在内蒙古自治区级以上媒体刊31条，有22件作品分获盟、区、国家级奖励。其中环保专题片《净土之根》获国家级政府奖一等奖，自治区“五个一”工程奖。与全国70多家电视台有影视剧节目交流关系，是内蒙古自治区东部区重要的新闻媒体。

海拉尔人民广播电台中波广播使用频率990KHZ，功率1KW，覆盖人口60多万。中波广播每天3次播音共9.5小时。是内蒙古自治区二级台。调频立体声广播频率99.9MHZ，功率1KW。办有《新闻》、《草原晚情》、《岁月留痕》、《家教夜话》、《土地方圆》、《心灵憩园》、《走进直播间》等10个自办节目20多个栏目，每天播出10小时。节目覆盖海拉尔市和周边地区40多万人口，以传播新闻、服务社会、美化生活的特点受到广泛好评。

《碧土时空》栏目100期晚会

呼盟少年宫小百合艺术团文艺演出

呼伦贝尔盟
根河电信局

局长：黄惠君

根河邮电局首先瞄准国际国内高科技产品，大胆引进设备，扩容4 000门程控交换机，先后开通了B P机、移动电话、126等多种特服业务，为拓宽邮政专业化经营力度不断寻找经营渠道，开办了邮购速递等业务，经过一年多的共同努力，相继扩容交换机2 000门，改善生产场地，建成生产楼，软硬件建设及两个文明建设长足发展，经济效益猛增，彻底摆脱了通信落后面貌。服务面积达到1 980平方公里，服务人口177.069万人。1998年9月邮电正式分营改名为根河市电信局，1999年7月电信重组，电信正式独立运营，全市所在地及乡镇通信全部进入国际国内自动直拨网，移运通信、无线寻呼、光缆等一系列骨干项目的投产极大地缓解了长途通信紧张状况。新增生产车辆8台、微机32套，在全盟率先实现了话费收费联网和全市交换程控化、传输数字化、生产场地全部得到改造，并投资近80万元对电信生产场地、可视电话会议室、职工会议室进行整修。建成2 300平方米职工主宅楼。全市电话总容量已达26 384门，实占13 957门；公用电话从无到有，一跃发展到87户；新建900兆移动电话模拟基站3个，数字基站4个；用户发展到2917户，无线寻呼基站6个。经过几年的紧张工作H J D 04型万门程控交换机在根河落户，随后又建成了微波塔，开通了B P机，移动通信，部分业务由人工转为机械化、电子化、微机化，电信由“摇把子”经准电子、纵横迈向程控数字化，电报进入全国自动转报网、电子化、微机化在全市普及应用，使根河局成为呼盟第一个旗市进入交换程控自动化和全市电子化营业的局。根河电信为所属分支机构修建了文体活动室和职工之家，添置了娱乐、健身、电器等全套设备和各类报刊、图书等文体活动用品。局领导班子成员在日常工作中努力做到理论灌输与提高觉悟相结合、思想教育与各类活动相结合、道德知识与自身建设相结合、思想政治工作与评先创优相结合、领导强化与感化、办实事相结合，改进工作作风，培育企业精神。赢得了文明单位、先进党支部和综合治理、文体活动先进单位的荣誉。

领导班子成员

市委书记荣天厚（左二）、市长杨汉忠（左三）等领导来指导工作

工委书记、管委会主任：　梁宝源

满洲里边境经济合作区

1999年，该区以开明促开放，以“三个有利于”为标准；以强化区域环境建设为基础；以培育开发市场，吸引资金为目标。紧紧抓住市委、市政府创造的新机遇，艰苦奋斗，脚踏实地，努力营造招商引资良好的环境。积极实行“内循环”、“一站式”服务管理运行体制，树立“一盘棋”的思想、“一致对外”的政策、“一步到位”的措施。按照“三讲”要求，进一步增强全区干部职工对外开放工作的意识，并结合实际制定完善了边境经济合作区今后五年发展规划和把经济合作区发展成为对内对外双向开放的科、工、贸一体化新经济增长点的奋斗目标。确立了“项目立区、引人入区、市场兴区”三个发展战略和“培育龙头产业及拳头产品；进一步拓宽外经外贸和对外经济技术合作领域；优化完善区域软硬环境；放手发展个体私营经济”四项工作重点。牢固树立“开放、开明、求实、让利在先”的招商引资指导思想，确定招商重点。转变招商观念，广开招商门路，培育招商载体。放手发展包括工业项目在内的商贸合作、第三产业和特色产业。只要国家政策允许，能增加税收的项目就全力支持兴办。努力培育合作区开放环境和经济发展的温床，区域经济发展呈现出良好的态势。

全区固定资产投资完成3 297万元，其中生产性项目624万元，基本建设项目完成2 297万元，基础设施项目完成376万元；开工建设项目12项，开工建筑面积34 735平方米，竣工面积30 484平方米；全区财政收入完成1 062万元（含烟草税收）；全区总产值完成4 786万元（其中工业总产值完成3 836万元）；新建工业总产值完成2 199万元；社会商品零售总额35 744万元；对外贸易进出口履约额完成301万美元（其中进口额完成243万美元，出口额完成58万美元）；进区各类项目79项，项目计划投资额5 062万元，进区资金额3 637万元，其中工业项目15项、房地产项目4项、农业项目2项、公益项目2项、其它项目56项。

呼伦贝尔盟城乡建设环境保护局

优秀物业管理小区

呼伦桥

根河自来水一期工程

灾后新村建设

呼盟城乡建设环境保护局是呼盟行署的职能局之一，负责全盟城市建设、村镇建设、工程建设；负责市政公用事业、测绘业、房地产业、建材业、建筑业、环保事业。1999年全盟投资建筑面积146万平方米，其中住宅面积为99.4万平方主；竣工面积93万平方米，工程竣工合格率100%，优良率近38.22%，比上年提高了16.22%。全盟城市建设计划投资1.5亿元，实际完成2.9亿元，比98年1.3亿元增加了1.6亿元，增长了2.3倍，争取上级无偿投入资金7 225万元，亚行贷款6 000万元。完成20万元以上的城建项目78个，其中100万元以上项目18个。利用亚行贷款重新建设水毁的扎兰屯大桥和盟市共建项目海拉尔呼伦桥实现了当年开工当年建成。全盟小城镇建设得到长足发展，配套设施得到加强，已有25个镇建成标准的砼路。物业管理有新的突破，物业管理小区通过自治区城市优秀管理小区达标验收。到1999年末全盟已建立自然保护区28个，总面积37 819.59平方公里，列入国家生态示范区建设启动，争取到加拿大政府环保赠款约500万元建设达赉湖自然保护区。

全盟灾后重建工作取得决定性胜利，共建灾民新村95个。新村新房建设总投资11 764.93万元（不包括灾民自筹部分），累计全盟投入资金和物资达2亿多元，已有80%以上的灾民搬入新居，扎兰屯、阿荣旗、莫旗三旗市的城市水毁道路修复工作也已经完成了三分之二以上，完成投资额8 315万元。

局领导班子

董事长：王景山

呼伦贝尔建筑安装工程集团有限责任公司

呼伦贝尔建筑安装工程集团有限责任公司是由大雁矿务局建安公司兼并呼盟一建、三建组建而成的新型股份制企业。在册员工3410人，其中具有初级技术、经济职称的460人，中高级技术、经济职称人员128人，固定资产2 875万元，各种机械设备580台（件）。年施工能力在3亿元左右。企业资质为工业与民用建筑工程施工一级，矿山建筑安装工程施工一级，道桥施工二级，装饰施工乙级，预制构件制作三级。集团公司目前已成为呼盟地区规模最大、经济实力最雄厚，装备齐全，技术先进、管理一流、集建筑、安装、道桥施工、房地产开发、装饰装潢为一体的全面协调发展的建筑施工企业。

1998年公司通过了ISO9002国际质量认证。先后被评为呼盟十佳文明窗口标兵单位；自治区级重合同守信用单位；区级精神文明单位；区级思想政治工作优秀单位；区级装饰优秀施工企业；全国煤炭先进施工企业等荣誉称号。

呼建集团公司董事长、总经理王景山同志曾被授予1995年原煤炭部优秀经理；1996年内蒙古优秀青年企业家；1998年全国煤炭行业先进施工企业经营者；1999年全区建设系统精神文明先进工作者等荣誉称号，并当选为海拉尔市人大代表。

电话：0470—8243073

公司承建的呼伦桥工程

盟级优质工程牙克石邮电局综合楼

呼建集团公司

呼伦贝尔盟建筑勘察设计研究院

建发大厦

满洲里市北湖别墅开发区

呼盟建筑院，始建于1953年，是经国家建设部认定的国家甲级设计院。同时具有市政工程设计乙级、工程勘察乙级、城市规划设计丙级的工业与民用建筑综合设计院。

48年以来，已发展成为具有建筑、结构、暖通、给排水、电气、建筑装潢、建筑经济、工程测量、工程地质、市政工程等业务齐全的设计院。该院内设科学研究所，主要立足于高寒地区的保温节能墙体、永冻土基础及管道保温直埋、浅埋的技术研究。

多年来已承担三千多项工程设计，涉及乳品、制糖、制酒、电厂、引进大容量马铃薯储存技术等工业建筑和民用建筑项目。该院可承担80万平方米的工程设计任务，并且基本实现CAD辅助设计。

该院曾获得多项国家、自治区、盟级优秀设计和科技进步奖。其中“中国职工之家”工程获国家优秀设计银奖，高寒地区管道浅埋技术获区级科技进步二等奖。1997年获“全区勘察设计先进单位”。

全院在职职工145人。其中高级工程师21人、工程师76人、初级职称12人；注册建筑师15人（一级注册建筑师4人、二级注册建筑师11人）；注册结构师3人（一级结构师1人、二级结构师2人）。

院长　张振德

党政班子成员

海拉尔市农牧场管理局大楼

呼伦贝尔盟

免渡河林业局

免渡河林业局是以营林生产为主，集森林资源保护、营林生产、森林抚育、林产加工、多种经营于一体的次生林林业局。1956年建局以来，在国家次生林经营方针的指导下，累计造林2.7万公顷，提供商品木材200多万立方米，拥有固定资产7 000多万元。全局设林场、贮木场、苗圃、森保、公安、文教卫生等科级单位29个，林业职工3 814人，其中在职职工2 806人，林业总人口一万余人。目前局属林产加工企业三个，主要林产品有各种规格的锯材、雪糕把、食品圆棒、层压板、地板块、细木家俱等。有些产品销往全国各地，尤其是细木家俱不仅占领了呼盟家俱市场，还打入了辽宁的家俱市场。抚育伐生产的木材有松原、松径、松杆、桄材、桦原、桦径、杨原、杨径等。

综合加工厂

免渡河林业局施业区内资源丰富，风光旖旎，具备开发包括绿色食品、森林旅游等在内的绿色产业的条件。天然无污染绿色食品种类繁多，数量大，如蕨菜、蘑菇、柳蒿芽、杜斯、红豆等等。此外还有各种中草药。

1999年开始，免渡河林业局被正式纳人国家天然林保护工程序列。在认真做好森林资源保护工作的前提下，抢抓天保工程实施和西部大开发的机遇，以森林资源为依托，积极开发以绿色产业为龙头的新产业，培育新的经济增长点，化资源优势为经济优势，努力向兴局富民的宏伟目标迈进。免渡河林业局热情欢迎盟内外、区内外乃至国内外有识之士前来观光旅游、投资合作，携手开发绿色宝藏，共建绿色家园!

人工林

速生丰产林

山野菜加工

海拉尔食品总厂始建于1956年，是呼盟最大的食品生产厂家之一，并有着40多年的生产经验，设备先进、技术精良、有严密的质量检测和检验保证体系。食品总厂连续多年被评为海市质量信得过企业和食品卫生先进单位。

兵主要产品为四大类百余个品种，纯天然奶油生日蛋糕多次被评为自治区优质产品，并深受广大消费者的赞誉，产品除供应海市市场外还销往林区、矿区、满洲里、扎赉诺尔及牙克石等城市。

厂全体职工以全心全意服务为本，以产品质量求信誉、以花色品种求发展，以食品卫生求生存，自下而上，本着客户第一、质量第一、卫生第一、服务第一的宗旨，竭诚为新老朋友提供优质服务。1999年引进了汤圆机，这又给海市人民献上一份厚礼。

海拉尔食品总厂

第二煤矿局部场景

第一煤矿局部场景

井下坑道

繁忙的铁路运煤线

大雁煤业公司

DAYANMEIYEGONGSI

大雁煤业公司地处呼伦贝尔盟鄂温克族自治旗境内，位居呼伦贝尔大草原腹地。

大雁煤田总面积420平方公里，分为东西两部分。目前正在开发的东部煤田东西长16.6公里，南北宽5.2公里，面积86.4平方公里，已探明工业储量18.6亿吨。矿区煤种均为褐煤，煤质属中灰、低硫、低磷，平均发热量3 200大卡/公斤，符合环保要求，适用于发电和民用。企业固定资产原值11.76亿元，净值8.3亿元。下设31个基层单位，形成以煤炭和生产、基本建设、多经三产为主，地质勘测、工程设计、机械维修、安全培训、文教卫生、后勤服务等综合配套为辅的经济实体。现有职工18 300人，其中管理干部及各类专业技术人员3 221人（高级职称202人，中级职称842人，初级职称1794人）。矿区绿化覆盖率13.02%，人均居住面积达7.46平方米。

1986年以来，从抓质量标准化入手，狠抓了基础管理，企业逐步摆脱困境，实现质量标准化矿务局，晋升为国家二级企业，被自治区党委和政府授予“文明企业”荣誉称号。1996、1997年连续2年被原煤炭部命名为“科技进步十佳企业”。连续7年被自治区评为“全区思想政治工作优秀单位”，并获自治区社会治安综合治理“长安杯”奖。

邮　　编：021122

联系电话：8642813　8642952

经理　梁权

满洲里市卫生局

MANZHOULISHIWEISHENGJU

满洲里市卫生局在市委、市政府及上级卫生行政部门的领导下，顺利地完成了满洲里市职工基本医疗保险制度的建立，配合医保工作加强定点医院的管理；推进城市卫生服务体系的改革，率先开办社区卫生服务站12家，经考试、考核，重新审批了40户个体诊所，使重新设置的个体诊所规划布局合理。

加大贯彻《母婴保健法》执法力度，加强了《医疗机构管理条例》的贯彻，对医疗机构严格管理，提高医疗服务质量和技术水平。医疗部门不断深化内部人事分配制度改革，主动适应群众的需求。1999年开展新业务、新技术32项。《食品卫生法》及《药品管理法》等法律法规得到进一步加强，对全市文明卫生城市建设，人民生活

局长：李侠

环境的改善，以及医药市场的净化起到了积极的推进作用。加强全市卫生系统思想政治工作及行风建设，各医疗卫生单位相继制定了行风建设的方案，出台了一系列措施，实行服务承诺制，有效地遏制不正之风。

2000年全盟卫生系统思想政治暨行风建设会议在满洲里召开，满洲里市卫生局及市妇幼保健所做为典型单位在大会上做经验介绍，与会人员对满洲里医疗卫生单位参观后，给予高度评价。在不断深化改革、改善服务，努力拼搏下，满洲里市卫生系统发生巨大变化，医疗技术水平有了一定的提高，人民的就医环境得到改善，全市传染病发病率减少了14个百分点，确保了大灾之后无大疫发生。在工作任务重、人员少、时间紧的情况下，满洲里市卫生局在1999年度全盟考核中由上年度全盟13个旗市排名第9一跃名列全盟第2，进入全盟卫生工作优秀行列在1999年全市领导干部、领导班子工作实绩考核中评为“实绩突出班子”，并受到奖励。

邮编：021400
电话：(0470)6263272

厂办公楼

厂长：张金刚

内蒙古牙克石友谊乳品厂

内蒙古牙克石友谊乳品厂位于祖国北疆美丽富饶的呼伦贝尔大草原，水草丰盈，生态环境优美，是著名的绿色食品天然生产基地。牙克石友谊乳品厂，具有几十年专业生产乳制品的历史，先后经过三次大的技术改造后，现已形成具有德国工艺设备、日处理鲜奶120吨的大型乳制品生产基地，原料乳均来自纯净、无任何污染的呼伦贝尔大草原，友谊牌奶粉出自最佳生态环境，带来最强生命活力。以其较高的知名度、信誉度和市场占有率而闻名全国，企业技术力量雄厚，设有国内一流的乳品检测机构，配备了国际先进的乳品检测设备，产品出厂实行二级检测，合格率100%，特优率98%以上，友谊牌产品，60年代就成为中国三大名牌之一，80年代被评为轻工部优质产品，90年代又屡获殊荣，在国内享有很高的荣誉。

友谊乳品厂所生产的系列产品具有天然、纯净、无污染的特点，被国家绿色食品协会认可，厂址被指定为绿色食品生产基地。企业全体员工正在继续努力，推行名牌战略，把更好的“友谊”牌产品奉献给广大消费者。

“友谊”牌产品

呼伦贝尔盟红花尔基林业局

樟子松母树林

林区畜牧业

局长：齐全

建局30年来，经过几代林业人的精心管护培育，施业区内樟子松林带以每年3 000多公顷的速度天然更新，年生长量近30万立方米，樟子松纯林面积已发展至12.7万公顷，蓄积量增加至710万立方米，比1956年分别增长了14.4倍和28.4倍。已累积采集调出樟子松纯种22.5万公斤，为“三北”防护林工程建设中的十几个省区、200多个县市提供了优质沙地樟子松树种。

目前，这条生长在呼伦贝尔沙地上的樟子松林带，宛若一道绿色的屏障，锁住了昔日滚动的沙丘，对固定呼伦贝尔沙地，保护呼伦贝尔草原，促进农、牧、林业经济发展和“三北”防护林建设都起到不可替代的作用，产生了巨大的生态效益和社会效益。随着天然林保护工程的实施，红花尔基人紧紧抓住这一千载难逢的大好机遇，圆满地完成了以人工造林、森林抚育、封山育林、人工促进天然更新、苗圃建设为主要任务的“天保工程”建设项目。随着产业产品结构调整力度的加大，红花尔基林业局正在积极开发以山野菜、野生食用菌、中草药采集加工以及人工养殖珍禽等为主的特色产业。同时，加大了木材加工产业的技术改造，提高对木材的精、深、细加工能力，致力于将本地的资源优势转化为经济优势，以适应市场的不断需求。

随着国内外森林旅游、生态旅游的快速发展，红花尔基林业局以其独有的森林资源优势、优越的地理位置和淳朴的民族风情而跻身于森林生态旅游行列之中。红花尔基人以其勤劳质朴、热情豁达和精明强干的性格热忱欢迎国内外有识之士和社会各界朋友来樟子松故乡观光旅游、交流经验、洽谈业务、考察投资，以期共同开发、共同发展。

校长：宝音

呼伦贝尔蒙医学校

蒙药标本

蒙成药

呼伦贝尔蒙医学校座落于三面环山、一水中流的海拉尔市区。是全区乃至全国唯一的一所蒙医药中等专业学校，担负着培养全区十二个盟市及全国八省区的蒙医药中等专业技术人才的重任。自1976年建校以来，在党的民族政策的照耀下和自治区区政府及呼盟行署的亲切关怀下，学校的规模不断发展，为自治区和全国蒙古语文合作八省区培养各级各类卫生技术人员5 000多名。为少数民族地区的社会进步，为振兴和发展民族卫生事业做出了突出贡献。

学校占地面积2.88 万多平方米，建筑面积2万平方米，其中教学用面积6千平方米。有教学楼、宿舍楼、办公楼、礼堂、家属楼及附属医院门诊、社区服务门诊部等。学校门诊部内设蒙医五疗；口腔、内、外、妇、儿专家诊室等12个科室，能够承担常见病、多发病的诊治和为社区预防保健服务的重任。蒙药制剂室自制蒙成药74种，投入临床使用深受患者的好评。学校固定资产1 400万元，其中教学仪器设备总值135万元。

海拉尔市地方税务局

卜税厅

局长：张海萍

质服务

1994年8月，按照中共财税体制改革的总体部署，国税、地税机构分设。1994年9月8日，海拉尔市地方税务局正式组建。它主管海拉尔地区地方各项税收（包括农业五税）。其主要工作任务是：为海拉尔市组织地方财政收入，通过税收实现财政分配；贯彻执行国家的税收法规和方针政策，研究制定本地区贯彻执行的具体措施；组织各项税收及时、足额入库，完成税收任务，发挥税收调节经济的职能。

该局组建以来，在呼盟地方税务局和海拉尔市委、市政府的得力领导和关怀下，全面深入贯彻执行国家的各项税收法律、法规、方针政策，坚持依法治税、从严治队、业绩斐然。六年来累计为地方财政组织入库38 834万元，为边疆城市海拉尔的经济建设与繁荣发展做出了积极贡献。

局长：张海萍　　副局长：郝建国　周树勇　赵立群

牙克石市服装厂

厂长：王凤珍

牙克石市服装厂是牙克石市服装行业中一家大型企业，下设二个服装加工车间、一个帐蓬分厂、一个零售商场、一个服装干洗店，共分设5个服装网点，其经济技术实力在区内闻名遐迩。

全厂员工恪守质量上乘的经营宗旨，采用意大利制做工艺，承揽加工订做各种长短、单棉皮大衣、皮裤、皮装茄克等皮制品系列，同时加工承做机关团体、学校、厂矿的标志服装、西服套装、风衣、呢子大衣；劳动保护用品。采用机械流水生产加工制做，高温定型。

该厂下设大华商场，多年来与呼市仕奇毛纺集团和赤峰华源毛纺集团建立合作关系，组织购进各种新颖男女服装面料，品种齐全，色泽鲜艳，辅料齐全。为了全方位服务于各界朋友，厂长王凤珍携全体员工欢迎八方来客光临指导。

牙克石市第一中学

牙克石市第一中学，始建于1955年，是呼盟率先施行校长负责制的试点校，呼盟重点普通高级中学。

占地面积3.6万平方米，建筑总面积2万多平方米，校园内拥有教学楼，办公楼，学生礼堂，综合教学实验楼等主体建筑。教学设备先进，管理意识现代化，教学质量高。

在校师生2500多人，有35个教学班。高考年年有突破，居呼盟第二，1999年上线362人，连续多年被评为“全区会考优胜学校”。学校本着“全面发展，学有所长”的育人方针，拥有呼盟成立最早、规模最大的学生军乐队；是呼盟少年篮球基点校。2000年5月成功地承办了第三届呼盟普通高中运动会，并获得团体总分第一名。学校现有专职教师105名，有全国和区、盟教学能手20多名，每年都有几十人次在国家及区内各级各类大赛中获得殊荣。

语音室

学生军乐队

校领导班子

江泽民主席视察公司

董事长、总经理： 吕延吉

满洲里国际贸易股份有限公司是国家对外贸易经济合作部授权经营易货贸易、现汇贸易、小额边境贸易及对外经济技术合作的外经外贸企业。

公司在俄罗斯赤塔、红石、乌兰乌德、伊尔库茨克，国内北京、上海、哈尔滨、呼和浩特、大连、广州、扬州等地设有分公司或办事机构。拥有三星级友谊宾馆、口岸国际旅行社、满谊进出口物资储运公司等全资子公司和满萨化工股份公司等合资企业。贸易网络涉及20多个国家和地区，形成了以资产联结为纽带，融国际贸易、国际贸易运输代理、国际旅游、国际劳务输出、国际经济技术合作为一体的综合性跨国企业集团。

1995—1997年公司连续被自治区民政府、自治区工商局授予“出口创汇先进企业”及企“重合同、守信誉”称号。

公司宗旨：开拓进取、务实守信、文明高效勇创卓越。

电话：0470—6223722
传真：0470—6223986
邮编：021400

满洲里国际贸易股份有限公司

额尔古纳市林业局

局长 ： 闫福金

领导班子成员

额尔古纳市林业局位于大兴安岭中段南麓，地处呼伦贝尔高原北端，属森林向草原过渡地带，所辖施业区总面积106万公顷，在54万公顷的林业用地中，有林地32公顷，活立木总蓄积2911万立方米，森林覆盖率为30.85%。

全年共生产商品材4万立方米，实现产值1100万元，上缴税金56万元，完成国营造林合格面积1000亩，义务植树30万株，四旁绿化24万株，1997、1998连续两年被市委评为“优秀领导班子”，1998年被呼伦贝尔盟公署授予“植树造林绿化先进单位”荣誉称号，局机关保持了盟级“文明单位”荣誉。

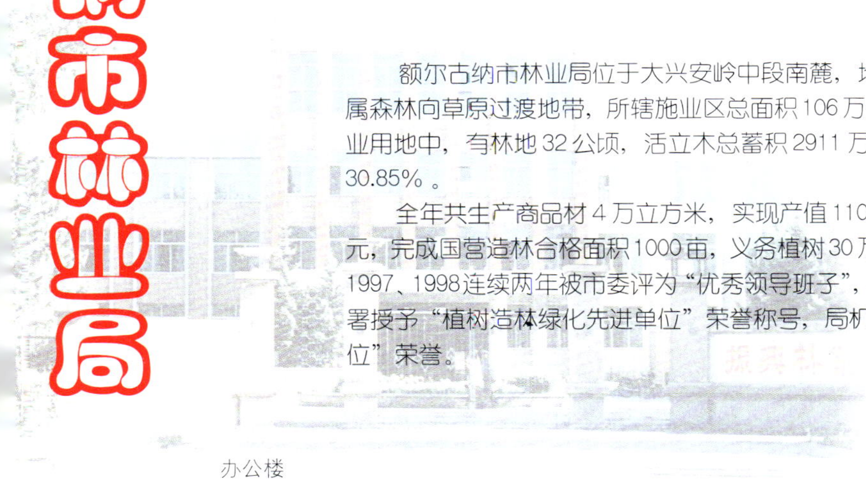

办公楼

满洲里市计划局

满洲里市计划局围绕市委、市政府确定的“全党抓经济，重点抓项目，突出抓口岸”的工作方针和“扩大经济总量，建好口岸城市”的口岸经济发展主题作好计划工作。

第一、面对经济形势、经济环境的不断变化，做出比较准确的判断，在分析的基础上提出对策和建议，为市领导运筹帷幄提供决策参考。

第二、做好重点项目工作。一是搞好项目库建设，做到“手中有项，择机而上”，抓住国家实施积极的财政政策和实施西部大开发的有利时机，做好项目的基础工作，乘势而上；二是对全市正在建设的重点项目及时进行跟踪、协调、服务，对重点项目的动态、存在的问题和建议适时反馈给决策者，力促项目顺利实施；三是督促、协调项目单位做好项目的前期工作。

第三、做好规划的编制工作，尤其做好中长期规划的编制。提出指导思想、奋斗目标、重大基础设施项目、公益项目、环保项目、产业调整对策等，用以指导全市经济和社会事业的发展。

第四、抢抓机遇，积极争取资金。充分利用满洲里市计划单列可与自治区计委直接汇报工作的便利条件，积极向自治区计委汇报工作，争取自治区计委对他们工作的支持。

第五、增强服务意识，提高办事效率。随着市场经济体制的建立，对经济宏观调控的手段逐渐在弱化，突出管理就是服务的主题，尤其在项目的立项、审批等手续完备的前提下，积极给予办理立项手续，为全市的招商引资做好服务工作。

满洲里市交通局

满洲里市交通局始建于1960年，是市政府管理公路建设和交通运输的职能部门，下辖呼盟公路管理局满洲里公路养护管理处、市公路养护管理站、公路征费稽查所、运输管理站。行业管理部门还有扎赉诺尔矿区交通局、公路征费稽查所。系统现有职工183人。

自1992年满洲里市被国务院批准为沿边开放城市以来，市交通局抓住改革开放、沿边开发的历史机遇，在市委、市政府的领导下，在自治区、呼盟交通主管部门的有力支持和关怀下，牢固树立“大口岸、大交通、大发展”的现代交通意识，开拓进取，努力拼搏，使满洲里市公路建设和交通运输事业均取得突破性进展。目前，全市公路通车总里程139.6公里，其中高级、次高级路面为97.03公里，占总里程的69.5%，路网密度20公里/百平方公里，大大超过全盟、全区的平均水平，公路网络的运行、通过能力得到明显改善。

自治区党委副书记王占视察国道3线扎赉诺尔矿区至满洲里市区段

查验俄方出入境车辆通关手续

法人代表：孙喜芳

牙克石市轻工产品联营商场始建于1981年，营业面积近4 000平方米，职工百余人，是一座较大的综合性百货商场。下设三个分支机构，经营品种有服装鞋帽、针纺织品、日用化妆品、五金交电、珠宝首饰、木制家具、沙发、地毯等万余种商品。花色品种齐全、新颖、独特，购物环境优雅舒适。二楼大厅面积1 000平方米，是牙市规模最大、品种最全的服装针纺大厅。下设的首饰大世界及首饰店经营近二十年，集全国首饰之精华，是牙市经营首饰的名牌老字号店。

联营商场一贯遵循以信誉求生存，以名牌优质的商品求发

牙克石市轻工产品联营商场

展，深受广大消费者信赖。连续多年获得较好的经济效益和社会效益。是呼盟地区较有盛名的商业网点，多次受到各级有关部门的表彰和奖励。曾连续三年荣获呼伦贝尔盟农业银行颁发的"特级资信企业"证书，"重合同守信用"单位，"质量、计量信得过"单位，"精神文明先进"单位，市级"先进企业"，"最佳经济效益"等等。

经营地址：牙克石市兴安中街15号

联系电话：0470-7302443、7303393

呼伦贝尔盟民族少年宫

呼盟民族少年宫座落在海拉尔伊敏大街。占地1 200余平方米，建筑总面积8 500平方米。内设有装备KJ-400型赤道式反射天文望远镜、亚洲纬度最高的天文观测台。设备一流的微机房、乒乓球训练馆和多功能演出厅等专业教室和活动场所，可以满足多种专业教学和开展各项文体活动。

少年宫设有专业培训部、附属实验小学、小花艺术幼儿园和对外交流部、青少年活动部等机构，负责全盟50万少年儿童的校外教育并组织广大青少年开展各类文体活动。经过近10年努力，已形成以文体培训和科技辅导为主，青少年文体活动为辅，五年义务教育和学前教育互为依托的立体化教育和活动模式。少年宫草原"小百合艺术团"多次参加全国文艺汇演，捧回多项国家金牌，声名远播国内外。

面对新世纪，呼盟民族少年宫提出"打好三张王牌，争创工作一流"的奋斗目标。即：附小、幼儿园的质量王牌，"小百合艺术团"的精品王牌，对外交流部和滚动部的效应王牌。

主任：刘桂清

电话：8221085

满洲里市经济贸易局

局长：张玉琛

满洲里市经济贸易局其主要职能是：负责全市工业行业的产业布局、规划协调、监督检查和指导服务；全市内贸市场的开发、建设、规范、整顿、协调服务，促进全市国民经济的健康发展。主要内设机构有：综合规划科、技术开发科、市场开发科、质量教育安全科、内贸科、乡企科、行政科。

近年来，按照市委、市政府提出的“全党抓经济、重点抓项目、突出抓口岸”的工作思路，围绕“把总量搞大，把城市建设好”的目标，积极实施“工业调整战略”、“市场开发战略”，重点扶持利用口岸资源的加工生产和贸工结合项目。1999 年全市实现工业产值 49 433 万元；工业产品产销率 99.47 %;；乡镇企业实际入库税金实现 11 395 万元，名列自治区旗县第一名；市经济贸易局被自治区党委、政府评为 1999 年度全区发展乡镇企业先进单位，被市委、市政府评为领导班子工作实绩先进单位。

牙克石市石油公司

始建于 1960 年，1962 年竣工投产，由内蒙古石油总公司行业管理，是国有石油销售企业。九届人大一次会议召开以后，国内石油、石化两大行业进行改革重组，该公司上划为中直企业，隶属于中国石油天燃气集团公司。现有职工 252 人，总库容量 10 000 立方米，年吞吐量在 40 000 吨左右，已发展成为初具规模的二级油库。公司下属一个车队，10 座加油站，6 个润滑油商店，拥有油槽车 10 辆，资产总额 1 700 万元。主要经营汽油、柴油、煤油、润滑油等三十多个品种。年销量 2 万吨。商品销售收入完成 4 000 多万元，利税总额 400 万元，为牙克石市的经济建设作出应有贡献。

几年来，公司坚持两个文明一起抓，紧紧围绕经济这个中心开展精神文明建设活动，取得了两个文明建设双丰收，先后被评为“呼盟石油系统先进企业”、“市直先进党总支”、“盟级文明大院”、“盟级花园式企业”、“区级文明单位”等。

经理 武俊良

党委书记：王福利

镇长：章官润

牙克石市牧原镇

祖国的绿色宝库——大兴安岭，以她三饶富庶，雄浑壮观而驰名中外，令人称羡神往。牧原镇像块玉镯，环抱牙克石市区，镶嵌在这丛山峻岭、绿树繁花之中。

牧原镇的林间草地及密林中，生长着种类繁多的野生无污染的木本、草本植物和珍禽异兽。在深奥的地下，储藏着丰富的煤、萤石、沸石、珍珠岩、玛瑙、铅、锌等矿藏。

在镇域内距市区2.5公里滨洲线南线侧，有一眼清泉，即使在零下40℃的严寒中，亦长年湍流不息，无论是暴雨或地下水位高低，泉水不涨不衰，被当地人称为“神泉”，这就是远近闻名的“暖泉”。经国家地质矿产部、卫生部、轻工业部和中国预防科学院鉴定，该泉水是稀有的天然优质硅酸矿泉水，含有丰富的钙、磷、铁、锶、硼、锂、锌、硒、偏硅酸、游离二氧化碳等几十种人体所需的矿物质，牙克石大兴安岭酒业集团利用该矿泉水生产了优质矿泉水。

学校座落在牙克石市兴安中街2号，是一所中等职业技术学校，承担着牙市卫生技术人员的在职培训与提高，医学继续教育及初、高中毕业生分流等职业培训任务。近年来，又担任北京中医药大学设在自治区的函授辅导站工作。建校二十年来先后开设了医士、护理、中医、针灸、检验、药剂等专业，培养中等卫生专业技术人才2 000多人，培养成人自考及函授大专毕业生500多人。近两年来，完成医学继续教育培训400多人次。在各级卫生、教育行政部门的支持及努力下，学校已初具规模。现有楼房校舍800平方米，各种教学模型、实验器材等固定资产50余万元，并具有一支有着丰富教学经验的中、高级职称的专兼职教师30多人的教师队伍。在职职业技术教育迅速发展的今天，这所学校一定会更趋完善，成为我盟卫生教育战略的一朵新葩。

校长：尹明华

牙克石市卫生职业技术学校

海拉尔市城建档案馆

修补五十年代规划图

馆长：刘庆菊

海拉尔市城建档案馆是隶属于市城建局的三级事业单位，编制7人。档案馆内设综合室、财会室、微机室、整编室和管理室。配有复印机、微机、摄像机、照像机、装订机、切纸机等，工作逐步走向制度化、规范化和科学化。

城建档案馆的基本任务和管理方法是：接收和保管全市需要长期和永久保存的城建档案和资料，起到“存史”、“资政”作用。对进馆的档案资料进行科学整理鉴定，向全社会提供利用，为城市建设服务。对产生城建档案的单位和部门从档案业务上进行检查指导，促使城建档案及时进馆，参与工程项目图纸审定和工程竣工验收，掌握城建档案的第一手资料。

鄂温克族自治旗国家税务局

鄂温克旗国家税务局于1994年税务机构分设中组建，现有职工110人。旗局下设大雁征收分局、伊敏征收分局，负责全旗三镇一区、八个苏木乡的中央税、中央地方共享税、中央金融企业所得税及个体私营业户税收的征管工作，并负责本地区涉外税收和进出口产品税收管理工作。管区内共有1 408户纳税户，其中国有集体企业206户（包括19家有限责任公司），个体工商业1 202户。

局长：贾兴华（左）

全局上下始终将组织收入工作摆在各项工作的中心位置来抓，千方百计确保应收尽收。通过采取加大执法力度、完善征收管理、强化稽查检查、积极清理欠税、优化税收服务等一系列行之有效的措施，促进了税收收入连续大幅度增长，年递增近1 000万元，税收入库由1994年的2 903万元增至1998年的6 721万元。1999年工商税收9 673万元，居全盟十二个旗市局的第2位。

呼伦贝尔盟宝日建筑安装工程有限责任公司

呼伦贝尔盟宝日建筑安装工程有限责任公司是在原宝日希勒一矿土建队基础上改制而组建的。几年来，该公司改革进取，求实创新，精神面貌焕然一新，经济发展突飞猛进。特别是近三年，工人人均工资翻三番，企业固定资产增加近十倍，其中任何一年的年产值都超过改制前十四年的总和。该公司在完成自身发展计划的同时，接纳下岗职工870多人，安置500多人，为宝日希勒煤炭集团的改革发展解除了后顾之忧。

该企业在完成宝日希勒煤炭集团大量建设任务的基础上，逐步进入外部市场。1997-1998年在北京和哈尔滨两地承揽了两项装修工程，2 000年在海拉尔承建了总建筑面积17 000多平方米的3栋楼房，其中呼伦贝尔学院9 000平方米的职教楼是全自治区高校中最大的教学楼之一。

目前，该公司已发展成为以建筑安装为主业，容装饰装潢、筑路运输、煤炭营销、木器加工、木质雕刻、商业餐饮、就业服务、建筑材料生产与销售等多业并举的综合性股份合作制企业。

经理：朱建平

总经理：甄德军

海拉尔农牧场管理局物资总公司

海拉尔农牧场管理局物资总公司是国家农业部农垦局直属直供的海拉尔垦区的物资供应机构，担负着全局20个国营农牧场和局直企事业单位的物资供应任务。近年来，由于国家指令性计划缩减，公司逐步按市场经济的模式和规律运行，全面转换经营机制，拓宽经营领域，由“服务经营型”转向“服务效益型”，由原来的按计划供应转向按市场需求进货销售，由原来的只限于国内物资流通逐步扩展到国际贸易。经过深化改革，公司原各经济实体已按商品性质重新组建成三个分公司，即石油分公司、生资分公司、机电分公司、并在满洲里市、额尔古纳市设有分公司。在扎兰屯市设有供应站，在北京设有代办处。在经营中凭借“开拓进取，奋力拼搏”的企业精神及良好的信誉赢得了广大用户。被农业部、农垦局授予“八五期间安全生产管理先进单位”和“边境五垦区‘八五’期间扶贫工作先进单位”，被呼伦贝尔盟授予“盟级重合同、守信誉企业”、“全盟批发零售贸易餐饮企业综合实力最强企业”、“全盟先进企业”及“盟级文明单位标兵”。多年荣获海拉尔农场局“双文明建设奖”，并被评为“明星企业”。

电话：0470-8246701

莫力达瓦达斡尔族

自治旗农牧局

莫旗是农牧局主要工作成绩：1、实施“青山绿水”工程，在封山育林的同时，退耕还林还草16万亩，群众造林3万亩；国营造林0.6万亩，完成任务的150%。2、加强农业基础设施建设，新增水田1万亩，发展节水喷灌11万亩。3、调整种植业结构，引进种植名特优新作物2.8万亩，繁育优质良种300万斤（大豆）。4、开发绿色食品生产，种植A级水稻5 000亩，A级绿色食品大豆10万亩，AA级绿色食品大豆0.5万亩，经国家绿色食品开发办实施考核和产品检测，已在自治区率先获得国家绿色（有机）食品使用权证。

阿荣旗塞北乳品有限责任公司

厂貌

公司领导班子

塞北牌产品

阿荣旗塞北乳品有限责任公司立于美丽富饶的呼伦贝尔大草原东部。这里依山傍水，土地肥沃，水草丰美，自然生态环境优越，无任何污染，是生产绿色食品的最佳场所。

公司始建于1988年，占地面积5 000m²，建筑面积4 600m²。公司前身是阿荣旗乳品厂，1998年转为股份制经营。总资产600万元，公司设备先进，整体素质达到国内现代化乳品、豆乳生产技术标准，日处理鲜奶30吨，日处理大豆2吨，年产值1 200万元。主要产品：塞北奶粉系列，塞北豆奶、豆粉系列。其中塞北奶粉1991年获自治区产品质量大赛一等奖。

公司地址：呼伦贝尔盟阿荣旗振兴街58号
总 经 理：张明科
电　　话：(0470)4216805 4213347
手　　机：13904706632

阿荣旗林业局

阿荣旗林业局始建于1950年，地处大兴安岭东南麓，南与黑龙江省甘南县相邻，北与鄂伦春自治旗毗邻，西与扎兰屯市隔河相望，东与莫力达瓦达斡尔族自治旗接壤。林业经营面积68.6万公顷，占全旗总面积的59%，有林地面积54.9万公顷。下属单位21个，其中国有林场7个，林业总人口4 980人，林场人口2 705人，在岗职工482人，拥有固定资产2 000万元。林区有学校5所。现有防火公路520公里，林区内部通勤车1辆，301国道在林区贯通，交通便利，对外交通四通八达。

阿荣旗林业局地大物博，是内蒙古大地上一块山水秀丽、物产丰盈、富有魅力的宝地。森林覆盖率为80.32%，活立木总蓄积3 127.5万立方米，其中天然林蓄积2 999万立方米，占全局总蓄积的96%。以兴安落叶松为主，其次是白桦、蒙古栎、杨、柳，还有少量的樟松等。

在莽莽的森林里和辽阔的草原上栖息着紫貂、鸮、黑熊、猞猁、马鹿、驼鹿、雪兔、花尾榛鸡、狍子、野猪等国家级保护的野生动物。

可开发利用的植物资源有药用植物黄芩、黄芪、党参、桔梗、柴胡、芍药等。油料植物资源有榛子。食用菌及山产品有蘑菇、猴头、木耳、黄花菜、蕨菜。

局长：金焕

局党政领导班子

莫力达瓦达斡尔族自治旗
城乡建设环境保护局

局领导班子

尼尔基镇三角地交通广场

莫力达瓦达斡尔族自治旗城乡建设环境保护局是旗政府下设的二级机构，负责全旗城乡建设环境保护工作。

以规划为龙头，带动城市建设管理全面发展。尤其是尼尔基镇主要街道均已硬化，树、灯、排水配套齐全，广场绿地、雕塑配置合理，建筑物高低错落、排列有序，形成别具一格的城市景观。

目前正筹备尼尔基污水排放工程和集中供热工程的实施，市容市貌日新月异。1998年顺利通过三星级文明镇验收，建设局局长崔建君被命名为城市环境综合整治先进个人。

确定国策地位，牢抓环境保护，对旗内污染企业进行治理达标，对建设项目实地“三同时”管理，对可能产生影响环境的废水、渣、气和噪声进行预控，效果良好，莫旗建设局连年受到呼盟行署表彰。

狠抓工程质量这条主线，千方百计规范建筑市场，组织精干力量心设计、精心施工，跟踪监督、严格把关，杜绝了不合格工程，建筑工程优良率逐年上升。

莫旗建设局正在不懈努力，知难而进，攀登新高峰。

那吉屯一中占地面积3.2 万平方米，座落在那吉镇中央街北。1999年新建六层教学楼7 280平方米，与学生宿舍楼1 600平方米、实验楼1 300平方米。

该校现有教职工122名，高级教师9名，中级教师25名；学生2300余名，有3 4个教学班，是一所纯高中学校。被自治区教育厅授予高中管理先进学校，是呼盟地区仅有的的两所具有推荐保送学生上大学资格高中之一。

1998年考人大学275名，应届农村考生潘恭华以629分考人清华大学；1999年又有355名学生考人专科以上大学，创历史新记录。学校将重点加强物理、化学、生物、外语语音等学科。还用一定资金提高师资水平，将请进北京中学名师来此地讲学，派出骨干教师到外地培训提高，鼓励教师报考研究生。欢迎本科及本科以上学历师范或非师范重点院校毕业生来校工作，使师资来源多样化。

校长　辛黎翔

那吉屯一中领导班子周末会

阿荣旗那吉屯一中

阿荣旗卫生局

局长：王志东

全区救灾防病

先进集体

内蒙古自治区 卫生厅 人事厅

1999.9

阿荣旗卫生局下辖27个事业单位。拥有二级医院2所，一级医院20所。集体和个体医疗网点近200个，形成了遍布全旗城乡的三级医疗保健网。卫生系统拥有一支作风过硬的技术队伍医务人员近千人。大学层次人才逐渐成为各级各类医院主体。旗人民医院、旗中蒙医院做为全旗医疗、教学、科研中心，拥有现代化的全身CT，大型彩色多普勒B超机、胃镜、大型X光机、血流变分析仪、血球分析仪等高精尖端仪器设备。全旗地方病克山病、大骨节病、地甲病已基本消灭。妇幼保健两个系统管理率均达85%以上。阿荣旗卫生工作在全盟目标化考核中连续1997、1998、1999三年荣获政绩突出奖。1998年卫生局被内蒙古自治区卫生厅、人事厅命名为救灾防病先进集体，被阿荣旗旗委、旗政府授予“抗洪救灾先进集体”。局长王志东获卫生部“抗洪救灾模范”光荣称号。卫生局1998、1999年度被旗委、旗政府评为“领导班子工作实绩突出单位”、局党委被评为先进党委。

呼伦贝尔盟委党校

党校领导班子

中国共产党呼伦贝尔盟委员会党校成立于1956年1月17日。校址在海拉尔市西大街141号。

呼盟党校在呼盟委的关怀和领导下，紧紧围绕党的中心工作，坚持理论联系实际的教学方针，完成了盟委交办的各项培训任务，为呼盟地区培训了一大批合格的优秀党员领导干部，成为提高党员领导干部马列主义水平、增强党性修养的重要阵地。呼盟党校现有教授1人；副教授6人。

校党委领导班子成员如下：

党委书记、副校长：纪俊丰

党委副书记、副校长：刘雅民（副教授）

委员：王宪武（副校长、教授）李全邦（副校长）

顾书平（副校长、副教授）吴宏杰（副校长、副教授）

在电工实验室课

在计算机上课

海拉尔煤炭工业学校成立于1986年9月，位于海拉尔市学府路63号，为原煤炭工业部直属的普通中等专业学校。1998年划转自治区管理。学校占地180亩，现有在校学生1182人。

学校设有采矿技术、机电技术、计算机、汽车运用与维修、财会电算化、建筑经济等18个专业，面向自治区招收具有初中及以上学历的应（往）届毕业生。

学校环境优美，师资力量雄厚，有高级讲师28人，讲师33人。学校坚持以育人为中心、以全面素质教育为基础、以综合职业能力为本位的办学指导思想，建校以来累计向社会输送四千余名毕业生，分布全国18个省（区），学校毕业生以严谨、务实、综合能力强受到用人单位好评。

以严管理、重质量、抓效益，学校发展和精神文明建设取得丰硕成果，1995年被自治区评为办学A级学校，并被授予自治区文明学校称号；2000年3月经自治区政府批准，晋升为自治区级重点普通中等专业学校。

联系电话：0470-8259515

联 系 人：卜桂玲

邮　　编：021008

海拉尔煤炭工业学校

牙克石林城宾馆

凤凰山庄滑雪场

牙克石市政府林城宾馆是与牙克石市旅游事业管理局二位一体的单位。宾馆位于牙克石市中心迎兵西街，占地面积7 000平方米，环境幽雅、交通便利，馆内各种服务设施俱全，有装潢考究起居舒适的总统套房、豪华套房和豪华标准房94间，床位210张，有富丽华贵格调高雅的大宴会厅、小宴会厅，风格各异的单间，娱乐餐饮一体的卡拉ＯＫ厅，可供1 300人同时进餐。会议接待中心有大小会议室７个，可接待各种会议、演出和讲学等。大堂内设有购物中心、商物中心和电话办理中心，可向客人提供洗衣、代购往返机票和铁路客票等十余种服务项目。

林城宾馆以“人格尊重、工作严格、气氛和谐、事业进步”为指导方针，不断更新观念、探索出一条科学化的管理路子，接待人数和经营收入一年一个新台阶。连续四年被评为市级精神文明先进单位。

牙克石市凤凰山庄隶属于林城宾馆，是内蒙古自治区十佳旅游景区之一。以其秀美的自然风光，浓郁的景区特色，别致的景观建筑、一流的接待服务受到海内外游人的极高赞誉。夏季平均气温20℃，避暑是您最佳选择，1998年在呼盟率先开展“冬季冰雪旅游活动”。

牙克石市旅游局局长兰孟龙在凤凰山庄施工现场

凤凰山庄全貌

书记、校长：陈兆志

牙克石林业第一中学是内蒙古大兴安岭林区和呼伦贝尔盟的重点中学，是呼盟及自治区两级高中管理先进学校。曾多次受到国家林业部、自治区林管局各级领导的表彰奖励。自1961年建校以来，学校不断发展壮大，已累计为国家培养了15 262名建设者，为高校输送了近４千名新生。该校现占地面积68 270方米，拥有２６个教学班。

学校教学设施齐全，拥有4 800平方米的教学楼，2 900平方米的办公楼和1 166平方米的实验楼，另有语音室、微机室、电教室和标准的田径、球类运动场等完备的体育设施；图书室藏书４万余册，阅览室有报刊、杂志百余种；各班还配有电视机、投影仪，电教手段不断完善。

学校拥有一支热爱教育事业，钻研业务，积极进取的教师队伍，其中有特级教师２人，高级教师29人，一级教师53人，教研成果显著，曾先后在自治区、全国大赛中获得过较好的名次和奖励。学校高考上线人数位居呼盟前列，是自治区高中会考综合测评优秀学校之一。

语音课设施

教职工参加艺术节汇演

牙克石林业第一中学

医院外景

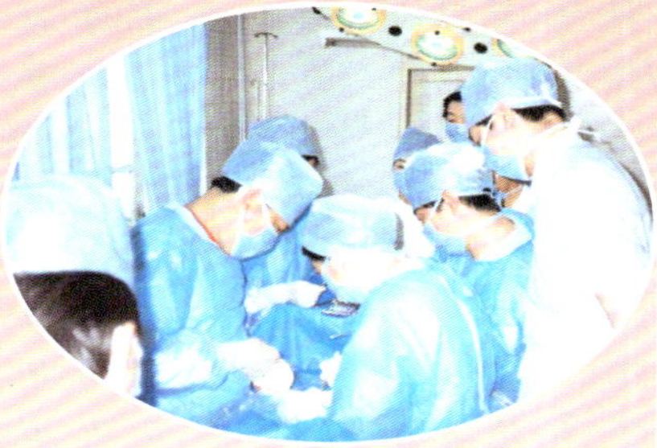

医护人员正在为病人做手术

牙克石市中蒙医院

牙克石市中蒙医院是林区三大医院之一，具有中医、蒙医、西医的民族特点，溶中蒙西医与现代先进医疗技术为一体的国家三级甲等医院。

该院始建于1958年，现已发展为设有中医内科、中医妇科、中医骨科、血栓专科、肝病科、外科、儿科、妇产科、口腔科、药剂科、放射科、检验科、物理诊断科等20余个业务科室。医院建筑面积3 800平方米，有床位100张。现有职工130余人，其中副主任医师5名、主管医师12名、医师28名、医士20名，主管护理师5名、护理师10名、护士22名。医院服务一流、科室齐全、功能完善。医疗设备齐全，先后购进了彩色B型超声诊断仪，半自动生化分析仪，血流复字检测仪，偏振治疗仪、氦氖激光治疗仪、多功能电脑微波治疗仪、心脏重症监护仪、电子结石治疗仪、颅骨钻孔碎吸机、电脑康复治疗仪，特别是治疗高血压、脑血栓、冠心病、糖尿病等心脑血管病的大型“血液磁极化治疗仪”等，填补了林区空白，临床有效率高达96%以上，为广大患者提供更优质的服务。使医院进一步的向科学化、规范化、正规化迈进。

几年来先后有四项科研成果获盟市级奖励，并且填补了呼盟空白，临床治疗效果十分理想，在全院职工的共同努力下，以雄健有力的步伐，迈入二十一世纪。

院长：蔡春生

局长：李润枝

呼伦贝尔盟司法局

1999年，呼伦贝尔盟司法局以邓小平理论和党的基本路线为指针，围绕“维护社会稳定，促进经济发展”这项中心工作，深化依法治理，突出法律保障，法制宣传，法律服务三个重点，全面完成各项目标任务，建立健全了依法治理领导小组和办事机构，形成了党委领导、人大监督、政府实施、司法保障的运行机制。确定了依法治盟“2345”工程试点单位，制定并组织实施了试点方案。加大了学法用法力度，举办乡镇以上领导干部法制学习班160期，各类法制讲座198期，编发500多套近万册法制学习资料，组织了5万多名干部参加普法考试。呼盟律函辅导站连续三年保持全区“千人大站”的地位。

在海拉尔劳教所严格实行包保责任制，加大督查力度，强化监督防范措施，改进教育方法，提高教育质量，推进现代化文明单位创建进程。为维护社会稳定，组织实施了“护城河”工程，全盟成立各类矛盾纠纷排查治理领导小组180个，成员2 000人，调解纠纷9 836件，成功率达97%，建立刑释解教人员帮教小组1 993个，落实帮教对象3 419人，初步形成了帮教网络。

全盟已有27家律师事务所，执业律师达216人，全盟代理刑事诉讼辩护537件，民事、经济、行政诉讼代理2 379件，担任法律顾问395家，建立法律援助中心5家。全盟公证处已发展到16家，从业人员29名，全年办理公证12156件。基层法律工作者已达326人，基层法律服务所担任法律顾问559家，避免和挽回经济损失987.96万元，协办公证3 490件，全盟80%的乡镇（苏木）建立了司法所或法律服务所。

坚持政治建警，加强司法行政队伍的建设，坚持正确的政治方向，认真组织学习邓小平理论、党的十五大精神等，抓好新时期的思想政治工作。在全盟司法行政系统实施承诺制，公开制，接受社会监督。以“三讲”教育为契机，提高了领导干部及工作人员的政治觉悟和业务素质，努力解决实际问题，坚持从严治警与从优待警、精心育警相结合，进一步激发了广大干警的工作积极性和责任心。

电算化教学

阅览室一角

化学实验

呼伦贝尔盟工业学校

呼伦贝尔盟工业学校是呼盟地区唯一的一所集全日制普通中专、职工中专、技工教育于一体的综合性中等专业学校。学校座落于海拉尔市武警路25号。占地面积25 870平方米，有２４个教学班，在校生820多人。有教职工130人，现有固定资产1 200多万元。被评为海拉尔市级文明单位、市社会治安综合治理标兵单位、呼盟成人中专学校教育教学管理优秀单位。

学校建有计算机、物理电工、工业会计模拟实验室；化工及乳品分析、电教室。图书室、阅览室等多学科的教学设施已具规模；蓝球、排球、田径等体育运动场地已满足教学需要。学校现开设计算机、机械、食品、工业会计等２０多个专业，已为呼盟试验区建设输送了大批专业技术人才和管理人才。

校长：刁家春

局长：郭春林

阿荣旗国土规划局

ARONGQIGUOTUGUIHUAJU

该局前身为阿荣旗土地管理局，始建于1988年3月。1994年底，阿荣旗人民政府为适应加快经济发展和建立社会主义市场经济体制的要求，继续深化土地管理体制改革和土地使用制度改革，不断提高依法、统一、全面、科学管理土地的水平，撤销了阿荣旗土地管理局，组建了阿荣旗国土规划局。

几年来，加强全旗土地、城乡地政的统一管理工作，从侧重土地资源管理转为资源和资产并重管理，优化配置、合理利用土地资源，切实保护耕地，充分发挥土地资产的效益，积极培育和完善土地市场，加强土地市场管理，国土规划管理各项基础业务建设全面推进，土地管理队伍日益壮大。1999年3月，该局被评为1995－1998年全盟国土规划系统先进集体。

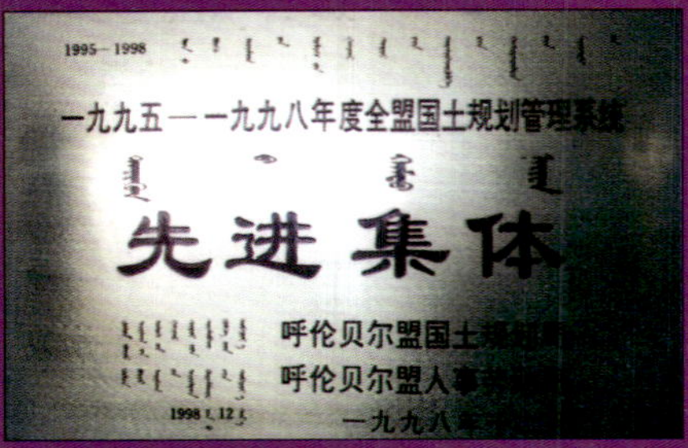

校长：　陈平

那吉屯第二中学座落在阿荣旗那吉镇是一所纯初级中学。盛夏，学校周围溪水环绕，绿树成荫；教学楼前后花团锦簇，环境优美宜人。

1993年建起4 800多平方米的综合大楼，集办公与教学为一体，修建了1500多平万米的多功能教室做为素质教育活动基地。操场宽阔平整，各项设施齐全。

学校下辖6个教研组及12个备课组。全校教职工编制90人，其中专任教师74人；中教高级2人，中教一级20人；合格学历66人，占专任教师的89.2%。全校共有24个教学班，学生1 200多人。

学校制订了“全面育人，强化基础，发展特色”的办学宗旨，提出了“德育为首，教学为主，教研为先，育人为本”的办学方略。学校认真贯彻党的教育方针，深化教育改革，扎扎实实推进素质教育。学校先后投资60多万元用于校园文化建设，向花园式学校又迈进一步。1999年进入盟级九年义务教育示范校和盟级文明单位的行列，2000年又被旗教科局定为实施素质教育试点校。

教学为主、育人为本

阿荣旗那吉屯二中

领导班子

党总支与音河粮库联合庆祝“七一”

阿荣旗粮食局

阿荣旗粮食系统现有职工830人，固定资产总值1 140多万元。粮食局下设16个粮库、1个粮油供应企业、1个粮油批发市场。总储量10万吨，年经营量15万吨。

粮食局以“团结拼搏、勤俭创业、管理科学、追求卓越”为指导思想，以完成经济效益突出、财务管理水平高，“四无粮库”建设好，招商引资贡献大、党建和精神文明建设先进、五个典型粮库为样板拉动全局工作为主要举措，创造了前所未有的经济效益和社会效益。

1、主要产品“金伦河”牌精选优质大豆于2000年5月在国家商标局注册，现已获准使用。“金伦河”牌大豆及其特制包装远销广西、四川、辽宁等省市，在桂林、眉山、大连等地设有直销网点，还加入了全国粮食交易现货网。

2、各购销企业经济效益普遍好转，逐步走出低谷，有望于2000年底实现整体持平，部分企业盈利，现已进入全旗粮食经济历史上最好发展时期。

3、招商引资连续两年超额完成旗政府布置的指标任务。阿荣国储库已争取到国家西部大开发基础设施建设投资1 680万元；增建3万吨仓储设施，预计2001年7月竣工，随之一个储量6万吨、电子化、自动化、现代化的新型粮食购销企业将崛起于阿伦河畔这块富饶的土地上。

内蒙古自治区文化厅

修复后的“五一”大会会址已对外开放

赤峰市民族艺术剧院演出京剧《萧观音》剧照

自治区文化厅主要职责是贯彻执行国家有关文化工作的方针、政策、法规，研究制订自治区有关文化工作法规、条例、办法等，并负责组织实施；管理文化艺术事业，指导艺术创作与生产，归口管理全区性重大文化活动；管理文化市场、指导文化市场稽查工作；指导各类社会文化事业的建设与发展；管理图书馆事业，指导图书文献资源的建设、开发和利用；管理全区文物考古、博物馆事业，监督指导文物的保护和利用；制定文化交流计划，归口管理全区对外文化交流及港澳台文化交流等。

近年来，文化体制改革逐步深化，艺术创作和演出不断繁荣，各类艺术作品在国际及国内各类比赛中频频获奖，丰富了群众文化生活。

呼伦贝尔盟农业技术推广服务中心

主任　林宝奇

中心组建于1999年，现有编制36人。其中推广研究员1名，高级农艺师5名，农艺师16名，助理农艺师10名。农技中心为技术服务型的副处级事业单位，内设正科级科室大田科、土壤肥料科、经济作物科、基层站管理站、试验示范基地、办公室。现有办公楼1 200m^2，车库120m^2，锅炉房80m^2。试验、示范基地16亩。中心的基本职能是：制定全盟农业技术推广计划并组织实施；负责农作物及经济作物的技术培训、指导、信息服务；负责新技术、新品种、新肥料、新农药的引进、试验、示范和推广工作；承担全盟土壤普查；对全盟土壤类型进行设点监测、分析，为各种作物的科学平衡施肥、配方施肥提供依据；对农作物施用的化肥进行质量监督；负责协调、指导基层农业技术推广站的工作，承担基层站各类专业技术人员的业务培训及各项统计工作。

1999年，全盟共有农业技术推广人员788人，其中：专业技术干部327人（推广研究员4人，高级农艺师16人，农艺师83人，助理农艺师140人，技术员84人），工人345人，非专业干部116人。旗市农业技术推广中心（站）9个，全盟乡镇农业技术服务站57个。

中心组建一年来，组织实施百乡千村兴农示范工程、温饱致富工程、旱作农业工程、生态农业示范建设以及发展设施蔬菜生产为目的的“阳光工程”等，均取得明显成效。

乌兰浩特市红云酒业有限责任公司座落在大兴安岭西南麓，是兴安盟酿酒行业的骨干企业。始建于1921年，现有职工450余人，固定资产2 800万元，年产瓶装白酒10 000吨，年创利税1 000余万元。1999年3月获自治区“先进纳税人”称号，1995年跨入自治区300家最佳经济效益企业行列。

公司全面继承传统酿造工艺之精华，采用国家专利技术的多酶催化剂和磁化专利技术，以东北红高粱和大兴安岭的优质矿泉水，用清蒸工艺酿造出极受消费者欢迎的红云牌磁化白酒。

1997年元月企业被自治区政府授予’97内蒙古质量行光荣榜企业，1995

乌兰浩特市红云酒业有限责任公司

年底红云牌系列粮食白酒被评为自治区质量免检产品，1998年公司被评为自治区消费者信得过单位。“红云”商标是自治区著名商标，1997年1月被评为自治区消费者信得过产品，产品销往北京、天津、黑龙江、吉林、辽宁、河北等省市。

目前，企业研制开发出磁化酒，经乌兰浩特市人民医院和包头医院临床试验，具有降低血脂、血糖的作用，酒磁处理装置已经获得国家专利，磁化酒项目已经通过自治区科委星火计划项目验收。该酒的上市将是饮酒者的福音，市场前景非常广阔。

董事长：霍振国　总经理：苏密忠

地址：乌兰浩特市和平街爱国南大路18号
电话：(0482)8215443 8215669
传真：(0482)8215670
邮编：137400

局长：刘恒军

内蒙古自治区交通征费稽查局

兴安分局

分局领导班子

征费微机系统

1999年兴安交通征稽分局全体职工，在自治区交通征稽局的正确领导下，严格按照自治区交通厅“征好费、带好队”的指示精神，面对恶劣的征费环境，知难而进，各项工作取得了很大成绩。是年，自治区交通征稽局下达给兴安分局汽车养路费任务2 875万元，车辆购置附加费1 850万元，至十一月末，共完成汽车养路费2 872.1 万元，占年计划的99.9 %；完成车辆购置附加费1 007.2 万元，占年计划的54.4％。

在做好费收工作的同时，分局还十分注重精神文明建设。在工作压力大，经费紧张的情况下，积极组织参与地方的精神文明建设活动，以此鼓舞职工士气。在年内的文明单位评比验收中，一直处于辖区同行列的前排。

乌兰浩特中蒙制药有限公司始建于1971年8月1日，是自治区最早成立的蒙药厂，也是兴安盟生产蒙成药的唯一厂家。

30年来，在“以质量求生存，靠技术求发展，从管理要效益”的建厂方针指引下，狠抓技术进步、质量管理、市场开发，以销售为“龙头”，促进了企业发展。目前，公司有职工100余人，其中专业技术管理人员占职工总数的36%；设备先进，检测手段完备，能生产中蒙成药汤、散、膏、片、冲剂、水丸、蜜丸等7个剂型的134个品种（蒙成药78个，中成药56个）；具备年产量50吨，产值500万元，利税100万元的生产经营能力。曾多次受到区、盟、市的表彰，被评为自治区民族用品生产先进单位，盟级先进企业，市立功单位，小型巨人企业，重合同守信用先进单位，银行双A单位，精神文明先进单位。

产品质量在自治区同行业中名列榜首，蒙成药“嘎日迪－13”、“古日古木－13”、“巴特日－7”、“额日敦－乌日勒”分别获自治区优质产品和优秀新产品称号。

公司产品行销内蒙古各地、东北三省，远销新疆、青海、西藏、甘肃等区域。自1997年以来，公司生产的蒙成药打入北京、上海、南京、广州、杭州、福建等地，销售覆盖面越来越大。这充分说明了蒙成药以它传统的配方、无污染的大草原地道药材、科学的泡制方法、独特的疗效，被更多更广的患者所接受，前景非常广阔，必将成为新世纪的绿色药品。

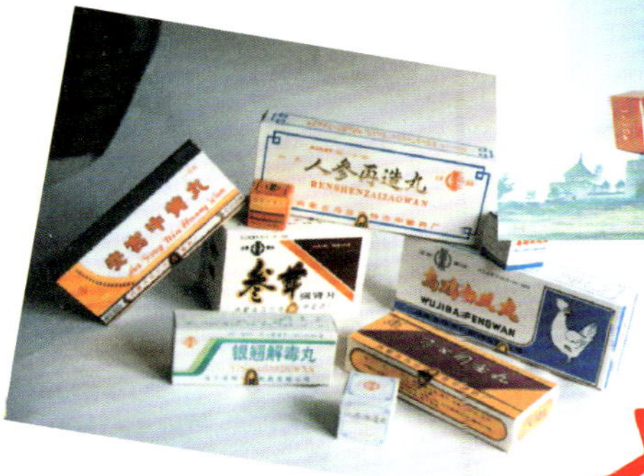

乌兰浩特中蒙制药有限公司

法人代表：谭开明
电话：(0482)8212948
8212048 8231072
厂址：乌兰浩特市兴安北大路113号
邮编：137400

乌兰浩特钢铁有限责任公司

董事长、总经理　刘新华

内蒙古乌兰浩特钢铁有限责任公司（原内蒙古乌兰浩特钢铁厂）始建于1958年，是国家中型一档钢铁联合企业，也是自治区唯一的中型钢铁联合企业，兴安盟最大的国有工业企业，职工总数7 000人（包括第三产业、离退休人员）。年生产规模能力为铁30万吨、钢30万吨、钢材35万吨，水泥20万吨。主要产品为红城牌ϕ10–28mm热轧小圆钢和ϕ12–28mm螺纹钢系列。1999年末全部资产达81 106万元。

产品质量获中国质量检验协会颁发的国家级《企业质量检验机构评定合格证书》，为出口免检产品和自治区名牌产品。2000年通过ISO9002质量体系认证。

企业员工素质好，工程技术人员占职工总数的15.4%。企业班子团结务实，凝聚力强，懂经营，会管理，始终保持艰苦奋斗精神。乌钢在500公里销售半径内，产品稳定占领市场，形成较为固定和实力较强的客户群体。产品销售率始终保持100%、回款率100%。乌钢主要产品定位较好，主要产品ϕ10mm小型圆钢及带肋钢筋，定尺率100%，成材率96.5%。

传真：(0482)8214594

突泉县电信局

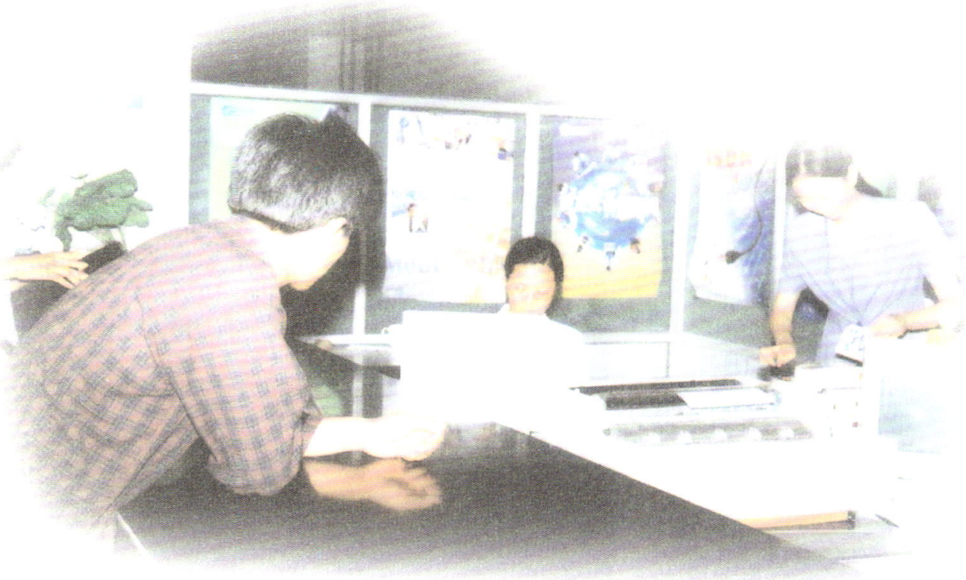

1998 年电信分营以来，靠着规范严格的管理、优质高效的服务和畅通无阻的网络，赢得广大客户的信赖，树立了企业的崭新形象。

现代化办公设施

电视电话会议室

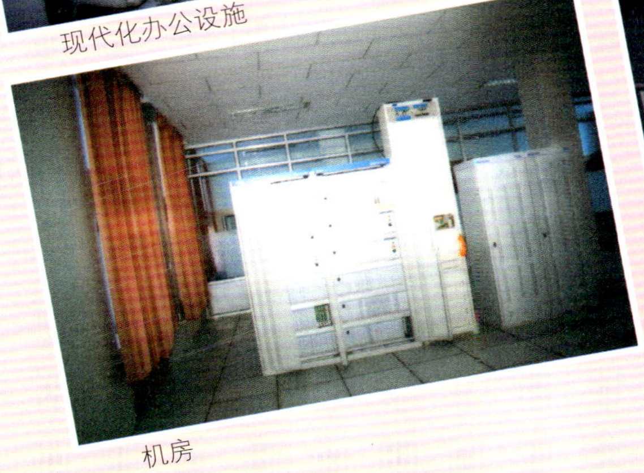

机房

营业厅

乌兰浩特市乳品有限责任公司

该公司是兴安盟最大的乳制品加工企业，列自治区乳制品加工企业前10名。现有固定资产（净值）320万元，职工近200人，年收购鲜奶5 000吨。年产乳制品1 000吨，产值近1 200万元，设备工艺先进、技术力量雄厚，产品质量可靠。主要生产红城牌奶粉系列和鲜乳系列产品。

红城牌奶粉采用无污染科尔沁草原奶牛基地鲜乳为原料，引进先进设备，经过净化、超高温瞬时灭菌，真空浓缩，离心式喷雾干燥的科学方法制成，溶解速度快，保持鲜牛乳的芳香及各种营养成份，不含任何人工合成添加剂，是育婴强身，老幼皆宜的滋补佳品。目前，建成本地区最大的牛奶保鲜生产线已投入使用，开发生产超高温灭菌甜牛奶、鲜牛奶、果味酸奶、活性乳等系列乳饮料。

主要产品有：速溶全脂加糖奶粉；速溶婴儿配方乳粉；全脂淡奶粉等。其中速溶全脂加糖奶粉获自治区优质产品奖，获中国优质保健产品优质奖，1996年被自治区质量检验协会确认“向社会特别推荐产品”，1997年获绿色食品证书，1998年自治区消费者协会授予“推荐产品称号”。1999年，红城牌全脂加糖奶粉、婴儿配方乳粉、全脂淡奶粉被中国食品协会授予“质量合格达标食品”。

厂址：富民北路乳品巷
法人代表：邵晓君
电话：0482-8229443　8215125

内蒙古自治区人民检察院兴安盟分院，成立于1980年10月1日。领导全盟所辖六个旗县（市）人民检察院工作。在编人员106人，其中检察87名，司法警察6名。内设办公室、政治部、反贪污贿赂局、渎职犯罪侦查局等十三个科（室）、局（部）。

兴安盟检察分院党组按照“公正执法、加强监督、依法办案、从严治检、服务大局”的二十字方针和“突出一个中心，加强三个重点，树立四个形象，做到五个必须”的工作思路，坚持艰苦奋斗、改革创新精神，高举邓小平理论的伟大旗帜，认真落实江泽民总书记关于政法工作的一系列指示精神，紧密结合本地工作实际，组织全体干警开展了“三讲四比一争先”和“五个一工程”活动，狠抓了创建“五好检察院”和争创“两满意”活动的落实，

分院检察长 王玉明

内蒙古自治区人民检察院兴安盟分院

左起：分院副检察长董平、检察长王玉明、盟政法委书记陈国才、盟委副书记曹树山、盟委宣传部长崔莲姣、盟人大副主任刘玉祥在1999年全盟检察机关“双先”表彰大会上

分院办公楼

使队伍建设和基础性建设得到长足的发展。较好地履行了法律监督职责，为维护社会政治稳定和经济发展作出了一定的贡献。两年来，按照从严管理、从优待警的要求，建立和完善了机关管理、队伍建设、业务工作等56种工作制度，强化了机关的管理机制。同时培养提拔业务骨干61人。通过实行“双向选择、竞争上岗”，一大批年轻优秀干警走上了环节领导岗位。分院45岁以下环节干部占干部总数的93.6%，其中35岁以下干部11人，占环节干部的33.3%。按“一岗双责”的要求，分院党组强化了思想政治工作，注重发挥先进模范人物对队伍建设的作用，共树立各类先进典型8人。分院党组十分重视教育培训工作，注重队伍综合素质的提高。在经费、人员十分紧张的情况下使63人接受专业培训，有9人被送到各类大专院校深造。按照科技强检的思想，分院投入了60 000余元，购置了大量图书资料，给干警营造了一个良好的学习环境。分院从检察职能出发，围绕服从于、服务于经济建设这个中心，积极配合其他政法机关开展各项专项治理斗争，严厉惩治各类刑事犯罪，坚持在“两个基本”的前提下，快捕快诉，绝不在检察环节上贻误战机。为了维护司法公正，消除司法腐败现象，积极开展了立案监督、审判监督、执行监督和民事诉讼监督，纠正了一批有案不立、以罚代刑、重罪轻判、违法保外就医、减刑假释等执法不公问题，有效地遏制了司法腐败现象。在惩治腐败斗争中，从职能出发，加强领导，采取措施加大了查办案件工作力度，立案侦查了一大批贪污受贿挪用公款和侵权渎职犯罪案件，特别是立案查处了多起有影响、有震动的大案、要案，受到了党委的好评和人民群众的拥护。

校长：隋文华

内蒙古广播电视大学

NEI MENG GU GUANG BO DIAN SHI DA XUE

兴安盟分校

内蒙古广播电视大学兴安盟分校坐落在乌兰浩特市风光明媚的罕山之巅，它与远近闻名的成吉思汗庙毗邻相望。

校园占地面积1.61万平方米，现有教学楼、办公楼等基础设施7 707平方米。拥有2套3.2米卫星天线及地面接收系统，并在教学楼内安装了可同时在18个教室进行声像播放的闭路电视系统，具备了独立完成大学物理实验、财会实验的条件。还拥有装备63台微机的计算机房和42座的语音室。

分校现有教师36人，其中副教授4人、讲师13人，具有中级以上专业技术职称的教师占教师总人数的53%；90%以上的教师具有大学本科学历。还有一支专业比较齐全的兼职教师队伍。

兴安盟分校自成立以来，充分发挥了多层次多规格办学和教学手段先进的优势，先后开设了经济、法律、理工、文史4大类17个专业；向全盟各条战线输送了4 000余名大专毕业生和百余名中专毕业生，并有2 000余名学员接受了非学历教育。

兴安盟师范学校

微机室

电教室

兴安盟师范学校创建于1970年，是一所蒙、汉、朝三种民族班的合校。

学校位于乌兰浩特市北郊，归流河东岸。校园面积16万平方米，校舍建筑面积3.5 万平方米，主体建筑和附属建筑适应办学要求。

现有43个教学班，分普师、选修、小教培训三种类型，学生1 586人，在籍中师函授学员1 052人，教职工220人，其中专任教师120人，高讲19人，讲师97人，还有42名教师正在攻读硕士研究生主要课程。教师队伍整体素质较高，改革意识强、敬业精神可佳。

按中师教学必修、选修、课外活动、教育实践四结合的要求开设的各种教室、教学设施和各种现代化教学手段均达到了标准化。学校图书馆、教师资料室、师生阅览室、音像资料室所收藏的图书、报刊、音像资料可完全满足师生学习、教学和科研的需要。学工、学农、学林、养殖基地为学生参加生产劳动，发展特长提供了条件。校办企业和生活服务性设施为师生员工和社会生活提供了方便。与盟内城乡14所小学建立了固定联系，成为这些学校的信息资料中心。30年来，学校为全盟输送合格加特长的小学教师近万名，大部分成为教学骨干和学科带头人。学生的素质得到社会较高评价。90年代以来，学校受各级奖励、表彰29次。创办具有民族地区特色师范学校的经验，被1996年全国师范教育工作会议列为大会交流材料。

盟“明星教师”在课堂

学生会唱排练

兴安盟人民医院

XING AN MENG

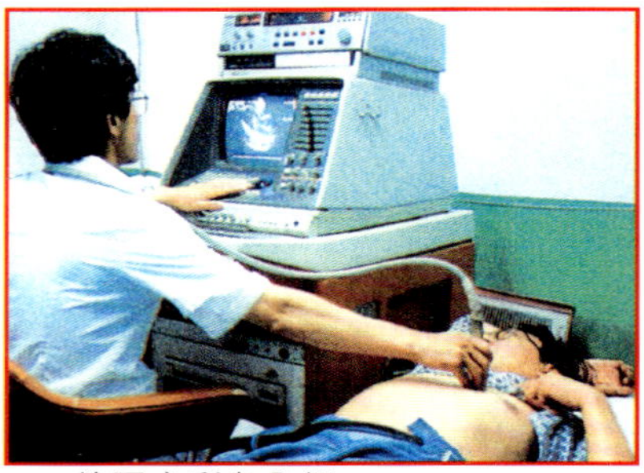

美国产彩色B超

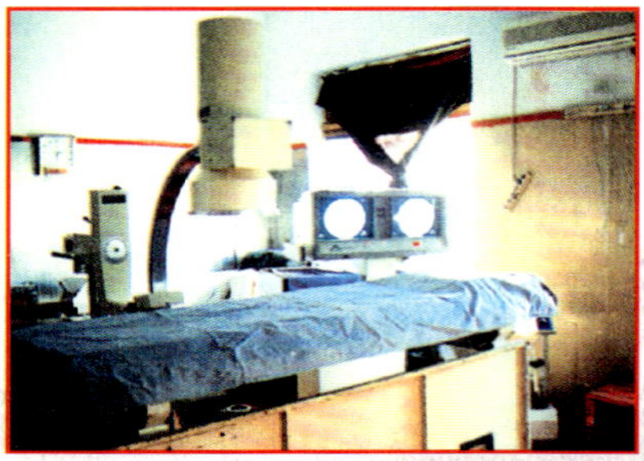

美国产DEC9000型数字减影机

兴安盟医院始建于兴安盟复建之初的1982年8月。占地面积6 000平方米，总建筑面积23 000平方米，绿化面积22 000平方米。几年来，被授予“花园式单位”、“无吸烟单位”、盟级“文明单位”，卫生厅授予“文明医院”，1996年晋升为国家二级甲等医院，是集医疗、教学、科研于一体的综合性医院，是兴安盟医疗服务中心。

全院现有职工343人，其中高级职称24人，中级职称95人，临床各科医生均为本科生；医技、护理专业人员都具有大专或中专学历，形成素质高、技术精、作风正的优质服务队伍。

医院现有病床320张，内设临床科室14个，医技科室9个，行政后勤科室14个。日门诊量400余人次，病床使用率85%以上，年出院人数5 000余人次。1998年上半年业务收入650余万元，形成逐年递增的良好势头。

医院于1996年在内蒙古首家开通“120”急救中心，并以“出车迅速、抢救治疗及时准确、服务热情周到”而深受广大患者及家属的赞誉，为兴安盟人民的就医提供了极大方便。

科右前旗畜牧局

局长：谢巴根（左）

1999年各类畜产品产量是：日历年度出卖牲畜总头数46.8万头（只、口），其中牛2万头，绵羊23万只，山羊6.8万只，生猪15万口；肉类总产量2.6万吨，其中猪肉1.4万吨，牛肉0.51万吨，羊肉0.69万吨；奶类总产量1.3万吨；毛绒总产量2 600吨，其中绵羊毛2 530吨，山羊绒70吨；产牛羊皮41万张，其中牛皮2万张，羊皮39万张；禽蛋总产量1 800吨。1999年度牧业总产值达到3.4亿元。

兴安细毛羊

局领导检查林业工作

大坝沟生态经济沟

育苗园地

科右前旗林业局

1999年，紧紧围绕“绿化前旗”的总体目标，经过全旗林业系统干部职工和各族群众的艰苦努力，克服了上年严重旱灾和各种不利因素，林业各项事业取得很大成就。林业改革不断深入，造林绿化步伐加快，森林保护继续加强，林业经济稳定发展，较圆满地完成了盟林业局、旗委政府下达的各项林业生产建设任务，受到上级的表彰奖励。人工造林、林木种苗和森林病虫害防治分别获自治区林业厅单项奖，其中人工造林连续五年、森林病虫害防治连续三年受到林业厅的表彰奖励；林业生产建设获兴安盟林业局全优奖；在全旗科局级领导班子考核中被旗委、政府评为实绩突出奖。

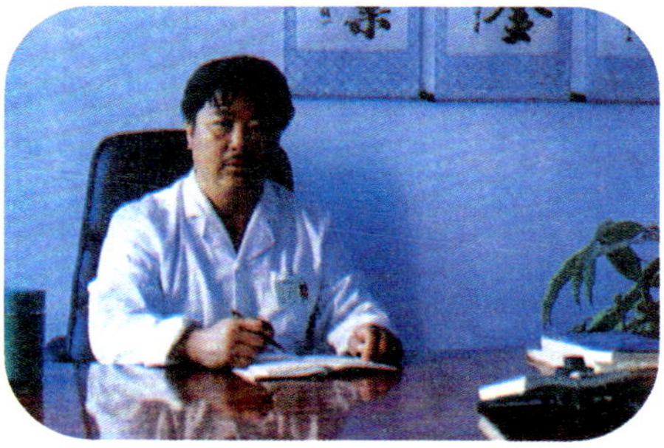
院长：王文宇

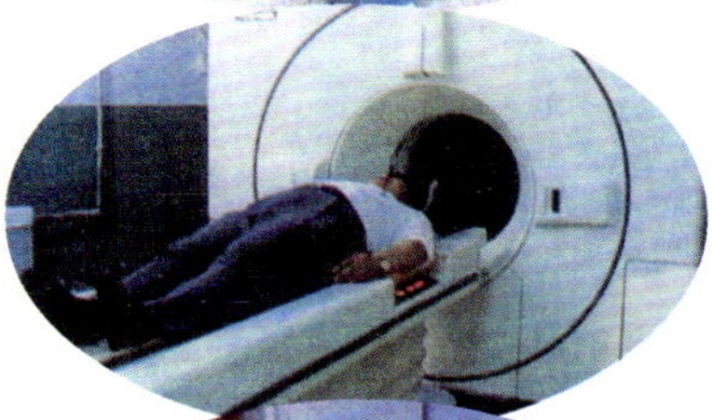

扎旗人民医院始建于1952年，是全旗人民医疗保健中心。1997年晋升为二级乙等医院。现有职工208人，医技人员169人，其中副主任医师3人，主治医师34人。2 400平方米的住院楼，3 300平方米的门诊大楼宽敞明亮。大型现代化设备有全身CT、X光机、脑彩超、动态心电监护仪、B超仪等。为满足临床用血需要，1999年建成了扎旗中心血库。120急救中心的成立为急危患者创造了及时救治的条件，体现了“方便留给别人，满意送给社会。”

扎赉特旗人民医院

兴安盟农牧学校

兴安盟农牧学校是1985年经自治区政府批准成立的农牧业普通中等专业学校。1997年4月，经自治区政府批准，增挂了“兴安盟农牧职工中专”的牌子，实行“一套班子两块牌子”的办学路子。

建校十四年来，在自治区政府、盟委、盟行署及主管部门的大力支持及帮助下，学校不断发展、完善和壮大，特别在九五期间，学校发展建设突飞猛进，成绩显著。现有校园占地面积3万平方米，建筑面积1.5 平方米。设有教学楼3 245平方米、办公楼750平方米、学生宿舍楼2 020平方米、图书实验楼2 200平方米、餐厅礼堂1 108平方米、职工家属楼3 400平方米等一系列综合服务设施。教学设施设备不断增加，现有多媒体网络教室、微机室、电教室各一个、计算机80台、专业课实验室9个、基础课实验室2个、实习农牧场400余亩、标准化运动场一处。图书馆藏书35 000余册，报刊、杂志200多种。学校固定资产635万元。学校现有教职工96人，其中专职教师65人，具有高级职称的教师8人，中级讲师30名，助理讲师27名。学校外聘高级讲师10余人。学校现有学生1031人，教学班26个，共开设了农学、畜牧兽医、农业经济管理、财会电算化、计算机应用、乡镇企业管理、农业技术、农业机械、园艺、动物防疫检疫、乡村干部管理等十一个专业。

支队长：李泽江（中）

兴安盟公安边防支队具有双重属性，即公安性（执法性）和军事性（涉外性），承担着维护边境地区治安秩序、边境生产作业秩序，保证边境安全和边境辖区平安等多种职责。支队所辖边境与蒙古国东方省接壤，边境线长126.084 公里，边管区面积为14 396.6 平方公里。

支队所辖边境地区政治秩序持续稳定，治安态势平稳，边境安全无越界，部队内部连续3年无违纪无事故无案件。1998年，支队广大官兵在抗洪救险斗争中，作风顽强，善打硬仗，赢得了诸多荣誉，其中1人荣立一等功，2人荣立二等功，27人荣立三等功，支队荣立集体二等功。1999年9月中旬，勿布林边防派出所所长扎木苏被国务院授予“全国民族团结进步先进个人”荣誉称号，并于10月1日到北京参加建国50周年国庆观礼。

兴安盟公安边防支队

XING AN MENG GONG AN BIAN FANG ZHI DUI

突泉县人民医院

医院始建于1947年，现已发展成为专科较为齐全，设备较为先进，技术力量较为雄厚的一所综合性医院。

医院现有在职职工240人，其中专业技术人员占79%。设临床医技科室22个，职能科室10个，分院一所，业务用房1万平方米。医院拥有国内外先进设备百余台（件），如CT机、500MAX光机、自动血球计数仪、生化分析仪、尿液分析仪、r－放免仪、B超仪、24小时动态心电系统、纤维胃镜、纤维结肠镜、尿道膀胱镜、呼吸机、麻醉机、监护仪、高频电刀、血流变、血辐治疗仪、牙科治疗机等，为临床诊断和治疗提供了新的手段和方法。

医院实施科技兴院战略，现已能开展胸部、颅脑、腰椎、甲状腺、胆囊、胃、直肠、子宫、前列腺、四肢骨折、白内障、青光眼等手术，填补了本县空白。内科的脑出血、心血管病的治疗处于本地区领先水平。

地址：突泉镇幸福街
院长：杨舒良
邮编：137500
电话：5121669

乌兰浩特市工商局

该局是1980年随着乌兰浩特市建制的恢复而成立的。局内设综合办公室、人事教育股、财务股、党办、纪检监察室、经济合同管理股、商标广告股、市场规范管理股、消费者权益保护股等13个股室。下设企业登记大厅、经检大队、市场派出所、4个专业市场管理所和5个工商行政管理所。全局现有干部职工245人，其中党员73人，拥有大中专学历的168人。担负着全市731家国有集体企业和25364户个体工商户、350家私营企业及15个集贸市场的经济监督管理和行政执法工作任务。在市委、市政府和上级工商行政管理部门的正确领导下，紧紧围绕深化改革、促进发展的大局，制定出”建一流队伍、树一流行风、塑一流形象、干一流工作、创一流业绩“的工作目标。在强化执法和监管职能到位工作中，取得了可喜成绩。

乌拖公司始建于1956年，八十年代初成为国家定点拖拉机生产厂家，1990年晋升为自治区级先进企业，1994年转制为有限责任公司。年产销拖拉机5000台，人均效益居自治区同行业之首，全国同行业前十名。兴安岭牌拖拉机为自治区名牌产品。

1998年自办市场，成立了占地1.3万平方米的农机市场，开发引进了金蛙牌农用运输车、金牛牌手扶拖拉机、北汽福田车等名优产品及柴油机、轮胎、悬挂犁等各种农机具及配件。

公司有较强的售后服务体系，成立了售后服务中心，有较强的维修技术力量，常年开展售后服务业务，定点下乡维修，主动上门服务。

公司董事长兼总经理傅万国携全体员工热情地欢迎各界朋友光临指导。

电话：0482-8215114

乌兰浩特拖拉机制造有限公司

乌兰浩特市公安局

乌兰浩特市公安局现有民警438人，其中党员246人，占56%；大中专学历245人；少数民族135人。

近年来，在市委、市政府和上级公安机关的正确领导下，局党委带领广大民警艰苦奋斗，努力工作，严厉打击各类刑事犯罪，强化治安管理，维护社会政治稳定，为乌兰浩特市改革、建设、发展，为人民群众安居乐业做出了贡献。连续两年被评为全国优秀公安局，并多次受到盟委、行署、市委、政府、上级公安机关表扬和人民群众高度赞赏。1998年以来，全局4人荣获全国优秀人民警察称号，1人被评为全区“五十佳”警官荣誉称号，1人荣立一等功，6人荣立二等功，54人荣立三等功，39人被评为市级先进个人，98人受盟公安局嘉奖。

国家民政部部长多吉才让深入优抚家中慰问

兴安盟民政局

xinganmeng

局长：包扎那

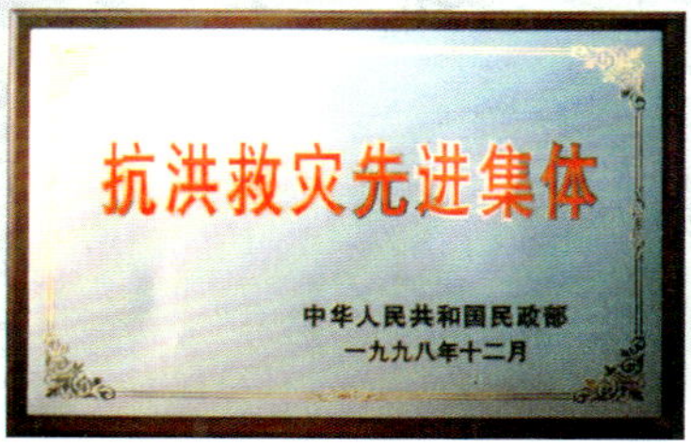

1999年，全盟各级民政部门紧紧围绕全盟改革、发展、稳定的大局，认真履行“上为中央分忧，下为群众解愁”的职责，开创了民政工作的新局面。全年组织调查组查灾、核灾6次，陪同自治区政府和民政厅领导到灾区核灾4次，组织旗县市互查1次，及时向自治区报灾和汇报灾情11次，为领导科学决策和救灾工作的有效实施提供了依据；全年下拨各类救灾款1 738万元，衣物5.5万件，使大灾之年灾民的生活得到了保障，坚持专款专用、重点使用的原则，严格接收、发放管理救灾款物，接受国家、自治区、盟（旗县市）进行的9次审计，受到自治区审计厅和执法检查组的表扬。全盟共建灾民新房32 666户、78 185间，使所有倒房户全部搬进了新居。

1999年，认真贯彻落实全盟林业工作会议精神，在市委、市政府和上级业务部门的领导和支持下，以绿化美化红城、搞好生态建设为目标，克服困难，开拓进取，勤奋工作，在大旱之年全面完成林业生产任务，取得了突出成绩。全市完成造林37 400亩，完成盟下达任务的125.91％。其中：用材林18 000亩，水保林17 152亩，经济林1 964亩，农防林284亩，完成容器育苗100万袋。封山育林20 000亩，挖水平坑105万个。义务植树50万株，完成四旁植树35万株。共完成育苗800亩。全年完成病虫害防治面积6 000亩，病虫害防治率达到100%，苗木监测覆盖率达到100%。全市实现退耕还林10 200亩，完成全年总任务的100%。

乌兰浩特市林业局

乌兰浩特市宾馆

wulanhaoteshibinguan

会客室

标准间

扎赉特旗水利局

1999年，新一届领导班子积极推进水利基础设施建设，认真贯彻“兴利与除害结合，建设与保护并重，开源与节流并重，防洪与抗旱并举”的指导方针，围绕本旗的中心工作，抓住国家对水利工作实行政策优惠、资金扶持的有利契机，全方位加快水利建设步伐，充分发挥了政府职能部门作用，为本旗的经济发展与进步提供了强有力的基础保障，1999年度，被旗委、政府评为政绩突出的党政班子；在年度单项工作评比中，获“扶贫工作先进集体”、“计划生育先进集体”；在区、盟同行业综合评比中，农田基本建设获自治区三等奖、获兴安盟一等奖。

科右中旗林业局

在旗委、政府的直接领导和上级主管部门的大力帮助和指导下，紧紧围绕“林业再造兴安”的宏伟目标，以“三北”防护林建设工程的科尔沁沙地治理工程为重点，积极工作，艰苦奋斗，超额完成了年度造林任务。1999年度共造林155 144亩，完成计划任务的129%；育苗1 375.6亩，完成计划任务的137.6%；封山、封沙育林面积10 000亩；义务植树104万株；四旁植树156.6万株；挖鱼鳞坑28.3万个。

发展个体育苗

突泉县民政局

突泉县民政局机关现有干部14人，其中：大专以上文化水平13人，党员14名。近二年来，在县委、县政府的领导下，在盟局大力支持和具体指导下，团结奋斗，开拓进取，全面完成了各项民政工作任务，为全县经济建设和各项事业的发展做出了积极贡献。先后被评为抗洪抢险先进集体，扶贫开发先进集体，信访工作先进集体。

自治区副主席宝音德力格尔（中）视察学校

学生在语音室学外语

学生学习微机操作

甘旗卡第一中学

甘旗卡一中是一所纯蒙语授课的盟级重点高中，始建于1958年。近年来坚持“团结拼搏、求实创新、争创一流”的甘一中精神，在很短时间里，学校管理已进入自治区普通高中管理先进校行列，被命名为全区示范性民族高中；教育教学质量稳步提高，1996年全区会考综合测评中列为全区第三名、盟内第一，高考录取从1996年的119名增加到1998年的221名，居全区之首；办学条件有了根本性改善，办学效益明显提高。建校40年来为社会培养了15 000余名高中生，向高等学校输送本科生近3 000名、中专生千余名。学校环境优美，秩序井然。

局长：邹立和

该局下辖水工队、水保站、水资源办公室、防汛办公室、水产站、河道管理段六个事业单位。现有在岗人员75人，其中大中专毕业生49人；专业技术人员37人（高级工程师2人、工程师13人、助理工程师14人、技术员8人），技术力量雄厚，为乌兰浩特市水利事业的发展奠定基础。

随着对水利建设投入的不断加大，该市水利基础设施建设取得突破性进展。特别是1998年农业一期开发以来，该市加强了以水利为中心的农田基本建设及全市防洪工程建设，先后建成一批优质水利工程。水利局多次受到自治区、兴安盟、乌兰浩特市各级政府嘉奖和全市各族人民赞誉，曾荣获全区水利建设先进县、抗洪立功单位等称号。

乌兰哈达灌区渠首引水枢纽

城防堤—永联大堤

乌兰浩特市水利局

兴安盟蒙医院

XINGANMENG

兴安盟蒙医院1951年组建，是一所历史悠久，技术力量雄厚，以传统蒙医药为主，医疗、教学、科研、制剂四位一体的民族医疗单位。座落在乌兰浩特市区东环路，占地面积7 267平方米，现有床位近百张，医护人员180余人。其中：医疗科研人员占78.4%，副主任医师以上人员6名。内设：内、外、妇、儿、肛肠、急诊、手术、理疗等临床科室12个，医技科室有B超、心电、脑电、放射、胃肠镜、检验和制剂室等7个，行政后勤服务科室7个。本院自制蒙药5个剂型，120余品种。万元以上设备15台。蒙西医并用，尤其应用蒙医药治疗脑血栓、心血管、胃、肾、肝病等疑难杂症特有疗效。从外地引进治疗肛肠疾病最新技术，治愈率98%以上。胃肠检查设备精良，全盟一流。

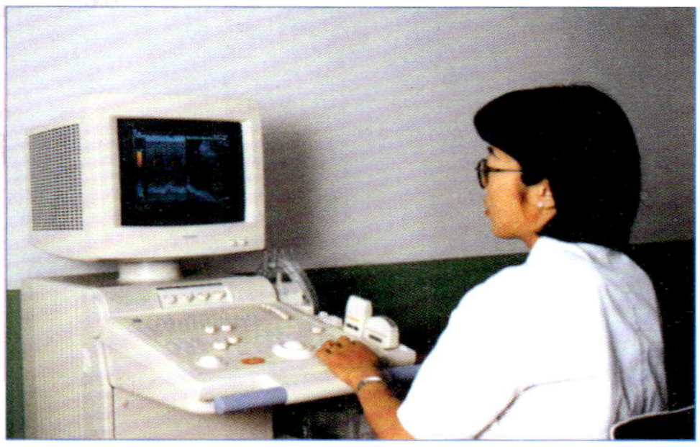

彩超室

局长：韩相忱

兴安盟科右前旗

财政局

2000年财政工作在旗委、政府和上级主管部门的正确领导下，认真贯彻党的十五次全国代表大会，全盟财政工作会议和旗委十届五次全委（扩大）会议精神，从改革、发展和稳定的大局出发，落实积极的财政政策，保证各项改革的推进和经济结构调整，培植和壮大财源；加强收入征管，完善财税体制，规范收费管理，不断提高财政收入占国内生产总值的比重；积极调整和优化支出结构，保重点、压一般，促进全旗经济持续健康和社会全面进步，努力实现财政收支平衡。

1、大力发展经济，多方培植财源，努力提高财政收入水平。

2、坚持依法治税，强化财政收入的征管，努力做到应收尽收，确保全年财政收入预算的完成。

3、进一步规范财政支出管理，硬化预算约束，保工资，保重点，保运转，保稳定，促进全旗经济建设及各项事业健康发展。

4、继续加强预算外资金和国有资产管理工作，使之制度化、法制化、规范化。

5、加强乡镇财政建设，壮大乡镇财政经济实力，不断提高乡镇财政自给能力。

董事长、总经理：程晓亮

党委书记：刘玉贵

上级领导视察

职工体育活动

锡林郭勒盟乌

煤炭有

公司地处锡林浩特市北郊五公里处，是锡盟地区首家由国有企业改制的有限责任公司。现有营的露天煤矿始建于1974年，开采工艺为单斗铲—汽车运输。主产品为优质褐煤，主要以供应锡

公司于1996年转制以来，在公司化管理方面进行了有益探索，三项制度改革上也进行大胆尝人治理结构，投资主体多元化，走高科技产业化之路，以十五届四中全会《决定》精神为指导方开创企业新局面。

近年来，公司始终贯彻“抓市场、促销售，用户至上；抓现场、学邯钢，效益第一”的营销纳税企业，自治区思想文明建设先进单位，先进基层党组织。

安全生产演讲

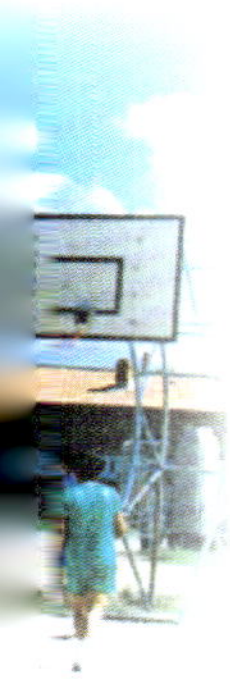

剥离生产现场

团嘎
责任公司

注册资本金 2 350 万元，其中国家控股 2 200 万元，职工持股 150 万元。资产总量 8 700 万元。公司经现生产能力 60 万吨／年。

经营机制不活，法人治理结构不尽完善，困扰企业向前发展。为了进一步规范公司机制，建立健全法是，制定《乌煤公司改革和发展实施方案》，立志改革，将公司转为股份有限责任公司，并争取上市，

进取，经济效益逐年提高，两年文明建设常抓不懈，成为自治区优秀企业，区级文明单位，盟级先进

锡林郭勒盟

中级人民法院

倾听群众意见

庄严的女法官

锡盟中级人民法院辖区有锡林浩特市、二连浩特市、阿巴嘎旗、苏尼特左旗、太仆寺旗、正镶白旗、正蓝旗、多伦县、镶黄旗法院等12年基层人民法院、14个人民法庭。全盟法院干警591人，其中盟法院有干警113人，设有16个庭、处、室、队。

1999年，全盟两级法院全面贯彻落实党的十五届三中、四中全会精神，坚持“围绕大局抓审判、围绕审判抓建设”的工作思路，坚持为改革、发展、稳定服务的政治方向，以确保司法公正为主线，以改革为动力，振奋精神，扎实有效地开展了“审判质量年”、“执行年”、“争创人民满意好法院、争当人民满意好法官”三项活动，各项工作都取得了好成绩。全年两级法院共受理各类案件6 010件，审结5 664件，审结率94.3%，解决诉讼标的额7 993.28万元。收结案分别比上年增加9.2% 和9.7%。全盟法院通过审判活动，依法打击犯罪活动，维护社会治安和经济秩序；依法保护公民民主权利和其它合法权利，教育公民遵守法律；依法调解经济纠纷，对维护社会稳定做出了重大贡献。

深入调查研究

法院法官证书颁发仪式暨“双满意”活动

发展中的锡盟交通征稽事业

FA ZHAN ZHONG DE XI MENG JIAO TONG ZHENG JI SHI YE

内蒙古自治区交通征费稽查局锡林郭勒分局是1995年交通征稽体制改革后正式组建的。全盟现有在编职工240人，其中拖摩养路费征收人员40人，通行费征收人员30人。少数民族占职工总数的35%。分局领导班子成员现有4人，分局内设7个科室，辖12个旗县市及乌拉盖经济开发区共13个交通征费稽查所，职工平均年龄34岁。

锡盟分局担负着全盟公路养路费、重点公路建设费和车辆购置附加费以及车辆通行费的征收任务。1988～1999年，全盟公路规费征收年年超额完成任务，共征收各项规费6.1亿元。

在抓好费收工作的同时，始终坚持“两手抓、两手硬”的方针，精神文明建设取得显著成绩。几年来，从队伍建设入手，坚持开展“岗位学雷锋、行业树行风”的竞赛活动，围绕“内强素质、外树形象”，开展思想、组织、纪律、作风四个整顿，进行军事化训练，大力开展岗位练兵活动，倡导职工“爱岗敬业、无私奉献”的工作作风，进一步提高了队伍的政治和业务素质。

机关庭院优雅清秀、环境怡人，达到了绿化、硬化、美化、净化的要求，多次被锡林浩特市党委、政府命名为城市文明建设先进集体、“花园式”单位、卫生“最佳单位”等。

计划局主要职能研究制定全盟经济和社会发展中长期规划；提出总量平衡、发展速度。结构调整的目标及政策措施；进行宏观经济预测。主要应用经济手段和法律手段管理经济，实现全盟经济稳定、快速发展。

内设机构：有9个职能科（室）和锡盟实施西部大开发战备领导小组办公室。9个职能科室为：办公室、人室科、综合科、农牧科、资源科、投资科、科教科、工业科、财贸科。

人员编制：行政编制31名（含西部大开发办公室）。其中：局长1名，副局长2名，科级职数9名，副科级职数5名。

锡林郭勒盟 XI LIN GUO LE MENG

JI HUA JU 计划局

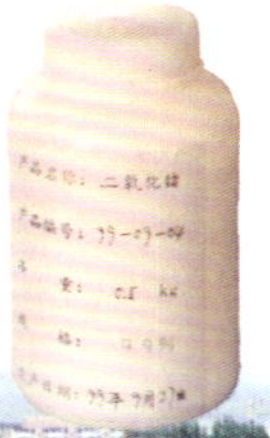

监狱长史玉璋与二监区监区长签订责任状

锡林浩特监狱

XiLinHaoTeJianYu

军事化训练

创建于1952年，是全区盟市最早创办的监狱之一，也是唯一用蒙汉两种语言文字教育改造罪犯的监狱。

监狱准处级建制，班子成员4人：监狱长史玉璋，政委关布，副监狱长宝力道、张体。

监狱内设4个监区、8个科室，东西跨越40余公里，占地面积约45平方公里，关押改造10年以下有期徒刑罪犯，押犯规模设置容量800名，干警编制60人。

局长：燕　俊

●XI LIN GUO
● MENG DIA
● XIN JU

锡林郭盟电信

锡盟电信局所辖11个旗县市，电信业务覆盖全盟。经营的主要业务有市内电话、农村电话、长途电话、数据、语音声讯、电报、会议电话及智能业务等。盟局设有1室6部和10个生产科室、1个服务督察部。

电信重组后，全盟电信拥有固定资产3.07亿元，至1999年10月，全盟电话交换机总容量为10.2万门，实装电话用户73 616户，其中城市电话用户63 593户，农牧区电话用户10 023户，全盟电话普及率为8%，城市电话普及率为19.3%，农牧区电话普及率1.7%。拥有光缆线路1 437.8公里，长途交换机总容量3 000门，开辟了长途电话862条，本地网电路1 188条。全盟通信业务收入完成5 719.38万元，比上年同期增长39.8%。业务总量累计完成5 157.44万元，比上年同期增长21.17%。固定电话累计放号15 647部，完成管理局下达计划的156.47%，完成调整后计划的86.9%。数据基本业务放号完成30户，完成年计划的75%；增值业务放号完成297户，完成年计划的74.25%。公话放号1 008部，完成管理局计划的168%，完成本局奋斗目标的100.8%。

1999年，全局紧密围绕"推进规范服务，创建文明行业"的总体目标，主要从以下几个方面开展了服务工作。

1、向社会承诺：在机械资源具备的条件下，全盟装移修机平均时限半个月，最长不超过一个半月；装机及时率达到97%；电话修机非电缆故障24小时，电缆故障72小时修复，修机及时率98%；每百线用户障碍率压缩在每月2%以内，每百线障碍历时压缩在500分钟以内；数据通信装机电话拨号方式7天，专线方式一个月。

2、对用户申告，第一接待人善始善终，耐心解答。

3、与中国银行、工商银行、建设银行合作办理代收电话费业务，收费网点增多，从根本上解决了用户交电话费难的问题。增设话费查询台，每月为大用户提供话费软盘，解决了用户查询难的问题。

4、先后从盟消协、新闻、大型企业单位聘请了50多名社会服务质量监督员，在全盟形成了内外结合的服务督察体系，提高了服务质量。

5、成立了服务督察部，制定了服务质量管理考核办法和检查工作制度，服务人员深入到第一线和用户当中明察暗访，掌握真实情况，督促改进服务工作。

语音声讯

领导班子研究工作

锡林郭勒盟卫生学校

校党委成员对学校发展前景进行规划

接受内蒙古自治区中等卫校评估团检查

始建于1958年，是当时全区唯一一所蒙文、蒙语授课，专门培养少数民族卫生技术人才的中等专业学校。1988年，根据锡盟行署决定，学校由建校初址太仆寺旗宝昌镇迁至锡林浩特市，与锡盟卫校民族分校合并；1991年经内蒙古教育厅批准，又增设“锡盟卫生职业技术学校”、内蒙蒙医学院成人教育分校，形成一个学校两种机制的教学模式，收到良好的社会效益。布赫副委员长对学校所取得的成绩给予高度评价，欣然为学校题写校名。

在四十年的办学历史中，共计培养各级各类卫生专业人员7 003名（其中汉族学员3 225名，蒙古族学员3 561名，其它少数民族学员217名），为边疆的医疗事业做出了杰出贡献，为民族教育、民族团结增添了耀眼光彩。在立足本地区民族卫生人才培养的同时，还为新疆、青海、甘肃及东北三省区培养了少数民族学员。

锡林郭勒盟国家税务局

XiLinGuoLeMengGuoJia SuiWuJu

锡盟国税局有146人，在岗108人，助征员23人，下设一个准科级个体征收分局，11个股级单位（其中税务所2个）。管户共计2 113户，征收的税种是：增值税，金融企业营业税，中央企业所得税，2000年重新开征个人利息所得税。

1999年，盟局下达税收必保任务1 500万元，比1998年实际完成数增长7.91%，其中两税任务1 395万元，比1998年增长4.89%。截止12月底，该局共组织工商税收入库1 520万元，完成年度计划的101.33%，其中“两税”入库1 379万元，完成年度计划的98.78%。

锡林郭勒盟畜牧局

领导班子研讨畜牧业产业结构调整

盟畜牧工作站胚胎移植试验点（胚胎移植产羔率达74%以上）

锡盟地上、地下资源丰富，锡林郭勒盟草原是驰名中外的天然草牧场，草原总面积2.95亿亩，占全盟总土地面积的97.3%，其中可利用草场面积为2.67亿亩。锡林郭勒盟草原属欧亚大陆草原区亚洲中亚区，草场类型以草甸草原、典型草原和荒漠草原为主。境内动、植物资源丰富，有全国唯一被联合国教科文组织纳入国际生物圈监测体系的锡林郭勒草原自然保护区。

锡盟是一个以草原畜牧业为主体经济的边疆少数民族地区，也是国家重要的畜牧业生产基地。改革开放以来，特别是进入“八五”时期，锡盟从实际出发，坚持以经济建设为中心，提出了发展集约化草原畜牧业和生态农业、产业化畜牧业的农村牧区经济发展思路，全盟经济和各项社会事业都有较快发展。农牧业基础建设不断加强，抗御自然灾害的能力不断增强。交通、电力、通信等基础设施大为改善，全盟公路通车里程4 800公里，锡市机场开通了与北京、呼市的航线；全盟12个旗（县市）全部进入电话直拨网；全盟接通了东北、华北、呼包电网，157个苏木乡镇全部实现通电通话。

锡林郭勒盟交通局

一九九九年是交通发展最快的一年，全盟交通系统在基础设施建设、公路养护、道路运输、精神文明建设等各个方面都取得了长足发展。

一、交通基础设施建设

全年交通基础设施建设共完成投资2.05亿元，较上年增长18.5%，是整个“八五”期间的85.5%，新增公路里程769公里，是整个“八五”期间的96.5%，再创历史最高纪录。至1999年底，全盟公路总里程达7 970公里，其中，次高级以上路面公路里程达1447公里，等级公路里程达6 877公里。省道101线阿尔善油田至乌里雅斯太段公路（除水毁段亚行贷款24公里）；乌里雅斯太镇出口二级公路拓宽工程；省道锡双线锡林浩特至巴彦乌拉段公路改造工程；207国道130k-170k段二级公路拓宽工程。一九九九年十月底，我盟打通了最后一个不通公路苏木，提前一年实现了所有苏木（乡）公路的“九五”既定目标。苏木（乡）公路建设全年累计完成投资2272万元，共打通了16个苏木乡。特别是在苏木（乡）公路黑色化上实现了零的突破。全年共修建小油路39.98公里，4个苏木通了小油路。1999年我盟苏木乡公路建设受到交通厅的表彰。场站建设中，西乌旗汽车站全面完工，并投入使用。

二、公路养护

全盟公路平均好路率达到58.2%，综合值64.7，分别比上年提高6.9个百分点和3.1，超计划1.2个百分点和0.7。

三、道路运输

1999年，全盟公路运输生产完成货运量499万吨，货物周转量78 610万吨公里，超计划0.4%和4.8%；客运量完成490万人，旅客周转量完成63 300万人公里，超计划0.2%和5.5%。

四、精神文明建设

锡盟交通系统文明单位覆盖率近90%，共有7个区级文明单位。一九九九年，创建了3个盟级精神文明先进单位，1个文明标兵单位，2个文明示范窗口单位，3个全区交通系统文明杯竞赛优胜单位。

1999年，锡盟提前一年实现了全盟145个苏木乡全部通公路（苏木乡公路）

昔日砂石路，今日变油路（锡林浩特至巴彦乌拉段）

苏尼特右旗宏达绒毛有限责任公司

总经理　杨成（右1）

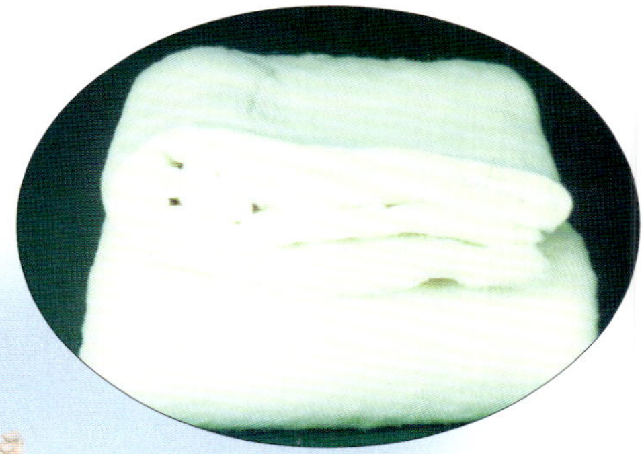

公司成立于1992年。拥有固定资产580万元，实现年产值2 000万元，实现年度利税65万元，初具生产、经营规模，是集产、供、销于一体的民有民营绒毛生产、加工、经销企业。厂房占地面积13 000平方米，公司占地面积25 000平方米。先后安排解决下岗职工再就业170余名。

公司经营生产、加工的主要产品是：年收购羊毛1700-2000吨，羊绒30-50吨，洗净毛800吨，分梳驼、绵羊、山羊绒40吨，加工生产驼、绵羊绒絮片、被套一万条（件），还可按用户要求加工生产毛条绒、毛纱等。国家商标局注册的《香秦》牌驼绒、绵羊绒、被套、絮片、衣、裤等系列产品已形成以产地为中心向全国各地幅射的销售网络。

总经理电话：7221765

销售部电话：7223317

锡盟东乌旗医院

Xi Meng Dong Wu Qi Yi Yuan

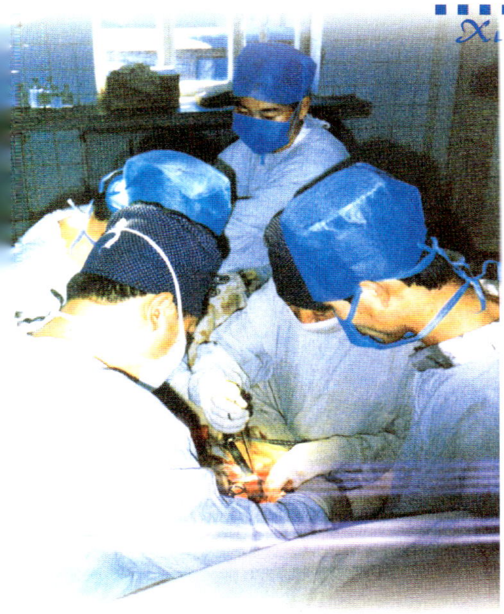

医院占地面积15 420平方米，建筑面积6 400平方米，其中医疗用房5 800平方米，辅助用房600平方米。

临床科室设有内科、儿科、外科、妇产科、五官科、中医科、蒙医科、传染科、康复科。

职能科室设有院办室、医务科、总护办、信息科、总务科、财务科、防保科。

医技科室设有放射科、检验科、心电室、B超室。其他业务科室有药械科、手术室、供应室。

全院现有职工155人，其中退休31人，在岗职工124人；行政工勤20人，占全院在岗人员的16.1%；业务人员105人，占全院在岗人员的83.9%。在医务人员中，副主任医师4人，主治医师10人，主管护师4人，初级职称85人。

锡盟东乌旗 城建环保局

1999年全旗城建环保工作的主要成绩是：（一）城镇规划和建设工作进展顺利，城镇基础设施得到进一步改善。（二）充分发展职能作用，进一步加强了建筑市场管理工作。（三）搞好苏木、嘎查规划建设，积极推进牧民小康住宅建设。（四）编制实施环保工作计划，加大环保监督检查力度。（五）住房制度改革不断深入，各项房管工作进展顺利。（六）圆满完成了灾后重建工作。（七）加强了对市容环境卫生的管理工作。

锡林浩特市人民法院

XiLinHaoTeS hiRenMinFaYuan

院长　兰金山

法院成立于1959年。现受理案件辖区7个苏木、5个牧场及市区内5个办事处，面积18 750平方公里，人口13.6万。全院在册人员77人，具有审判业务职称的57人，已评定法官资格53人。全院内设机构14个，分别是刑事审判庭、民事审判庭、知识产权审判庭、经济审判庭、行政审判庭、牧区巡回法庭、白音锡勒法庭、审判监督庭、立案庭、执行庭、政治处、研究室、办公室、法警队。

近年来法院荣获盟、市两级文明单位，全区法院集中清理未结积案先进单位。档案进入自治区级管理。还荣获综合治理安全单位、优秀青少年维权岗、计划生育达标单位、蒙汉文并用标准单位。

全院收结案数约占全盟法院收结数的四分之一。

锡林郭勒盟林业局

1999年，通过进一步深化改革，完善政策，注重科技，加强管理，圆满地完成了全年的各项任务，林业改革和建设取得新的进展。以三北防护林体系和防沙治沙工程为重点，突出抓了东南山地水源涵养用材林基地建设、牧区林业建设、防沙治沙建设、南部农田防护林体系、种苗基地建设和绿色通道工程建设等六个区域性建设工程，做到乔、灌、草、带、网、片有机结合，以点带面，全面推进。在工程辐射范围内，农田基本实现林网化，绿色通道工程全线展开。

盟委、行署对林业生产建设工作非常重视，把人工造林任务列入了对各旗县市实绩考核目标，把沙地治理工程列为1999年全盟要办的十一件实事之一。各旗县、市领导把林业生产建设作为广大群众脱贫致富达小康的主要基础建设措施来抓，明确具体责任，落实建设任务。全盟广大群众积极投身于防沙、治沙、绿化家园的林业生产活动，其植树造林、防沙治沙的积极性是前所未有的。

锡林郭勒盟水利局

改革开放20年来，锡林郭勒盟水利事业顺应改革的洪流，以改革促发展，把水利工作的着重点转移到以提高经济效益为中心的轨道上来。由过去的单纯服务于农牧业生产，逐步转向为整个国民经济服务，深入进行了水利建设、管理、投资等方面的改革，调动起广大群众发展水利的积极性，开创了水利工作的新局面。为促进农牧业经济发展奠定了良好的物质基础，为全盟牲畜达到1 810万头（只）、粮油总产量突破3亿公斤作出了重要贡献。苏尼特右旗相继荣获“全国水攻工作先进单位”、“全国水利综合经营”、“全国农村供水工作先进单位”和自治区水利“金龙杯”三连冠；正镶白旗荣获“全国水资源管理先进单位”等奖励。与此同时，一批科技项目获得自治区、盟级科技成果奖；一批水利工作者相继荣获水利部、自治区、盟级奖励。各项水利建设事业蓬勃发展。

XILINGUOLE MENGNONGYEJU

锡林郭勒盟农业局

1999年锡盟农业和农村工作，认真贯彻落实党的十五届三中全会精神和自治区党委、政府及盟委、行署的总体部署和要求，紧紧围绕实现“农民增收、农村社会稳定”两大目标，认真落实党的农村政策，切实加强农业基础建设，积极调整优化种植业结构，加大科技兴农力度，努力增加物质投入，加强行业自身建设，较好地完成了全年各项工作任务。全盟播种面积348万亩，粮油总产量27.7万吨，较上年减少2.6万吨，下降8.6%，为锡盟历史上第二个粮油高产年。其中粮食作物产量23.9万吨，比上年减少3.4万吨，下降12.5%；油料总产量3.8万吨，比上年增加0.8万吨，增长26.7%；蔬菜总产量52.8万吨，比上年增加34.2万吨，增长1.8倍，均超额完成年初盟委、行署下达的粮油总产量27万吨、蔬菜总产量19万吨的任务，也超额完成了自治区农业厅下达的粮油总产量22万吨的生产任务。预计全盟农民人均收入1 805元，较上年增加215元。

苏尼特右旗人民医院

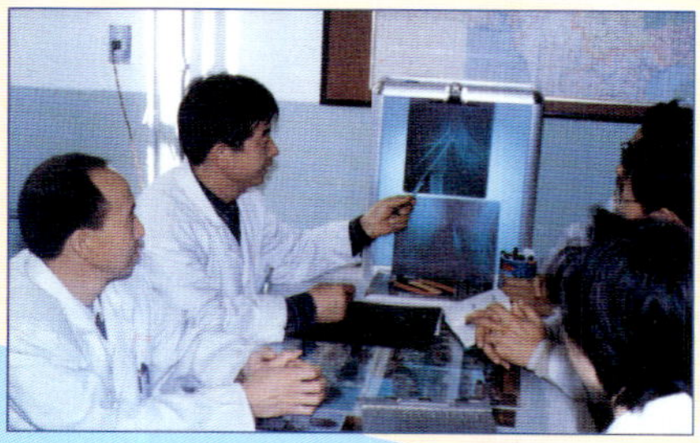

苏尼特右旗人民医院是全民所有制、国家二级乙等综合性医院。

1998年末，全院拥有职工132人，其中卫生技术人员105人（副高级职称3人，中级职称18人，初级职称84人）；开设病床101张；全院设临床科室10个，医技科室8个。

医院占地总面积20 602平方米，建筑总面积9 160平方米；其中业务用房6 800平方米，辅助用房2 360平方米。医院更新添置了24台（件）日本产医疗设备，基本满足了当地各族人民就诊的需求。

苏尼特右旗计生局

1999年全面完成计划生育各项指标，保持了良好的发展势头。全旗实际出生786人，比计划少出生364人；全旗实际出生率11.5‰，比计划低5.34个百分点；计划生育率99.62%，其中非农牧业人口的计划生育率99.53%，比盟里要求的92.5%提高7.03个百分点，农牧业人口的计划生育率99.72%，比要求的91%提高8.72个百分点。全旗采取各种节育措施人数14 964人，比上年增加652人，其中非农牧业人口综合节育率为90.08%，比责任状指标高3.34个百分点。落实长效节育措施971例，比盟局下达任务多出21例，完成全年任务的102.21%。

苏尼特右旗人民法院

SuNiTeYouQiRenMinFaYuan

法院现有正式在职干警40人，内设政治处、办公室两个管理部门和刑事庭、民事庭、经济庭、立案庭、行政庭、执行庭、审监庭、牧区固定巡回法庭、新民乡人民法庭、查干诺尔碱矿人民法庭十个审判业务庭，还设有法警大队。

多年来，法院认真贯彻执行党的基本路线，"围绕大局抓审判，围绕审判抓队伍"，解放思想，勇于创新，审判工作和其它各项工作都取得了显著成绩。1990年以来，先后荣立集体三等功一次，集体二等功二次，被评为盟、旗两级文明单位，一人荣立个人二等功一次，三人先后荣立个人三等功五次。1996年，法院新的一届领导班子上任以来，带领全体干警发扬艰苦奋斗、无私奉献的精神，坚持审判工作保障和服务于社会稳定、改革开放和经济建设的指导思想，在案件数量逐年上升的情况下，忠实履行宪法和法律赋于的职责，全面开展各项审判工作，积极进行自身改革，加强队伍建设，充分发挥了审判机关的职能作用，为西苏旗的改革、发展、稳定和两个文明建设的协调发展，提供了有力的司法保障和法律服务。

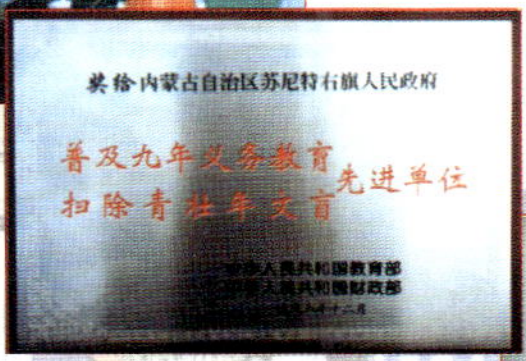

全旗现有中学5所，小学22所，教学点16个，幼儿园2所。教职工1 225人，在校生10 340人。专任教师824人，专任教师学历合格率高中为77%，初中89.4%，小学98.4%，幼儿园97%.

苏尼特右旗教育局

西乌旗 工商局

XiWuQiGongSangJu

一九一九年在旗委，政府和盟工商物价局的领导下，进一步加大市场监管力度，规范市场主体行为，查处经济违法行为，认真开展物价宏观调控和物价业务工作，整顿市场价格秩序，强化行政执法，依法维护良好的市场秩序，各项工作均取得较好的成绩。1、积极培育和发展各类市场主体，依法规范市场主体行为。2、强化市场监管职能，加强对各类市场的监管力度，整顿市场秩序。3、加强经济检查，保护消费者合法权益。4、认真履行价格调控和监管职能，依法规范市场价格行为，保持市场价格稳定，努力改善经济发展环境，促进本旗经济稳步增长。5、继续抓紧干部队伍自身建设，使工商管理体制改革后机关工作良好运行。

苏尼特右旗电信局

苏右旗电信局于一九九八年十月十八日邮电分营后正式挂牌运营。现全局在职职工78人，其中大学生9名，中专生34名。全局机构编制为一部一室一站，即综合办公室、电信市场部、维护工作站。

该局的业务收入逐年递增，一九九九年完成业务收入593万元，比上年同期增长36.4%。劳动生产率7.96万元，新增固定资产117万元，达到2 937万元。通信能力创历史最好水平，电话交换机容量达到11 510门，实装9 133号线。除阿其图苏木以外其余16个苏木全部进入全国直拨网，并实现了营业、机房全部微机化工作。

锡盟东乌旗地税局

地方税务局在全旗所辖15个苏木和1个镇都设有地方税务所，另有2个旗直征收网点（宝格达山林场，霍林河矿区农牧场）。税收征管面积4.2 万平方公里，年税收能力2 500万元以上，占旗财政收入的72%；基层征管人员22人，人均征管面积1 900多平方公里，人均税收任务90多万元；85%以上的税收涉农涉牧。地税局领导高度重视同地方党政的协调关系，成立了覆盖全旗征收地域的协税护税组织网络，以旗委、政府主管领导为首，地税局领导坐镇指挥，苏木嘎查干部为骨干力量，在历年税收工作中，协税护税组织发挥了不可低估的作用。

从1994年建局至今，地税局先后被盟委、行署授予“税收先进示范旗”、盟级“文明单位”；1964年荣获自治区地税系统“党风廉政建设先进集体”、盟级“民族团结先进集体”等光荣称号。

锡盟东乌旗交通局

1999 年东乌旗交通局圆满完成了苏木（乡）公路建设，实现了在20世纪末苏木全部通公路的目标。在交通系统全体职工的共同努力下，超额完成了上级下达的各项经济指标。全年共完成货运量14 万吨，货运周转量3 144万吨公里，客货换算周转量3 154万吨公里，完成年度计划的114%。全旗通班车率达到94%，全年共完成客运量6 610人次，客运周转量99万人公里。全年共稽查各种车辆356台次，补交费额4.5万元，圆满完成了规费征收任务，彻底制止了无证经营的“黑车”，净化了运输市场，规范了运输秩序。

苏尼特右旗公安局

苏尼特右旗公安局现有蒙、汉、满三个民族组成的民警133人。局党委由8人组成。局机关下设9个科、所、队、室，20个基层公安派出所。

近年来，按照“创建一流领导班子、建设一流公安队伍，开创一流公安工作、创造一流治安环境”的奋斗目标，全体公安民警团结奋进，开拓进取，扎实工作，各项工作都取得了显著成绩。旗公安局1996、1997、1998连续三年被评为自治区先进公安局，局党委1998年被评为全盟先进基层党组织，局领导班子三次荣立集体三等功。1999年旗公安局机关跨入盟级精神文明标兵单位，档案管理工作晋升为自治区特级管理先进单位。近年来，有10个集体被评为全国、全区、全盟先进集体，10个科所队荣立集体三等功，1名民警被评为全国优秀人民警察和全国公安机关清政廉洁先进个人，15名民警被评为盟级以上先进个人，42名民警荣立个人三等功。

局长：王斯钦毕力格

苏尼特右旗畜牧局

国家农业部派员指导工作

育肥前选制

1999年，牧业年度全旗大小畜达到1 702 654头（只），其中：大畜58 979头，小畜1 643 675只；大小畜总增531452头（只），总增率33.3%。牧业年度接产仔畜558 838头（只），其中：接产冬羔13.7万只，繁殖成活率97.2%。年末良种及改良种牲畜头数达34.6万头（只），良改畜比重达34%。年末大小畜出栏70万头（只），完成盟里55万头（只）任务的127.2%，其中：出售59万头（只），自食11万头（只）；年末母畜比重达57.7%，存栏109.57万头（只）。

深入牧民家中座谈

锡林郭勒盟雄风有限责任公司

锡盟雄风建筑有限责任公司，是建筑施工三级企业。成立于1975年，现有职工655人，有职称的技术人员75人，其中高工3人，工程师18人，项目经理18人。企业固定资产1 454万元，机械设备200万元。年完成产值2 000多万元。公司下设五个土建施工处，有一个水电安装处，五个项目部，一个吊装处及预制构件厂、租赁公司和拆迁工程处（是锡盟唯－－家由自治区房产部门批准成立的工程处）。

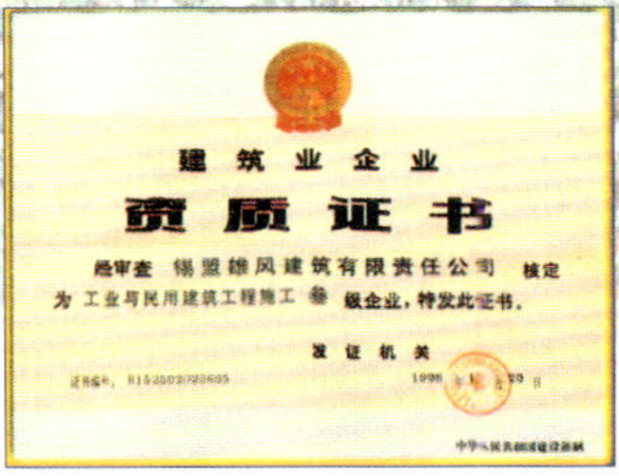

建筑业企业

资质证书

经审查 锡盟雄风建筑有限责任公司 核定

为 工业与民用建筑工程施工 叁 级企业，特发此证书。

发证机关

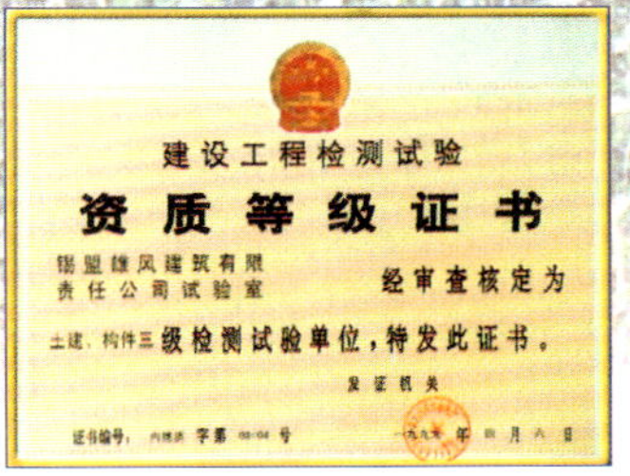

建设工程检测试验

资质等级证书

锡盟雄风建筑有限责任公司试验室 经审查核定为

土建、构件三级检测试验单位，特发此证书。

发证机关

锡林浩特市畜牧局

XiLinHaoTeShiXuMuJu

1999年，锡市畜牧业生产历经了大灾、大疫的严重冲击，但在市委、政府的正确领导和上级业务部门的指导下，经过全市畜牧系统干部职工和广大牧民的共同努力，平稳地渡过了难关，牧业生产保持了持续稳定发展。牧业年度统计，牲畜总头数达到192.14 万头（只），再次突破历史最高水平，总增70.08 万头（只），为责任目标的107.6%；良改畜比重达54.07%，高于责任目标1.07 个百分点；年末大小母畜比重65%，高于任务目标1个百分点；牲畜出栏76万头（只），完成目标的115.2%。做为畜牧主管部门，该局围绕加快畜牧业发展进程的总体目标，把全面推进畜牧业产业化、提高集约水平、抓建设项目等作为重点，开展了大量工作。

锡林浩特市农林水利局

农林水利局下辖蔬菜办公室、林业工作站、苗圃、造林服务队、水利工作队、水库管理所、草原打井队、水利施工队等六个事业单位和两个集体单位，局内设林业公安分局、绿化办公室、林政资源管理办公室、木材检查站、水政水资源管理办公室、水土保持监督管理站、水产站、防汛办公室等机构。全系统共有在职职工212人，离退休人员112人。

锡市农林水利工作一度发展缓慢，制约了各项事业的快速发展。齐振华任农林水利局长之后，团结领导班子一班人，带领广大党员、团员、知识分子，充分调动广大干部群众的主观能动性，使农林水利事业兴旺起来，并在城市“菜篮子工程”建设上抓出了成效，蔬菜播种面积和蔬菜产量逐年提高，细菜比例达到45%，基本上自给有余。

中国银行锡林浩特分行

ZhongGuoYinHangXiLinHaoTeFenHang

中国银行锡林浩特分行始建于1988年12月。共有各类职工157人，内设10个部室。

经营宗旨：“存款立行，效益兴行，管理保行。”

经营方针：“信誉至上，优质服务，廉洁奉公，为国创汇。”

全体员工努力为客户提供最优、最好、最全、新新的银行业务。积极支持锡盟地区建设，为锡盟经济发展、市政建设、教育助学提供贷款。

锡林郭勒盟技术监督局

XI LIN GUO LE MENG JI SHU JIAN DU JU

技术监督局履行技术监督综合管理和行政执法两大职能，“以质量为中心，标准化、计量为基础”的工作方针，“规范市场、扶优治劣、引导消费、服务企业”的工作原则，“科学、公正、廉洁、高效”的行业形象。技术监督对锡盟经济健康发展和人民生活质量的提高起着越来越重要的作用。

至1999年底，锡盟技术监督系统累计完成产品、商品质量监督检验8 000多批次；检验绵羊毛30 000多吨、山羊绒近2 000吨；制定农业标准123件、企业标准备案430件、产品标准注册1 700多件，办理食品标签1 095份；办理单位代码证6 514户。每年强制检定社会公用标准器具70台（件）、工作计量器具2万多台（件）。

1997年被评为“市级文明单位”，1998年被区局评为全系统精神文明建设“先进集体”，被盟纪委、监察局评为纪检监察“先进集体”，被自治区政府授予“质量万里行”先进集体。近几年连续被盟行署考核为“实绩突出”或“实绩比较突出单位”，机关党支部连续四年被盟直党委评为“先进党支部”。

锡林浩特市城乡建设环境保护局

该局担负着锡林浩特市城乡规划、建设、管理、环境保护、水资源管理等工作任务。全局在职职工873人（含公共汽车公司招聘的待业人员、下岗职工120人），局机关下辖12个企、事业单位。

锡林浩特1983年设市以来，在城建环保广大干部、职工的辛勤努力下，城市建设事业迅速发展，城市面貌日新月异。目前，市区黑色路面全长82.38公里；绿地面积268公顷，人均公共绿地6.25平方米。路灯2 140盏，垃圾卫生填埋场一座，粪便无害化处理场一座，垃圾转运站一座，道路清扫保洁63万平方米。给水管网总长230.7公里，日供水2万立方米；排水管线总长68.4公里，日排水7 600吨；市内公共交通线路6条，运营车46辆。1999年，还建设完成了占地22万平方米，在自治区首屈一指的休闲、娱乐、环保型广场—锡林广场。

该局先后荣获自治区级文明单位，建设部城市规划管理先进单位，全区城市规划先进集体，全盟精神文明建设重点工作先进集体。

锡林浩特市城管局

城管队伍执法监管途中

城管工作人员培训

锡林浩特市是一个以畜牧业为主的草原城市。1983年撤旗建市时，基础设施奇缺，管理跟不上，环境脏、乱、差。从1990年以来，市委、政府下大力狠抓城市基础设施建设，累计投入建设资金近2亿元，发动群众义务劳动300万人次，折合建设资金4 000余万元。通过大规模的建设，城市硬化、绿化、净化、美化水平显著提高，基础设施配套完善，生活垃圾日产日清，垃圾、粪便无害化处理率达到100%，供水、排污基本达到管网化，环境保护成效显著。在创建各项精神文明建设活动中，城管局充分发挥职能作用，对城市规划、市容环境、市政公用设施、园林绿化等进行严格的管理监察，确保城市基础功能的良好发挥。同时，严厉查处违法违章建筑，规范城市标识，加强集贸市场、户外广告和公共场所的管理，使城市硬件建设和软件管理得到同步发展。通过十多年的创建活动，锡林浩特市荣获全国卫生先进市、全国双拥模范市、自治区四星级文明城市等20多个荣誉称号。

树林召镇

树林召镇地处鄂尔多斯高原北端的黄河冲积平原，北隔黄河与包头市相望，210国道和包神铁路从镇内穿过，是达拉特旗的交通咽喉，是伊克昭盟的北部重镇。

树林召镇是达旗人民政府所在地，是全旗政治、经济和文化活动中心。全镇总面积15平方公里，下辖24个居委会和一个行政村。总户数23 520户（其中农业户550户），总人口82 320人（其中流动人口38 000多人）。1999年，全镇国内生产总值12.5亿元，农牧民人均纯收入2 900元，城镇居民人均可支配收入4 600元。

树林召镇地处呼市－包头－东胜经济发展的金三角腹地，是自治区级卫生镇和三星级文明镇。独特的地缘优势，逐渐完善的基础设施，宽松的政策，周边地区丰富的农副产品和矿产资源，为该镇经济发展创造了广阔的空间。镇内全封闭式占地5.8万平方米的北国商城被确定为自治区农畜产品批发市场，日约成交16万元，是自治区西部最大的贸易市场之一。

锡盟立新毛纺总厂创建于1958年，是一个由选、洗、梳、纺、织到成品的全能型绒毛深加工国有企业。拥有年产50万米粗纺呢绒，10万米羊绒呢，20万件羊绒衫，10万平尺手工地毯的生产能力。

该厂生产的马头琴牌粗纺呢绒面料和手工地毯，质地考究、工艺精细。1992年以来80%的产品出口，远销日本、韩国、美国、香港等10多个国家和地区，倍受国内外用户的青睐。

厂长：王敬东

经营科长：康克勤

电话：0479-8226668

8223188

传真：0479-8225715

邮编：026000

地址：内蒙古锡林浩特市察哈尔大街

手工编织内外销地毯

锡盟立新毛纺总厂

锡盟工商局

目前，全盟共有工商行政管理机构13个，其中盟局机构1个、旗县市局11个、乌拉盖开发区设工商局1个；全盟共有工商行政管理所89个，物价所13个，事业单位15个；全系统共有工作人员[illegible]011人。

局长　钱贤武

全盟各级工商行政管理机关以加大市场监管力度、强化行政执法、维护良好的市场经济秩序为目标，以加强粮食市场监管，严厉打击走私贩私、查处假冒伪劣商品、清除文化垃圾及规范市场主体行为、规范市场交易行为、规范市场监管行为、大力发展个体私营经济为主要着力点，牢固树立“五个意识”，在系统内深入开展“争、创”活动，切实加强精神文明建设。经过不懈努力，各项工作都取得了一定成绩，为全盟经济和社会发展做出了积极贡献。

二连浩特市口岸管理委员会

ERLIANHAOTESHIKOUANGUANLIWEIYUANHUI

二连口岸是1956年随着集二线铁路的通车而诞生的。它是我国通往蒙古国的唯一铁路出路口岸，也是我国通往莫斯科乃至东欧各国的大通道。

1985年5月经国务院批准，开始与蒙古国开展易货贸易，使一度中断和封闭的中蒙边境活跃和繁忙起来。1991年，国家又批准二连与原苏联开展贸易。1992年7月，二连浩特被列为国家13个沿边对外开放城市之一。从此，二连口岸出现了空前繁荣。

1996年按照自治区有关指示，在市委、政府的支持下，本着先易后难、先统一后改进的原则，将口岸6个收费单位的收费统一起来，成立了统一收费办公室。这样做，一是减少了收费环节，方便了人员、货物、车辆的进出；二是方便了统一检查，使检验、检查、收费工作同步进行，缩短了人员、货物、车辆的通关时间。这种做法得到自治区口岸办的肯定，也引起省市区口岸领导的重视，有的还亲临二连口岸考察学习。

为了方便联合办公，口岸先后成立了管理服务中心，建立了仓储区和第一个中蒙边民互市贸易区，为中蒙两国贸易的扩大与繁荣创造了有利条件。1999年进出口货物达到158.50万吨，比上年同期增长了55.24%，边境贸易进出口总额比上年同期增长了71.26%，使口岸形成快进快出的良好局面。

局长：田永宏

二连浩特市财政局

二连市财政局全体干部职工，紧紧围绕以经济建设为中心，不断深化改革，加强管理，转变职能，按照“政治上要更强，业务上要更精，作风上要更实，纪律上要更严，团结上要更好”的总体要求，突出学习了邓小平理论和党的十五大精神，在建立和培育社会主义市场经济的宏大工程中，用全新的经济发展思路培植财源，建立新的经济增长点。在诸多增支因素出台、经济环境多变的情况下，采取了积极的财政政策，优化支出结构，不断强化税费征管，加快财源建设步伐，取得了可喜成绩。1999 年全市财政收入 5 516 万元，其中地方财政收入 4 052 万元，上缴中央两税 1 464 万元。

该局曾多次受到市委、政府表彰，连续12年被评为文明单位，并先后三次被评为全盟财政系统先进集体。

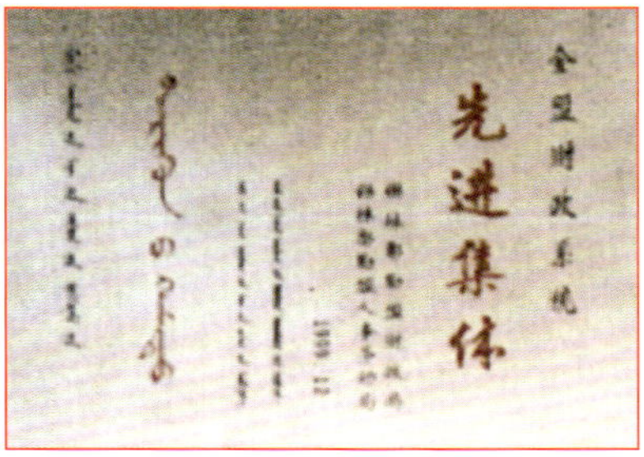

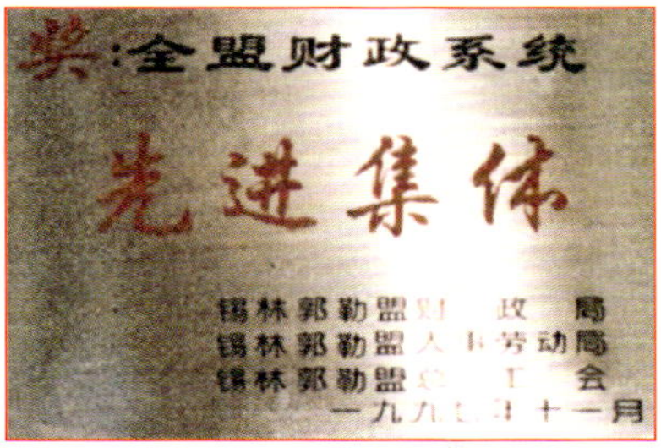

二连浩特市审计局

局长　王金星

二连浩特市审计局，成立于1984年，截止2000年3月底，全局共有干部、职工12人，其中：大专以上学历5人，中专学历7人；具有中级以上技术资格4人；少数民族2人（蒙古族），局内设局长1名，副局长1名，局内设办公室、财税审计科、金融基建审计科、行政事业审计科，二级事业单位一个审计所。

1994年至1999年底，共完成审计单位数144个，其中完成上级审计机关下达的指令性审计任务29项，审计单位81个；完成市委、市政府和自定项目63个（单位）；查出违规行为金额2523万元；促进增收节支金额195万元，挽回国有资产流失金额75万元；上缴当地财政金额66万元。在严肃财经纪律，维护经济秩序，加强廉政建设等方面，做出了一定的成绩。

1997年被自治区档案局评为“档案工作目标管理特级先进单位”；

1996年、1997年、1998年连续三年被评为锡盟审计系统目标化管理考核第一名；1999年被评为全盟审计工作综合考评第二名；1996年、1997年连续2年被市委、市政府评为“实绩突出领导班子”；1999年被市委、市政府评为“实绩突出领导班子”；1999年被评为市级文明单位；局长王金星连续三年被评为“优秀领导干部”。

二连浩特市公安局

二连浩特市公安局现有科、所、队、室13个，在职上岗干警106人。几年来，全体干警在局党委的带领下，奋力拼搏，开拓进取，加快公安工作改革步伐，使各项工作取得了显著成绩。其中，局机关档案管理达到自治区档案管理一级标准；1996年度，公安局领导班子荣立集体三等功；1997年度，公安局被评为内蒙古自治区级文明单位。1999年共受理刑事案件95起，其中立案62起，破59起，破案率为95.1%。年内受理治安案件334起，比上年同期下降167起，下降率为33.33%。查处治安案件331起（包括涉外治安案件20起），查处率为99.1%，打击处理各类违法人员684人。

局领导参加全市金融系统点钞技能比赛

局领导在蒙古国与扎门乌德警方留影

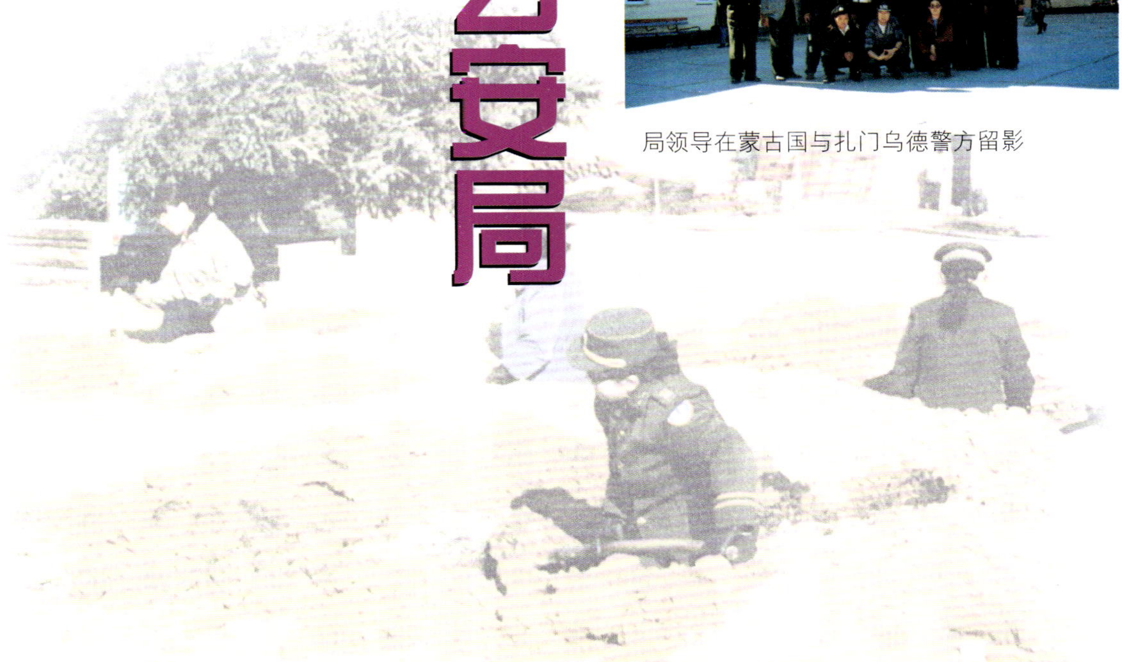

局长　冀生耀

二连浩特出入境

1999年11月30日，二连浩特出入境检验检疫局正式成立并对外办公。局为内蒙古出入境检验检疫局设于二连的分支机构，管辖二连铁路口岸、公路口岸、东乌旗珠恩嘎达布其公路口岸及辖区内的出入境检验检疫和监督管理工作，对外行使行政执法职能。实行“三检”合一，从二连口岸来讲，标志着国家“边检管人、海关管物、一口对外”的口岸改革目标的实现。实行“三检”合一，可以革除“政出多门”的弊端，减少查验环节，简化检验手续，提高工作效率，将对加大该市对外开放力度和加快经济发展具有积极的推动作用。

验检疫局

出境货物检验

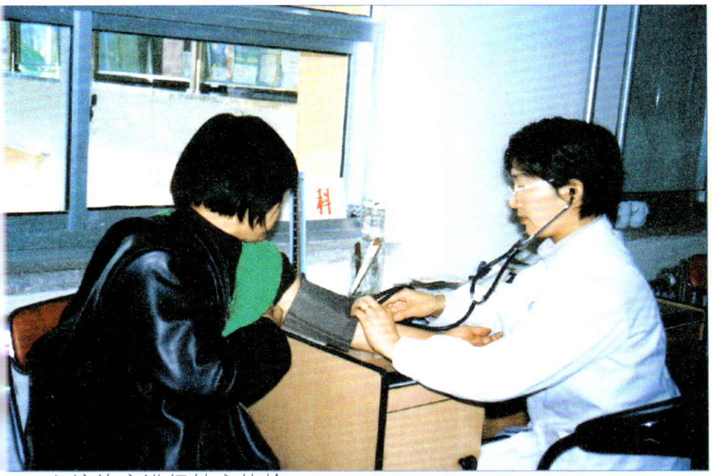

入境旅客进行健康体检

二连浩特市交警大队

交通宣传

1998年以来，根据上级有关文件精神，结合二连口岸道路交通管理的实际，深入开展交通秩序综合治理。经常组织交警上路检查，以压事故、保畅通为目标，狠抓了各种违章车辆检查教育处理工作。在重点路段实行定岗、定线、定责任，层层落实责任制。还采取与上岗执勤交警签订工作责任状的形式，确实把工作落到了实处。为进一步整治市内交通秩序，对那些无证、无牌、酒后驾车的人员，采取查扣和集中培训相结合的办法，收效十分显著。另外，会同工商、城建、城管等部门，对市区道路两旁各种摩托车、汽车修理厂家进行了集中清理，并对违章占道的个体商贩摊点，尤其是人车流量大的繁华路段进行了清摊，解决了重要街面道路的视线障碍问题。

交警培训

队长：达娃

执行任务

二连浩特市
计划生育委员会

1999年，二连市计划生育工作在自治区、锡盟二级主管部门的正确领导和精心指导下，按照年初的计生工作安排，齐心协力，克服困难，较好地完成了本年度计划生育各项指标和任务。一是做到人员、经费、措施三到位，确保计生工作顺利开展。二是扎扎实实打基础，建立健全计生管理网络，实行以“居委会为主”管理工作机制，完善基层统计帐卡的“软件”工作。三是狠抓流动人口计生管理，从组建机构、整章建制入手，从上至下逐级成立流动人口计划生育管理领导小组，下设流动人口管理办公室，由专人负责具体工作，不断加大入户检查、督促和指导力度，对流动人口逐步实行从严从细从实管理。四是努力开拓抓服务，正式成立计生服务站，实行“坐堂就诊”与“上门服务”相结合的办法。五是适应形势搞宣传，充分发挥各级阵地宣传作用。全年共办班18期，对计生专干、居委会主任、居民小组长、育龄妇女进行了分类分批培训，计生专职人员培训率达到100%。

二连浩特市饭店

二连浩特市饭店座落在新华街中段，是一家具有高档次，全面涉外接待型饭店。饭店建筑面积达8000平方米，整体建筑结构新颖，室内装饰豪华典雅，是目前二连浩特市规模最大、配套设施齐全的一家涉外旅游饭店，是中外宾客旅游、餐饮、会议、商务活动、娱乐和下榻的理想休闲饭店。饭店四部一室，共有员工258名，平均年龄27岁。

饭店内设总统套房，高级客房和普通客房59套125张床位，有格调高雅、风格各异的餐厅2个，可容纳320人同时就餐，欧式雅间豪华富丽，多功能舞厅设施齐全，使宾客在休闲娱乐中体会异国情调，置身音乐的圣殿。

饭店开业以来，在市委、市政府的领导关怀下，得到了社会各届的关心和厚爱。全体员工以优质服务，顾客至上为宗旨，赢得了宾客的依赖，先后被自治区和锡林郭勒盟授予重合同，守信用单位，取得了较好的经济和社会效益。

写字间

康大酒店

KangDaJiuDian

康大酒店中餐厅，

董事长　席利

康大酒店筹建于1992年，开业于1994年11月28日，已成为二连浩特市最大的一家与香港合资的旅游涉外饭店，集餐饮、住宿、娱乐为一体。其地理位置在二连浩特市前进路9号，市中心繁华地段，交通便利，是四方宾朋经商、旅游、贸易下榻的理想场所。

康大酒店有限公司共设有五层楼，占地面积为4 000平方米，建筑面积为3 000平方米。职工110多名，其中蒙古国工作人员20多名。

康大酒店历经五年的运营发展，现已形成一整套严密科学的管理体系，成为本地区同行业参照经营的样本企业。曾经接待过来自蒙古国、俄罗斯、日本、韩国、美国、法国、荷兰等国家的游客，并且成功地承办了“巴黎－莫斯科－乌兰巴托－北京”汽车拉力赛裁判团、中日北方恐龙考察团等多项大型接待活动，资产已从原来的628万元增值到现在的1 100万元。目前已在蒙古国增设了相应企业，业务已面向国际化方向发展。

客房内设施齐全。

夜总会装饰豪华高雅，极富民族特色，

地址：内蒙古二连浩特市前进路九号

董事长：席利　总经理：席刚　财务总监：黄志强

电话：(0479)7521291(总机)

传　　真：(0479)7525059

院长：王建利

二连浩特市人民法院

二连法院凭着对法律公正的执著和承诺，处理案件的质量、数量均有明显提高。1998年受理各类案件357件，审结314件，结案率为88%，经济纠纷诉讼标的1 038元；1998年受理各类案件250件，审结202件，结案率80.8%，执行58件，执结标的92万元，执结率77.58%。这些案件中无发回重审、改判案件，无超审限案件，上诉维持率100%，依法公开审理率100%。

二连浩特市卫生局

ErLianHaoTeShiWeiShengJu

领导视察卫生厅

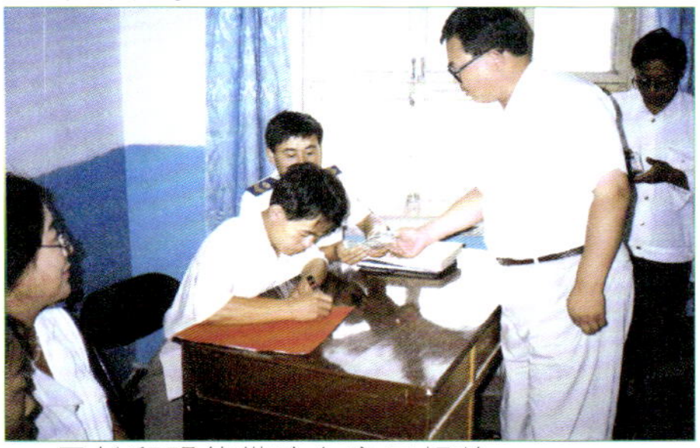

局长邱明侠带头向灾区捐款

卫生“三下乡”

二连市卫生行政部门下属8个单位，包括市医院、卫生防疫站、妇幼保健所、药品检验所、红十字会、爱心办、健教所及中心血库。1999年，在职职工138人。其中卫生技术人员110人、中级技术职称22人。总床位80张，医疗床位开放47张。

近两年，卫生工作以灾后防疫为重点，按照自治区、锡盟有关爱国卫生会议精神，全市上下统一思想，步调一致，全面落实各项防病措施，通过了“自治区卫生城市”的验收。认真贯彻《传染病防治法》、《消毒卫生管理条例》，及时有效地防止各类传染病的发生。1999年，卫生防疫站被评为全区计划免疫先进集体。

市医院是口岸唯一的一所二级综合医院，集医疗、科研、预防保健为一体的现代化综合医院。1995年，被卫生部授予“二级丙等”医院。1997年，被世界卫生组织、联合国儿童基金会及国家卫生部授予“爱婴医院”。1998年，日本国无偿援助价值470万元（28件）的仪器设备，很大程度上改善了现有的医疗条件。

前进中的二连浩特市国家地方税务局

二连浩特市国家、地方税务局是二连开放以来迅速发展壮大起来的一支队伍，由1989年的13人发展到今天的108人，平均年龄只有28岁，学历结构为大学本科占6%，大专占34%，中专占52%，其他占8%，是支年轻的、高素质的税干队伍。税收收入由1989年前的不足百万元上升到1997年的3 000多万元，比开放之前增长了30倍还多。

新税制实施以来，根据二连的特殊情况，经上级有关部门的批准，国、地税暂不分家，实行一套人马、两块牌子的运行机制，税收工作取得显著成绩。实施税收征管改革以来，全市基本实现“以申报纳税和优化服务为基础，以计算机网络为依托，集中征收，重点稽查”的新征管模式，使全市税收工作走上规范化、制度化、科学化轨道。

精神文明建设也取得很大成绩，被二连市委、市政府授予“文明单位”，初步形成一个“优质服务，优良秩序，优美环境”的三优机关。

领导视察

二连浩特市

逸夫小学

两基验收

电教室

成立于1995年8月，是一所由市政府投资、香港爱国人士邵逸夫先生捐助、各界集资兴建的学校。

学校占地面积3万平方米，校舍建筑面积8 424平方米。办学条件达到自治区九年义务教育规定的标准，设有微机室、阅览室、电教室、实验室、音乐教室、美术教室等专用教室，实现了“两机一幕”进课堂。学校有教学班24个，学生1 394人。在1 172名1—5年级学生中，适龄儿童入学率为100%。历年来校生无人辍学，学生毕业率为100%。由于学校采取多管齐下的方式对学生进行德育及思想政治教育，所以学生的行为规范合格率始终保持在100%。学校现有教职工63名，专任教师57名，教师学历合格率为100%。校长二名，接受岗位培训率为100%。8名教师取得中级职务，38名教师取得初级职务。建校以来，全校贯彻党的教育方针，加大教育改革力度，引进素质教育模式，加强教学常规管理，使学校的各项工作都取得了较好的成绩。在连续几年教科委组织的全市教学质量检测中都位居榜首。

金龙宾馆大楼

客户写字间

客房

金龙宾馆

金龙宾馆位于口岸城市中国内蒙古二连浩特市边贸繁华地段呼伦街5号，与镜湖公园南北相望，西邻中外商品交易市场和中心广场，是金龙实业商务有限公司等单位合作兴建的经济型涉外商务宾馆，总营业面积3 500多平方米，首层为商业批发广场及中蒙快餐、美容美发、信息旅游、商务中心等服务机构；二层为外宾区及金龙迪厅、台球厅、棋牌室、健身房等娱乐中心；三层为内宾区；四层为客户写字楼。房间分为套间、标间、三人间和四人间，每层针对普通间备有淋浴和洗手间，室内装修豪华幽雅，环境舒适，服务一流，经济实惠，能够满足客人的不同需求，汇集中外具有民族特色现代化水准的配套服务，并定期举办中、蒙、俄友好艺术交流表演，组团旅游考察及国际贸易客户洽谈会，是中外宾客旅游观光和从事商务活动的理想场所。

热线电话：(0479)7521673　7521192
传　　真：(0479)7525920
邮　　编：011100

开业庆典

宾馆总台

现代化的娱乐场所

快餐厅

餐厅雅间

二连浩特市文体局

自治区党委书记刘明祖在二连视察

考古挖掘

1956年月，中、蒙、苏国际铁路联运开通，二连口岸正式诞生，成为祖国北方内外交通的门户。1966年1月，经国务院批准在二连设县级市。1985年1月，升格为准地级市。市区与蒙古国口岸扎门乌德隔界相望。同年6月被国务批准为“甲类开放城市”。1986年3月，被自治区政府批准为计划单列市。

二连市文化工作始于1958年，当时基层文化机构有放映站、文化馆、新华书店。至1992年，市文化中心大楼竣工使用，文化事业从无固定办公 场所发展到拥有2 400平方米、馆舍齐全、固定资产120万元、7个下属单位。

到目前，市文体局下属单位有：

1. 市文体馆：活动室和办公室面积116.8平方米，工作人员5人，中级职称2人，初级职称3人。

2. 市图书馆：藏书达到1.2万册，种类22种，设阅览席20个，有工作人员4人。

3. 二连恐龙博物馆：1989年10月1日正式开馆，使用面积252平方米。陈列包括古生物化石考察史、二连古海恐龙动物群等5部分，有大小两具恐龙骨架复制模型。

4. 市文化市场稽查大队。

5. 二连民族艺术团。

6. 市电影院。

7. 市新华书店。

恐龙骨架复制模型

中国农业银行二连浩特支行

支部书记、行长 朝克图

领导班子成员研究工作

营业厅

二连支行始终将存款工作放在各项业务工作的首位，立足经营抓存款，深入实施“一把手工程”。强化“存款立行”、“存款就是效益”的思想。在人、财、物的配置上最大限度地向存款工作第一线倾斜，培育高产出、高效益的标杆储蓄所，实现全辖储蓄通存通兑。开展优质文明服务流动红旗评比和知识竞赛活动，聘请了32位社会义务监督员，对支行服务进行全方位监督。市电视台、报社对支行优质文明服务、两个文明建设多次进行专题新闻报道，使支行的社会知名度、美誉度进一步提高。1999年末各项存款余额10 313万元，实现了超亿元的历史性突破。

及时调整信贷结构，服务于地方经济。近二年累计发放贷款2 269万元，突出支持个体私营经济的发展。集中信贷资金支持以边贸为龙头，以旅游、商品流通为主的第三产业的发展，把有效益、重信用、周转快客户为信贷扶持的黄金客户。始终把赛乌素农场“菜篮子工程”建设作为一项重要的任务，提高了菜农的收入，平抑了市场菜价，丰富了市民的菜篮子，并且远销到蒙古国。

校长 阿日斌

发展中的二连浩特蒙古族学校

学校不断加强对教学的制度化，规范化管理，现已形成一套从制定教学计划、备课、上课、批发作业、辅导考试到评比总结的方法和体系。各科考试一改传统的单一试卷考试方法，实行口试、笔试、听、说、读、写多方面多侧面的能力综合考试制。学校制定了切实可行的规章制度条例，做到各项工作有条可依，违反必究的严格管理制度，从而保障了学校各方面工作的顺利进行。

教学是学校工作的中心，提高教学质量必须要加强师资队伍的建设。学校注重教师各方面素质的提高，定期组织教师学习教学理论，提高教师的职业道德和业务水平。学校鼓励支持教师参加继续教育，组织全校性观摩课教育，派教师参加各级教学能手评比，电教优质课评比和学术论文活动。曾有3名教师先后被评为区级先进个人，其中一名参加了1999年元旦举办的迎接澳门回归《华夏园丁‘迎99’大联欢》大型活动。1名教师被评为区级教学能手，并于1998年参加全区首届蒙汉语、数学优质课评审工作。先后有10余名教师分别被评为盟级教学能手和盟级电教优质课教学能手。教师在国家级、区级、盟级刊物上发表学术论文达60余篇。

中国人民银行二连浩特市支行

行长：崔海平

根据新形势下地区经济发展的需要，支行从实际出发，一手抓内部管理，一手抓金融监管。抓内部管理，首先是加强职工思想教育工作，切实加强学习，不断提高综合素质，在工作中叫得响，在业务上过得硬。

为了切实抓好监管工作，支行成立了由一把手亲自挂帅、有关职能部门负责人参加的金融监管领导小组，按照上级行的要求，认真开展各项监管工作，切实履行中央银行的监管职能，确保一方金融平安。在具体工作中，以防范和化解金融风险为目标，及时开展各项业务检查，对于检查中存在的问题，按章进行处理，并相应提出整改建议。通过不懈努力，维护了二连地区良好的金融秩序，促进了各国有商业银行业务上的有序竞争，支持了地方经济发展。1993年末本地区各项存款余额为12 689.7万元，其中城镇居民储蓄为7 490.5万元，到1999年末各项存款达到51 761.7万元，其中城镇居民储蓄为40 431.3万元，年均递增率分别为32.46%和40.1%；1993年末各项贷款余额为4 975.9万元，1999年达到9 090.7万元，年均递增率12.81%。

前进中的二连浩特市幼儿园

园长 孙妙荣

全园共设四个教学班，教职工 30 名，教师学历合格率达 100%。保教生活设施完善，1989 年被评为一类甲级幼儿园。全园教职工本着“一切为了孩子”的办园宗旨，形成“团结、守纪、求实、创新”的良好园风。1997 年被命名为盟级文明单位标兵。十几年来多次受到上级的表彰和奖励，并被授予盟级先进家长学校和二连市示范家长学校荣誉称号。

二连浩特市人民医院

1999 年初，医院加入国际医疗互联网，实施远程会诊，使二连市民“看病入网”，真正做到不出家门就可以得到各大医院高级教授专家的诊治和咨询，并且也提高了二连市医院对疑难病症的诊治能力。

为方便广大患者就医，医院履行新的管理制度，节假日不休息，各科室主治医师每日坐诊，以“质量第一、病人第一、信誉第一、技术第一、服务第一”为中心，更好的为广大人民健康服务。

咨询电话：0479--7521546

皮肤性病科电话：13604790921

联系人：冯友明

院长：张如全

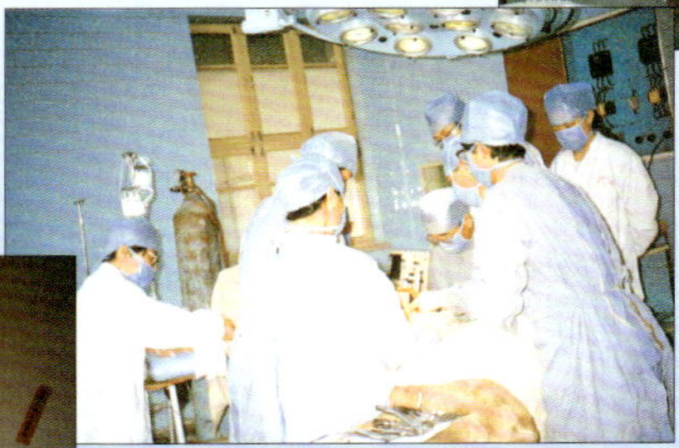

手术室

业务培训

二连浩特市第二幼儿园

园长：孙秀泉

二连市第二幼儿园位于二连市锡林街6号，是在原二连市托儿所基础上经扩建改制建成的日托制幼儿园。园长孙秀泉是一位有多年幼儿教育经验的高级教师，在担任园长期间，对待工作兢兢业业，克尽职守。工作作风严谨、求实、进取。在她的领导下，二幼获得了巨大的发展。改制工作顺利完成，目前园里有5个班级（小中班各两个，大班1个），幼儿入园人数200人，教职工21人。园里拥有完善的教学设备、先进的教学手段。建有活动室、舞蹈教室、电子琴室、电教室。户外有大型组合玩具。为幼儿提供了良好的生活、学习环境。

现在二幼在二连市享有极高的声誉，工作获得了家长、社会的高度认可，为二连市幼儿教育事业的发展、经济的繁荣做出了积极的贡献。

孩子们和家长共同联欢

二连浩特市新华书店

至1999年11月，完成销售1108109元，完成全年任务的12.4%。一般图书销售448000元，完成全年任务的118.92%。蒙文图书销售41896元，完成全年任务的113.25%。一般图书周转次数3.384次，利润25600元。

围绕建国50周年，大力配合内蒙古新闻出版局、内蒙古教育厅、二连市委宣传部组织下达“关于举办‘中华魂—伟大的祖国’为主题教育活动”。职工深入基层各单位，积极宣传征订，向各学校、基层企事业单位发出《伟大的祖国——中华魂》两种教育读本共计8249册，码洋31401.9元。在此活动中，获得国家教育部关心下一代工作委员会三等奖荣誉，并受到二连市委的表扬。

9月份以“爱我中华、迎澳门回归”为题与市文化局联合举办了读书答题有奖活动，得到全市各族群众广泛支持，也提高了新华书店的知名度。

乌盟建设银行是以服务大众生活为宗旨的现代商业银行，功能齐全，经营稳健，盈利水平居当地同行业首位。几年来，该行按照“效益性、流动性、安全性”的经营原则，深化经营管理体制改革，优化资源配置，朝着现代化商业银行的目标不断迈进。

该行在全盟共有营业网点近50个，全部按照总行颁布的标准进行设计，统一、规范、舒适、安全。为了提高服务效率，该行近年来加快了计算机服务网络建设，所有网点全部实现联网，并与全区实现了通存通兑。在此基础上，推出了储蓄卡、生肖卡、银证联通卡、代发工资、代收手机话费等新业务，服务效率和服务质量进一步提高。乌盟建行全体员工竭诚欢迎广大客户光临并为您提供高效、快捷的服务。

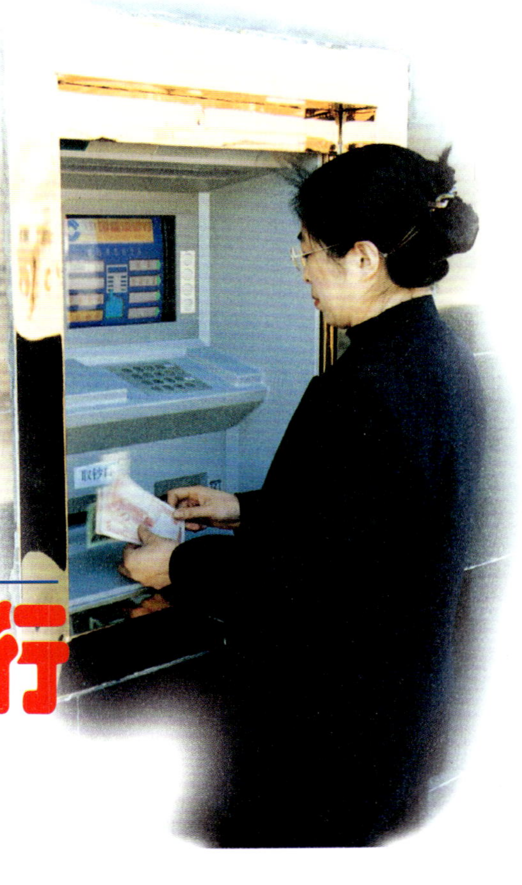

中国建设银行

乌兰察布盟分行

货车段修现场

领导班子研究工作

集宁车辆段

JI NING CHE LIANG DUAN

集宁车辆段始建于1955年，地处京包、集二两条铁路干线的交点，隶属于呼和浩特铁路局。

该段系以货车为主的客货混合段，承担着到发及通过货物列车的日常运用维修和定期检修任务，还承担着北京—莫斯科3/4次，北京—乌兰巴托23/24次 呼和浩特—乌兰巴托305/306次国际旅客列车的台车换装任务。除此之外，还承担地方企业自备车的检修任务。

货车轮轴探伤

红外线轴温探测监控

中国工商银行

乌兰察布盟分行

是乌盟地区规模最大，资金实力最雄厚，业务品种最齐全，技术手段最先进的国有商业银行，全辖12个支行，2个城区分理处，2处集镇分理处，88个储蓄网点，现有员工1 374名。建行十五年来，累计发放各类流动资金、技术改造、专项贷款超过130亿元，有力地支持了乌盟地区工业生产发展、商品流通扩大及企业技术进步，同时自身的各项业务也获得了长足的发展。全行各项存款余额20亿元，占本地区国有商业银行存款总额的45%。主要业务除传统的存贷汇外，又陆续推出牡丹卡、房地产、国际业务、教育储蓄、消费贷款等新型品种；全辖对公、储蓄业务实现大机延伸，资金汇划系统适时处理，保证客户资金两小时到位，95888客户服务中心和ATM机为客户提供了极大的方便。

把握社会经济发展的脉搏，为大众提供更优质、更方便的服务，更好地助推地区经济增长是该行矢志不渝的追求。

中国工商银行，您身边的银行！中国工商银行，可信赖的银行！

地址：集宁市桥东三马路6号

法人代表：尹善荣

贷款支持重点项目

营业网点电子化

乌兰察布盟地处内蒙古自治区中部，京包线、110国道等多条贯通祖国大西北的交通要道横穿境内，全盟总面积5.4万平方公里，总人口274万。

盟电信局辖10个旗县市局，现有职工1 198人（专业技术人员347人，占职工总数的29%）。改革开放以来，该局历届领导把“发展是硬道理”视为做好工作的座右铭，排除困难，多方筹集资金，追随高科技发展，加强通信基础设施建设，使得乌盟电信事业沐浴改革的春风，乘风破浪，以前所未有的速度向前发展，取得了令人瞩目的成就，通信能力达世界先进水平。

乌兰察布盟电信局

市话交换程控机房

测试光纤电路

电信营业厅

至1999年底，全盟通信固定资产达到4.78亿元，全年完成业务收入7 702万元；全盟市话交换机总容量15.12万门，长途交换容量增加到4 500路端；所属10个旗县市全部实现交换程控化和传输数字化，并入全国长途自动网，具备了开通窄带综合业务数字网（N-ISDN）功能；帧中继、163中国公众计算机互联网和169多媒体通信网及可视电话会议、交互式电话会议、分组交换、DDN网相继建成投产；基本上建成了本地光缆传输自愈网，为发展农村电话事业奠定了坚实的基础；遍布城乡的接入网连通了千家万户，服务着全盟各族人民，为地方经济的腾飞做出了积极的贡献。

乌兰察布盟科技局

乌兰察布盟科技馆

乌兰察布盟科技信息研究所

科技局局长兼党委书记：云忠义

科技馆馆长：井国平

网络室接收信息

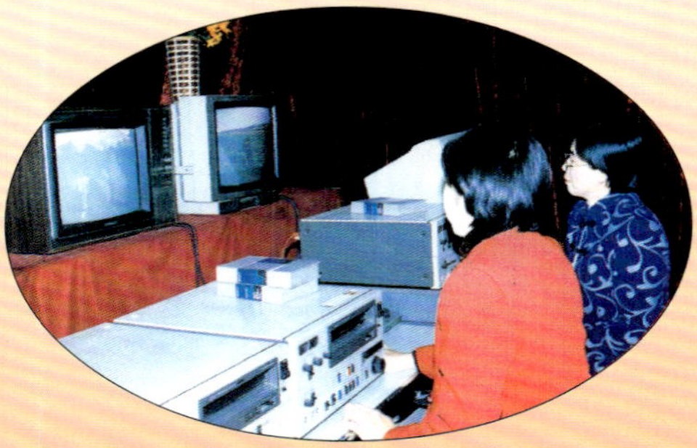

声缘室工作编制科普节目

乌兰察布盟科学技术馆，始建于1980年，于1984年4月正式开馆。该馆座落在乌兰察布盟行署所在地集宁市中心段，位于集宁思和路80号。主体位置为五层大楼，建筑面积为4 300平方米。设有科普所科技培训教室，学术报告兼科教影视厅，中外文科技资料室和科技人员活动室。

乌盟科技馆还是华北地区科技馆协作网成员之一。近年来，十分重视和区内外科技馆的联系与协作。加强馆际交往，不断向以中国科技馆、自治区科技馆为主的各科技馆学习、争取支持、联会办展，并建立了良好的关系。

乌兰察布盟 交通警察支队

WU LAN CHA BU MENG

乌盟交通警察支队，现有秘书科、政工科、宣传科、交通科、安全科、车管所、培训科等9个职能部门。主要担负全盟城乡道路交通依法管理和交通安全宣传教育、交通指挥、维护交通秩序、处理交通事故和车辆管理检验工作，负责机动车驾驶员的培训教育、考核与发证发牌、路障管理及交通标志、检线等安全设施的设置与管理工作等。共有公安干警77名，其中大专文化程度47名，中专13名；授予一级警督13名，二级警督19名，三级警督22名；一级警师8名，二级警师6名，三级警师7名，警员2名。自成立以来，在乌盟公安局副局长兼交通警察支队队长宋日啓，政委贺志勋的带领下，共处理交通事故500余起，培训驾驶员99 785名，为国家挽回和创造直接经济价值1 000余万元，是一支强有力的战斗集体，曾12人次立功，206人次受奖，多次被自治区交警总队授予先进集体、模范单位等荣誉称号。

乌兰察布盟蒙古族中学

校长：呼和巴特尔

该校是自治区重点中学。1952年建校，1987年前国家副主席乌兰夫题写了“乌兰察布盟蒙古族中学”的校名。

学校占地面积6.7万平方米，全校18个教学班，在校生近千人。师资实力雄厚，教学设备先进。有完备的实验室、多媒体语音室和先进的电脑室。全校实现了“三机一幕”，运用现代化教学手段，实行“两条腿走路”的办学体制，既招收蒙语授课高中生，又招收汉语授课高中生和蒙语授课初中生。学校奉行“向管理要质量，以质量求生存求发展”的宗旨和“校兴我荣，校衰我耻”的意识，效益逐年提高，1996～1998年大中专升学率平均45%，1999年提高到63%。近年来曾荣获自治区“普通高中管理先进学校”、“普及实验教学先进学校”、“电化教学优秀学校”，盟级“文明单位标兵”，受到社会各界高度赞誉。

集宁师范高等专科学校

校长：孔庆连

党委书记：程日升

学校创办于1977年，占地10公顷，建筑面积5.3万平方米，是自治区培养、培训中等教育师资的重要基地之一。

全校现有教职工421人，其中副高级以上职称69人，中级职称99人，初级职称111人。近年来，学校通过各种途径和方法，加大工作力度，已形成一支结构合理、业务精良的师资队伍。学校设有8个系11个专业，25个教研室，21个实验室和一个生物实验基地，一个电教计算中心，拥有仪器设备3 000余台件，价值600余万元。

二十多年来，学校为国家培养专科毕业生8 620人，中学校长培训班结业867人。现有在籍学生1 838人，其中社招生1 451人，成人函授189人，高师自考小教专业198人。

乌兰察布盟 卫生学校

WuLanChaBuMengWeiShengXueXiao

乌盟卫校是一所具有四十年办学历史的普通中等专业学校。为乌盟地区唯一集高、中、初卫生职业教育于一体的综合性医教单位。

学校分校园、附院两部分，占地310亩，总建筑56 800多平方米，藏书50 000余册，固定资产2 500万元。在校生2 600多名，附院床位100张。目前，职工总数380名，高级职称40名，中级职称100名。现开设检验士、药剂士、护士及医士类专业10个，同时开设初级村医班、函授专科结业证书班及临床医学后期本科班。附属医院的骨科、烧伤科医技水平享誉盟内外。

学校始终坚持以培养“四有”人才为宗旨，坚持两手抓和两手硬，先后取得市、盟、自治区、卫生部四个级别的精神文明单位称号，两次荣获全区统考第一名。连续四年被评为全盟卫生系统全面完成责任目标先进单位。1997年被中宣部、总政治部授予由江泽民主席亲笔题写的“军民共建社会主义精神文明先进单位”。

自治区副主席宝音德力格尔视察学校食堂

校领导：总支书记武胜（右二） 校长李增柱（左二）副校长张贵平（左一）张惊湖（右一）

团结务实的院领导班子

院长：关克勤

乌兰察布盟医院

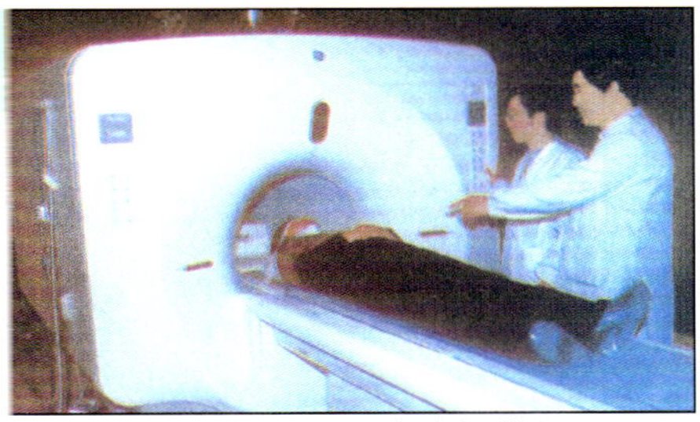
美国EG0.5T 磁共振成像扫描仪

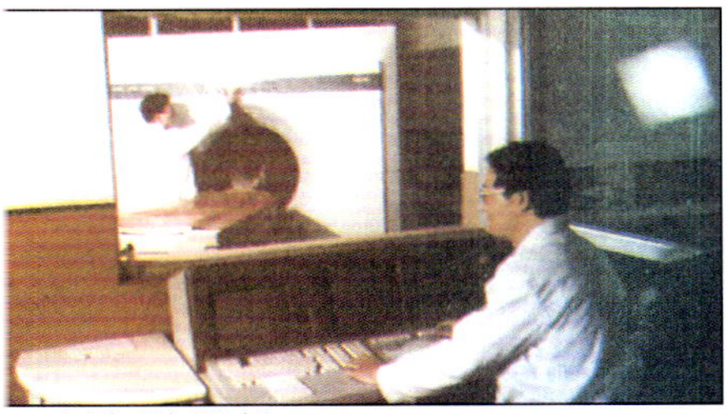
以色列CT机

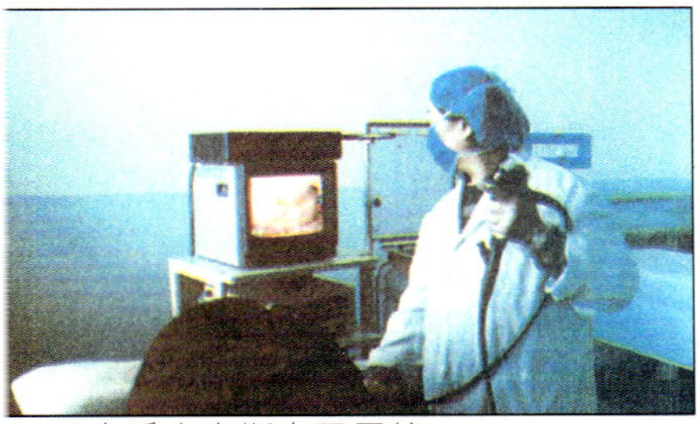
日本潘太克斯电子胃镜

乌兰察布盟医院始建于1953年10月。在几代人的努力下，经过近半个世纪的历史沧桑，如今已发展建设成为融乌盟心研所、中蒙医研究所、120急救中心为一体的乌盟地区医疗、科研、教学中心，承担着内蒙古医学院的教学任务。1995年被卫生部评定为“三级乙等”医院。1998年通过卫生部、世界卫生组织和联合国儿童基金会评审，成为爱婴医院。

医院占地面积30 654平方米，开放床位600张，现有职工1 100人。医疗专科设置齐全，设有34个医疗科室，16个医技科室，20个行政后勤科室；技术力量雄厚，有专业技术人员900名，其中有高级职称资格的87名，中级职称334名。有5名专家享受政府特殊津贴。医疗设备先进，拥有美国GE公司磁共振设备(MRI)、以色列CT机、美国惠普彩超、日本日历彩超、东芝彩超、潘太克斯电子内窥镜、热疗机、全自动生化分析仪、胃肠功能造影机、心电工作站等一大批高、精医疗设备。1998年，荣获自治区文化、科技、卫生“三下乡”活动先进集体。1997至1999年连续三年被乌盟盟委授予先进党委光荣称号。1999年被乌盟盟委、行署授予卫生下乡及医疗扶贫先进单位，并获盟窗口行业精神文明先进集体。

校长　赵刚

乌盟蒙古族师范学校

向来宾介绍学校远景规划

建校四十七年来，曾为乌盟和锡盟、伊盟、阿盟、赤峰、包头、呼市等兄弟盟市培养了大量合格师资，也为甘肃、河北等省代培了不少民族教育骨干。

1995 年新一届领导班子组建后，学校及时调整了办学方向，开始招收汉语授课生，并主要培养音、体、美艺术类师资。学校现有 18 个教学班，在校生 500 多名。师资力量雄厚，现有高级讲师 15 名，讲师 19 名，助理讲师 9 名；大专以上学历 100%。学校有全国优秀教师，有曾宪梓教育基金奖的获得者，有特级教师，有全区教学能手和全盟跨世纪中青年科技带头人。

为争创一流的民族艺术师范学校，在校党总支的统一领导下，全体教职工发扬“团结、勤奋、求实、献身”的蒙师精神，在软硬件建设方面取得了显著成绩。学校不仅装了闭路电视，配备了“三机一幕”，还配有“微机”声像监控系统，有效地促进了教学水平的提高。

学校在社会上赢得了良好声誉，内蒙古电视台、报社及乌盟电视台等各家新闻单位多次进行了报道。全体教职工正以极大的热情投身到党的民族教育事业中，为再创明天的辉煌而努力奋斗。

校长：麻守福

乌盟丰镇一中

WuMengFengZhenYiZhong

建校五十多年来，共招收初中班294个，高中班234个，师范班班9个，培养出初、高中毕业生25 000多人。仅1977年恢复高考以来，就为全国各类大专院校输送2 100多名学生。丰镇一中现已成为一所拥有45个教学班、208名教职工、2 600多名在校学生的规模较大的完全中学。

1998年度高考中，学生上线人数205人，其中应届生50人，总数比上年增加36人，录取率达到28.8%，超出乌盟平均率10.72%，超出全区平均率2.07 %，位居全盟第一。高三年级会考，九科合格率达到76.79%，超出乌盟平均率24.5%，超出全区平均率8.62%，再次进入全区40个会考先进学校的行列。

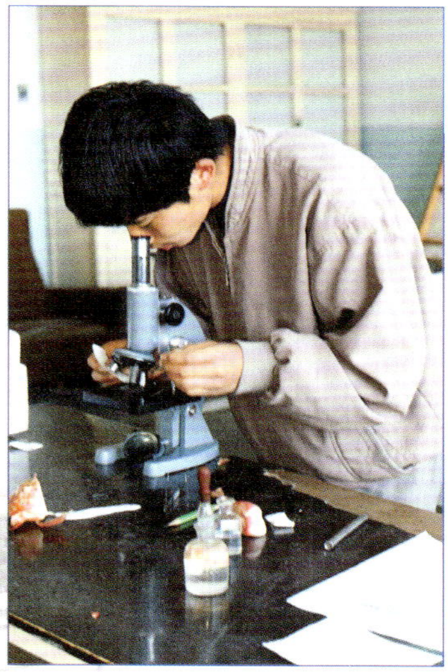

四子王旗工商行政管理局是旗政府执行《商标法》、《广告法》、《合同法》、《公司法》、《反不正当竞争法》、《消费者权益保护法》等有关法律、法规的行政执法部门。下设基层工商所10个，现有干部职工130名。

近年来，在旗委、政府和上级业务部门的领导下，重点抓了对各类市场的监管，以及发展个体私营经济和打假维权等项工作。至1999年底，全旗私营企业达到128

四子王旗工商行政管理局

户，个体工商户达到5 757户，基本形成涵盖全旗的生产、流通网络，成为经济发展中新的增长点。打假维权工作取得可喜成绩，平均每年受理并解决消费者投诉案件30余起。该局解决的西河子乡煤油爆炸伤人案，被评为当年全国十大维权案件。通过全体干部职工的辛勤工作，为维护市场秩序、发展本地经济作出了应有贡献。

呼市托县交通局承担规划全县公路交通事业的整体发展任务。在县委、政府的领导下，以坚韧不拔、积极进取、勇于奉献、造福人民的工作态度，积极改变公路运输状况，解决老百姓“行路难”、“乘车难”问题，使托县交通事业得到长足发展。近几年，托县投入大量人力、物力、财力发展交通事业。到目前，全县已形成以城关镇为中心，以“四横”（即五申－永圣域，大井壕－苗通营，二道河－城关镇－黑城，冯彦－浦滩

局长：史雪澜

拐）、“四纵”（即呼大线、呼大旧线、托察东线、托包线）为主干道，连接11个乡镇120个行政村的四通八达的公路交通网，实现了“乡乡通公路，村村跑汽车”的目标。

“八五”期间被呼市政府评为公路建设先进单位，连续多年获得县委、政府的办实事奖。最近几年，连续获得县委、政府目标考核优胜单位和目标考核先进领导班子的称号。在社会扶贫、民族团结进步等方面也获得了先进单位的称号。

托克托县交通局

内蒙古集宁神龙经贸有限公司，经乌盟、集宁市有关职能部门批准，于1998年6月29日成立。目前，神龙公司的主要分支机构是草原假日大酒店，这座酒店于1998年12月31日开始试运营业以来，取得了明显的经济效益和社会效益。1999年上交国家税金10万元。

总经理 王彦武

草原假日大酒店

乌盟旗下营中学

WU MENG QI XIA YING ZHONG XUE

旗下营中学虽地处农村乡镇，却以其朴实严谨的校风、优美典雅的校容校貌和高质量的教育教学水平赢得社会的广泛赞誉。该校现在的规模是30个教学班，192名教职员工。专职任课教师中，具有大专以上学历的占95%，其中，有高中级技术职称的92名；国家级优秀教师3名，自治区级优秀教师5名，劳动模范2名，地区级以上教学能手10名，青年优秀教师5名，跨世纪中青年优秀科技工作者8名。

恢复高考制度以来，该校已向清华、北大及全国29个省市的100多所高校累计输送2 832名合格新生。据1996年的追踪调查，已有180名考取了研究生，20多名已取得了博士学位，有的还留学日本、美国、英国等。连续三年的高中毕业会考，综合评估均为乌盟第一，并进入自治区高中毕业会考综合评估优秀学校排名榜。主持全面工作的副校长崔相甲，被盟委、公署和自治区教育厅多次授予“优秀教育工作者”称号。

四子王旗地税局

该局现有干部职工73人，负责辖区内属于地方级收入的二十多个税种的征收管理工作。

该局在张德奎等领导班子成员的带领下，不断深化征管改革，大力加强干部队伍建设，积极开展“方便纳税人、情暖纳税人”的优质服务活动，坚持依法治税，发扬“四铁”精神，强化税收征管，加强规范化管理，在两个文明建设中取得了良好成绩。该局连年超额完成各项税收任务，1998年共组织各项收入2793万元，完成年度任务的105%；1999年在自然灾害严重的情况下，克服种种困难，共组织各项收入3209万元，突破了3000万元大关。该局在精神文明建设中也取得明显成绩，1998年获旗“综合奖”、“支持地方经济发展奖”，办税服务厅被旗团委授予“青年文明号”；1999年，又被旗委、政府评为“精神文明建设先进单位”，办税服务厅被乌盟团委和乌盟地税局授予“青年文明号”荣誉称号。

局长 张德奎

四子王旗水利局

四子王旗水利局负责全旗水利水保总体规划，工程项目的勘测、设计、施工、管理。并肩负着水资源管理和保护、防汛抗旱、农牧区水利、水土保持、水利科技教育等任务。是执行《水法》、《水土保持法》、《防洪法》的水行政主管部门。下设水利工作队、水政监察大队以及草原打井队、人畜饮水安装公司、水利工程建筑公司和3个水库管理所等12个单位。有职工176人，其中高级工程师2名，工程师24名，其他专业技术人才80余名。

建国50年来，经过全旗各族干部群众艰辛努力，到1999年底，全旗共建设中、小型水库2座，塘坝6座，扬水站6座，万亩以上灌区5处，机电井1700多眼，水窖2600多眼。发展水浇地16万余亩，节水灌溉面积8万亩。特别是喷灌和管灌技术在本旗的应用推广方兴未艾，已建喷灌60余处，面积18000亩；埋设低压管道180千米，灌溉面积22000亩。在1997、1998、1999年连续获自治区政府农田草牧场基本建设奖，为全旗农牧业生产做出了巨大贡献。

局长 赵祥

创建于一九五六年，是全旗唯一一所纯高中学校，系旗、盟两级重点中学。学校现有教学班36个，其中职业高中班8个，在校学生总人数2 200余人，教职工131人。教师中，高级教师6人，一级教师60 人，区级先进教育工作者（班主任） 2 人，盟级教学能手7人。

多年来 学校坚持“面向全体学生，让学生全面发展”的‘两全“办学指导思想，全面贯彻党的教育方针，制定了”勤奋、上进、求实、创新“的八字校训，教育教学质量一直保持在全盟较高水平。一九八八年以来，已为高等院校输送合格新生1429名，同时也为当地经济建设培养了大量合格人才。

为改善办学条件，在上级政府和有关部门的关怀支持下，于一九九六年六月动工兴建了5 200平米的教学楼。在此基础上，学校花大力气进行校园的硬化、绿化、美化，加强环境育人的功能；为提高教师队伍素质，学校出台优惠政策积极鼓励教师进行业务培训，并从师范院校引进本科毕业生来校任教；教学上强化素质教育，实行因材施教、分层教学，全面提高教育教学质量。

经过几代人的不懈努力，学校逐步形成”严谨、朴实、团结、奋进“的良好校风。一九九二年被乌盟行政公署命名为”盟级文明单位“，社会治安综合治理、普法教育、党务工作、勤二俭学工作等也多次受到盟处及旗发、旗政府的表彰。

四子王旗一中

该局是人民政府负责全旗乡镇企业工作的主要职能部门，负有全旗乡镇企业产业规划、经营管理、审批立项、投资审核、信息引导、统计摸底、财务审计以及综合服务等职能，并协调经济管理、服务等部门的关系，监督《乡镇企业法》的贯彻执行，宣传党和国家关于大力发展乡镇企业的方针、政策，调查研究为政府提供决策依据等。

内设综合办公室、计财股、项目信息股、产业指导股等股室，

目前，该旗乡镇企业主要是围绕农牧业大旗这一优势，发展种、养、加。“种”，主要是按照市场规律，发展经济作物和种草，配合退耕还牧，大力发展畜牧业；“养”，主要是快养、精养，发展育肥羊、奶牛、生猪、养鸡、养兔等家庭养殖场；“加”，主要是围绕种养，发展粮食、薯类的粗精加工，农田机械制造、修理、肉食品加工、皮毛加工等。其次是发展矿业和草原旅游业。

四子王旗乡镇企业局

四子王旗地矿局

四子王旗地矿局与黄金管理局系一套人马两块牌子的行政职能执法部门。组建于一九九五年。该局现有干部、职工25名，其中大专以上文化程度9名；中级以上技术职称6名。

四子王旗幅员辽阔，是个畜牧业大旗，也是矿产资源比较丰富的旗县之一。目前，共发现各类矿产40余种，矿床（点）115处。其中，萤石资源属超大型矿床；石膏、铜储量均为大型以上。其余还有金、银、镍、钴、钯、铅、锌等多种金属和贵重金属。

该局组建以来，在旗委、政府以及上级主管部门的正确领导和关怀下，以经济建设为中心，紧紧围绕在开发中保护、在保护中开发的管理方针，全面贯彻执行《中华人民共和国矿产资源法》以及有关法律法规，维护国家对矿产资源的所有权益。依法处理各类案件，加强矿业秩序治理整顿工作。并注重寓管理于服务之中，为矿业的经济发展出谋划策，积极主动服务于矿山建设。一九九六年后连续四年被盟局评为先进。

四子王旗 SiZiWangQi 人民医院

医院始建于一九五二年，座落在乌兰花镇，是全旗唯一的综合医院。担负着全旗二十余万人口的医疗保健重任。

一九九三年九月份在新上任的郭凤义院长带领下，该院在“开门式倒闭”的困境中，推出一系列改革方案，经历了七年多的风风雨雨，终于摆脱困境，到达充满希望的新境界。

目前，全院设置102张病床；共设38个科室，其中职能科室12个，临床科室15个，医技科室10个。拥有美国ＧＥ公司产9200ＨＰ全身“CT”机、北京产500MA电视增强Ｘ光机、日本横河产ＲＴ2800B型超声诊断仪、日本麦道产中心血库全套仪器、日本奥林巴斯高级纤维镜和国产ＪＢ9-450B型半自动生化仪等大型医院设备14套，在乌盟地区名列前茅。全院医务人员180余人中有内蒙古首批著名中医1名，副主任医5名，主治医师28名，主管护士4名，主管药师1名。

1999年门诊量8万余人次，收住院4000余人次，收入390余万元，比上年增加14.3%，使医院进入良性循环的轨道。如今，医院知名度大大提高，来此就诊者，不仅是本旗患者，就连周边的武川县、达茂旗、察右中旗等地的患者也慕名络绎来院就诊。

院长　郭凤仪

丰镇市国税局

局长：侯玉林

全市辖24个乡镇，面积较广，税源潜力大。该局现有职工103人，下设6个职能科室，2个中心税务所、1个稽查分局和1个个体征收分局，负责全市1 432户纳税户的国税征管工作；其中纳税企业221户，个体工商业户1 211户，连年超额完成乌盟国税局和市委、政府下达的各项税收任务。特别是1998年，在严峻的税收形势下，组织工商税收累计达7 874万元，创出本市国税史上的最高水平。1999年，又以顽强拼搏、真抓实干的精神完成上级下达的8 902万元的奋斗目标任务，为全盟、全市的经济发展做出贡献。1995～1998年连续四年被市委、市政府授予"全市突出贡献奖"；1996年获乌盟国税局授予的"特别贡献奖"；1997年被乌盟国税局评为"全盟国税系统目标管理考核优胜单位"；1998年获乌盟综合治理委员会授予的"长安单位"称号；1999年被市委、政府推荐为"盟级精神文明示范单位"并验收合格。

丰镇市教育委员会

伴随着新中国五十年风雨历程，丰镇市的教育事业空前发展。特别是十一届三中全会以来，遵循"三个面向"和"教育为社会主义建设服务"的方针，丰镇教育走上了稳定发展的轨道。从1992年开始实施义务教育，在全市财力紧张的状况下，累计投入资金2 446万元用于改善办学条件，使全市中小学教学环境得到改善，校舍已无危房。全市现有中学22所，职业中专1所，小学125所，教学点182个，中小学在校生达到41 538人；小学适龄儿童全部入学，城镇初中入学率达100%，农村初中入学率90.2%。师资水平大大提高，现有教职工3 216人，专任教师2 681人，具有本科学历的65人，大专603人，中专1 531人。

丰镇一中的高中教育，历来处于全盟先进水平，自1997年恢复高考以来，为全国各类大中专院校输送了2 800多名学生，获得良好的社会声誉。被区、盟、县确定为重点小学的马桥街小学，多次被评为国家级和区、盟、市先进集体；多名教师被评为国家级优秀教师，学校还被确定为自治区义务教育实验小学。

丰镇职业高中，开设有烹饪、服装、美术工艺、计算机、电算财会等三年制班，先后培养了3 000多名优秀毕业生。有127名学生考入对口大学，1995年被认定为自治区重点职业高中。

乌盟土地管理局丰镇分局

局长：张勇

1999年全盟土地系统实行垂直管理，原丰镇市城乡土地管理局，更名为乌盟土地管理局丰镇分局。共辖21个乡（镇），设有10个乡（镇）土地管理中心所，现有人员105名，其中干部27名，党员54名，大专文化程度16名。局内设有办公室、财务审计科、纪检信访接待室、监察科、土地资产科、建设用地科和地籍管理科。

由于各项工作走在全市乃至全盟土地系统前列，1989年被国家土地管理局评为全国土地监督检查先进单位；基本农田、草牧场保护划定工作于1995年通过自治区验收，1999年完成全市21个乡（镇）土地利用总体规划并通过自治区验收；多年来被盟土地局评为全盟土地管理工作先进集体；2000年被评为盟级文明单位标兵。

电话：3203827　邮编：012100

厂长：王世伟

内蒙古丰镇发电厂是自治区首座自行设计、施工、安装、调试和管理的超百万千瓦火力发电厂，是自治区实施煤电转换和西电东送战略的重要成果。

丰镇发电厂于1986年7月破土动工，于1995年完成两期共6×20万千瓦的装机容量，同时还建成了自治区首座500千伏超高压输变电线路，使本厂成为自治区向北京送电的枢纽电站。到1999年底，丰镇发电厂累计发电433亿千瓦时，实现工业总产值31亿元。

自治区党委书记：刘明祖视察

丰镇发电厂 FENG ZHENG FA DIAN CHANG

内蒙古四子王旗第二中学

建于1979年。1985年兼办职业高中和普通高中。1993年学校建制改革，又被定为义务教育初级中学。

建校20年来，共毕业初中班120个，近万名学生，毕业高中班32个，近2 000名学生。学校占地面积60 209.87平米，建筑面积4 476.81平方米。有电脑室、电教室、健身场等现代教学手段。学校现有教职工120人，其中，本科生15人，专科90人；高级教师9人，中级教师74人。

学校采取“年级建制，分科教研”的管理体制，在发展中办出了特色，积累了经验，并形成“勤奋守纪，求实创新”的校风，“爱岗敬业，为人师表，教书育人”的教风，“勤奋攻读，深思善问，博学上进”的学风。1994年被旗政府命名为义务教育标准化学校；1996年被乌盟教委授予“学习义务教育教学大纲先进集体”称号；1997年被旗委政府评为“教育工作先进集体和综合考评先进集体”；1998年被旗委政府评为文明单位；1999年被教育局授予“教学常规管理先进集体”。

校长：高昱

行长：朱宝宪

支长辖营业部、业务部、办公室及四个储蓄网点，现有职工99人，其中在职职工80人。1996年初，支行新一届领导班子上任以来，坚持业务与发展并重的经营思想，认真落实“两手抓”、两手都要硬，通过在全行建立“存款、服务、收息、内部管理、精神文明建设”为主要内容的考核激励机制，充分调动了全行员工参与经营管理的积极性和创造性，抓住机遇打了一场“求生存、保机构、促发展”的攻坚战，牢牢地把握了同业市场竞争的主动权，成为盛开在草原上的一朵耀眼的“金融之花”。

1996-1999年，支行四年迈出四大步，各项业务飞速发展。在工行乌盟中心支行组织的行长年度经营目标综合考评中，连续四年位居三甲，均超额完成各项经营指标，创造了连续十年“三无行”的优异成绩，并在乌盟金融系统和工行系统组织的党风廉政建设量化管理工作中连续三年获得双重先进集体，被乌盟盟委授予“盟级标兵文明单位”，还先后获得区、盟级重大荣誉三十多项。

中国工商银行
内蒙古四子王旗
支行

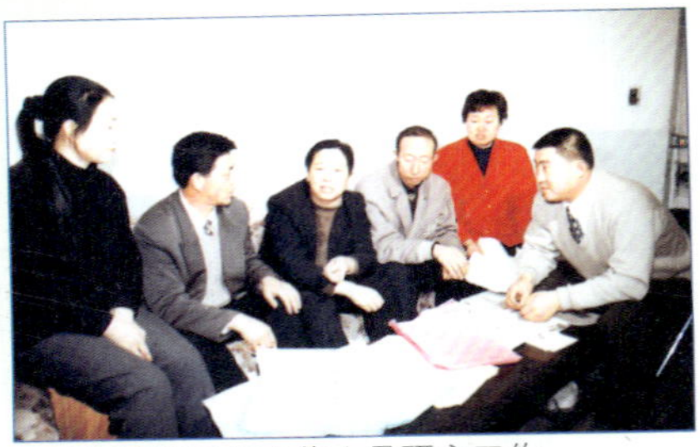

计生委领导与工作人员研究工作

市委书记郭存柱（左一）、宣传部长张勇（右一）、副市长寿和平（右二）和计生委主任董建荣在计划生育、婚育新风宣传活动中，向群众发放宣传材料。

计生委主任董建荣（左二）、副主任王秀（右一）和工作人员深入流动人口家中宣传计划生育政策

集宁市计划生育委员会

乌监教育委员会从乌盟教育的实际出发，开展了一系列卓有成效的工作：一是全面完成了盟委、行署以改善办学条件为主要内容的排危改土工作。1996年—1998年全盟多渠道投资21 325万元，新建翻建校舍62.5万平方米，使全盟中小学的办学条件得到根本改善。二是突出“两基”任务，4个旗县完成了“两基”任务，4个旗县完成了“普初”任务。三是以“两全一主动”为目标，在全盟积极推进和实施了素质教育。四是以加强教师队伍建设为重点，突出开展了师德塑造工程。五是以加速教育现代化建设为目标，认真组织实施了中小学教育电脑工程，将用三年的时间为中小学配齐电脑。六是以提高办学质量和效益为宗旨，加大了学校布局调整步伐。七是以塑造教育部门良好的形象为重点，加大了纠正行业不正之风的力度。八是紧紧围绕提高教育教学质量这一中心，切实加强了教学工作，教育教学质量稳步提高。

主任　那木斯楞

乌兰察布盟教育委员会

丰镇市马桥街小学

FengZhenShiMaQiaoJieXiaoXue

丰镇市马桥街小学已有100多年的历史。1981年被重新确定为自治区、盟、市重点小学，1984年被确定为自治区实验小学。1988年被确定为自治区德育工作改革试点学校。1994年学校承担了乌盟“学校整体改革”实验任务；1995年承担了自治区“小语整改”实验任务。

近年来，学校坚持整体全面的质量观，探索了一条低负荷、高质量的办学路子，因而取得了较好成绩，先后受到盟、区、国家级奖励140余次。学校被命名为“全国五讲四美为人师表先进集体”、“全国助残先进集体”、“全国少先队员红旗大队”、“自治区德育工作先进集体”、“自治区精神文明先进集体”、“自治区先进学校”、“自治区文明学校”、“自治区体育田径传统项目先进学校”，市、盟、区三级“文明单位”。1999年被评为“自治区文明单位标兵”。

近年来，在院党组书记、院长杜培明的带领下，全体干警精诚团结，以“围绕大局抓审判，围绕审判抓队伍”为工作思路，严格执法，艰苦奋斗，开拓进取，同舟共济，重点在解决“裁判不公、执行不力、形象不好”等方面下苦功。1998年全面进行了集中教育整顿，1999年认真开展了“审判质量年”、“案件执行年”和“争创人民满意的好法院、争当人民满意的好法官”三项活动，把多年积压的各种案件彻底执结，实现了收结案的良性循环，机关上下形成一种凝聚人心的良好气氛。

院长：杜培明

凉城县人民法院

四子王旗林业局

四子王旗林业局下设12个二级站、队、场、圃，共有在岗干部职工97人。承担着全旗25513平方公里土地的造林、种草规划和技术指导工作。

1994年后，旗委、政府贯彻实施乌盟“进一退二还三”战略，大面积退耕，大力度种树种草，增加林草植被。始终把退耕种树种草作为改善生态环境的主要内容来抓。全旗共规划建设纵向两条100公里长的林草带；横向三条横跨本旗全境、辐射50公里宽的林草带。打破了乡村行政界限，连片规模治理，种灌种草。灌木以柠条为主，种草以沙打旺为主，长短结合，带状混交。几年来累计种树种草167万亩，荒山绿地29万多亩。有林地面积达到60万亩，森林覆被率达到1.69%。实施“进退还”战略以来，多次荣获乌盟林业生态建筑先进奖。1998年、1999年连续二年荣获自治区旗县级人工造林“绿化杯”，林业生态建设走在了全盟乃至全区前列。

柠条采种基地

退耕种树种草

四子王旗畜牧局

四子王旗畜牧局建于1973年，现有干部职工396人，共辖6个业务站、所，27个苏木、乡畜牧兽医综合站，现有高级职称的专业技术人员4人，中级职称的专业技术人员86人，初级职称的专业技术人员199人，少数民族干部和技术人员98人。大专以上学历的专业技术人员48人，中专以上学历的专业技术人员129人。

党的十一届三中全会以来，在旗委、政府的正确领导下，先后完成全旗草牧场“双权一制”落实工作，解决了人吃牲畜大锅饭、牲畜吃草场大锅饭和草场不建设、不管护、无偿利用的问题，激发了广大牧民建设养畜、发展畜牧业的信心和热情；先后实施了畜牧业防灾基地建设项目、育草基金项目、内蒙古半细毛羊年选育项目、农业综合开发草原建设项目、畜牧业“双增双提”重点旗项目和牧区开发示范项目。通过项目的实施，提高了草场生产力和草原畜牧业防灾抗灾能力，改善了生态环境，提高了牲畜品种和质量效益，提高了畜牧业的经济和社会效益；先后实施了畜牧业“两专一区”、“三养工程”、牲畜“种子工程”、畜疫防治“动物保健工程”，使本旗牲畜头数健康、稳步、快速发展，牲畜个体质量逐年提高；成功地选育出个体大、肉质好的肉用羊优良品种戈壁羊（苏尼特羊）、从九十年代以来，四子王旗畜牧局曾多次荣获自治区、盟有关部门的表彰和奖励。

局长：张仁旺

四子王旗审计局

乌兰察布盟四子王旗审计局成立于1984年，到1999年底共有干部职工13人。局内设二股一室，有局长1人，副局长2人。

该局认真贯彻执行党和国家的各项方针政策，严格执行《审计法》，在旗委、政府和上级审计机关的领导下，围绕经济工作中心，突出审计重点，强化监督力度，在维护经济发展、促进廉政建设方面做出了一定贡献。至1999年底共完成审计项目59项，审计单位354个，审计金额4.2亿元，查处违纪违规金额2 218万元，审计决定上缴财政156万元，审计建议被采纳53条，审计报告信息被旗和上级机关采纳13篇。

在搞好审计业务的同时，认真抓好党的建设、各项制度建设、精神文明建设以及干部职工的理论学习和业务培训，先后接收6人加入党组织，有18人次参加上级机关举办的业务培训班，并积极完成当地党委、政府交办的各项工作。多次受到上级机关和旗委、政府的表彰奖励。先后被内蒙审计局评为先进单位，被旗委、政府评为先进集体5次。

中国人民保险公司四子王旗支公司

正式成立于1996年4月，主要经营财产保险、运输工具险、家庭财产保险、责任保险、农业保险等财产险业务。

公司成立后，在上级公司和地方党政的领导下，不断加大改革力度，经过全体职工的共同努力，取得了显著成绩。到1999年底，累计收取保费560万元，保险金额达11.8亿元。由于注重经营管理，公司偿付能力显著增强，至1999年底，共处理各类赔案486件，支付赔款283万元。公司本着忠诚服务、笃守信誉的原则，认真处理第一起索赔案件，确保合理赔付。对一些数额较大的损失案件，采取预先支付部分赔款的做法，充分发挥了经济补偿作用，积极为本旗经济建设和社会稳定提供了优质服务，得到社会各界的公认。

经理：姚秉维

丰镇市制酒厂

始建于1950年，是自治区最早的酒厂之一。现可生产清香、浓香两大香型二十多个品种。全部产品均以纯粮酿制，传统酿酒工艺与现代化测试分析手段相结合，经分级陈贮而成，以其上乘质量深得消费者喜爱和专家赏识，多年来屡获殊荣。清澈甘甜的优质水源，精湛独特的生产工艺，赋予丰镇酒独特的优势。纯粮酿酒，好喝不上头，这是丰镇酒的特点。

该厂为自治区质量检验协会会员单位，“丰镇”牌商标被评为“全区著名商标”，自治区“重合同守信用”企业，“消费者信得过”企业。“酒星”系列酒荣获“中国酒文化’95科技进步一等奖”，“内蒙古自治区免检产品”，内蒙古产检所认定“’98信得过放心饮用酒”，乌盟技术监督局“’98年白酒类推荐品牌”，“’98京、津、沪、晋、冀、鲁、辽、蒙八省区名优产品展销会”宴会唯一指定用酒。酒厂被评为“’97内蒙古质量行光荣榜企业”。

厂长：王泽民

厂址：乌盟丰镇市边顺桥24号

电话：0474—3202567
3202575

丰镇金谷有限责任公司

总经理：王俊

荣誉证书

丰镇金谷酒业有限责任公司

在自治区啤酒协会组织的全区啤酒质量检评中，“金谷”啤酒质量可靠，特予向消费者推荐。

内蒙古自治区啤酒协会

一九九九年八月十日

该公司是乌盟地区唯一的一家啤酒及矿泉水生产企业。占地面积8 6000平方米，建筑面积9 500平方米，上岗职工420名。公司环境整洁、优雅，具有得天独厚的能源、交通、水源等资源优势，拥有纯天然、无污染的矿泉水资源。

公司依靠科技发展企业，依靠人才振兴企业。技术力量雄厚，生产工艺成熟。经过彻底转制后，在原有技术人员的基础上，从北京等地又聘请了多名专家。公司不断研制新工艺，开发新产品，树立全员质量意识，层层把关，落实到人，视产品质量为企业生命。公司以矿泉水酿造的“金谷”牌啤酒有：易拉罐精啤、普啤、干啤。该系列产品在内蒙古多次获得殊荣，1999年度被内蒙古啤酒协会评为向消费者推荐的优质产品。矿泉水系列产品经国土资源部认定为优质矿泉水，在市场上得到消费者的普遍赞誉。

公司2000年预计生产成品啤酒1.5万吨，矿泉水5千吨，完成产值3 000万元，实现利税400万元。2000年开始进行的二期扩建工程，投资总额5 000万元，预计投入使用后将达到年产成品啤酒5万吨的生产规模。

法人代表：袁晨亮

总经理：王 俊

公司地址：丰镇市新城区建设街建设路1号

联系电话：0474-3202220

传真：0474-3253325

丰镇市委宣传部作为市委主管全市理论、宣传、文化和精神文明建设的职能部门，在市委的正确领导下，坚持求实、创新、开拓、争先的工作方针，充分发挥自身工作的主动性、创造性，为“唱响主旋律、打好主动仗”出色地发挥了职能作用，各项工作都取得了较好成绩。1998年获得自治区党委宣传部、自治区文化厅颁发的“全区‘三下乡’活动优秀奖”，被乌盟盟委宣传部、盟文化局评为“全盟文化工作先进集体”。被盟文化市场管理委员会评为“文化市场管理先进集体”。1999年度，市委宣传部紧紧围绕参加全区开展的星级文明城市竞赛活动这一中心任务，不断创新工作思路、不断加大工作力度，全面推进全市的宣传思想工作和精神文明建设。在参加全区星级文明城市竞赛中取得乙组二星级的新成绩，实现了在乙组中加一星的奋斗目标，被评为全盟“精神文明建设先进旗县市”，全盟“创建文明村（嘎查）先进旗县市”，获得了全盟“三下乡”活动组织奖，受到乌兰察布盟盟委、行署表彰。

丰镇市委宣传部

宣传部长：米继文

乌兰察布盟凉城县老村中学是由北京老村科贸有限公司投资兴办的一所纯高级中学。总经理米旺为原国家机械工业部军工司计划处长，原籍凉城。他出于对故乡的关心，对本县初中毕业生的关怀，决定自筹资金350万元创办一所高标准的私立中学。这所学校从筹备到创建，始终得到县、盟两级领导的高度重视和大力支持。经逐级申报，已领取了《内蒙古自治区社会力量办学许可证》，是一所经县、盟两级教育主管部门批准的正规普通高级中学，于1999年9月1日正式建校开学。

学校设在凉城县城关镇中心，占地8 525平方米，地理位置优越，教学条件好，教学设备齐全。新建的四层教学大楼，内设语音室，微机室，实验室，图书室，阅览室等。学校实行半封闭教学，教学区和生活区分离，解决外地学生的统一食宿和生活管理。所开设的各门功课均由本县有名望的中老年教师任教，师资力量雄厚，教学经验丰富，保证教学质量。

该校按国家教委的教学计划开设课程，可参加全区会考和全国高考，颁发正式高中毕业证。学生毕业后，可选送三分之一出国留学深造，由公司办理全部手续。对未升入大学的学生，公司负责推荐到自费大学深造；对经济有困难的学生可担保贷款、资助。

校长：康　耀　联系电话：4206342

凉城县老村中学

乌盟师范学校

WU Meng Shi Fan Xue Xiao

校长　葛笑天

盟师范学校成立于1931年。建校十年来，学生遍布全国，桃李盛开，硕果盈丰，为祖国的基础教育事业作出了有益的贡献。学校有一支优秀的教师队伍，本科学历的教师占教师总数的83%。高级讲师24名，讲师54名，中级以上职称的教师占教师总数的76%。

学校管理严谨，依法治校，培养合格加特长的师资。教学上严格贯彻国家颁布的课程计划，坚持“必修课、选修课、活动课、教育实践”四位一体的模式。学校要求学生从严治学，提倡“勤奋、进取、求实、创新”的学风。历届毕业生在参加自治区统考中及格率都在95%以上，优秀率超过30%。绝大多数学生在音、体、美、书法、计算机、英语等某一方面有突出专长。社会上对学校的毕业生一直非常满意，是用人单位最受欢迎的人。

随着教改的深化，乌盟师范学校进入了发展提高的阶段。为适应未来用人市场的需要，学校计划扩大办学功能，改进办学机制，满足社会需求。1999年学校新设了英语、计算机、高考意向三个专业。

乌盟盟直幼儿园

园长　林苏秀

盟直幼儿园建于1984年2月，座落在集宁市恩和路177号，是一类甲级全日制幼儿园。1998被评为首批盟级示范园。现有教学、生活、办公综合的三层楼一座和1998年新建的二层小楼一座，建筑面积共有1 600平方米，全园占地面积2 338平方米，共设八个教学班，大班三年，中班三个，小班两个，在园幼儿人数320名。教职工45名（专业教师28名）其中大专以上学历的9名，中专学历27名（幼师生16名），教师合格率100%。全园高级教师12中名，一级教师15名，二级教师7名。

伊克昭盟工会

1999年伊盟工会在盟委和自治区总工会的正确领导下，按照一届四次全委扩大会议的布署，认真贯彻中国工会十三大精神，坚持重点突破和整体推进相结合的工作方法，紧紧围绕全盟的工作大局，突出维护职能，推动全心全意依靠工人阶级指导方针的落实，发挥各族职工参与改革和建设的积极性，圆满完成了1999年的各项工作任务。

团结的领导班子

积极推选厂务公开，集体合同制度

工会主席： 卢明山

伊盟工会召开首届一次全委会，成为自治区第一家盟工会委员会

深入实施送温暖工程

内蒙古交通征费稽查局伊克昭分局内设7科2室，直辖征稽所9个，与伊盟交通局共管通行费征稽所16个。全系统共有正式征稽员209名，合同聘用征稽员508名，肩负着征收全盟汽车养路费、重点公路建设费、车辆购置附加费、通行费的重任。伊克昭交通征稽分局成立13年来累计征收各种交通规费11亿多元，年均递增32%。1996年，规费征收实现历史跨越，首次突破亿元大关，并荣获全区交通征稽系统目标管理考核第一名；1997年征收交通规费1.5亿元，1998年征收各项交通规费1.55亿元。1999年征收各项交通规费1.65亿元，创造了征费史上的最高记录。

目前，共有自治区级文明单位3个，盟级标兵

局长：奇跃峰

内蒙古交通征费稽查局 伊克昭分局

3个，盟级青年文明号11个。1998－1999年，分局连续二年被盟直机关党委授予“十大良好形象机关”荣誉称号。1999年分局被内蒙古党委、政府、军区命名为自治区级文明单位。

继续认真按照自治区交通厅党组提出的“征好费，带好队”的总体战略要求，继续一如既往地抓好交通规费征管工作，为全面实施西部大开发战略，为内蒙古自治区交通事业的腾飞再铸辉煌，再立新功。

地址：内蒙古东胜市伊煤路16号
邮编：017000　　电话：(0477)8560403

局长奇跃峰（中）与领导班子在一起研讨工作

YIMENGGONGANGANXIAO

伊盟公安干校

自建校以来，有过艰苦创业的艰辛，也有过事业辉煌的喜悦，经历了由小到大、由临时办班到规范化培训的历程。辛勤努力结出累累硕果。经伊盟公安干校培训的学员，绝大部分已成为伊盟乃至内蒙古西部地区公安保卫战线的中坚力量。有的走上了各级领导岗位；有的在打击犯罪，保护人民的第一线上立功受奖；有的在平凡的工作岗位上奉献着自己的青春；有的甚至献出了宝贵的生命。1986年在东胜地区大中专院校马拉松接力比赛中，公安干校取得第一名；2人3次被自治区公安厅授予“优秀教师”称号；参与编写全国性统编教材；参与编写全区统编材料；在自治区公安厅举办的1997全区公安系统教师教学观摩比赛中，参赛选手分别获得二、三等奖的好成绩，受到公安厅有关领导和与会同仁的高度赞赏。公安干校党支部从1989～1992年连续三年被上级党委评为先进党支部。有24名党员和党务工作者先后受到盟公安局、盟直机关党委、盟政法委和盟委的表彰与嘉奖。

该局是在1994年税制改革时分设成立的，下辖8个旗市局，5个直属征管局，局机关内设13个科室，局领导班子由龚毅等6人组成。全系统现有正式职工834人，担负着全盟15 149户企业、工商业户和192 274农牧户的地方税征管工作。几年来，坚持“法治、公平、文明、效率”的治税思想和服务于地方经济建设的宗旨，求真务实，开拓进取，各项税收工作取得辉煌成就，为伊盟的经济建设和改革发展做出了积极贡献。

6年来组织地方级税收22.93亿元，年均增长27.2%，比计划增收31 163万元，较1994年增长3.23倍。

该局先后荣获盟级“文明单位标兵”，自治区级“文明单位”、全盟政绩突出单位、党风廉政建设先进单位、盟直十大良好形象机关等荣誉称号。1996、1997年连续两年在自治区地税系统目标管理中名列前茅。全盟地税系统盟级文明单位占应建数的100%。区、盟级文明税务所40个，国家级1个；区、盟级“青年文明号”45个。

伊克昭盟地税局

准格尔旗环境保护局

1997年12月，准格尔旗委，政府决定组建成立准格尔旗环境保护局，任命郁巴音为环保局长。环保局现有职工19人，其中大专生14人，占职工总数74%，助理工程师6人，占职工总数32%。组建职能股室5个，即办公室、综合计划股、监理站、监测站、生态开发股。设局运行以来，准格尔旗环境保护工作逐步形成一整套独具特色的环境管理体系，为控制和改善准旗环境质量，促进改革开放和经济建设做出了贡献。1997年以来连续三年在全盟考核评比中名列第一。

优秀民营企业家 林锋平

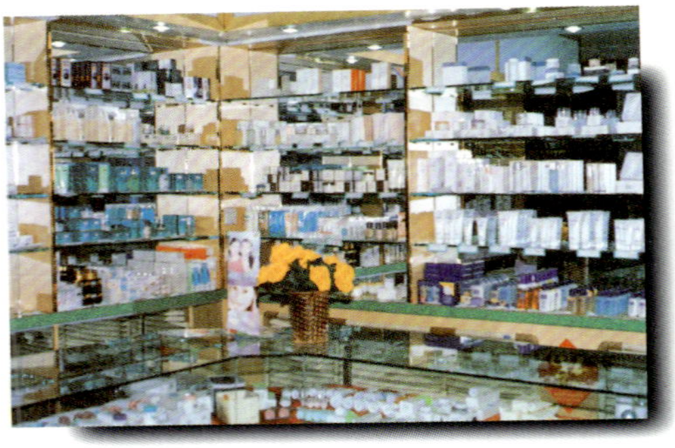

1996年，内蒙古伊克昭盟第一家以主营洗涤化妆用品的民营企业——中意商贸有限责任公司宣告成立。通过三年的奋力拼搏，目前已发展壮大成为全盟经营洗涤化妆用品最大的批零企业。经营品种达到10 000多种，并取得了宝洁、丝宝、舒蕾等三十多家中国名牌洗涤用品制造厂家在伊盟地区的总代理权。中意公司在东胜市区设有化妆品批发总部、化妆品贸易广场、中意超级商城、中意百货仓储批发中心、中意电器批发部、中意化妆品连锁三个部。并在全盟各旗县设有8大公司。

中意公司成立以来，一直本着“恒久诚信，消费者就是上帝，价廉保真，有假倍赔”的服务宗旨，得到了消费者普遍信赖，社会效益和经济效益得到了同步飞速发展。1997年被市团委授予“青年文明号”单位，市工商物价局授予“1997-1999消费者信得过单位”，“重合同守信用单位”；1998年被市工商物价局授予“先进私营企业”，“光彩之星企业”，“明码标价示范单位”，市文明办授予“信誉杯夺标单位”，盟工商物价授予“2000-2001诚信单位”，盟技术监督局授予全盟同行业首家“质量计量信得过单位”。

业务热线：8321598　13904772008

中意批发总部：东胜市民生市场东大门30米路北

中意商贸有限责任公司

内蒙古东乔建筑陶瓷有限公司

东乔建筑陶瓷有限公司是1992年7月投资兴建的大型建筑陶瓷生产企业。是我国西北地区同行业规模最大、设备最先进、工艺最新、现代化强度最高的建陶企业。公司位于内蒙古伊克昭盟东胜市西北部，东临 210国道，南临包神铁路，交通运输十分便利。公司总建筑面积2.02 万平方米，其中主厂房 9800 平方米，其它辅助车间和附属工程占地 1.04 万平方米。公司共拥有员工 927 人，其中，技术人员有 30 人，管理人员有85人。公司设有五大生产车间和八个职能部门。拥有四条瓷质墙地砖生产流水线。一年生产能力达 350 万平方米。

公司生产的“鄂尔多斯”牌瓷质砖产品曾多次荣获国际、国内博览会金奖。主要产品有：“鄂尔多斯”牌普通斑点瓷质砖、抛光瓷质砖、瓷质渗花砖、瓷质彩釉砖、仿花岗岩大颗粒瓷质砖和瓷质外墙砖等。

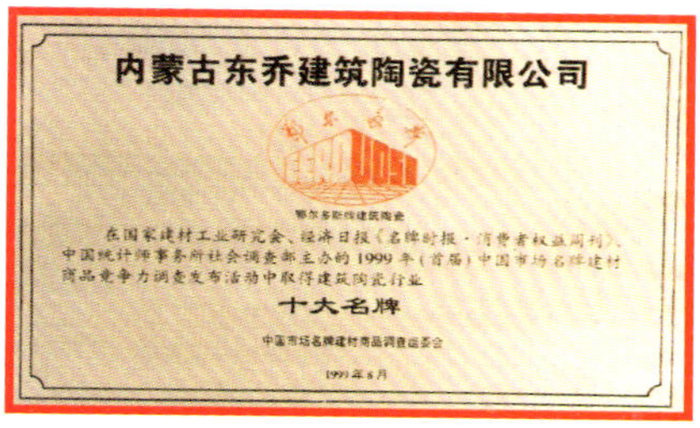

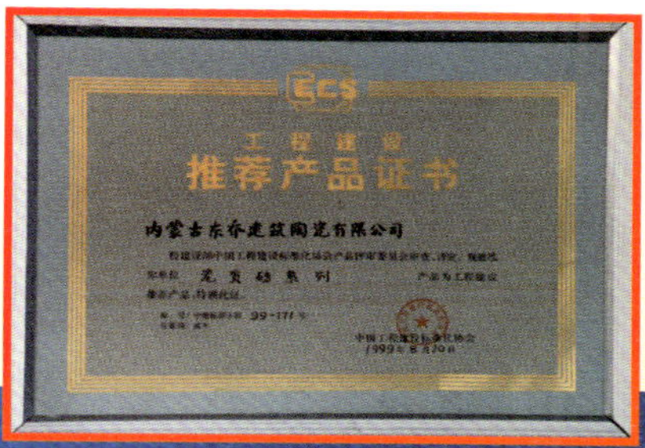

伊盟四大支柱产业之一，建材业的一个骨干企业。经过几年的生产经营与发展，“鄂尔多斯”牌瓷质砖在国内市场上的知名度越来越高，市场占有率不断扩大，已经形成整套生产营销体系。从生产到销售，从管理到企业文化建设已经成熟，具备了一定的参与市场竞争的能力。随着国民经济的增长和人民生活水平的提高，住房建筑和公共建筑的装饰、装修水平也愈来愈高。东乔公司将进一步提高产品的档次，遵循美学规律，以多变的款式、考究的质地、流利的色彩去争取更大的市场份额，力求使“鄂尔多斯”瓷质砖成为有口皆碑的名牌产品。

东胜市交通街道办事处

党委书记　赵文清

辖区总面积5平方公里，总人口36 058人，常住人口26 303人。设17个居民委员会，驻盟市属企事业单位102个。

办事处自1984年设立以来，历届领导班子围绕市委、政府的总体部署，真抓实干，积极履行街道办事处各项 职能，全力推进街道经济建设和社会各项事业持续、快速、健康发展，整体工作进人全市前列。1996～1998年连续三年获得市委、政府实绩考核一等奖，领导班子获得工作实绩考核优秀奖；1995～1996年间连续被自治区政府授予“居民自治模范办事处”和“模范办事处”荣誉称号。乡镇企业进人全盟十强苏木乡镇行列，1999年被自治区党委、政府命名为全区发展乡镇企业先进苏木乡镇，荣获伊盟财源建设先进苏木乡镇。街道党务工作、计划生育工作、民政工作、精神文明建设、社会治安综合治理、青妇工作、民族团结进步、武装工作、社会教育等也多次荣获上级的表彰奖励。

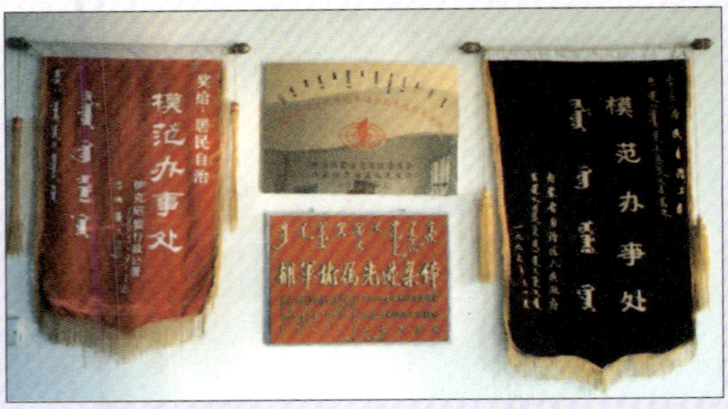

共同发展

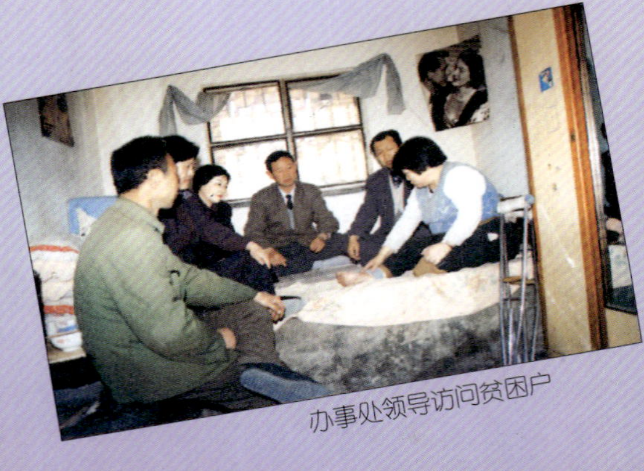

办事处领导访问贫困户

党委领导班子成员

杭锦旗街心广场

杭锦旗穿沙公路纪念雕塑

成立于1993年的杭锦旗城建土地局设有地籍管理、土地监察、测绘、城建规划、环保管理10个机构，有职工68人。几年来，该局本着"珍惜和合理利用每寸土地，切实保护耕地"、"按照现代化标准建设小城镇"、"环保管理紧跟经济步伐"三个原则，全局职工团结拼搏、求真务实，解放思想，弘扬穿沙精神，促使城建、土地、环保工作始终保持着朝气蓬勃的发展势头，多次受到上级部门的表彰奖励。

1999年，本局坚持高起点、高标准的原则，抢抓国家扩大内需，拉动经济，加快基础设施和住宅建设的发展良机，加大招商引资力度，总投资1亿多元，使各项工作都有新的突破和重大进展，创历史最好水平。

城建局要进一步解放思想，抢抓西部大开发的契机，全面提高小城镇建设的规模和水平，拉动乡苏木镇经济再上新台阶，以一个崭新的面容，迈人新世纪。

杭锦旗城乡建设土地局

局长 王永胜

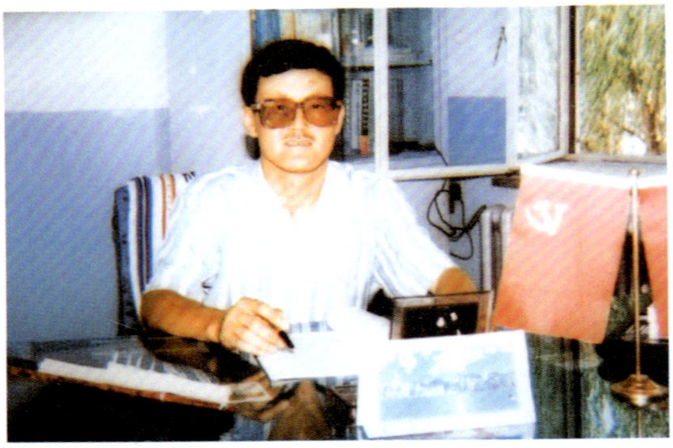

伊盟准格尔旗财政局坚持“两手抓”，两个文明建设取得了长足的发展。“九五”前四年，全旗财政收入平均每年增加3 500万元，增长26%。1999年，全旗财政收入首次突破2亿元大关，达到21 427万元，其中地方财政收入完成13 924万元，居全盟七旗之首。几年来，准旗财政局内强素质，外塑形象，屡建奇功，屡获殊荣。1995年至1999年，连续5年被旗委、政府命名为“工作实绩突出单位”和“争名升位先进单位”；连续5年被评为“全盟财政目标责任制管理考核第一名”。先后晋升为盟级文明单位和自治区一级档案管理先进单位，1998年12月被自治区人事厅、财政厅联合命名为“全区财政系统先进集体”，局长奇来福同志也被评为全区财政系统先进个人，并记三等功奖励。

地址：薛家湾镇
电话：0477　4215059

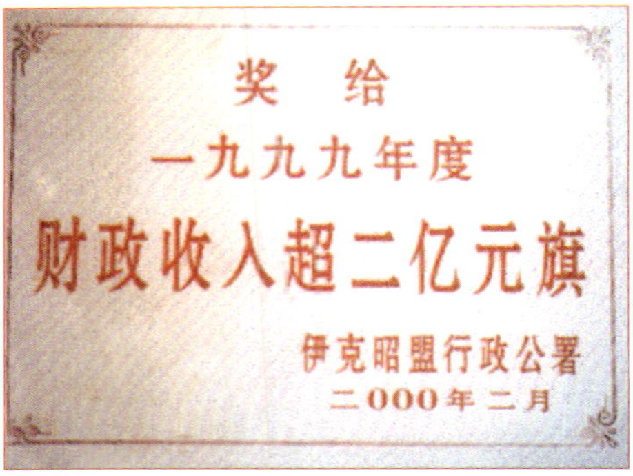

伊盟准格尔旗财政局

伊金霍洛旗水利水保局

局长 王青山

伊金霍洛旗位于鄂尔多斯高原东南部，地处毛乌素沙漠东北边缘，由东部黄土丘陵沟壑区和西部风沙丘陵区两大地貌组成。全旗大部分地区广泛分布着流动和半流动沙丘。东部黄土丘陵沟壑区包括9个苏木乡镇，属黄河支流窟野河流域区，该区地形复杂，水土流失严重 西部风沙丘陵区包括7个苏木乡镇，属闭流区。水资源缺乏，决定了伊旗水利建设事业困难很大。

水利水保事业按照合理规划布局，坚持以小型为主、中小结合、挖潜配套、巩固提高、走节水灌溉农业的路子，坚持开源与节流并重，抗旱与防汛并重，建设与管理并重，抓“三水”、促“三改”、建“三田”和以项目为依托，以小流域为单元，因地制宜，因害设防，治理与管护并重的水利水保建设指导思想，水利水保建设事业取得了重大成就。至1999年，全旗共完成水利工程建设19 709处，其中机电井5 854眼，各类小井13 334眼，扬水站185处，塘坝313座，小型水库49座；发展有效灌溉面积26.98万亩，其中保灌面积22.76万亩；安装喷灌178台（套），发展节水灌溉面积7.35万亩；人均达到2亩水浇地；完成水土流失治理面积541.43万亩，其中小流域治理面积104.96万亩。

节水灌溉渠道衬砌工程

新庙乡母花沟小流域

小流域治理现状

红海子水土保持沙棘林

霍洛苏木“380”饮水工程

伊盟达拉特旗环球建筑安装有限责任公司

董事长兼总经理 刘 峰

达拉特旗环球建筑安装有限责任公司是一家在伊盟地区建筑行业享有盛名的私营企业，创建于1993年，拥有总资产800多万元，年完成建筑安装施工能力5万平方米以上，工程优良率达80%，其中达旗国税办公大楼被评定为全盟优质样板工程。从1998年开始，连续保持了内蒙古自治区“重合同、守信用”单位荣誉称号，被达旗旗委、政府授予“优秀企业”、“文明私营企业”，1999年被定为“重点企业”。党支部先后被旗委评为“先进党支部”、“先进基层党组织”；荣获1999年度工会工作目标管理二等奖”。

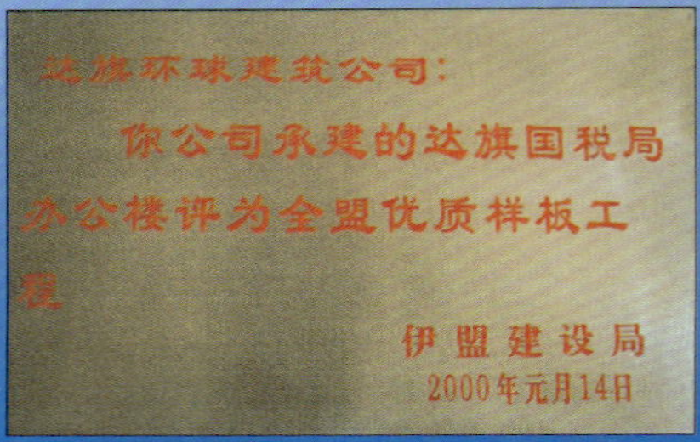

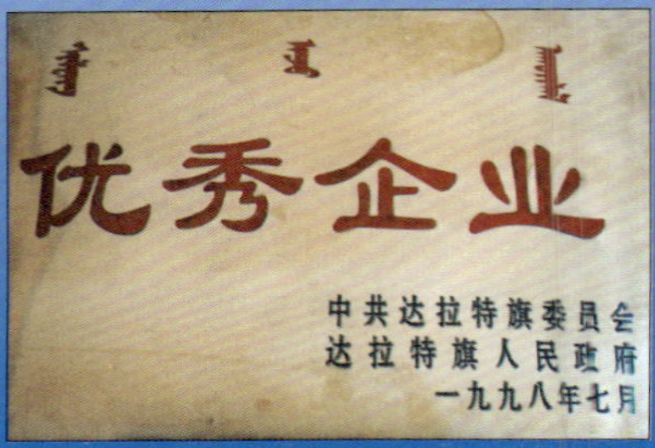

党委书记：赵飞録

乡长：马真虎

伊旗新庙乡

YIQIXIN MIAOXIANG

新庙乡位于伊金霍洛旗东南部，西南与陕西省神木、府谷县毗邻，东与准格尔旗接壤，总面积329.47 平方公里，其中耕地1.8万亩，林草地23.35万亩。全乡梁峁起伏，沟壑纵横，地域宽广，水资源较充足，特别是矿产资源极其非富，地下到处都是煤，初步探明原煤储量有15亿吨左右，其质量优良，低灰粉、低硫、低磷，发热量均在7 000大卡以上，是世界煤炭中的精品。还储藏有石英砂、高岭土、铝钒石、铁矿石等，是鄂尔多斯高原上一块风水宝地。交通也很便利，包府公路纵贯南北，巴苏、边贾运煤专线横跨东西，为该乡实现资源转换战略创造了良好的投资环境。

近几年，随着国家经济发展战略重点逐步向中西部地区转移，该乡借神府东胜煤田大开发的契机，大力发展乡镇企业，大搞农牧业基础设施建设，取得了可观的效益。

党政领导研究工作

党委书记：杨金锁

乡长：扬为东

伊旗布尔台格乡

布尔台格乡位于伊金霍洛旗东南部，乡人民政府距离旗政府所在地—阿热腾席热镇约20公里，阿松公路（阿镇－松定霍洛）纵贯全乡南北，是从旗政府通往东煤矿区的必经之地，交通条件极其便利。

全乡总面积228.4平方公里，辖5个行政村27个牧业生产合作社，有农牧业人口1 027户3 888人。现有农耕地12 506.5亩，人工种草保存面积为31 591.6亩，人工造林保存面积为91 899亩，天然草牧场约15余万亩，境内煤炭、石灰石储量丰富，可开发利用的土地资源质优而广阔，地里位置优越，投资环境得天独厚。

全乡政治、经济、文化中心的乡政府所在地还有乡中心学校、卫生院、科技服务站、信用社、邮电所5个事业单位。

全乡各族干部群众决心为建设一个富裕、民主、文明的布尔台格，共同奋斗。

联系电话：0477-8901000

邮编：017205

鄂托克旗审计局

局长　张小平

该局担负本级财政、财务收支及全旗14个苏木乡镇财政、财务收支审计工作。1998～1999年共审计单位（项目）137个；审计资金总额89 101万元；查出违规行为金额4087万元；促进增收节支418万元，挽回经济损失90万元，上交财政148万元，审计报告信息被批准采纳80篇。

1998～1999年连续两年局领导班子被旗委、政府评为目标管理实绩考核一等奖；1994—1999年连续六年局党支部被旗委评为优秀党支部；1993—1999年连续七年获全盟审计工作综合考核第一名；1999年被自治区审计厅评为外资审计先进单位及信息工作先进集体；1998—1999年度共有4人次受自治区审计厅奖励；有4人次受盟审计局表彰；有13人次受旗委、政府表彰。

东胜水利水保局

东胜市是典型的丘陵干旱山区，多年平均降雨量404.3毫米，而且多集中在七、八、九三个月。同时又是全国重点水土流失严重地区之一，全市总面积中水土流失面积1 985公里，占90.2%，年侵蚀模数8000—15000T/km²之间，年向黄河输出泥沙1250—1500万吨之多。面对现实，在市委、政府的领导下，走出一条“治理一方水土、发展一方经济、富裕一方群众”的以水为主农业基础设施的路子，树立了“水利兴百业兴”的观念。从一九九二年到一九九九年八年间，每年都以新增一万亩水地的速度发展。至一九九九年底，水浇地累计10.5万亩，农村人均1.6万亩，分别是一九九○年的4倍和5倍。

分管市长郝铁军与水保局长刘存玺下乡

市委书记屈祥华在水利工程现场

达拉特旗

城乡建设土地局

局领导班子成员

多年来，实行政府投资、争取上级投资、群众集资、吸引外资、以劳代资、贷款、公共设施实行有偿使用多种形式，广泛筹集资金用于市政道、给水、排水、园林绿化、环卫等基础设施建设。目前，旗所在地树林召镇给水主管道达37.2 公里，日供水能力4284吨，排水管道达到25km，道路35条，总长度48.13 公里，道路网密度3.25公里／平方公里，路灯达到到265盏。仅近两年，树林召镇就投资7 690.38 万元，新修和改造了镇内城市道路，竣工面积281 404平方米，主要街道实现了道路、排水、路灯三配套；硬化居民区巷道44条，41 736平方米；硬化人行道116055平方米。今日的树林召镇已形成四横三纵的城市交通网络，为达旗的经济发展创造了良好环境。

树林台镇白塔公园儿童游乐场

伊克昭盟中级人民法院

院长：李凤鸣

院党组研究工作

现辖八个基屋人民法院，下设57个人民法庭。中级法院内部设刑一庭、刑二庭、民一庭、民二庭、经济庭、行政庭、执行庭、立案庭、审判监督庭、法医技术室、纪检监察室、政治部、办公室、研究室、法警队、机关事务管理处、书记官管理处等17个部门。全盟法院共有干警762人。

改革开放以来，全盟两级法院积极主动为经济建设服务，做到了多办案、快办案、办好案，自身的“两个文明”建设也取得可喜成绩，1990年至1999年，全盟共审结各类案件90810件，在案件逐年上升的情况下，结案率保持在97%以上，其中中院刑事、二审民事、经济、行政及申诉案件结案率均达到99%以上。八年基层人民法院全部建成了审判法庭，57个人民法庭全部达到了“五有”，并建成一批配备现代交通、通迅、办公设施的标准化法庭，两级法院的审判工作已经走上规范化管理的轨道。

伊旗计划委员会

主任：王玉林

伊金霍洛旗计划委员会是旗政府管理全旗国民经济和社会发展的综合职能部门。近几年，在旗委、政府的正确领导下，在上级计委的业务指导和大力支持下，积极探索新形势下计划工作的职能定位，逐步找到在市场经济条件下计划工作的一条新路，为全旗国民经济持续、快速、健康发展和社会事业进步做出了应有贡献。

“九五”以来，在计委的积极争取下，一大批基础设施项目、生产经营项目、科技社会事业项目获国家、自治区批复，并建成投产。如：乡乡通油路、乡乡通程控、中密度纤维板厂、蜂业公司、乳化炸药厂、砒砂岩项目、生态建设项目等。五年共争取回各类建设资金近2亿元。

伊旗天骄人造板有限责任公司

始建于1997年4月，是伊旗旗委、政府根据本地区沙柳资源丰富的实际，实施资源转化增值战略，向产业化发展而建设的一个龙头企业。年设计生产沙柳中密度纤维板30 000立方米，现有固定资产4 300万元，厂区占地面积20万平方米，是目前内蒙古西部区唯一的中密度纤维板生产厂家。公司在生产方面设有中纤板、制胶、配电、削片、热动力等车间；销售方面在包头、呼市、兰州、郑州、成都、重庆、乌鲁木齐设有销售站，现产品供不应求，市场前景愈加看好。天骄公司以沙柳为原料生产中密度纤维板，不仅在林产业方面填补了一项国内空白，也属于世界首创。此项技术被自治区科委认定“以沙柳为原料生产中密度纤维板新产品”，并已获得国家专利申请批号。石膏纤维板的开发，又填补了一项国内空白，现正在申请专利。公司达到生产能力后，每年可创产值3 900万元，实现利税1 325万元。

董事长、总经理：贾文清

地　　址：伊金霍洛旗阿勒腾席热镇
电　　话：0477—8685668、8684033
传　　真：0477—8683400
邮政编码：017200

伊旗交通局

“九五”以来，紧紧围绕“乡乡通油路”奋斗目标，发扬“艰苦创业、团结拼搏”精神，加快了全旗公路基础设施建设步伐。至1999年9月26日，全旗共完成黑色路面189公里，投资7 000万元，使新庙、纳林希里、纳林陶亥、台格、台吉召、红庆河、公尼召、合同庙、苏尔嘎九个乡苏木相继通了油路，提前一年实现“九五”奋斗目标，在全盟率先实现了乡乡通油路。

1999年底，全旗公路里程达798公里，其中国道84公里，省道81公里，专用公路82公里，旗县道238公里，乡村公路111公里。共有黑色路面 414公里，占全旗公路总里程的52%。至此，伊旗境内公路四通八达，210国道纵贯南北，阿松线、阿四线横穿东西，包府公路穿境而过，运煤专线纵横交错，标志着以阿旗和矿区为中心，以国省道为主骨架，以旗县、乡村公路和运煤专线为基础的幅射公路网已形成。

乡乡通油路

绿色通道

公路通百业兴

伊旗蒙古族中学教学楼

伊旗一中

一中微机教室

近年来，随着伊旗经济的快速增长，教育事业也在蓬勃发展。目前，全旗已基本形成了从学前教育到高中教育的教育体系。有完全中学4所，独设初中6所，小学附设初中班4所，完全小学38所，教学点94个，幼儿园11所，在校中小学生27 172人，教职工1 891人。几年来，伊旗教育工作在伊旗旗委、政府的正确领导和高度重视下，经过历任局长、校长和广大教职工的艰苦努力，顺利完成了普及五年义务教育，高质量地完成了国家“贫困二”项目和“义务教育工程项目”的实施，于1999年顺利通过自治区“两基”达标验收。学校布局基本趋于合理，办学条件得到了明显改善，教育教学改革逐步走向深入，素质教育进一步实施，学校管理进一步加强，教育教学质量逐步提高，使我旗教育跨上了一个新台阶。

今后，伊旗教育要认真贯彻落实《中共中央、国务院关于深化教育改革全面推进素质教育的决定》和自治区党委政府，伊盟盟委、行署的实施意见，以推进素质教育，全面提高教育教学质量为根本目标，在巩固提高“两基”成果的基础上，发展高中阶段教育，进一步调整学校布局，改善办学条件，发展现代远程教育，深化教育教学改革，加强教师队伍建设，为伊旗经济社会更快发展奠定人才和智力基础。

伊克昭盟伊旗教育局

党组书记、局长李玉清在1999年全旗地税工作会议上作工作报告

伊旗地税局

YIQIDISHUIJU

镇党委书记：呼敏升

镇长：陈子林

纳林希镇位于东经108.58至109.19与北纬39.36之间，地处伊金霍洛旗西端，南北长约31千米，东西宽约30千米，总面积650平方千米。

本镇地势北高南低，北部是台状高地，南部是低落滩地，中部地势平坦，土壤以栗钙土为主，地下水资源丰富。气候特点是降水比较充足，冬长夏短，冬天寒冷，夏天温和。

全镇下辖14个行政村，107个生产合作社，共有3 416户，农牧业人口14 200人。有耕地面积5.4万亩，约占总面积的5.4%；其中有水浇地3.2万亩，有林地面积39万亩，草场面积43万亩，有大小畜8.3万头（只）；粮食总产量1 200万公斤；工农业总产值7 000万元；财政收入达到262万元；农牧民人均纯收入2 400元。

伊旗纳林希里镇

近年来，镇党委、政府坚持以经济建设为中心，本着“发展是硬道理”、“能快就不要慢”的宗旨，社会经济持续发展，基础设施建设迈出可喜的步伐。四年共投资300余万元，新打各类水井500眼，引高压线路40公里，增设变台53个，九五期间新增水浇地1.3万亩。动力电入社率达到80%，照明入户率达到100%。修通镇政府至阿四线9公里黑色油路，新建了35千伏安变电站，安装程控电话240部，闭路电视100余户，修筑镇村二级沙石公路50公里。镇区建设有了极大的改观，对街道进行了标准化改造，主街道安装了双向路灯，修建了花圃，种植了桧柏，人行道全部硬化。

基础设施建设，从整体上改善了我镇的投资环境和居民的生活条件，在今后的经济开发和发展过程中，仍需要大量人才、技术、资金和市场，希望社会各界同仁来我镇投资开发、建设，我镇将提供方便条件，协同发展，共同繁荣。

镇党委会议

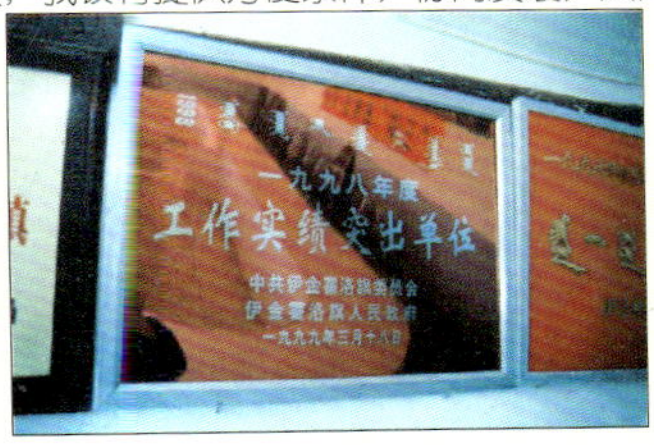

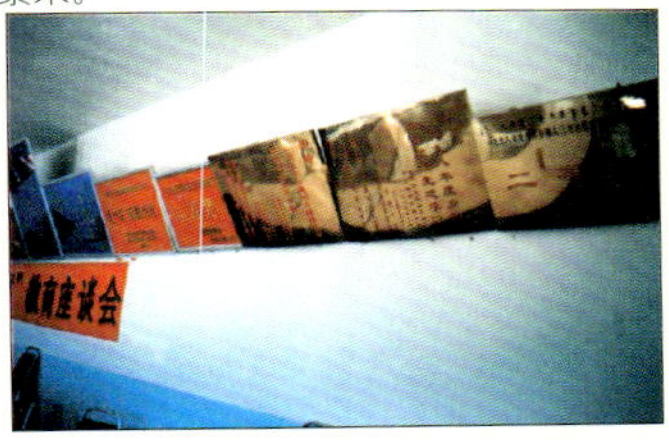

东胜市第一小学

创建于1928年。经过几代人的励精图治，现已成为一所设施齐全、设备先进、管理规范、师资力量雄厚、环境幽雅别致、办学效益显著的具有现代化气息的自治区级一类小学，曾多次受到系统、市委政府、盟委行署以及自治区的表彰和奖励。1996年以来曾三次获得系统级“千分制双项目标管理”一等奖。1997年先后被市委政府、盟委行署 命名为文明单位，被自治区教委命名为“义务教育示范学校”，被自治区少工委命名为“优秀少年军校”和“全区优秀劳动实践基地”。1998年学校少先大队被评为“全国红旗大队”。1999年被市委、政府评为“先进教育集体”，并由市教委向自治区作了重点推荐。

校长：李振山

1999年，是伊克昭盟邮政独立运作的开局之年。全盟邮政干部职工在以张子旗为首的局领导班子带领下，面对分营后基础薄弱的企业状况，面对竞争激烈的市场的环境，付出了无比艰辛的劳动，取得了令人鼓舞的成绩。全年实现邮政业务收入4 313万元，完成年计划的100.06%，同比增长32.38%；实现邮政业务总量2 228.53 万元；全员劳动生产率达到5.7 万元/人。在取得良好的企业效益的同时，创造了良好的社会效益。

伊克昭盟邮政局

东胜市第一幼儿园

建于1956年，是全盟成立最早的幼儿园。多年来本着“一切为了孩子，为了孩子的一切，为了一切孩子”的办园宗旨在幼儿教育事业的大道上阔步前行。1986年建成市级文明单位，1987年建成市级先进职工之家，1988年被命名为盟级“五化幼儿园”，1989～1995年连续六年被评为市级先进教育集体，1990年被确定为“二类甲级幼儿园”，建成市级标兵文明单位，1991年建成盟级文明单位，1994年建成区级文明单位。1999年获市级“先进教育集体”的荣誉。

该局是中央驻地方的纯公益性事业单位，辖8个旗市气象局、2个气候站和一个林牧气象试验站。伊盟地处干旱、半干旱地区，降水稀少且时空分布不均，十年九旱、年年春旱是气候的基本特征。气象部门立足合理利用气候资源，有效增加大气降水量，在全盟范围内形成较为合理的人工影响天气作业的布局，为农牧业生产持续、稳定、健康发展及生态建设做出了重要贡献。1998年被自治区人民政府授予“银河杯”三等奖；1999年被中国气象局授予“重大气象服务先进集体”；1999年伊盟行署对全盟气象系统进行通报表彰；自治区气象局授予局处长目标管理三等奖。

伊克昭盟气象局

准格尔旗社保局

准格尔旗的“两个确保”工作，给该旗画上了重彩，成为一道亮丽的风景线。对于缴纳养老保险金采取抵制态度的单位，该旗让法院介入，法院介入后一切困难都迎刃而解，像这种情况缴纳的占养老金全额的10%左右。到目前，该旗养老金额缴纳率达到95%以上，然而，由于历史遗留的问题太多，养老保险金收不抵支。全年支出养老保险金大约需要1 500万元，而收入仅有480万元左右，亏空1 000万元左右。养老保险金不足的部分，该旗领导毫不迟疑地让旗财政全额拨款解决。因此，该旗“两金”按时足额发放。该旗这样认真负责地对待“两个确保”工作，在全区树立了很好的榜样。

局长：闫玉山

总经理：刘玉琪

内蒙古美华瓷业有限责任公司

公司位于伊克昭盟准格尔旗神山工业区。该公司是由中央《经济日报》社牵线，旗委、旗政府及对外开放协作办大力促成，于1999年8月29日与山东美华瓷业集团公司达成合作协议，实现东西部横向联合而创立的；是以白瓷日用餐具为主导产品，集生产、营销以及国内外贸易为一体的新型现代化企业。已于2000年元旦正式投产运营。

公司现有员工460人，分别来自山东、内蒙古和周边及邻近11个省区；占地100 000平方米，固定资产3 200万元；采用先进的热煤气燃烧工艺，产品质量稳定可靠；小碗、英碗、斗碗、海碗等碗系列，平盘、汤盘、果盘、鱼盘等盘系列，以及宾馆配套餐具、茶具、酒具、盖杯、奶杯、咖啡杯等50个规格，100多个花色品种。日用瓷餐具年产量1 800万件，填补了自治区日用瓷生产的空白，推进开发和利用自治区丰富自然资源的步伐。

达拉特旗民政局

局长：达楞太

几年来，全旗广大民政干部职工，发扬顽强拼搏的精神，在抗灾救灾、社会救济、优抚安置、社会福利、社区服务、社会互助、婚姻、殡葬、勘界、干部自身建设等方面做了卓有成效的工作，为达旗的改革、发展、稳定作出了应有的贡献。局属二级单位有光荣院、殡管所。1993－1995年连续三年获得全盟目标管理责任制一等奖。1997年被评为“全区抗灾救灾先进集体”。

该局在1994年税制改革时分设成立的。现有税干753名，下设12个征收局，管辖纳税12 500户。局机关内设12个科室和2个直属机构，共有职工62名。局领导班子由郭万召等4人组成。

税收人连年超额完成任务，6年累计入库22.47亿元，超额3.04亿元。税收收入居全区第3位，增幅居全区第1位。1996~1998年连续3年荣获自治区国税系统目标管理综合考评优胜单位第一名；1997~1999年连续3年被伊盟盟委、行署评为“工作实绩突出单位”、“盟直十大良好形象机关”。

伊盟国税局

伊盟林业局

局长：巴拉吉

至1998年底，全盟有林面积达到1 517万亩，森林覆盖率由解放初期的0.6%提高到12.17%。特别是近几年，随着国家重点生态建设工程的启动实施，全盟造林绿化、防沙治沙速度不断加快，以年均130万亩建设速度向前推进。已有240多万亩风沙面积和1 400万亩水土流失面积得到初步的治理和控制；有90%的农田得到防护林的保护；有50%以上的公路达到绿化，绿化里程达1 800多公里，并形成一大批林产工业、沙产业加工企业。全盟共被授予自治区级以上各种奖励130多项。从1995~1998年连续四年得到自治区政府和林业厅授予的“绿化杯”和林业生产建设“全优奖”，有2个乡夺得全国绿化“百佳乡”称号，10个村夺得全国绿化“千佳村”称号。

发展中的新街镇

新街镇位于伊金霍洛旗西南部，成吉思汗陵西南19公里处。全镇总面积418.6平方公里，总人口10380人。镇辖15个行政村，66个农牧业合作社。新街镇交通方便，210国道、府深线贯穿全镇。全镇有12个村通了等级公路，动力电人社率为72%。1999年，镇党政领导班子围绕经济建设这个中心，以市场为导向，立足本地实际，大力调整优化产业结构，国民生产总值达1亿元，地方财政收入达320万元，农牧民人均纯收入达2400元，社会各项事业都取得明显进步。

以蔬菜脱水加工项目为龙头，采取公司加农户的组织形式，引导广大农牧民积极种植日本萝卜，使单位面积的效益由原业的500元提高到800元。

伊旗林业局

YIQILINYEJU

至1999年底，人工造林保存面积18.36万公顷，飞播造林治沙面积2.56万公顷，建设防护林15.78万公顷。种植四旁树158万株，人工种草1.5万公顷，封沙育草13.4万公顷。水土保持治理累计面积33.6万公顷，森林覆盖率由70年代末期的8.3%提高到30%，增长了21个百分点，基本形成一个带、网、片相结合的以灌木为主体的防护林和水保治理体系。生态环境明显改善，土地沙漠化开始逆转，水土流失得到初步治理，流沙面积由1973年的20万公顷减少到1.66万公顷，粮食亩产由1973年的21.5公斤提高到197公斤；草场生产能力得于恢复，载畜能力有很大提高，全旗牲畜头数由1973年的35.7万头（只）上升到73.6万头（只），农牧业总产值达到30053.8万元，初步营造出一个人民安居乐业、生态环境良好的社会和自然环境。伊金霍洛旗曾先后获全国绿化委员会“全国造林绿化先进单位”、“全国造林绿化百佳县（市）称号；获国务院”三北“防护林建设领导小组、林业部的“三北防护林体系建设一期（1978-1985）工程先进单位”称号；林业部、人事部的“三北防护林二期工作先进单位”称号，获自治区“防沙治沙造林绿化先进旗”称号等。

局长：李凤怀

达拉特旗交通局

近年来，随着经济发展，地方公路建设突飞猛进。至今，全旗大部分乡镇通了油路，实现总投资近2亿元。全旗公路总里程达到1444.91 公里，其中油路254.11 公里，砂石路664.3 公里，土路526.5 公里，形成了以羊巴线为主干线的公路网络，为达旗经济建设起到了积极的推动作用。

达拉特旗旅游局

法人代表：白文科

神奇壮观的“响沙湾”

沙漠绿洲“恩格贝”

该局成立于1992年，为事业单位，总数12人。所属旅游企业有：鄂尔多斯响沙旅游有限责任公司、恩格贝综合开发示范区、释尼召沙漠水上公园、昭君坟旅游接待站、库布其沙漠旅游度假村、达电宾馆、政府宾馆、达拉特旗宾馆。全旗旅游定点单位7家，旅游住宿设施完善，标准间以上床位310个，旅游涉外饭店2家。1999年，接待海内外游客28万人次，旅游收入6 800万元人民币。全旗旅游业形成了一定规模，体现了沙漠、黄河、现代农业、现代工业的旅游特征。

杭锦旗审计局

局长：李文斌

成立于1983年。现有干部、职工29人，有大专以上文化程度13人，审计师、会计师等中级以上职称12人。内设办公室、法规审理室、财政金融审计股、行政事业审计股、基本建设审计股等5个股室，负责全旗近200个审计对象的监督任务。近几年，从完善各项制度入手，强化队伍建设，紧紧围绕地方经济这个中心开展各项审计监督，取得了显著成绩。1994－1999年底共审计单位431个，查出违规行为金额10 948万元，促进增收节支2 329万元，挽回国有资产流失404万元，上缴财政211 万元。审计报告信息被有关部门采纳140篇，为严财经纪律，加强宏观决策，促进廉政建设，保障地方经济的健康发展做出了应有贡献。该局从1993年至今，审计工作全盟综合考评一直名列前茅。1999年审计信息工作被自治区审计厅评为先进集体，被杭锦旗委、政府授予实绩突出单位。

领导班子

鄂旗医院

EQIYIYUAN

位于鄂托克旗乌兰镇的鄂旗医院，是全旗唯一一所集医疗、科研、教学为一体的综合性医院，门诊大楼1991年建成使用，现有职工159人，业务人员134人，其中主任医师2人，副主任医师3人，主治（主管）医（护、药、检）师27人。1992年跨入二级乙等医院行列。

改革开放以来，本着“科技兴院”的方针，励精图治，开拓进取，现已拥有美国ATL公司产多功能全数字化彩色超声诊断仪、血球分析仪、血液流变公析仪，沈阳产300毫安X光机、半自动血生化仪、尿八项分析仪等大型医疗设备。开展了开胸肝脏破裂修补术，开胸食管破裂修补术，脑外和胸外急症抢救手术，胃肠一层吻合术，食管胃一层吻合术，胃癌、贲门癌、乳腺癌、宫颈癌、结肠癌根治术，全胃切除空肠代胃术，多种骨折内固定术，尿道下裂矫正术，超大剂量马利兰与腹蛇抗栓酶联合治疗慢性白血病等130余项新技术、新项目，填补了多项鄂旗、伊盟，甚至是自治区的空白。

鄂托克旗交警大队

鄂旗交警大队现有股、室、中队8个，民警51名，管辖旗内5条主要道路617公里。道路基础设施差，工作环境艰苦。

面对种种困难，从内部挖潜力，向素质要警力。大队多次召开会议，安排部署创建活动方案，组织民警观看济南交警先进事迹录像，深入学习有关文件和材料，认真展开讨论，作对比、寻问题、找差距。大队领导严于律已，清正廉洁，在工作中不徇私情，依法办事，自觉接受群众监督，坚持“三会课”制度，定期召开民主生活会，增强了领导班子的凝聚力。民警是执法的主体，大队把提高民警素质作为形象活动的重点来抓，并制订出台了民警执勤的有关硬性规定，如挂牌上岗制度，纠正违章先敬礼都已形成习惯。为了充分调动民警的工作积极性，大队对全体民警岗位轮换，通过岗位轮换增强了民警的紧迫感和危机感，全大队形成一个比、学、赶、帮的良好氛围。

鄂托克旗水利局

水利是国民经济基础设施和基础产业。新中国诞生以来，鄂托克草原上的各族人民在党和政府的领导下，致力兴修农田水利工程，开发黄河灌区，建库挖塘，积极利用境内水资源，打井配套，大力发展基本农田和饲草料地的灌溉，解决人畜饮水，使全旗水利事业得到迅速发展。1999年底，全旗共建成万亩以上电力水灌区1处，兴修水库和截伏流工程3座，建成固定机电排灌站12座，装机容量2.7千瓦，打配机电井6 889眼，配套动力50.97千瓦，开凿筒井2 569眼，建成集雨水窖旱井6 000处，全旗累计有效灌溉面积18.5万亩，其中农田灌溉面积3.98万亩，解决饮水5.95万人，55.36万头（只）牲畜。建成有水利设施草库伦10 276处；水土保持治理面积达4 271平方公里。

东胜市实验小学

校长：徐文海

早操

电脑课

1958年建校，占地22 000多平米，校舍建筑面积5500平米。该校师资力量雄厚，校风严谨，实行校长负责制和教师聘任制，推行教师工作量化考核制度。现在岗职工91名，教学班32个，在校学生2 000多名。具有良好的传统教学风气，教学质量居伊盟地区前列。

近年来，学校以“培养名生、造就名师、创建名校”为奋斗目标，不断加强教师队伍的建设，深化教育教学改革，完善教学设备，美化校园环境，办学水平不断向高层次发展，从而为实现“中华名校”的奋斗创造条件。

该校在实施素质教育过程中，大力开展教育教学课题实验研究。以科学管理为保障，凭教育科研求发展，向教改实验要质量，为本地区中学输送了大批品学兼优的合格学生，赢得家长和社会赞誉。现有30多名教师成为自治区、盟、市级教学能手或学科带头人，有90多篇论文在各级各类教育刊物发表或参与教育研讨会议，部分实验项目已迈向较高层次。学校先后被评为“自治区义务教育示范学校”、“自治区电化教育优秀学校”、“自治区德育工作先进单位”、“全国少先队红旗大队”和“自治区级文明单位称号”。

地址：内蒙古东胜市天骄南路
电话：0477-8322003

伊盟环保局

YIMENGHUANBAOJU

局长：石忠勤

1999年，我局继续以党的十五大、中央人口、资源、环境工作座谈会精神和全区环保工作会为指导，紧紧围绕可持续发展的战略目标，深入贯彻国务院和自治区政府关于进一步加强环保工作的两个《决定》精神，加大力度，扎实工作，突出重点，整体推进，全盟环保事业保持了健康发展的良好势头。在“一控双达标”，控制新污染的产生，强化环境监督管理，加大环保执法力度，遏制生态破坏，改善环境质量等方面取得了较明显的成效，为我盟经济的可持续发展做出了积极的贡献。

局长：郭占有

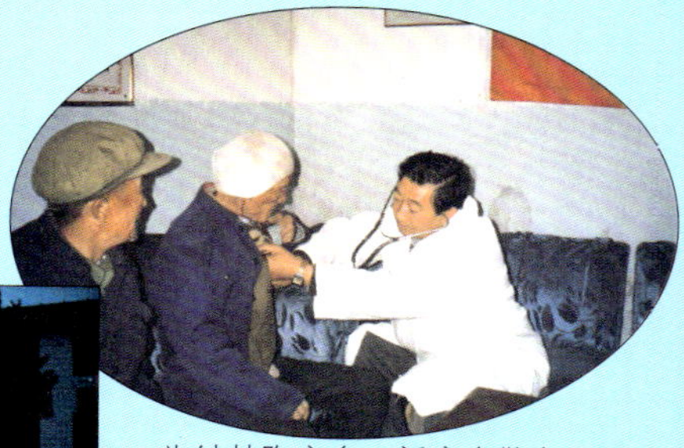

为纳林陶亥乡、新庙乡敬老院义务诊疗

民政局办公楼

解决老复员军人住房难问题

伊旗民政局

1999年伊金霍洛旗民政局在切实加强民政工作宣传的同时，向盟旗两级报送信息33条，其中被内蒙古日报采用1条，鄂尔多斯报采用12条，全国城镇信息报采用1条，旗级报采用2条。

1999年各项民政工作取得了较好的成绩，部分工作取得了突破性进展，全面完成了盟旗两级布置的各项工作任务，但也有不足之处，需在今后的工作中总结经验，进一步解放思想，开拓进取。以求实创新的精神，开创全旗民政工作的新局面。

杭锦旗水利水保局

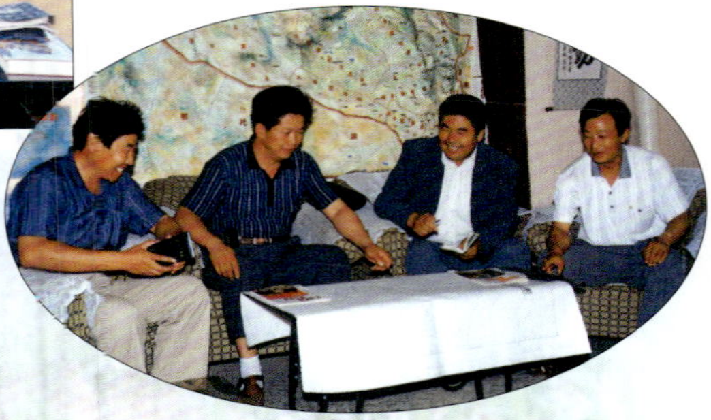

内蒙古杭锦旗水利水保局是集勘测、设计、施工、灌溉、防汛、水利水保监督执法于一体的水利水保综合管理部门，现有内设机构8个，分别是水利股、水保办、水政站、水土保持监督检查站、防汛办、水利水保勘测设计队、财务股、综合办公室。有二级单位十三个，其中国营灌溉管理单位三个，黄河防汛单位五个，水保工作站一个，防旱抗旱服务站一个，排水管理单位一个，水政水利工程管理单位一个，城镇供水自来水厂一个。全系统共有职工384人，其中专业技术人员165人，占职工总人数43.0%。

1998年获全区秋冬农田草牧场水利水保建设一等奖，全盟一等奖，全旗精神文明建设先进单位，优质服务先进单位，扶贫先进单位，穿沙公路建设先进单位，旗直单位目标责任制二等奖，1999年获全旗精神文明建设先进单位、扶贫先进单位。

杭锦旗电信局

1998年，完成锡尼镇地区市话线路扩建工程，埋设锡尼镇－独贵特拉镇－中和西、锡尼镇－吉日嘎朗图镇两趟六芯光缆320KM，建成锡尼镇、巴拉贡镇GSM数字移动通讯系统2处。建成锡尼镇、吉日嘎朗图镇、独贵特拉镇900M移动模拟基站，安装了无线接入设备。实现巴拉贡镇、吉日嘎朗图镇，巴拉亥乡村村通话。安装无线接入设备98部。建成四十里乡白音乌素镇综合通信楼。

1999年，完成锡尼镇－亚什图苏木26KM光缆埋设工程，完成锡尼镇－塔拉沟乡35KM光缆埋设工程，完成锡尼镇——白音乌素镇－独贵特拉镇110KM光缆埋设工程，完成四十里－胜利15.6KM光缆架设工程，完成巴拉亥等8个乡、苏木、镇市话线路的扩容与改造工程，完成锡尼镇、巴拉贡镇、白音乌素镇市话扩容工程，新上天斯图苏木光接入设备256门，新上塔然高勒乡光接入设备256门，新建呼和木独镇、塔然高勒乡、天斯图苏木电信所房总面积566平方米。

在加大设备建设的同时，杭锦旗电信局以优质的服务面向用户，在今后的工作中我们继续以深化改革为动力，抢抓机遇，坚定信心，为我旗经济和社会发展做出更大的贡献，以优异的成绩再创辉煌。

伊化集团总公司

YIHUAJITUANZONGGONGSI

总裁：李武

公司为国家大型一档企业，国家520户重点企业之一。作为伊化集团的核心企业，公司的下属大型化工企业有伊化化学有限公司和蒙西天然气股份有限公司（筹）以及伊科科技股份有限公司。

伊化集团总公司
地址：内蒙古东胜市鄂尔多斯西街6号　邮编：017000
电话：0477-8525447　传真：8523619
http://www.yh-group.com.cn　Email:info@yh-group.com.cn

内蒙古伊化化学有限公司
地址：内蒙古东胜市鄂尔多斯西街6号　电话：0477-8530714
传真：8536874
董事长：铁金山　总经理：戴连荣

内蒙古远兴天然碱股份有限公司
地址：内蒙古东胜市鄂尔多斯西街6号　电话：0477-8531574
传真：8521747
董事长：钟志　总经理：戴连荣

远兴公司碱湖科学试验站

蓬勃发展的伊克昭盟电业局

伊克昭电业局是内蒙古电力（集团）有限责任公司直属的中型一档供电企业，直接担负着伊盟七旗一市工农牧业生产及城乡百万居民的生活供用电任务。供电范围达8.6万平方公里。目前，全国拥有110千伏及以上电压等级的变电站15座，主变总容量3360000千伏安，线路总长981公里；拥有35千伏及以下输配电线路7847公里，配变总容量443595千伏安；管辖各类用户20余万户，年售电量6亿千瓦时，近五年的年平均递增速度在15%以上。全局固定资产原值6.5亿元。

法人代表　石建雄

设备技术高新的东胜

北郊220kv变电站

伊盟第二医院

院长石磊（左三）、副院长刘永清（右一）诊疗肝病患者

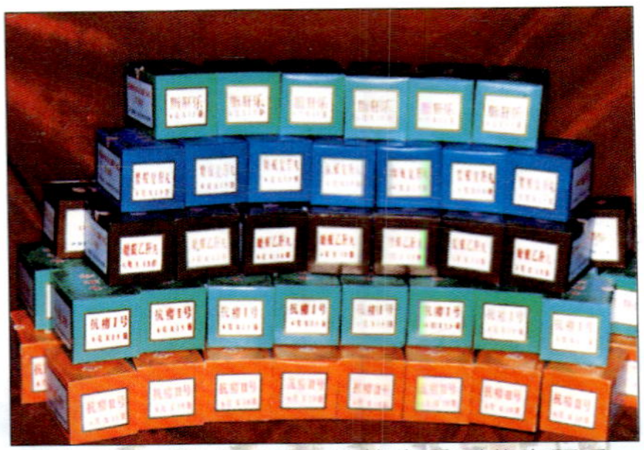

医院研制开发的肝病、结核病系列药脂肝乐、鳖蚁复肝丸、蟾蚁乙肝丸、抗痨Ⅰ、Ⅱ号等。

基因诊断室引进当今国际先进技术—PCR—ELISA 法检测乙肝 DNA（定量）。

该院是一所集医疗、教学、科研、预防为一体的传染病专科医院。重点学科肝病科以慢性乙型肝炎、脂肪肝、肝硬化、肝癌、孕肝为主要诊疗研究项目，形成独特的中西医结合系统治疗方案，对乙肝 e 抗原阴转、抗肝纤维化、肝硬化康复和延长晚期肝癌生存期，有明显效果。特别在重度黄疸肝炎退黄治疗达国内一流水平，并对黄疸鉴别诊断积累了丰富的临床经验。在海洛因依赖合并病毒性肝炎治疗方面开国内治疗之先河，得到国内有关专家肯定。针对酒精依赖、酒精性肝炎、脂肪肝众多的状况，研究出戒酒、保肝、降脂系列治疗方案，疗效显著。结核科推出“结核病中西医结合综合治疗方案”提高了难治、复治结核病的治愈率。

院　　长：石　磊

咨询电话：(0477)8321264　　8321249

地址：内蒙古东胜市宝日陶亥东街北 31 号

内蒙古富盛 建筑安装有限公司

公司承建的伊化集团查化元明粉厂房（锡盟）

董事长、总经理：边志富

内蒙古富盛建筑安装有限公司于2000年1月12日在原伊化研院建筑工程公司的基础上组建成立的，公司于1989年靠伊化研究院支助的两万元起家，短短的十年时间过去了，公司现已发展成为拥有总资产3 000多万元、员工近百人(其中技术人员40多人)、各类施工设备机具齐全的大型建筑施工企业。

准格尔旗环卫园林局

该局组建于1999年8月，主要负责薛家湾镇区12.7 平方公里环境卫生、园林绿化及广场管理工作。现有干部职工15人，其中大专文化程度占60%以上。组建以来，在经费极其紧张的情况下，对镇区多年来积存垃圾进行了彻底清理，从根本上改变了镇区过去“脏、乱、善”局面，并在垃圾场周围栽植了防护林带，南北出口做了隔离带，对新建成建筑面积27900多平方米的准格尔广场进行了绿化设计。目前，20亩园林基地正在筹建之中，《建筑垃圾管理办法》等一系列相关配套法规即将出台，环卫纠察队已批准成立。准格尔旗环卫园林局正以蓬勃的朝气迎接新世纪的挑战。

达旗华宇食品公司

达旗是一个农业大旗，发展食品业有得天独厚的条件。同样，食品加工也有广阔的市场前景。华宇公司独具慧眼的瞅准了南瓜粉项目开发，不惜巨资从中科院引进专利技术。这种新型功能性食品的生产研制在国内国际都有超前的。因为南瓜粉系列食品有神奇的降糖和其他保健作用，产品自投入市场以来，备受消费者青睐。不仅为企业创造了利润，为国家财政创造了利税，而且加大了当地农牧民种植结构、减轻了社会就业压力，从根本上带动了地方经济的发展。

伊克昭盟农业局

伊克昭盟农业局始建于1960年，是盟行署主管农业、农村经济的正县级职能部门，内设行政科室5个，下设事业站、办、所、场、公司、学校15个，全局人员总编制354人，现在职人员343人，（县）处级领导干部16人，科级领导干部80人，高级农艺师25人，中级农艺师86人，初级职称人员80人，工人134人。

伊克昭盟农业局建局以来，在盟委、行署的正确领导下，发奋图强、艰苦创业，使一个昔日贫穷落后，种植业广种薄收，靠天吃饭的塞外穷乡僻壤，变成了今日内蒙古自治区西部繁荣兴旺的粮、油、糖生产基地。1999年全盟农业总产值达34.8亿元，第一产业增加值达21.6亿元，农民人均纯收入达2 358元。

目前，伊盟农业已获得国家、自治区、盟级的科技进步奖有75项，其中，获得重大农业科技成果35项，推广应用各类农业科技成果100多项。

党委书记、局长　刘国珍

伊克昭盟工程局始建于1952年。是鄂尔多斯高原上唯一的公路与桥梁工程二级施工企业。现有员工700多人，其中有大中专以上专业技术人员200多人，90%以上的员工受过公路与桥梁专业技能培训。

该局有先进的大型平地机以及沥青和水泥混凝土拌和、摊铺、碾压、运输贮备等专业化施工机械和大吨位吊装设备160多台（套）4 939千瓦。有电脑全站仪、经纬仪等测设仪及钢筋万能试验机、2 000KN抗压强度试验机、水泥标号成套试验器具，双桶式碎石、砾石磨耗试验机，全自动路面强度试验仪，沥青试验全套仪等各种试验设备150多台套。

伊克昭盟公路工程局

准格尔旗沙镇民族地毯有限责任公司

公司前身准旗民族地毯厂创建于1958年，已有40多年的地毯生产历史。全公司共有职工400人 其中行政管理人员15人，工程技术人员22人。占地面积47 075平方米，其中建筑面积6370平方米，设备185台。

100道乾隆地毯是该公司主产品，主要销往日本、美国，年生产能力为1万平方米。100道乾隆地毯是自治区外贸出口拳头产品，该产品先后荣获“中国工艺美术百花奖”、“优秀创作二等奖”、“优秀产品奖”、“全国行评优秀奖”、夕经贸部“优秀产品奖”。在日本国际行评中被评为“优秀奖”。公司是国家民委、轻工业部、国家税务总局、中国人民银行批准的民族用品定点生产厂家。

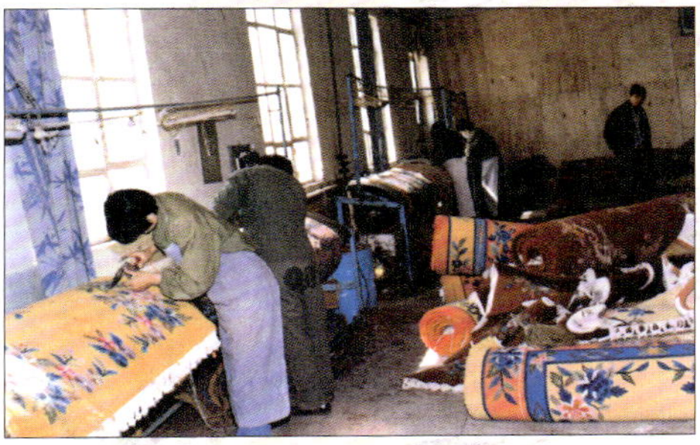

总经理：朱连昌

中国联通伊盟分公司

成立于1998年9月30日，是中国联通内蒙古分公司在伊盟的分支机构，负责中国联通在伊盟地区的电信建设工作和业务发展工作。GSM130数字移动电话网一期已建成并已投入试运营，主要覆盖伊盟三个旗市（东胜市、达拉特旗、伊金霍洛旗）的主要地区及盟境内210国道和包神铁路沿线主要地区。凡在130网覆盖地区均与本地网、国内外长途、139网等连通。

杭锦旗星月宾馆

XINGYUEBINGUAN

杭锦旗星月宾馆始建于1999年，于2000元月1日正式隆重开业剪彩。星月宾馆地处杭锦大街中心地段，有客房部、商品部，24小时供热水。二楼有容纳20多人的会议室。两邻党政大楼、保险公司、人民银行、审计局、财政局，科学核技术委员会、旗人大、锦正集团、房管局和发展银行，档邻宝斗市场，街心公园、十六中、旗党校，南邻联社、地税局、农行、畜牧局、交警队、农电局、查所，北邻国税局，加油站、工行、一党校、教育局、杭一中、邮电局、水利局、法院、公安局，是您出门旅游、办事的理想下榻处。

服务台电话：(0477)6625882

总经理电话：(0477)6625884

ETUOKEQIZHONGXUE

鄂托克旗中学

校长：杨靖轩

建于1958年，是鄂托克旗唯一一所汉授完全中学。学校座落在旗政府所在地乌兰镇西北，占地面积约12公顷，建筑面积11 000平方米。

学校现有师生近1 300名，教学班24个。教师中，高级教师6人，一级教师32人。

学校教学设备齐全，教学条件较好。教学大楼、电教室、微机室、语音室、实验室、图书馆一应俱全。学校全面采用现代化教学手段，教学质量日益提高。

在全体师生的共同努力下，各项工作取得显著成绩，先后被评为盟级优秀实验学校，盟级电化教育先进学校及盟级体育先进单位。同时学校档案管理工作通过了自治区二级目标管理验收。

地址：内蒙古鄂托克旗乌兰镇

邮编：016100

电话：0477-6212161

伊克昭盟计划局

近年来，伊盟计划局努力适应社会主义市场经济的需要，按照“加强宏观调控、研究规划战略、贯彻产业政策、搞好市场培育、强化综合功能、突出重点建设”的新职能，认真落实“三抓一转一服务”（即：抓大事、抓重点、抓长远、转作风、搞服务）的工作思路，各项工作均取得进展，特别是在跑项目、争资金方面成绩斐然。1992年以来，就为伊盟争取各类建设资金12亿多元，争取利用外资1.65亿美元，有力地促进了全盟经济建设和社会事业的发展。1998年被内蒙古党委评为先进挂钩包村单位，1999年被内蒙古政府授予全区间接利用外资金奖，1997和1998年连续两年被盟委、行署评为“实绩突出单位”和“十大良好形象机关”；1997、1998、1999连续三年被评为社会扶贫先进集体；1999年还被盟委、行署授予全盟对外开放贡献奖。

杭锦旗卫生局

局长　李寿庆

杭锦旗地广人稀，经济发展落后。虽然每千人拥有卫生人员5.9名，但平均每个卫生员的服务面积24平方公里，服务人员仅为168人，服务面大、人口少，服务收入偏低，使杭锦旗卫生事业发展的难度增大、任务加重。几年来，杭锦旗在财力有限的情况下，旗委、政府始终坚持“政府投入是卫生事业发展的主渠道”思想，旗乡两级每年安排卫生事业经费年初预算不留缺口，平时拨款及时足额到位，确保卫生事业的发展经费。1999年旗委、政府相继制定出台了《关于加快卫生改革与发展的实施意见》、《卫生机构设置规划》、《股份合作制卫生机构管理办法》、《基层卫生组织苏木乡镇村嘎查一体化管理办法》、《合作医疗制度实施方案》等政策文件，为卫生事业快速发展创造了优越的政策环境。

乌审旗国税局

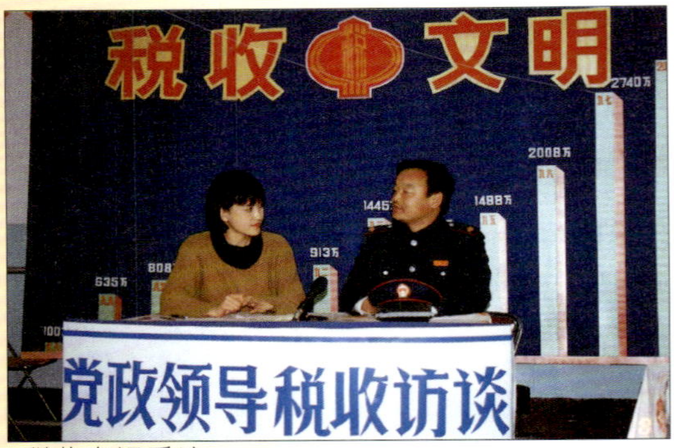

税收电视采访

分税制实施以来，计会改革一步到位，走到在全盟前列。确立工作目标，狠抓干部队伍建设，抓学习、强素质，引人干部激励竞争机制，全部实行“双向选聘”，调动了工作积极性。局机关开展“三优”活动，实行承诺服务，规范服务行为，发放纳税明白卡，公开办税，严格依法治税，坚决清理欠税，1997年一次从伊化集团清回旧欠税900万元。组织收连年超额完成，共同地方组织税收累计达1.25亿元。制定措施清理漏征管户，实行严管重罚。1997年主动承担区域性包扶点浩乡－－白泥海子32户125人的扶贫任务，实现当年脱贫。近几年加强系统精神文明建设，在绿化、美化上舍得投人，为职工创设良好工作生活环境。1999年命名为自治区级“文明单位”。查干淖分局被评为自治区级“青年文明号”。全旗国税系统已步人文明行

盟局领导与该局全体人员合影

乌审旗水电局

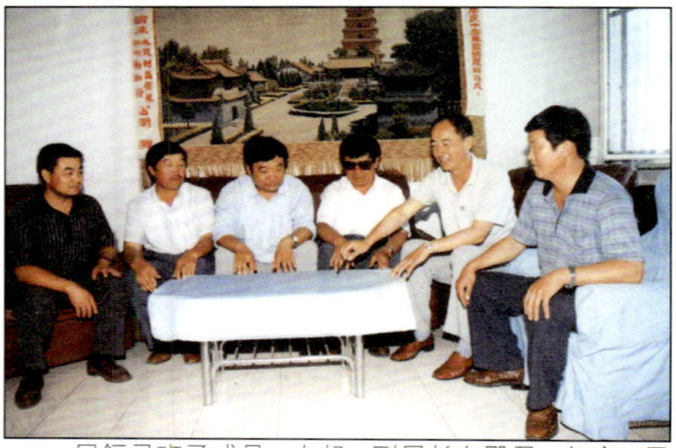

局领寻班子成员。左起：副局长白殿君、仁庆，局长康二棠、书记朱明、总工陈和平，副局长那木吉拉

该旗属全国第二批200个农村水电初级电气化建设县之一。目前全旗15个苏木、乡、镇和75个嘎查、村全部通电，农村牧区居民用户通电率达到91.1%。电灌面积21万亩。拥有家庭畜群灌溉草库伦10800处，95%以上的牧户有了自己的粮料基地和防灾基地。农牧民人均拥有水浇地4.1 亩，高于全国、全区、全盟人均水平。

该旗1983年被国家列人全国水土流失重点治理范围。通过17年的艰辛治理，累计治理16条小流域面积954.66 平方公里，治理度达81%，其中有13条小流域被评为自治区优秀工程，为全国风沙区水土流失治理起到了示范作用。

在搞好主业的同时，通过内引外联和的股份制等形式，先后办起渔场、节水材料厂、水电建材公司、联兴砖瓦厂、千亩果园、麻黄基地、饮食服务、水库旅游、打井配套、电力物资销售等第三产业，年产值达到1732万年，固定资产500万元，利税128.4 万元。

1997年荣获“自治区文明单位”称号。

达拉特旗环境保护局

DALATEQIHUANBAOHUJU

局长 徐文彪

坚持以“团结、敬业、拼搏、奉献”为宗旨，以“内抓素质、外树形象、强化管理、注重实绩”为目标，以推行目标化、制度化、规范化、程度化管理为手段，在老污染治理、新污染控制、生态保护、“一控双达标”等方面年年上新台阶。至1999年污染治理率达60%以上，建设项目评审率和“三同时”执行率均达100%。亚洲最大的达拉特电厂顺利通过达标验收，成为全区环保先进企业。列入全国3 000家重点污染源的达旗造纸厂和化肥厂积极治理污染，废水排放量均压缩70%，扭转了废水泛滥、烟雾弥漫的状况。全旗100多个锅炉全部安装了消烟除尘器。全旗300多家排污单位均纳入了依法管理轨道，取得国民生产总值增17倍、排污总量增5倍的好成绩。曾多次受到区、盟、旗主管局的表彰。

环保工作人员

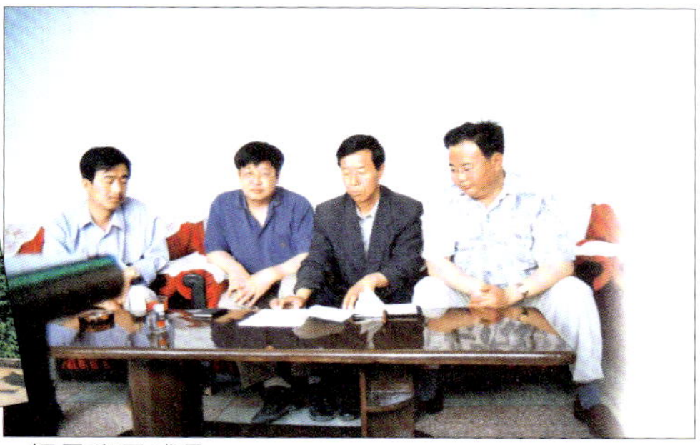

领导班子成员

达拉特旗水土保持局

SHUITUBAOHUJU

局长：董锁

达拉特旗是黄河流域水土流失严重地区之一，水土流失面积6268.4平方公里。进入80年代后，随着国家水土保持投入逐年增加，农牧民开发治理山区的积极性进一步提高，形成了户包小流域治理与国家重点试点小流域治理相结合的水土保持新格局。一批国家重点水土保持工程相继在我旗实施，开创了达旗水土保持工作的新局面。至1999年底，全旗累计完成水土保持综合治理面积2 533.7平方公里，其中：基本农田24.45万亩，人工造林288.12万亩，人工种草67.49万亩。目前，水土保持世行贷款项目一期工程在实施，二期工程已列项目。以水土保持为主体的国家生态建设项目于1998年开始实施，砒砂岩沙棘生态建设工程已经启动，水土保持事业正朝着快速、高效的方向发展。

领导班子研究工作

领导成员。左起：王秀珍、刘继宽、曹培济（局长）、王军（副局长）、边继瑛

近几年来，各届领导解放思想、实事求是，以发展为主线，开展多元化、多渠道的市场经营活动；创新服务，塑造企业良好形象；注重效益，搞好通信建设；加强网络管理，发挥支撑作用；抓好思想政治建设，提高职工队伍整体素质；加强企业管理，提高企业运营水平。

WUSHENQIDIANXINJU

乌审旗电信局

1999年经多方筹措资金，建成202皮长公里光缆线路，实现乡镇传输数字化，交换程控化；本地网交换机总容量8 968门，全旗固定电话用户6 335户，全旗电话普及率达到23.47部／百户；数据业务也得到较快发展。

跨人新世纪，借“西部大开发”的东风，加快村村通电话工程的建设进程，改变现有全旗只有一个村实现通话的状况，为农牧民发展致富提供良好信息保障。积极推动“政府上网”、“企业上网”、“家庭上网”工程，为推进乌审旗电信新一轮创业而努力。

乌审旗 达镇中学

1991年建校，是一所以达镇地区广大干部、职工子女为主要生源的初级中学。学校占地面积12 000多平方米，建筑面积近4 000平方米，教学楼、办公楼、实验室、微机室、图书室、阅览室、会议室一应俱全。现有教学班12个，在校生649名；教职工49名，其中专任教师38名，高级教师3名，教师学历合格率达到94.7%。

几年来，共毕生学生945名，升人高中、中专、中师、各类职高、技校813名，升学率86%。在中考中，学生均分连续四次获得全旗第一，名列全旗八所汉授中学之首；1999年毕业生均分、升学率又获全旗第一。1996年全盟城镇教育督导评估中均获一等奖；镇中党支部在1997、1998年连续两年被授予先进党支部的荣誉称号；1999年，又被评为思想政治工作先进集体和精神文明先进集体。

校长：邢长胜

乌审旗农业局

局长：崔和平

领导班子成员

“九五”以来，坚持“农牧业打基础、地方工业和乡镇企业促发展”的开发建设方针，全力实施“强农兴工”战略，全旗经济得到快速发展。特别是通过农田草牧场基本建设，积极调整农业内部结构，大力推广农业适用技术，推进农业化进程，使农业逐步向专业化、商品化、现代化转变，实现了六个历史性飞跃。一是通过粮食自给工程、种子工程的建设，粮食基地实现了稳产、高产、优质，增强了抵御自然灾害的能力，确保人民生活水平稳步提高。二是以无定河流域为主的大苹果基地建设初具规模。三是龙型经济起步，农业产业化迈出了较大步伐。四是以沙芥、沙葱、苦菜为主的纯天然沙野菜绿色食品得到了全面开发。五是水产养殖遍及全旗。六是科技兴农成效显著。

伊盟农机局

领导班子成员。左3为局长马向前。

该局负责制定伊盟农机化发展规划；确定并实施农牧业新技术、新机具的研制、引进、试验示范和推广；开展农机安全监理和农机产品质量监督、检验、投诉和新产品鉴定工作。

下属伊盟农机推广站、伊盟农机监理所和伊盟农机产品质量监督检验投诉站3个二级事业单位。

全盟七旗一市都设有农机管理部门，建成乡镇级农机管理站135个。至1999年底，全盟农机系统共有干部职工227人，其中科技人员122人，高级工程师8人。全盟农牧业总值5.45亿元，机械化总动力114千瓦。其中拥有农用拖拉机2.4万台，农用三轮车2万台。

近年来实现了玉米机械化覆膜种植、小麦机械化收获；自行研制成功国家科研项目“LMC-70型地膜回收起茬机”等。

引进推广和参加的项目中，机械化饲草料加工技术，伊盟地区小麦生产机械化一条龙技术，机械深耕深松技术，机械化旱作农业综合增产技术，机械化旱作玉米小麦综合增产技术，机械化覆膜技术和50万亩机械化综合配套技术被自治区组织部制成电视片作为科技扶贫教材。

河套集团
HETAO GROUP

内蒙古
河套酒业集团
股份有限公司

内蒙古河套酒业股份有限公司（前身内蒙古河套酒厂）创建于1952年，座落在我国重要的商品粮基地——美丽富饶的河套平原。历经两代人的艰苦创业，在激烈的同行业竞争中异军突起，已成为拥有总资产过2亿元，占地26万平方米，员工1500人，年产优质纯粮白酒2万吨的国家大型企业，自治区优秀企业、先进企业和36户重点企业之一。生产的现代化程度日益提高，具有统一供暖供气的动力系统，机械化灌装流水线，微机勾兑调味系统，成套电渗析水处理设备，微机管理信息系统等现代化生产管理设备。科研技术力量日益壮大，组建了自己的科研攻关队伍，形成了独特的白酒生产工艺，是自治区白酒行业唯一的科技先导型企业，也是被确定为自治区级技术中心的企业；产品品种不断增多，发展为以“河套老窖”为代表的浓香型、以“河套宴酒”为代表的清香型、以“御膳春”为代表的营养滋补型三大系列、高中低三个档次90多个品种。拳头产品“河套老窖”获得巴黎国际酒类食品博览会金奖、中国驰名白酒精品奖，是内蒙古首批名牌产品，并被原国家内贸部列为名优酒调拨计划产品。“河套宴酒”被评为自治区名牌产品，“河套粮液”是巴盟优秀产品，“御膳春”经国家卫生部审定进入保健酒序列，“河套王”被确定为自治区政府宴会用酒。

电话：0478-6622259
传真：0478-6623978
地址：内蒙古杭锦后旗陕坝镇建设街39号
邮编：015400

巴彦淖尔盟财政局

BA YAN NAO ER MENG CAI ZHENG JU

局长：祁俊华

“九五”以来，巴盟财政工作在盟委、行署的正确领导和上级业务部门的支持下，有了长足发展。1996、1997、1998连续3年取得新突破，分别跨越4亿、5亿、6亿元财政收入大关。与此同时，1996～1999年连续四年巴盟财政局被盟委、行署评为领导班子实绩考核成绩突出集体，1997年被命名为盟级文明单位，被评为全区民族团结先进单位，1998年被评为全区财政系统先进集体，1999年被评为全盟机关良好形象工程成绩显著单位等。

为提高全盟财政收入水平，改变巴盟财政落后面貌，振兴财政，财政局领导一班人，面对压力，知难而进，不懈努力，走出一条民族地区振兴财政之路。多年来，把培植财源，发展经济，提高财政收入水平放在突出位置来抓，见到明显实效。加强财政管理，积极探索财政各项改革，努力提高财政资金的使用效益。2000年，巴盟财政工作围绕增收目标，贯彻积极的财政政策，以改革总揽全局，积极探索预算管理改革，推行政府采购，乡镇财务“零户统管”，会计委派制，做好农村牧区税费改革的试点工作。进一步强化财政职能，完善各项管理，加强干部队伍建设，努力造就一支高素质的财政干部队伍。

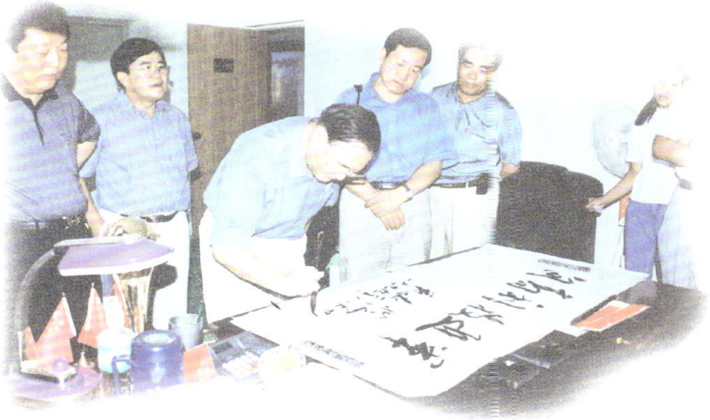

自治区财政厅长范游恺为临河经济开发区题词

办公楼大厅

全区财政系统工交企业财务研讨会在巴盟召开

巴彦淖尔盟公安局

党委书记、局长　王新乐

巴盟公安局下辖7个旗县市公安局，3个公安分局，18个科室和直属部门，有民警近3 000人。

1998年5月新一届领导班子组成后按照抓队伍、打基础、抓落实、保平安的工作思路，团结进取，开拓创新，努力开创公安工作的新局面，为维护巴盟社会政治稳定、治安秩序的持续平稳做出了积极贡献。

1998年全盟公安机关完成刑侦改革任务，共建成责任区中队34个，直属中队18个，刑警人数由原来的237名增加到414名，占总人数的15.5%，实现了侦审一体化。两年来，全盟共破获刑事案件3 230起，其中重大案件1 495起，打掉犯罪团伙127个，成员460人。两年中共破获毒品案件79起，收缴海洛因187.8克，鸦片1 040克及一批其它毒品和贩毒工具，铲除罂粟7 250株，打击处理违法犯罪人员305人。收缴非法枪支194支，各类子弹2 737发，炸药33吨，雷管1万余枚，剧毒药品450克。同时，投资300多万元，翻修新建派出所办公用房13 000平方米，创建区级优秀派出所13个，盟级优秀派出所17个，盟级人民满意派出所6个。

1998年盟局被盟直机关党委授予“党建工作先进集体”；1999年被盟委、行署授予盟级文明单位，刑侦改革、派出所改革、治安管理工作进入全区先进行列，被自治区公安厅评为“打击抢劫、盗窃、走私机动车专项斗争”先进单位和“网上追逃”专项斗争先进单位。

局领导班子在研究工作

开展网上“追逃”“打拐”工作

校长　赵鸿业

NEIMENGGUGUANGBODIANSHIDAXUEBAMENGFENXIAO

内蒙古广播电视大学巴盟分校

学校拥有7 708平方米的校舍、先进的电教设备及完整的计算机中心、15个旗县工作站（点）。1992年始，巴盟电大在新一届领导集体的带领下，学习邓小平理论，一改“我办学，你上学”为“你上学，我办学”，抓住机遇，迎接挑战，顺应市场经济下教育形势的要求，充分发挥灵活办学的优势，实现了空前办学局面，使巴盟分校成为全盟大中专教育的一支生力军，办学规模连续几年稳定在1 600人左右。由于“开拓办学路子成绩显著”，1996年受到自治区电大嘉奖。

二十年来，巴盟电大为地区经济建设和社会发展培养了大专人才5 000余人，中专人才500余人，各类岗位培训结业1 400余人，单科结业500余人。涌现出李星海、杨鸠胜等一批事业上做出突出贡献的优秀学员。

巴盟分校开设法律、财会、计算机、小学师资教育、临床医学等16个专业，有成人大专、注册视听生、普通专科、大专高职班等学历教育，分脱产、业余、函授三种形式安排教学，现有在校生1 800余人。内设十三个科室，有教职工88人，其中副教授9人，中级专业技术人员26人。

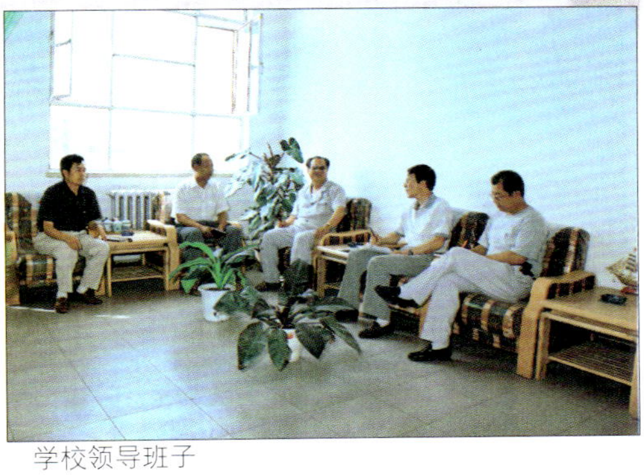

学校领导班子

校舍

局长高瑞明同党组一班人研究"十五"交通规划

巴彦淖尔盟交

BA YAN NAO ER MENG JIAO TONG JU

随着改革开放的深化，巴彦淖尔盟交通事业取得长足发展。公路运输服务质量逐年提高，公路建设质量效益不断迈上新台阶。1999 年，完成旅客周转量 13 亿人公里，完成货物周转量 15 亿吨公里。全盟已开通客运营运线路 445 条，营运里程 73 000 公里，形成了一个纵横交错，四通八达，辐射全盟 7 个旗县市100% 乡镇（苏木）、94% 村（嘎查）、广泛联结周边七个省区16个地方的客运网络。城市出租车也得到迅速发展，到1999年末，全盟有 13 家出租车公司、1 175 台出租车，在临河及周围旗县可以很方便地"打的"代步。

近年来，巴彦淖尔公路建设速度不断加快，质量稳步提高。领导班子把公路建设提到新的高度，摆在更为突出的位置来抓。继 1997 年改建川井五原口岸油路之后，1998 年完成了川五公路改建的尾留工程，使 87 公里路全部贯通。1998 年以来又改建了赛乌素临河 43 公里油路和 110 国道西山咀新安 15 公里二级油路。1999 年建成投资 2.63 亿元的临河绕城公路 42 公里汽车专用二级公路，工程质量得到各级领导、有关部门和社会各界的高度评价，路面平整度指标达到高速公路标准。临河绕城公路的建成不仅弥补了巴盟高等级公路的空白，而且提高了巴盟的公路建设水平。与此同时，县乡公路建设也迈出新的步伐，临河市率先提出"乡乡通油路"奋斗目标，并且在 1999 年修建县乡油路 38 公里，其他旗县积极跟进，掀起了会战县乡油路的新高潮。1998 ~ 1999 两年，全盟完成公路建设投资 4 亿多元，达到了历史上的最高水平。

局

桥面板吊装作业

临河绕城公路马道桥立交桥

党委书记、局长　樊宪庆

河套灌区总干渠管理局于1975年1月成立，正处级建制，下设5个管理所及工程队、林场、公司3个实体单位，局机关内设党政群12个科室，全局现有干部职工702人，其中各类专业技术人员278人。

总干渠管理局承担着河套灌区“总干渠”180多公里渠道的治理，渠系建筑物的建设、管理、维护及灌区800多万亩农田的灌溉输水、配水任务。两年来，认真贯彻党的十五大精神，以邓小平建设有中国特色的社会主义理论为指针，以深化改革为动力，坚持两个文明一起抓，紧紧围绕建立和完善社会主义市场经济体制，以加强水利基本建设为重点，以建一流班子，带一流队伍，创一流业绩为目标，在上级党委的正确领导下，全面完成了1998、1999年的各项水利任务，并在工程建设、管理、农业灌溉、职工教育与科研，综合经营、精神文明建设等方面取得了重大突破和成就。

内蒙古
河套灌区总干渠管理局

内蒙古河套灌区管理局

局长：马祖融

党委书记：李福庆

1999年，巴彦淖尔盟水利建设紧紧围绕全盟"农牧业为本、工业立盟、产业化推进"的发展大局，坚持全面规划，统筹兼顾、标本兼治，综合治理的治水方针，按照"形成一套治水思路，注重三个关键，建立四种机制，抓好五项工程"的总体安排，突出中心，把握重点，狠抓落实，在工程建设、灌排管理、水费计收、科研教育、水资源统一管理、水利改革和精神文明建设等方面整体推进，取得了明显成效。全年主要水利建设指标中新增有效灌溉面积32.01 万亩，占目标值的160%；新增节水灌溉面积56.19 万亩（包括平地缩块），占目标值的312%；新增灌溉草库伦519处，占目标值的104%；新增饲草料灌溉面积1.1 万亩，占目标值的22%；解决了8.85 万人、38.51 万头（只）牲畜的饮水问题，分别占目标值的99%和130%；新增水保治理面积11.19 万亩，占目标值的140%；多种经营实现利税1 386.68 万元，占目标值的104%；增收水资源费112.8 万元，占目标值的161%；改造中低产田59.48 万亩，占目标值的119%；疏通排水干、分干、支沟59条，占目标值的118%；完成五配套农田75.92 万亩，占目标值的152%；隆胜节水农业示范工程完成投资1 540万元，衬砌渠道88.5 公里，分别占目标值的103%、130%；全盟地方水利投资完成3 273.54 万元，群众集资1.41 亿元，完成劳动积累工1 627.47 万工日，分别占目标值的298%、147%和144%。

世行项目工程纪念碑

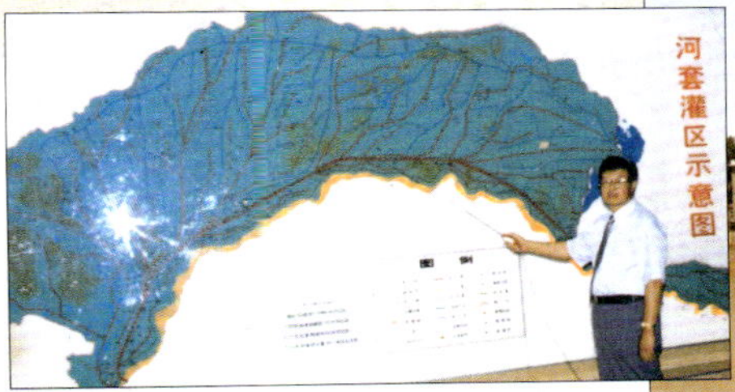

总干渠进水闸

永济灌域是内蒙古河套灌区管理总局所辖引黄五大灌域之一，是一个有较早开发水利历史和治水经验的灌域。灌域位于阴山以南，黄河以北，东临五原县，西接杭锦后旗，灌域包括临河市大部和五原县、乌拉特中旗部分土地，共21个乡镇、三个国营农场，总面积264万亩，现有灌溉面积175.14万亩。建国后，尤其是改革开放以来，经过兴修水利和不断改造扩建，基本形成设施配套、效益日渐提高、管理较为

永济灌域管理局

管理局办公楼

完善的灌域系统。灌水系统现最大控制引水能力133m^3/s，正常引水126m^3/s。灌水工程共有干渠三条，分干渠14条，总长度422.38公里。骨干灌水建筑物184座。排水系统由干沟、分干沟及其建筑物和田间排水工程组成，共有干沟两条，分干沟14条，总长度350.23公里，各类建筑物509座，控制排水面积250.48万亩。干沟由永济灌域管理局管理，分干沟和田间排水工程由临河市水利局管理。管理局下设14个科室、部门；11个灌排管理所，1个试验站，21个灌排管理段。现有职工近1 000人。

分干渠

永济游乐园

永济渠第一节制闸

司令员：孟廷

政治委员　于福章

巴彦淖尔
军分区

员孟廷与机关干部一起制订军事工作发展规划

巴彦淖尔盟民政局

国家民政部部长多吉才让来巴盟检查指导工作

巴盟民政局的十二项工作成果：

一是“217”科目（自然灾害救济预备金）全部列入盟及旗县市财政预算，并足额投入使用。

二是城镇居民最低生活保障制度建设提前一年完成全国和全区下达的目标任务。

三是所有的旗县市普遍建立农村牧区最低生活保障制度。

四是拥军优属保障金全部建立。

五是各旗县市全面完成义务兵家属优待金社会统筹工作任务。

六是全盟所有的嘎查、村都建立了村务公开、民主管理制度。

七是打了一场声势浩大的殡葬改革专项治理攻坚战役，彻底清理了“三沿六区”内外乱埋乱葬的坟墓，腾出可耕地1.2 万亩，净化草牧场45万亩。

八是总长6 336公里的盟市和旗县市及乡镇苏木界线全部勘定完毕，所有的成果资料全部立案归档。

九是在全盟乡级以上公路两侧全部设置了标准化地名标志。

十是投入300多万元狠抓了敬老院软硬件建设。

十一是拥军优抚安置工作开创了新局面。

十二是七个旗县市都建立了社区服务中心，总面积近1万多平方米，民政基础设施建设水平位于全区前列。

巴彦淖尔盟计划局

近年来，在盟委、行署领导下，贯彻“农牧业为本，工业立盟，科技先行，产业化推进”的经济发展战略，以“实行两个转变，实现两个提高”为奋斗目标，立足实际，着眼全局，紧紧抓住全盟经济社会发展中的重点、难点和热点问题，围绕“研究大战略、制定大政策、提出大主意、搞好大项目、调控大市场”的职能，积极开展调查研究、科学论证、组织实施、协调服务等各项工作，着力培育新的经济增长点，增强发展后劲，充分体现了计划工作的战略性、宏观性、政策性和前瞻性特点。1998年以来，实施国家粮食储备库扩建工程、全盟农电网改造工程、110国道临河绕城线工程、临河隆胜节水灌溉工程、黄河险工治理工程、磴口生态建设工程、临河一赛乌素公路改造工程、经济适用住房工程、乌拉山一临河220KV输变电工程等九大重点建设项目，并重点开展了全盟“十五”计划和2015年远景目标规划。计划局连续被盟委、行署表彰为“工作实绩突出单位”，“支持乡镇企业发展先进单位”，盟市两级“扶贫先进单位”，“小康村建设先进单位”，全盟“实施‘春蕾’计划先进单位”和“市场建设先进单位”。1999年，被授予“文明单位”称号。

中国人民银行巴彦淖尔盟中心支行

中国人民银行巴彦淖尔盟中心支行是中国人民银行总行的派出机构，执行全国统一的货币政策，依法对金融机构进行监管，职责的履行不受地方政府干预。

主要职责包括：认真执行国家有关法律、法规和方针、政策；根据总行和天津分行的授权对辖内金融机构进行监管，防范和化解辖区内金融风险；依法查处金融违法违规案件；负责辖区内货币政策业务；负责辖区外汇业务管理；承担辖区内经理国库、支付清算、现金发行、经济金融统计、金融科技、安全保卫、保密等金融服务职能；负责人事教育、干部培训、会计财务和内审工作；负责辖区内行政监察工作；承担上级行交办的其它事项。

长期以来，中心支行一直奉行“两手抓，两手硬”的原则，不断加强内部管理，本着“从严治行、带好队伍”的宗旨，把党风廉政建设、思想政治工作、社会公德和职业道德教育等精神文明建设工作纳入目标管理考核范围。多年的辛勤耕耘，中心支行获得了两个文明协调发展和金融进步的可喜成果，连续10年获得地方党政部门授予的支持地方经济发展先进单位光荣称号；先后9次被巴盟机关党委评为先进党支部；9次被盟金融工会评为先进“职工之家”；16次获得各类体育比赛优胜奖。1997年成为全区人行系统首家获得自治区文明单位称号的中心支行。

临河市逸夫学校

年轻的校委会成员（左起：电教主任王瑞香，副校长杨美凤，校长王向峰，副校长李玉梅，工会主席谢凤连，副书记李强）

临河市逸夫学校始建于1995年，占地面积13 065平方米，拥有2 281平方米教学楼，2 600平方米综合实验楼，800平方米幼儿园。校园硬化面积5 200平方米，绿化面积2 410平方米，有图书室、实验室、语音室、闭路电视教学系统、教学监控评估系统等活动室16个，40余种具有特色的课外活动可同时在室内开展。学校还建起“星星火炬电视台”，实现了“四机一幕”进教室。引进“三辰影库”先进教学影碟、电子图书，形成了完整的声像图书资料系统。

学校现有教职工85人，大专学历的占69.4%，教师平均年龄28岁。有自治区级教学能手4人，盟、市级教学能手39人。

学校先后被评为自治区、盟级电化教育优秀学校和义务教育管理示范校，有20余项获市级各种奖励。

临河市第一中学

临河市第一中学始建于1956年，位于临河市中心（解放西街），占地148 000多平方米，建筑面积24 620平方米，是盟市两级重点中学。多年来，在河套地区赢得了广泛的赞誉，被誉为“河套平原上一颗璀璨的明珠”。

学校有高中教学班40个，在校学生3 500名。设政治、语文、数学、物理、生化、外语、艺体等11个教学研究组和3个年级组。学校设图书、资料、物理实验、生化实验、校医和生活指导6个室，规模宏大，设施齐全，在自治区西部区享有盛誉。

学校现有教职工181人，以“团结奋进，求实创新”为校训；以“团结，进取，求实，奉献，尊师，守纪”为校风；以“敬业务实，善思创新”为教风；以“勤奋，踏实，善思，好学”为学风，营造了紧张、和谐的学习氛围，创造了优美、整洁的育人环境。

1991～1999年获全巴盟重点中学高考上线人数“九连冠”。尤其1999年上线325人，创历史最高纪录。

校长：武石平

高素质的教师队伍

巴盟林业局是巴盟行政公署主管林业的职能部门，内设办公室、人事科、计财科、审计科、林政科和森林公安分局，辖13个二级单位，有在职干部职工593人，其中高级工程师13人，工程师88人，中高级科技人员占总人数的17%。

局长：钱永喜

巴盟林业局以“加快生态建设步伐、重塑巴盟秀美山川”为目标，狠抓林业生态建设，加强林种树种结构的调整，推进林业产业化建设。1999年完成110国道巴盟段的绿化、三北防护林建设年度任务、重点生态县建设工程、天牛防治工程、大青山生态等重大林业建设项目，造林32.09万亩，超额完成自治区下达的任务，获得自治区林业厅授予的“林业生态全优奖”等10项奖励。与此同时，精神文明建设也取得丰硕成果，获盟级以上8项奖励。

巴彦淖尔盟林业局

临河市第二建筑安装工程有限责任公司成立于1970年，资质等级为三级。主要经营工业与民用建筑、各种管道、电器设备安装，室内外装璜，房地产开发，建筑构件等。公司注册资金1 077万元，拥有流动资金2 200万元，有塔吊、汽车吊、自立架、龙门架搅拌机等施工机械200多件，以及电脑、工程复印机等现代办公设施。公司现有职工2 860人，其中工程技术人员126人，有资质的项目经理28人。公司下设项目经理部装璜公司、设备安装公司、财产租赁公司、预制构件厂等。公司技术力量雄厚，工种配套齐全，施工设备先进，年施工能力10万多平方米。企业经济效益良好，连续六年被巴盟行署评为“全盟利税超百万元先进企业”。

总经理：孙宗毅

临河市第二建筑安装工程有限责任公司

巴彦淖尔盟科技局

局长：李福元

近年来，巴盟科技事业在盟委、行署的正确领导和上级科技部门的指导下，取得了显著成效。全盟科技专利成倍增长，累计达到210项；科技成果层出不穷，累计获盟级以上科技进步奖218项；农牧业科技进步“十项工程”，1999年新增效益1.8亿元，农牧业产业化“十项工程”使龙头企业增加利税1亿元，农民增加收入2.2亿元；科技、文化、卫生三下乡活动获全区优秀组织奖；建设了7个农牧业高效科技示范基地、96个农牧业新技术示范园区、300个农牧民专业技术协会；每年抽调盟旗乡三级科技人员近2 500人，深入到农牧业生产第一线开展科技咨询、科技承包；金川保健啤酒总厂被自治区科委确认为高新技术企业；河套酒厂被自治区科委评为全区科技先导型企业；乌拉特前旗、杭锦后旗、临河市被评为全国科技工作先进旗县，磴口县、乌拉特中旗被评为自治区科技工作先进旗县；以色列大棚在临河安家落户，中华绒螯蟹养殖喜获成功，华莱士保鲜技术有新的进展；枸杞扦插育苗新技术实现零的突破，富硒雪花粉打入国内市场；巴盟科技信息网络正式开通；《巴盟科技报》由半月刊变为周刊，发行量成倍增长；民营科技型企业突飞猛进，达到60多家；农牧业科技进步贡献率达45%，超过全国平均水平5个百分点。

巴彦淖尔盟红十字会成立于1987年9月，1996年自治区编委会批准为正处级事业单位，巴盟编委会核定编制8人，内设办公室、救护赈济部、组织宣传青少部。1998年1月1日起，其人事、财务完全独立。所有专职干部参加国家公务员管理条例，顺利过渡为国家公务员，是直接受行政公署领导的从事人道主义工作的社会救助团体。

巴彦淖尔盟红十字会

巴盟红十字会负责全盟7个旗县市的红十字会工作。至目前，全盟拥有团体会员单位194个，个人会员15 029名，专职干部25人，红十字志愿工作者108人。主要任务为：坚持国际红十字运动七项基本原则，以红十字会法为宗旨，为改善最易受损害群体的境况，建立备灾救灾体系，参与自然灾害和突发事件的救助工作，开展群众性卫生救护，减少各种因意外伤害造成的人员伤亡，参与血液事业，推动无偿献血，积极开展红十字青少年工作以及开展与人道主义有关的事务。

常务副会长

巴彦淖尔盟临河四中

临河四中建于1973年，是一所地处市区经济文化中心的普通初级中学。现有32个教学班，学生2 600名。教职工135名，其中专任教师111名，合格率达97%。从1995-1999年有31名教师取得专科学历，现有19名教师正在进行本科函授或自考学习。学校基本形成一种勤奋工作，团结协作，敬业尽责，勇于争先的良好氛围。涌现出一批敬业爱岗、治学严谨的中青年骨干教师。学校现有区级教学能手7人，盟级教学能手、学科带头人23名，还有8名教师被市政府命名为名教师。

学校坚持以质量求生存，以特色求发展，教育教学质量稳步提高，专长学生不断涌现。近年来升学率稳居市直中学前列，得到社会各界认可。在全国中学数学、物理、化学奥林匹克竞赛中有70多人次获国家、区、盟级奖励。美术书法作品参加“中日”、“中韩”及“双龙杯”少年儿童书法绘画大赛4次，共获金奖4人次，银奖16人次，铜奖30人次；1997年参加全盟首届红领巾艺术节，音乐类获大奖2人，美术类共有19幅作品获奖。学校先后被评为区级“义务教育示范学校”、“电化教育优秀学校”、“贯彻体育卫生工作条例优秀学校”等。

校长：张锦平

学微机课

工作总结暨表彰奖励大会

领导班子下乡调查研究

巴盟人事劳动局

巴盟人事劳动局在盟委、行署的正确领导下，紧紧围绕全盟经济改革和社会发展的各项目标，将“两个确保”和“三条保障线”工作做为重中之重来抓，至1999年底，全盟城镇登记失业率为3.8%，控制在自治区下达目标任务4.5%以内；国有企业下岗职工再就业率为86.7%，超目标任务14.6个百分点；城镇失业人员再就业培训6 479人，占就业安置总数的87.6%；城镇企业职工参加养老保险覆盖率达99%，全盟共收缴养老保险金5 856万元，全盟收缴失业保险金560.58万元。同时，全盟公务员管理，人事宏观调控，干部考录、任免、考核等方面都取得了显著成效。

局长 张 潜

巴彦淖尔电业局

党政工领导（左起：武同义、李宗元、王雨凤、郝仲崃、杨护埃、燕永东、魏生厚）

内蒙古电管局局长乌力吉（前排中）在乌拉特前旗供电局视察

内蒙古电管局党委书记李秀（左二）在乌拉特前旗供电局视察

国家电力部部长史大桢1996年6月由内蒙古电管局副局长乌若思陪同视察巴彦淖尔电业局(左起：史大桢 乌若思 郝仲崃)

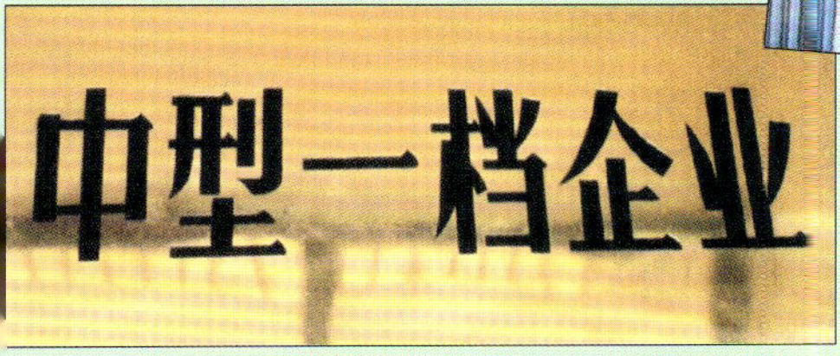

党委书记、院长 菅旺芝

巴彦淖尔盟中级人民法院下辖七个旗县市基层法院，68个人民法庭。两级法院共有干警841名，其中少数民族127人，占15%；中共党员638人，占76%；大专以上文化程度693人，占82%。

1999年，全盟法院依法严惩了严重危害社会治安的刑事犯罪分子，有力地维护了公民、法人和其他组织的合法权益。巴盟

巴彦淖尔盟中级人民法院

中院严格推选案件质量监查、错案责任追究制度，广泛开展观摩示范庭活动，加大公开审判力度，切实深化审判方式改革，取得了可喜成绩。刑事、民事、经济、再审案件结案率保持在95%以上，案件审理时限大幅度缩短，二审案件改判率、发回重审率有所下降。2000年，巴盟中院党组在全院实施干部双向选择聘任聘用制，对法院系统人事管理制度改革做了有益探索。

如今，巴盟中级法院正以实施《人民法院五年改革纲要》为契机，以“大立案、精审判、重执行、强监督”为内容，开拓进取、强化自身，为国有企业战略性重组、西部大开发提供有力的司法保障而努力。

巴彦淖尔盟医院

巴盟医院是本地区规模最大，规格最高的地区级综合医院。融医疗、教学、科研、预防、保健、康复为一体，服务功能惠及全盟7个市县及周边地区，是自治区西部地区现代化装备水平较高的中型医院。编制床位460张。

进入90年代，巴盟医院在新一届院领导的带领下，加快了发展速度。1995年晋升为国家三级乙等医院，是内蒙古医学院的定点教学医院。现在，医院拥有设备固定资产3 500多万元。拥有磁共振、CT、彩色B超、1 000毫安大型X光机、全自动生化分析仪、血液透析机、外科腹腔镜、电子胃镜、纤维支气管镜、颈颅多普勒等大型进口设备70多台。设有ICU、CCU重症监护设施。全盟急救中心120设在该院。急救能力和诊疗水平处于地区领先优势。

党委书记、院长　杨玉春

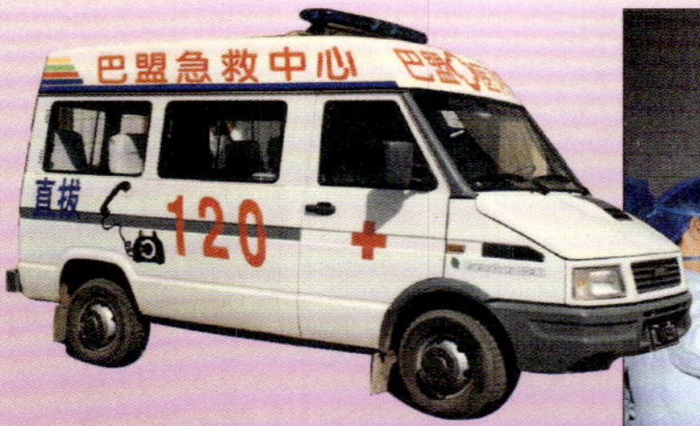

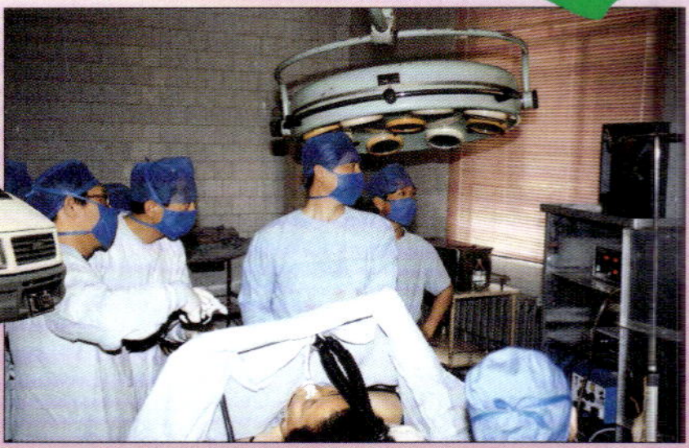

外科腹腔镜胆囊手术

门诊楼

巴彦淖尔盟妇联

妇联主席　宝金花

巴盟妇联机关在职人员15人，内设办公室、城乡工作部、妇女儿童工作部、盟直属机关妇委会、盟妇女儿童工作委员会办公室。

巴盟妇联在盟委、行署及上级妇联组织的正确领导和具体指导下，各项工作都取得较为突出的成绩。1998、1999两年目标考核被自治区妇联评为优秀单位；"巾帼建功"活动1999年被评为全国先进协调单位；"春蕾计划"连续三年评为自治区先进单位；机关良好形象建设工程1999年被盟委、行署评为成效突出单位；党支部连续被评为优秀党支部。

五原县荣丰乡永村妇女队长组织女们利用玉米皮织各种草编工

盟委副书记孙国（左三）前来参加培训班典礼

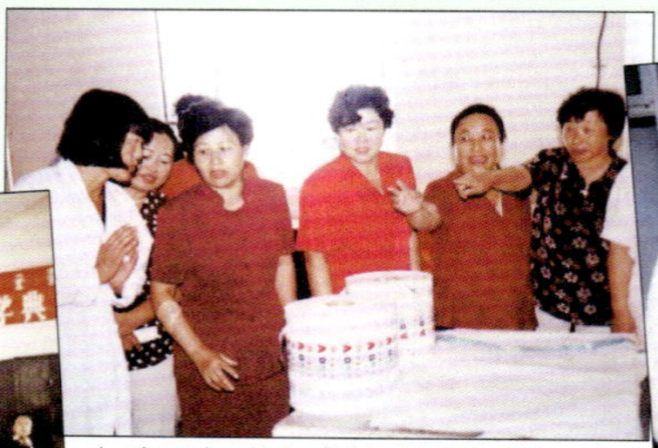

自治区妇联主席林瑞到巴盟妇联"135"工程示范基地考察工作

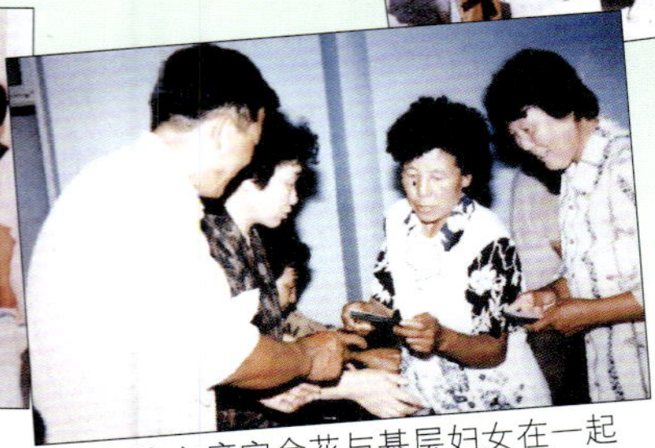

盟妇联主席宝金花与基层妇女在一起

河套大学

党委书记、校长　王登云

河套大学是1985年经国家教委正式备案而创办的一所地区性职业大学，是自治区西部四盟市唯一的一所综合性大学。

1997年11月5日，自治区政府决定实行自治区和盟两级管理，以自治区管理为主的新体制，同时开始在全自治区范围内招生。

河套大学占地10 389.6平方米。现建成教学大楼、办公楼、专家招聘楼、学生宿舍楼、礼堂兼餐厅、教工宿舍楼及其它辅助设施共20 416平方米，四层3 800平方米的图书实验楼正在建设中。共配置了120万元的教学仪器设备，拥有藏书5万余册。现有固定教职工140人，其中专任教师90人，有高级职称的12人，中级职称的50人。学校先后从区内外聘请250余名中级以上职称的教师为河大兼职教师，并聘请比利时籍外教1名，美国籍外教1名，聘任退休教授10名为河大客座教授。目前在校生1 000余人，35个班共开设财会电算化、计算机应用及办公自动化、文秘与公关、外事旅游服务、市场营销、烹饪、家用电器、工艺美术、企管、英语师资、农学师资、畜牧师资、工业与民用建筑、音乐、汉语言文学、体育教育16个专业。

生化实验课

农学实验课

武警巴盟支队

党委扩大会议

为共建单位乌兰图克乡抢收小麦

内蒙古巴盟热力公司

内蒙古巴盟热力公司是内蒙古西部区唯一集建筑安装工程施工、锅炉制造安装清洗修理改造、房地产开发与城市集中供热运行管理于一体的集约化经营国有中型一档企业。是目前巴盟地区效益好、管理科学、影响力较大的企业。

公司建于1984年，现有总资产5300万元，其中净资产4000多万元，员工480人。有各类工程技术人员127名.

供暖是公司的主要产业，12个城市集中供热站分布于临河市区，使用供暖锅炉23台，有170万百万千焦的供暖能力，向市区300多个单位、7千多户居民的90万平方米住宅、机关、公共场所提供冬季取暖服务。是全国供热专业网会成员之一。

1999年公司完成产值5436万元，实现利税1003万元，企业先后被授予自治区级“文明单位”、“重合同守信用单位”、“思想政治工作优秀单位”、“党的基层组织先进单位”、“全区学邯钢、抓管理示范企业”以及盟市级多种荣誉称号。

重合同守信用单位

内蒙古自治区工商行政管理局

全区学邯钢抓管理

示范企业

内蒙古自治区人民政府

东胜供电局

营业厅

进行客户用电业务宣

东胜供电局是伊克昭电业局的一个直属供电企业，主要承担东胜地区和毗邻部分地区的供电任务。管辖10KV配电线路25条，总长度达1000公里；拥有变压器771台，总容量87063千伏安。东胜供电局分为市区、铜川、城郊、柴登、耳字壕5个供电区域供电，100千伏安及以下各类用户达30000余户，年供电量达1亿千瓦时。拥有目前电力行业较为先进的计算机网络和大量的计算机、打印机等高科技生产设备。由于管理科学，各类生产设备运行状况良好、工作可靠，设备完好率均达到100%。

近年来，东胜供电局两个文明建设长足发展，硕果累累，连续几年被东胜市委、政府评为社会治安综合治理先进单位，被内蒙古自治区党委、政府、军区命名为“文明企业”。被华北电业管理局评为“三星级供电企业”。

局长　张存喜

全方位推选"窗口"办公，一条龙服务

巴盟土地管理局是隶属于巴盟行政公署的土地行政主管部门，负责对全盟土地资源的集中统一管理和监督工作。全盟土地管理机构实行垂直领导体制，盟局下设7个旗县市分局、4个二级事业单位，基层乡镇苏木设立中心土管所41个，全系统现有人员303人。

1994年以来，全盟土地管理基础业务工作走在全区前列。土地利用现状调查工作成绩突出，被原国家土地管理局评为先进集体；在全区率先完成了盟市旗县、乡镇苏木的土地利用总体规划编制工作和7个旗县市的城镇基准地价评估工作；率先完成7个旗县市所在地的城镇地籍调查工作，"三无"乡镇建设全部达标；基本农田保护区划定面积达到耕地总面积的86.5%。六年来，全系统共实现土地收益4亿多元，为地方财政上缴4 014.36万元，用于企业转制安置职工、为地方文教、卫生、社会福利及城市公益事业注入资金3.9亿元，盟局连续6个被自治区局评为先进单位，曾3次被特邀参加全国土地管理厅局长会议介绍经验。

巴彦淖尔盟土地管理局

乌拉特后旗教育局

旗基础教育蓬勃发展。全旗现有中小学23所，在校生6 739人。义务教育阶段有小学1 9所（含蒙语授课4所，蒙汉合校1所，企业办学1所，小学附设农职初中3所），在校生3 815人，专任教师378人，学历合格率100%；完全中学3所（含蒙语授课1所，企业办学1所），初中附设农职高中1所，在校生2 501人，专任教师132人，学历合格率97.53%；有673名幼儿在接受学前教育。全旗适龄儿童入学率，小学达到100%，初中达到98.5%。小学辍学率为零，初中辍学率控制在1.25%。至1999年底，全旗12个苏木镇全部实现了"普九"目标。

按照"调整、巩固、充实、提高，适应需要、稳步发展"的方针，职业教育结构不断优化。已初步建立起"政府统筹、行业为主、校企合作、教育主管、社会支持"的职业教育办学和管理体制。职业学校为各行各业培养了大批专门人才和有文化、懂技术的劳动者。

民族教育得到优先重点发展。全旗6所民族学校全部实现了"两主一公"和"一无多有"。民族教育的优先投入、重点倾斜，使民族学校的校容校貌、办学条件、育人环境发生了可喜变化，教育质量稳步提高。1999年，旗蒙完小一举跨入自治区义务教育示范学校行列。

此外，成人教育、素质教育也取得明显实效。

杭锦后旗民政局

区、盟、旗领导视察民政工作

自治区民政厅长任凤翔来旗视察灾情

局长陈国忠与班子成员在一起

近年来，杭后旗民政工作在旗委、政府的正确领导和上级民政部门的具体指导下，紧紧围绕全旗的中心工作，以全面落实盟局下达的各项任务为目标，进一步解放思想，深化改革，抓重点、攻难点，经过全旗民政干部的辛勤工作和共同努力，较好的完成了各项任务，为全旗的社会稳定、经济发展和精神文明建设做出了应有贡献。

1995年杭锦后旗获全盟有奖募捐一等奖；1996年获全盟农村牧区社会养老保险一等奖；1997年旗民政局获全盟民政工作目标管理超标单位奖，全旗抗震救灾先进集体奖；1998年获全盟民政工作“十个满堂红”奖，全旗军警民共建先进集体奖；1999年杭后旗获全国“爱心献功臣行动”先进旗，全区社区服务示范城区，全盟“拥军优属模范旗”；民政局获盟级文明单位，全旗民族团结进步先进集体，包扶小康村建设贡献突出单位等荣誉称号。

局长：陈国忠

局长：马　钰

杭锦后旗广播电视局前身是建于1953年的内蒙古河套行政区广播站。现下设调频人民广播电台、杭后电视台和杭后有线电视台。

在近五十年的事业发展中，伴随科技社会的进步，广播电视事业经历了由广播站到三台合一的跨越。局领导班子坚持喉舌一块、产业一块的发展方针，真抓实干，励精图治，使杭锦后旗广播电视事业突飞猛进，一日千里。全局固定资产由1991年的40多万元，增加至近500万元，各项事业收入由1991年的6万元增至130余万元。目前，旗广播电视局的工作，在全盟同行业中名列前茅，是自治区广电系统发展最快的旗县之一。

部分荣誉证

杭锦后旗广播电视局

局领导班子

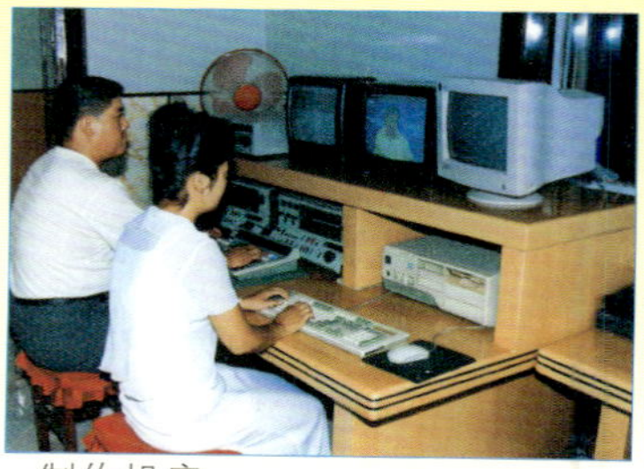

制作机房

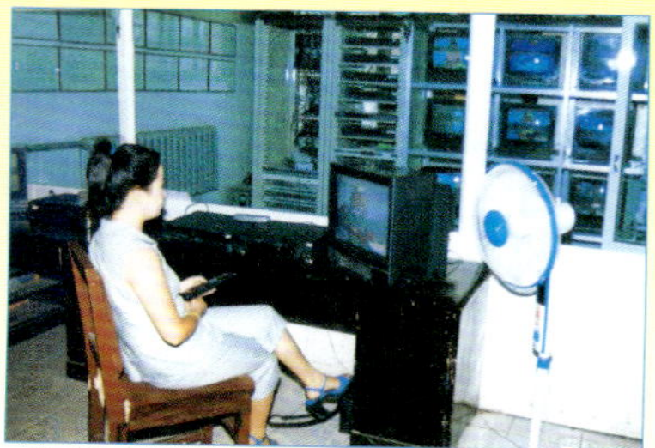

有线电视机房

杭锦后旗农电局

HANG JIN HOU QI NONG DIAN JU

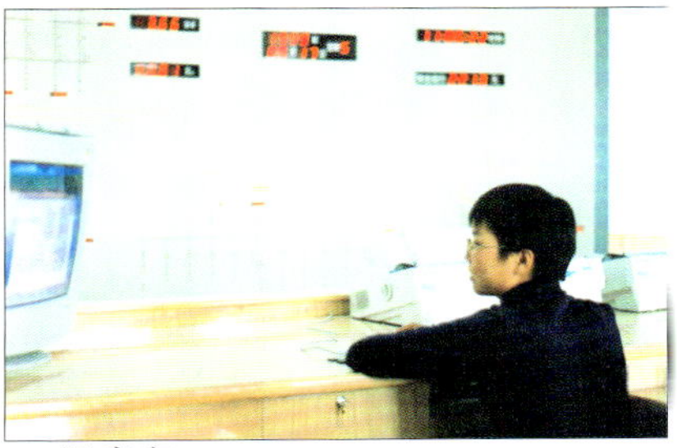

调度室

营业厅

1999年，全局完成供电量6 283.5万千瓦时，完成计划的105.8%，比上年增供623.3万千瓦时。售电量完成6 047.8万千瓦时，比上年增626.6万千瓦时。线损率完成3.74%，比上年下降0.46个百分点；综合线损率9.1%；10KV公用线损率8.8%。平均电价完成258.67元/千瓦时。年内，全局范围内继续开展了“三为”服务、文明杯竞赛、双文明单位创建活动等，重点突出了窗口服务优质化工作，在全盟用电营业表计业务竞赛中，走在同行业前列，被提名为区级乙类文明杯竞赛优胜单位，双文明创建被评为区级先进单位。

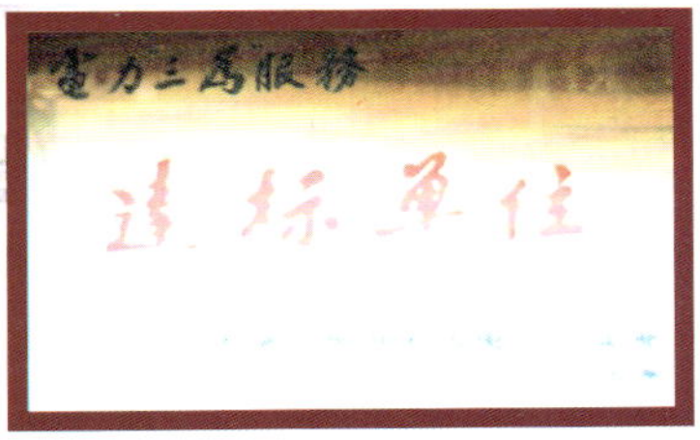

巴盟农牧场管理局

局长：王建国

巴盟农管局前身为解放初期的劳改农场，1969年组建兵团，1975年在原北京军区内蒙古生产建设兵团一、二、三师的基础上成立巴盟农牧场管理局，1993年，组建“巴盟农垦集团总公司”，行使行政管理与企业管理双重职能。局机关设在临河市，下属18个国营农牧渔场分布在巴盟六个旗县市境内。

全系统辖地总面积313万亩，其中耕地面积28.58万亩，林地面积11.43万亩，果树面积2万亩，菜地面积112万亩，水域面积49.68万亩。可垦宜农荒地30万亩，牲畜总头数15万头（只）。总人口5.6万人。

农垦开发

吨粮田

领导班子

乌拉特后旗民政局

局长：孟和巴图

乌拉特后旗民政事业，过去在全巴盟的考核评比中总是在倒数一、二名上徘徊。1997年以来民政工作一年一小步、三年一大步；1998年一跃进入全盟先进行列，被盟行署评为民政工作“十个满堂红”旗，殡葬改革先进旗。旗民政局被旗党委、政府评为政绩突出领导班子，区、盟拥军优属先进单位。民政局长孟和巴图被授予全盟优秀公务员、全盟劳动模范荣誉称号。

局领导班子

如今，漫步乌拉特后旗，从城镇到乡村，从农村到牧区，随处可见民政人留下的足迹，随时可以听到人们谈论民政人创下的业绩。民政人吹起的改革创新春风，吹遍边疆大漠，吹进广大农牧民和驻地边防部队官兵的心田，人们不禁为乌后旗民政人不畏困难、求真务实的韧劲和干劲肃然起敬，翘首称赞。

杭锦后旗水利局

杭锦后旗水利局现有干部职工124人，内设三股两办（即计财股、工程股、灌排股和防汛办、办公室），7个二级单位，担负着全旗20个乡镇的灌溉与排水、农田水利建设及黄河防洪防汛、沿山防洪工程治理工作。

在杭锦后旗这个粮丰林茂、物产丰富的地方，旗委、政府始终把水利事业放在优先发展的位置。旗水利局全体干部职工用脚踏实地的工作态度和对社会、对人民高度负责的精神，坚持不懈地大搞水利建设，掀起一个又一个水利建设高潮。除利用世行贷款和国家补助经费外，还积极发动全旗人民集资投劳，兴办水利。全旗已形成渠、沟、路、林、田五配套农田130万亩，灌溉面积145万亩，为杭锦后旗农民向小康迈进奠定了坚实基础。1997-1999连续三年获得自治区农田水利建设竞赛二等奖。

多年来，旗水利局始终不渝地坚持“两手抓，两手都要硬”的方针，卓有成效的开展了以实现优美环境、优良秩序、优质服务为目标的精神文明创建活动。1984年创建为旗级文明单位，1996年创建为盟级文明单位，1999年创建为自治区级文明单位。局领导班子连续3年被评为政绩突出的领导班子。

政绩突出的领导班子

法人代表：李喜贵

巴盟人防办

通信工作人员正在联络

巴盟人防办受巴盟行署和巴彦淖尔军分区双重领导。为盟行署办的二级单位，为准处级建制，行文、请示、汇报对行署和军分区负责。

现机关内设综合科、工程科、资金科、平战科、指挥科、交站科和人防通信站。共有干部72人。

近年来，盟人防办先后被国务院、中央军委评为交战工作正规化单位；被盟委、行署评为盟级文明单位、机关良好形象先进单位；被临河市委、政府评为绿化、美化优胜单位、社会治安综合治理先进单位。

人防工程平战结合

主任　郭元国

治区党委书记刘明祖在开发区企
调研

自治区领导参观开发区远景规划

自治区党委副书记王占参观开发区展厅

临河市经济技术开发区管理委员会

管委会主任　赵江

临河经济技术开发区是经自治区政府批准建立的省级开发区。创建于1992年8月10日，规划总面积8389亩，它由万丰、宏兴、章嘉庙三片组成。其中万丰区位于市区西部，为无污染加工企业和高新技术开发区；章嘉庙区位于市区东5公里处，为高科技旅游开发区；宏兴区位于市区东南部，为有污染及重工业加工开发区。

按照“统一规划、综合开发、合理布局、因地制宜、配套建设、分期实施”的工作方针，坚持“以地为本、自费开发、小块起步、滚动发展”的原则，上下解放思想，开拓进取，取得了改革开放和经济建设等各项事业的显著成绩。

巴彦淖尔盟地处黄河灌区腹地，是国家重要的商品粮生产基地。至1999年底，全盟国有粮油购销库站总仓储能力达到10.5亿斤，较改革开放前增长5倍。布局合理的72家国有粮食购销企业（其中国家粮食储备库5个，自治区储备库5个）与功能配套的3条铁路专用线、1列自备货车、25辆油罐车自成体系，不仅承担着国家粮油专储任务，而且成为巴盟粮油及其农副产品的集散中心。

巴彦淖尔盟粮食管理局

赤峰克什克腾旗热水塘镇

克旗热水塘镇拥有排列全国十四大温泉第二的热水温泉。改革开放二十几年里，围绕热水温泉开发牵动经济发展取得了巨大进步，现已建成宾馆15家，其中区厅级9家，涉外宾馆6家，旅游疗养日接待2 000－3 000人次，仅1998～1999年春就有15个国家2000多外国游客到此，接待档次和服务质量不断提高，已初步形成旅游、疗养、会务、商贸为一体，吃住娱浴一条龙的格局，一个新兴的旅游疗养胜地和功能齐全的小城镇正在形成。

党委书记：吕振山

镇长：冯广慧